Scrit

Ignazio Silone
Il seme sotto la neve

Introduzione
di Claudio Marabini

Arnoldo
Mondadori
Editore

© 1950 Arnoldo Mondadori Editore S.p.A., Milano

I edizione La Medusa degli italiani giugno 1950
5 edizioni Narratori italiani
I edizione Scrittori italiani e stranieri maggio 1974
I edizione Oscar Mondadori gennaio 1976

Questo volume è stato stampato
presso Arnoldo Mondadori Editore S.p.A.
Stabilimento Nuova Stampa - Cles (TN)
Stampato in Italia - Printed in Italy

Ristampe:

12 13 14 15 16 17 18 19 20 21

1994 1995 1996 1997 1998 1999

La prima edizione Oscar Scrittori del Novecento
è stata pubblicata in concomitanza
con la dodicesima ristampa
di questo volume

Introduzione

Il seme sotto la neve, uscito a Zurigo in lingua tedesca nel 1941 e lo stesso anno a Lugano in italiano, fa perno su Pietro Spina, già protagonista di *Pane e vino* (1936), che è l'erede diretto di Berardo Viola, personaggio principale di *Fontamara* (1933). Questa continuità, assieme ad altri elementi, indica l'unità dell'opera di Ignazio Silone, che torna qui ai luoghi, al paesaggio, alla società e ai motivi storici noti. Berardo Viola è morto ma la sua azione e il suo sacrificio hanno avuto un seguito. *Vino e pane* (titolo successivo a *Pane e vino*) e *Il seme sotto la neve* quasi si fondono in un'opera sola intorno a Pietro, la prima opera rappresentando la crisi dell'opposizione a causa di un'ostile e astratta ideologia, la seconda più semplicemente la crisi di un ambiente semifeudale nel quale irrompe una nuova vita. Pietro Spina è un Berardo emancipato che nel *Seme sotto la neve* ritorna alla madre terra ricavando il denso sapore di una riscoperta nostalgica, la quale viene a identificarsi con la scoperta pura e semplice del mistero della vita. Pietro Spina, che vediamo in fuga in *Vino e pane*, nel *Seme sotto la neve* porge i polsi alle manette, mostrando come di nuovo l'avversario fisicamente prevalga. C'è inoltre la stessa volontà altruistica di sacrificio. Berardo aveva intuito lo spiraglio di un gesto esemplare, diretto al bene del popolo dei cafoni; Pietro Spina si offre per un povero e per un meschino, per conservare la libertà a chi è fuori dalle colpe del mondo, rivelando la stessa volontà d'offerta, quasi d'annullamento, e lo stesso segno di pessimismo, pur nell'atto della carità.

*

Donna Maria Vincenza Spina vuole aiutare il nipote, Pietro, braccato dalla polizia perché marxista e ribelle. Ora Pietro è nei suoi luoghi e donna Maria Vincenza chiede aiuto al figlio don Bastiano, ricco imprenditore, che però rifiuta. L'ambiente familiare è ostile perché Pietro, con la sua condotta politica, ha gettato il discredito sulla famiglia. Donna Maria Vincenza farà da sola e per il nipote otterrà persino, con l'aiuto di don Coriolano, il perdono da parte del governo, un perdono che questi non vuole accogliere, perché non vuole piegarsi, mettendo donna Maria Vincenza in condizione di non firmare. È stato don Coriolano a compiere il viaggio a Roma per ottenere la grazia: donna Maria Vincenza è la madre di Saverio Spina, eroico volontario morto in Cirenaica.

Pietro Spina è stato a lungo nascosto in una spelonca e lì ha ritrovato la voce e il sapore della propria terra, quasi sentendosi un piccolo seme immerso in essa. Poi ha avuto notizia di un povero essere abbrutito, l'Infante, già intravisto in *Vino e pane*, una sorta di straccione, che i carabinieri fermeranno; e Pietro lo raggiunge e cerca di educarlo, insegnandogli l'uso della parola. Intanto declina la fortuna economica di don Bastiano, gli appalti passano a una famiglia concorrente, che è sul punto di rivelare anche il nascondiglio di Pietro.

Questi incontra Faustina e lo zio Bastiano ed emergono ricordi e lontani drammi congiunti al terremoto che sconvolse il paese. Con Faustina, delicata e romantica figura, nasce l'idillio. Poi Pietro ripara ad Acquaviva, travestito. Intanto l'Infante viene incolpato d'aver tracciato punti interrogativi a fianco delle scritte inneggianti alla politica del regime. Ed è riconsegnato al padre, che però lo sfrutta nel lavoro. Donna Maria Vincenza, sentendosi al termine dei suoi giorni, ha lasciato cospicue sostanze a Faustina, per riparare a un antico torto. Pietro e Faustina potrebbero trasferirsi altrove e vivere assieme. Ma Pietro scopre che l'Infante ha ucciso il padre con una coltellata: lo fa fuggire e si consegna lui stesso ai carabinieri, in un atto di supremo altruistico sacrificio.

*

Il romanzo muove da un vasto e sostenuto impianto naturalistico. L'arrivo in carrozza di donna Maria Vincenza a Orta col servitore Venanzio, il ricevimento in casa di Bastiano coi notabili del paese per assistere alla benedizione degli asini in piazza, la conversazione, le chiacchiere, i personaggi, i tipi, il palazzotto, i servi, tutto il piccolo mondo di provincia, offrono le pennellate inconfondibili di un impianto ancora tipicamente ottocentesco. «La vecchia carrozza signorile degli Spina va avanti penosamente, a strappi e scossoni, sulla stradetta di campagna che congiunge il villaggio di Colle a quello di Orta...» «A un certo punto, da un'accorciatoia che sale tra le vigne, sbuca sulla strada rotabile una fila di asini cavalcati da cafoni... Gli uomini, in maggioranza anziani, avvolti in cappotti neri sdruciti terrosi, avanzano dondolandosi lentamente, secondo il passo degli antichi somari. Questi sono magri bruni e alcuni di essi così meschini che i piedi di chi li cavalca sfiorano quasi la strada...»

Questo mondo si ribadisce in certi temi dominanti, a cominciare dall'odio tra famiglie e uomini importanti, per motivi di lavoro per esempio, che divide la società e il paese. La famiglia rimane il nucleo centrale, segno di forza, di personalità e di carattere, testimonianza di potere, involucro di ricchezza e di vigoria economica. Lo scontro tra Spina e Calabasce ricorda antiche lotte, faide insanabili tra chi è destinato a scendere e chi invece pone tutta la sua rozza energia per salire nella scala sociale, e ci riporta a un mondo moralmente e antropologicamente arcaico.

Affiora il motivo idillico dell'amore, costante nella narrativa di Silone, indizio di un'intima vocazione all'armonia e alla purezza. Faustina è figura delicata e poetica, anche romanzescamente attrezzata, inseguita dalla maldicenza per i suoi liberi costumi, lei che aveva vissuto *more uxorio* con Severino. L'ambiente di provincia, rinnovando un altro motivo tradizionale, si rivela fortemente caratterizzato dal pettegolezzo e dalla malignità, dall'idea che delle persone e del loro modo di vivere la gente si è fatta, dalla diceria e dalla chiacchiera. La vocazione alla purezza si tocca con mano quando, nascendo l'idillio, Pietro e Faustina rivelano l'un l'altra d'essere stati innamorati da ragazzi a loro insaputa.

Il motivo della famiglia si fonda, oltre che su donna Maria Vincenza, su don Bastiano, forzatamente legato, per i suoi affari, alla società e all'autorità: egli ha necessità di stretti rapporti sociali, deve salvaguardare la sua rispettabilità e stornare ogni noia politica. Pietro Spina, aderendo al marxismo, attirandosi la condanna da parte dell'autorità, si è messo contro la società gettando il discredito sulla famiglia, e chi maggiormente ne risente è don Bastiano. Pietro è stato in fuga per il mondo con documenti falsi e ha lottato per il partito degli operai: questo il suo delitto agli occhi della società onorata. Donna Maria Vincenza invoca i vincoli di sangue per tentare di smuovere don Bastiano in favore di Pietro e giunge a dargli del vigliacco. Mentre la gente, cieca e superficiale, che conosce solo la legge del bisogno, non potrà mai capire come uno si dia al rischio quando in famiglia gode di buone risorse. Pietro Spina, don Pietruccio, non può che essere considerato pazzo, o stravagante. «Che cosa possiamo saperne noi? Forse è andato in giro a vedere se esiste miglior pane che di grano, miglior vino che d'uva, miglior caldo che di femmina. Non si sa mai.» Con la nonna si è svolto il colloquio decisivo di Pietro, che ha deciso di seguitare nella vita di ribelle, di rifiutare ogni perdono e ogni ritorno all'ordine. La scelta, egli dice, è dovuta al destino, forse al sangue. Le sue parole sono sofferte e donna Maria Vincenza capisce. Egli aggiunge, in un eccesso di scrupolo, che è persino facile stare fuori dalla legge, perché non c'è altro da fare che dire «no». Forse questa facilità lo ha attratto? In realtà egli vive in una sorta di segregazione, come «un cristiano in convento». Col nemico ha rotto ogni possibilità di trattativa, di compromesso. Il nemico è la dittatura, il fascismo, tutto quello che distrugge l'uomo, e la lotta non può che essere totale e senza quartiere.

Il motivo della terra scaturisce dalla segregazione di Pietro, costretto in nascondigli sperduti nella scabra campagna. Lì tocca con mano la sua terra, la vera zolla, in una scoperta appassionata, minuziosa, quasi microscopica, dovuta allo sguardo ravvicinato cui è obbligato. Gli si rivela un microcosmo, come un mondo in miniatura. «Non avevo mai pensato che una zolla di terra, osservata da presso, potesse essere una realtà così viva... La stranezza è giusta: sono nato qui, in campagna, e poi ho viaggiato mezza Europa, sono stato una volta, per un congresso, fino a Mosca; quanti campi, quanti prati ho dunque visto...; eppure non avevo mai visto, in quel modo, la terra... Quale avvenimento emozionante fu per me un mattino la scoperta, in quella zolla di terra, d'un chicco di grano in germoglio.»

Da qui nascerà il titolo del romanzo, mentre questa scoperta mostra come ci sia in Pietro quasi una infantile umanità e un candido senso della poesia. Gli eroi di Silone, infatti, posseggono questo fondo umano, che li arricchisce.

Pietro si identifica col seme: stessa labilità di vita, stessi pericoli, stessa naturalezza di esistenza; e la scoperta, in effetti, va nella direzione della stessa vita, intesa come un miracolo che scaturisce dalla terra scavalcando ogni minaccia e ponendosi come un valore eterno: quella terra che è sentita come una madre che alleva e un pane che nutre. «Da due o tre settimane agli occhi di Pietro l'intera contrada sembra un'altra, sembra una tiepida pasta di pane che comincia a lievitare. L'inverno è passato, e già la tortorella col suo gemito timido e dolce ha annunziato la primavera. Il fico ha gettato le prime foglie nuove e il grano verde tinge di verde l'aria...»

*

Il romanzo, fondato soprattutto sul dialogo, fatica a darsi un ritmo narrativo. Il dialogo in Silone non racconta ma tende a dimostrare e illustrare, a perorare. I personaggi per la gran parte restano ombre immobili caricate di un destino e di una funzione immutabile. Svolgono parti fisse contro le quali può poco l'evolvere delle vicende. La fantasia di Silone è bloccata in una struttura che è prima di valori che di accadimenti. I personaggi sono chiamati a scavare in loro stessi e nelle loro passioni secondo una direzione unica, e la loro parola svolge continuamente lo stesso tema. Il dolore, il destino, la pena, sono istituiti sino dall'inizio e tali restano: gli accadimenti li confermano, offrono stimolo oratorio, mentre il dramma ribadisce se stesso, le sue radici, i suoi abissi.

I fatti narrati, nella loro asciuttezza, trovano difficoltà nel connettersi e nel fondersi. Affiorano disarmonia, sospetti d'improbabilità, dovuti alla difficile naturalezza del racconto, traversato massicciamente dai dialoghi, i quali, nei punti più convincenti, si nutrono di ideologia. L'autore vuole mostrare come venga schiacciato l'uomo libero dalle forze politiche, da quelle sociali e storiche, persino da certe grette tradizioni, mentre restano intatti il suo idealismo, la sua fiducia, il suo spirito di sacrificio. La dimostrazione avviene più a parole che a cose, mentre si diffonde felicemente la vena dello scrittore sul paesaggio e sulla pittura del tempo storico e dell'ambiente, col tratto naturalistico che si diceva, benché qua e là gravato di veli grotteschi, quasi surreali, dovuti non a un progetto generale ma all'insistenza sul dettaglio, nata dall'affetto, dal gusto della verità e della minuzia, dalla probità dell'intento morale.

Va anche rilevato che il romanzo è molto ampio, pletorico, ipertrofico si vorrebbe dire. L'ambizione dello scrittore è evidente, e lo è ancor più se si pensa al dittico che questo romanzo forma col precedente, come si diceva, talché qualcuno si è chiesto perché non si fossero stampati insieme *Vino e pane* e *Il seme sotto la neve*, i due libri di Pietro Spina. I due romanzi si avvicinano alle mille pagine, che è traguardo vertiginoso, tale da smuovere nella memoria i ricordi insieme dei più grandi classici e dei più diffusi romanzi di consumo. Silone non sta né con gli uni né con gli altri, ma con coloro che hanno usato la letteratura come nobile e duraturo strumento di battaglia civile, fiduciosi nell'alleanza tra poesia e passione, letteratura e verità, e fedeli al legame coi luoghi d'origine e il loro spirito, in questo caso profondamente cristiano («...qui, le bestie l'aria l'acqua la terra il vino la cenere l'olio la polvere della strada, tutto è, per così dire, cristiano...»)

Il seme sotto la neve ha avuto tre stesure, testimoniate dall'edizione Capolago (Lugano, '42), da quella Mondadori ('50) e dalla nuova Mondadori ('61). *Vino e pane* ne ebbe due; mentre è noto con quale tenacia, con quale scrupolo morale e artistico Silone tornasse sui suoi testi per migliorarli, per renderli più prossimi alla sua accresciuta maturità e al sentimento del presente. *Il seme sotto la neve*, ha scritto Luce D'Eramo, dal '42 al '61 ha assunto «chiave diversa», da «soggettiva, estroversa e impetuosa», divenuta via via più introversa e contratta, avviata alla «complessità consunta» dell'ultima edizione. L'incontentabilità di Silone è al tempo stesso un fatto stilistico e morale, un inseguimento della perspicuità artistica e di quella verità che sappiamo continuamente costretta al confronto col presente e con l'evolvere dell'artista nella realtà del proprio tempo.

Claudio Marabini

Ignazio Silone

La vita

Ignazio Silone, pseudonimo di Secondino Tranquilli, nacque il primo maggio del 1900 a Pescina dei Marsi, in provincia dell'Aquila. Il padre era un piccolo proprietario terriero, la madre una tessitrice. Silone perdette la madre nel terremoto della Marsica, all'inizio del 1915; il padre era morto un anno prima. Compì i primi studi al paese natale, fu convittore nell'Istituto Pio X di Roma, quindi ospite al pensionato di don Orione a San Remo. Frequentò il Ginnasio-Liceo di Reggio Calabria.

Prese parte molto giovane alla prima attività organizzativa dei lavoratori agricoli dei suoi luoghi, la condizione dei quali si rispecchia nel romanzo *Fontamara*. Scorci di quella attività si possono raccogliere in alcuni racconti e saggi di *Uscita di sicurezza*, assieme al suo giudizio e alle sue reazioni alla vita familiare e sociale. La sua fu una contestazione globale della vecchia società e delle sue istituzioni. «Sono nato e cresciuto in un comune rurale dell'Abruzzo, in un'epoca in cui il fenomeno che più mi impressionò, appena arrivato all'uso della ragione, era un contrasto stridente, incomprensibile, quasi assurdo, tra la vita privata e familiare, ch'era, o almeno così appariva, prevalentemente morigerata e onesta, e i rapporti sociali, assai spesso rozzi odiosi falsi...»

Interrotti gli studi, Silone si trasferì a Roma e iniziò l'attività politica. Durante la guerra (1917) fu direttore del settimanale socialista e pacifista «Avanguardia»; più tardi redattore del «Lavoratore» di Trieste. Al congresso di Livorno (1921) aderì al partito comunista e fu attivo dirigente della Federazione Giovanile. Dopo l'avvento del fascismo, fu accanto ad Antonio Gramsci come attivista clandestino. Dopo l'arresto del fratello si rifugiò all'estero, dove proseguì l'attività antifascista, incorrendo nell'espulsione da vari paesi. Rappresentò più volte il movimento comunista italiano con Togliatti a Mosca, nelle riunioni del Komintern. Dopo un breve soggiorno in Francia, si stabilì prima a Locarno, quindi a Zurigo, dove restò quindici anni.

Intorno al 1930 si staccò dal movimento comunista; ciò in seguito alla svolta politica staliniana, che aggravava il carattere tirannico dell'organizzazione comunista internazionale. Ne derivò una profonda crisi, che investì le basi ideologiche su cui si fondava la sua azione politica, risuscitando in lui gli impulsi cristiani e libertari da cui era partita la sua contestazione iniziale.

Silone non cessò pertanto dall'organizzazione e dai contatti con gruppi antifascisti e socialisti all'estero. Nel medesimo tempo maturò la sua vocazione di scrittore. Di questo periodo è la stesura di *Fontamara*, uscita in tedesco a Zurigo nel 1933. Seguiranno *Pane e vino*, in inglese (1936) e poi in tedesco (1937); successivamente, ancora in tedesco, *La scuola dei dittatori* (1938), *Il seme sotto la neve* (1941) e l'opera teatrale *Ed egli si nascose* (1944): attività creativa che, unita a quella di pubblicista, diede vasta notorietà a Silone all'estero.

Silone tornò in Italia dopo la liberazione ed entrò nel Partito Socialista. Fu deputato alla Costituente e direttore dell'«Avanti», organo del P.S.I., e di «Europa Socialista». Dopo la scissione, che segnò il distacco dell'ala socialdemocratica dal partito socialista (1948), Silone non seguì alcuno dei partiti rivali, pur manifestando la sua solidarietà con l'ideale del socialismo democratico.

Si dedicò quindi totalmente all'attività letteraria e pubblicistica. Man mano uscirono nuovi romanzi e saggi: *Una manciata di more* (1952), *Il segreto di Luca* (1956), *La volpe e le camelie* (1960), *Uscita di sicurezza* (1965), *L'avventura d'un povero cristiano* (1968).

Condiresse la rivista politico-letteraria «Tempo presente» (1952-1968) e presiedette l'Associazione Italiana per la Libertà della Cultura.

Si spense a Ginevra il 22 agosto 1978.

L'opera

C'è una linea ideale, che dal primo libro di Ignazio Silone, *Fontamara*, scritto nel 1930, giunge agli ultimi racchiudendo tutta l'opera intorno a un tema centrale: quello del riscatto dell'uomo da tutte le forze che tendono ad annullarlo, provengano esse dalle ataviche strutture feudali della società, dalla fatale prevaricazione dello Stato moderno o dalle minacce di una sempre più incombente civiltà tecnologica. Un riscatto che ha anche un aspetto economico, ma che è innanzi tutto morale, ponendosi la figura dell'uomo come una figura ideale, tesa addirittura ai più alti valori religiosi: quelli suggeriti da un cristianesimo pervaso dal fervore e dallo spirito messianico delle origini.

Questo tema centrale, che in *Fontamara* si risolse in un impianto corale di sapore veristico e nell'*Avventura d'un povero cristiano* in un canovaccio scenico d'ambiente medioevale, passando di libro in libro, da *Pane e vino* ('37) a *Una manciata di more* ('52), da *Il seme sotto la neve* ('45) sino a *Uscita di sicurezza* ('65), definisce non solo l'animo della letteratura di Silone ma anche la sua intima ed esterna struttura. Non c'è mai stato in Silone, infatti, un narratore puro. I suoi racconti e romanzi hanno uno scopo di denuncia, di protesta, di perentoria indicazione. Il documento narrativo a cui egli perviene tende sempre a un fine superiore; alla stessa maniera che nello scrittore il mondo morale dell'uomo politico prevale sull'artista e sul gusto del semplice godimento della pagina. Come i fatti narrati scoprono l'intima tensione alla denuncia e quindi all'azione pratica, così la pagina narrativa rivela nel suo interno il germinare del saggio. *Uscita di sicurezza*, composto di vari brani che vanno dalla narrativa il più possibile pura al saggio, è illuminante e può restare come il libro che meglio compendia la personalità dell'uomo e dello scrittore.

Letteratura «spuria», in senso alto, si potrebbe osservare. E se si pensa agli anni in cui *Fontamara* fu scritto, se ne coglie l'originalità e l'indipendenza dalla letteratura corrente, e il significato precorritore. Del resto *Fontamara* fu scritto alla macchia. Né il dopoguerra, malgrado tutte le polemiche, si sottrasse alle suggestioni antiche della pura letteratura. Silone ebbe maggiore successo all'estero che in patria e attese per molti anni una piena affermazione. Il carattere «spurio» di questa letteratura è in realtà la sua forza, il segno di una ricerca di sintesi tra uomo e scrittore, tra impegno politico-morale ed estro narrativo. È probabile che in Silone la nascita dello scrittore sia dovuta solo a particolari circostanze. Non si può disgiungere infatti la parabola ideologica da quella letteraria. Ma è anche vero che ciò non toglie al documento letterario una forza di suggestione che talora si identifica con la poesia. È la passione morale tradotta in termini duraturi, al di sopra delle contingenze storiche e dentro l'eterna sostanza dell'uomo.

Disse Silone in *Uscita di sicurezza*: «Lo scrivere non è stato, e non poteva essere, per me, salvo in qualche raro momento di grazia, un sereno godimento estetico, ma la penosa e solitaria continuazione di una lotta... E le difficoltà con cui sono talvolta alle prese nell'esprimermi, non provengono certo dall'inosservanza delle famose regole del bello scrivere, ma da una coscienza che stenta a rimarginare alcune nascoste ferite, forse inguaribili, e che tuttavia, ostinatamente, esige la propria integrità». E ancora: «Come ogni scrittore che concepisce la propria attività al servizio del prossimo, ho dunque cercato di rendermi conto, per me e i miei lettori... A questo fine, penso, han servito tanto i miei racconti che i miei saggi, tra i quali non sussiste differenza, se non tecnica.»

Silone tocca qui il punto centrale della sua letteratura. Ma non è detto che in certe pagine saggio e racconto non si fondano sino a dare la misura, secondo noi, del migliore Silone, in senso assoluto. Un esempio solo: la pagina dell'*Incontro con uno strano prete*, in *Uscita di sicurezza*, dove la narrazione dell'incontro tra don Orione e il giovanissimo Silone riesce magistralmente a inglobare una forte tensione morale e persino un impeto moraleggiante, che si allarga in una densa perorazione senza tuttavia infrangere l'equilibrio. È probabile che si debbano ricercare nell'opera dello scrittore questi momenti, attraverso cui includerlo in un'ideale galleria del «bello», quel «bello» a cui egli non tendeva e a cui debbono essere autorevolmente affiancati i documenti politici e morali, vale a dire il prodotto del saggista.

Verga, Alvaro, Jovine, sul piano più prettamente psicologico persino Dostoëvskij, sono le indicazioni di ascendenze che talora la critica ha dato. In effetti il verismo di Silone è quello di un separato, separato nello spazio e nel tempo. Separato dalla sua Marsica come – e assai più di un Alvaro e di un Jovine – dal tempo di un pur protratto e oramai critico verismo. Torna il discorso sulla funzione strumentale della sua narrativa: il documento terragno assunto come mezzo di «lotta». Si misura anche su questo l'ampiezza della separazione. La rappresentazione di dolori e di miserie che implicitamente perseguì il verismo, diviene in Silone netta denuncia: denuncia totale, che coinvolge tutto lo scrittore, il quale si fa tale per questo. Il «godimento estetico» è appannaggio successivo, si vorrebbe persino dire casuale. Lo scrittore è tutto al di fuori di quel mondo di poveri diavoli e di cafoni. È al di qua di una barriera che ne sancisce la definitiva lontananza, nella piena area dell'uomo contemporaneo, dibattuto tra forze tese ad annullarlo: dove ben più che miseria e precarietà economica e sociale deve registrare il passivo dell'uomo:

dove è lecito temere della sua pura e semplice sopravvivenza.

Silone tratta realisticamente la sua materia. L'osservazione vale per tutta la sua narrativa, anche se in *Fontamara* il suo realismo ha uno spicco veristico che poi si attenua. Questo realismo non disdegna situazioni romantiche. Nel contesto esse si allargano in vicende d'affetto e d'amore. L'amore è inteso da Silone come sentimento idillico. A cominciare dalla Elvira di *Fontamara* e dalla Ortensia del *Segreto di Luca* si possono annoverare limpide figure, le quali creano zone segrete, dove gli eroi siloniani quasi dimenticano loro stessi e i richiami della Storia. Valga specialmente l'amore infelice di Luca e Ortensia, la sua vittoria contro il tempo e poi anche contro la morte.

A fianco dei protagonisti si stagliano personaggi minori sui quali, sottratti spesso alla missione che anima gli eroi, si esercita maggiormente il tono veristico del racconto, certa vena bozzettistica paesana, che può avvicinare la narrativa di Silone alla narrativa meridionale.

La lingua in cui Silone ha realizzato la sua letteratura è una lingua media, che non muta registro passando dalla narrativa alla saggistica. Tranne *Fontamara*, dove il racconto è messo direttamente in bocca ai cafoni, la restante opera si esprime nell'italiano dell'uso corrente, schivo nello stesso tempo dei toni alti del dramma e di quelli bassi della commedia. Quanto di comico può talora affiorare, si realizza nei modi dell'ironia. Questa lingua non scende all'anacoluto, non orecchia il dialetto, è rispettosa della grammatica e della sintassi, usa un lessico, tranne rarissimi casi, accessibile e sostanzialmente comune.

Il passaggio alla saggistica, come si nota in *Uscita di sicurezza*, avviene pianamente, come pianamente la struttura narrativa si dissolve nella tematica ideologica e didascalica del ragionamento e del dibattito polemico. Il saggio morale, politico e sociale consente allo scritto e la trattazione diretta della materia ideologica, nell'opera narrativa affidata all'azione dei protagonisti. L'eloquenza dei fatti si trasferisce nel fervore didascalico. Perciò la saggistica non è meno trascinante di un riuscito racconto. Animata da un'onda intima, è colma di una profonda vena autobiografica e sospinta dallo stesso imperativo morale e civile che nutre i personaggi dei romanzi.

Bibliografia

OPERE DI IGNAZIO SILONE

Narrativa

Fontamara, Zurigo 1933, Basilea 1934 (in tedesco); Parigi-Zurigo 1934 (in italiano); Roma, Faro 1945; Milano, Mondadori, 1949.
Pane e vino, Londra 1936 (in inglese); Zurigo, 1937 (in tedesco); Lugano 1937 (in italiano). Prima edizione in Italia, completamente riveduta e col titolo *Vino e pane*, Milano, Mondadori 1955.
Il seme sotto la neve, Zurigo 1941 (in tedesco); Lugano 1941 (in italiano); Roma, Faro, 1945; Milano, Mondadori 1950, 1961 (interamente riveduta).
Una manciata di more, Milano, Mondadori, 1952.
Il segreto di Luca, Milano, Mondadori, 1956.
La volpe e le camelie, Milano, Mondadori, 1960.
L'avventura di un povero cristiano, Milano, Mondadori, 1968.
Severina (a cura e con testi di Darina Silone), Milano, Mondadori, 1981.

Saggistica

Der Faschismus: seine Entstehung und seine Entwicklung, Zurigo 1934.
La scuola dei dittatori, Zurigo 1938 (in tedesco); Milano, Mondadori 1962.
L'eredità cristiana: l'utopia del Regno e il movimento rivoluzionario (conferenza tenuta a Roma nel 1945).
L'Abruzzo, in "Abruzzo e Molise" ("Attraverso l'Italia", XIV), Milano, Touring Club Italiano, 1948.
Testimonianze sul comunismo, Comunità, Torino, 1950.

La scelta dei compagni, Torino, "Quaderni" dell'Associazione Culturale Italiana, 1954.
Un dialogo difficile, Roma, Opere Nuove, 1958.
Uscita di sicurezza, Firenze, Vallecchi, 1965.
Ecco perché mi distaccai dalla Chiesa, in "La Discussione", 31 ottobre 1965, e in "La Fiera Letteraria", 7 novembre 1965.

Teatro

Ed egli si nascose, Zurigo-Lugano 1944; Roma, Documento, 1945; in "Teatro", n. 12-13, 1 luglio 1950.
L'avventura d'un povero cristiano (dall'omonima opera narrativa), in "Il Dramma", 12 settembre 1969.

PRINCIPALI SCRITTI SU SILONE

G. Pampaloni, *L'opera narrativa di Ignazio Silone*, «Il Ponte», Firenze, gennaio 1949;
E. Cecchi, *Di giorno in giorno*, Milano, 1954;
W.B. Lewis, *Introduzione all'opera di Ignazio Silone*, Roma, 1961;
Irving Howe, *Politica e romanzo*, Milano, 1962;
G. Bàrberi Squarotti, *La narrativa italiana del dopoguerra*, Bologna, 1965;
Antonio Russi, *Gli anni della antialienazione*, Milano, 1967;
Claudio Varese, *Occasioni e valori della letteratura contemporanea*, Bologna, 1967;
F. Virdia, *Silone*, Firenze, 1967;
G. Manacorda, *Storia della letteratura italiana contemporanea* (1940-1965);
A.N. Marani, *Narrativa y testimonio: Ignazio Silone*, Buenos Aires, 1967;
C. Marabini, *Gli anni sessanta, narrativa e storia*, Milano, 1969;
M. Mariani, *Ignazio Silone*, in *Letteratura italiana - I contemporanei*, vol. III, Milano, 1969;
A. Scurani, *Ignazio Silone*, Milano, 1969;
G. Petrocchi, *Letteratura abruzzese contemporanea*, Pescara, 1970;
L. d'Eramo, *L'opera di Ignazio Silone*, Milano, 1971;
C. Annoni, *Invito alla lettura di Silone*, Milano, 1974;
Alei, Bernardoni, Di Vanna, Piaggesi: *Socialista senza partito Cristiano senza chiesa*, Alba, 1974;
G. Viti, *Il romanzo italiano del Novecento*, Firenze, 1974;

G. Rigobello, *Ignazio Silone*, Firenze, 1975;

P. Aragno, *Il romanzo di Silone*, Ravenna, 1975;

A. Gasparini - A. Gentile, *Silone tra l'Abruzzo e il mondo*, L'Aquila, 1979;

E. Guerriero, *L'inquietudine e l'utopia*, Milano, 1979;

G. Spadolini, *L'Italia dei laici* (Firenze, 1980);

S. Marelli, *Silone intellettuale della libertà* (Rimini, 1989).

AA.VV., *Silone scrittore europeo* (Atti del convegno di Pescina – 8-10 dicembre 1988 – con contributi di Pampaloni, Luzi, Mauro, Valitutti, Garosci, Volpini, Petroni, Circeo, Pomianoski, Neucelle, Piccioni, Barberini, Gasbarrini), in «Oggi e domani», Pescara, aprile 1989.

PRINCIPALI SCRITTI SU «IL SEME SOTTO LA NEVE»

G. Piovene, *Moralità di Silone*, in «Città», Roma, febbraio 1945

L. Bigiaretti, *Silone* in «Avanti!», Roma, agosto 1945

G. Bellonci, *Silone* in «Libera Stampa», Roma, 7 settembre 1945

F. Iovine, *Silone ultimo*, in «Italia che scrive», Roma 29 ottobre 1945

T. Guerrini, *Ritrovamento di Silone*, in «Aretusa», Napoli, novembre 1945

C. Turniati, *Silone* in «Il Ponte», Firenze, maggio 1946

P. Citati, *Ignazio Silone romanziere*, in «Noi socialisti», Milano, giugno 1948

G. Sigaux, *Silone l'heretique*, in «Combat», Parigi, 10 agosto 1950

C. Salinari, *Simboli e personaggi di Silone*, in «Vie Nuove», Milano 15 febbraio 1962 (poi in *Preludio e fine del realismo in Italia*, Napoli, 1967)

F. Virdia, *Un romanzo di Silone*, in «La voce Repubblicana», Roma, 5 maggio 1962

Il seme sotto la neve

A Darina

I

«Allenta la martinicca, Venanzio. Non senti come stridono le ruote?»

«La martinicca è allentata, signora; anzi, a dir la verità, è rotta e non stringe più. Signora, questa tramontana odora di neve.»

«Attento alle fosse, Venanzio, non guardare in aria.»

La vecchia carrozza signorile degli Spina va avanti penosamente, a strappi e scossoni, sulla stradetta di campagna che congiunge il villaggio di Colle a quello di Orta. La strada è priva di fondo battuto e nei lunghi mesi della stagione invernale diventa spesso impraticabile, fuorché al bestiame e ai carri dei contadini, che nella contrada sono a due ruote, molto alte. La malcapitata carrozza degli Spina è invece d'una foggia antiquata, ormai rara, con le ruote anteriori più piccole delle posteriori, col guscio dimezzato o, come dicono i francesi, coupé, chiuso e riparato anche davanti, e rivestito d'un cuoio nero sdrucito e scolorito, quasi verdastro, e con gli sportelli protetti da tendine bianche ricamate. Venanzio siede rannicchiato sulla cassetta, ma ha più l'aspetto d'uno stalliere che d'un cocchiere. Egli è avvolto da un mantellaccio col bavero di capretto rialzato attorno alla nuca e alle orecchie e, poiché tiene il cappello calcato fino sugli occhi, del suo viso si scorge solo un musetto puntuto, da topo, con due lunghi e sottili baffi grigi. A ogni arresto brusco dei cavalli o sprofondamento delle ruote, la carrozza stride e cigola in tutte le giunture di cuoio e di metallo, come se dovesse scomporsi e andare a pezzi. Dentro la carrozza si trova donna Maria Vincenza Spina, tutta infagottata di coperte e scialli di lana e sostenuta ai fianchi da due grandi cuscini. La vecchia signora batte i denti per l'aria gelida che s'infiltra attraverso le scuciture del mantice e gl'interstizi degli sportelli e si lamenta a ogni sobbalzo un po' più forte.

« Bada almeno alla cunetta, Venanzio » implora la signora. « Adesso dove vuoi salire, sul mucchio di breccia? Dio ce la mandi buona. Che impresa, Vergine Addolorata, che spedizione, alla mia età. »

« Va bene, signora, va bene. A che ora dovremmo essere sul posto? Non siamo partiti troppo presto? Sopra Forca, signora, guardi un po', già nevica e come. »

« Attento al fosso e non guardare in aria, Venanzio. Povera me, avevo creduto di poter recitare strada facendo qualche posta del rosario, ma è già molto se non mi scappano improperi. »

« Signora mia, questa non è una strada da cristiani, ma una fossa di fango. Come faccio a indovinare le buche e i sassi? Sotto neve, al ritorno, saranno dolori. »

« Be', se non serve a nulla, Venanzio, non andare a zigzag, allenta le redini e lascia fare ai cavalli, che sono più intelligenti di noi in queste cose. »

La stradetta in cui la malcapitata carrozza si arrabatta, è ricoperta d'una spessa melma argillosa, con profondi solchi e pozzanghere, ed è fiancheggiata da due file di salici nani, ma tozzi, con la testa spoglia nodosa contorta, somigliante a ferraglia arrugginita. Frotte di piccoli passeri saltellano da un albero all'altro, senz'altro rumore che il lieve fruscio delle ali. La campagna tutt'intorno è deserta, grigia, come cosparsa di cenere. Da un lontano pagliaio nero un cane invisibile latra a lungo contro l'insolito veicolo. A un certo punto, c'è uno spiazzo con un abbeveratoio per le bestie, e la strada si biforca; a sinistra sale rapidamente fino a mezza costa d'una collina sassosa, tra vigneti bassi e nudi e alberelli scheletrici, e conduce a Orta, ch'è in uno stretto avvallamento subito dietro la collina; a destra scende dritta, fiancheggiata da due file di altissimi pioppi, tra vasti campi da alcuni giorni impaludati per lo stripamento d'un fiumiciattolo in piena. Appena donna Maria Vincenza si è accorta che la carrozza piega verso destra, l'ha fatta fermare.

« Venanzio, che ti viene in mente? Dove mi porti? »

« Signorìa non m'ha detto che dobbiamo incontrare qualcuno sulla strada del mulino vecchio? »

Egli dice "qualcuno" con sospetto e timore.

« Ma no, Venanzio, non impicciarti di certe cose. Adesso andiamo a Orta, da mio figlio. »

« Andiamo da don Bastiano? Egli pure è al corrente? » esclama Venanzio rassicurato.

La strada che sale sulla collina, a causa del pendio, è meno fangosa, ma non meno disagevole, essendo imbrecciata di fresco con grossi ciottoli; e perciò i cavalli sbuffano, sudano, schiumano a tirare avanti, specialmente uno d'essi che sembra azzoppato. Venanzio ferma la carrozza due o tre volte per lasciar riprendere fiato alle bestie.

A un certo punto, da un'accorciatoia che sale tra le vigne, sbuca sulla strada rotabile una fila di asini cavalcati da cafoni anch'essi di Colle. Uno dietro l'altro essi si accodano alla carrozza. Gli uomini, in maggioranza anziani, avvolti in cappotti neri sdruciti terrosi, avanzano dondolandosi lentamente, secondo il passo degli stanchi somari. Questi sono magri bruni e alcuni di essi così meschini che i piedi di chi li cavalca sfiorano quasi la strada.

« Eh, pur voi andate a Orta? » grida Venanzio.

"A Orta, sì, alla benedizione degli animali. Credi che il tempo si manterrà? Sulla valle di Forca già nevica" vociferano vari di quelli.

« Sì, presto cadrà la neve, era tempo » dice uno.

« E che t'aspettavi, farina? Sono cose che succedevano una volta ai giudei. »

« Se non nevica a gennaio, quando dovrebbe nevicare? Sant'Antonio non ha freddo. »

« Certo, certo, ma il prete è vecchio. »

« E se fa molto freddo, anche l'acqua benedetta può gelare. Non sarebbe la prima volta. »

« È vero, però l'acqua si può sempre riscaldare, non sarebbe nemmeno la prima volta. »

« Una benedizione riscaldata? Ahi, ahi. Una grazia riscaldata? Ahi, ahi. Poveri asini nostri, che male hanno fatto?

A causa del cavallo azzoppato, che Venanzio non vuole forzare, nella salita tra le vigne la carrozza procede quasi a passo d'uomo e così finisce con l'essere attorniata dall'intero gruppo di cafoni in groppa ai loro asinelli. È come una scorta imprevista, stracciona e cortese, attorno all'invisibile signora. Un fitto vocìo si alza dalla scorta.

« O Venanzio, anche donna Maria Vincenza manda i cavalli a benedire?» grida uno. «È una fatica che poteva risparmiarti.»

«Perché? Che idea, pure i cavalli sono bestie» protesta Venanzio.

«Chi dice di no? Però la benedizione di Sant'Antonio è stata sempre specialmente per gli asini, quest'è risaputo.»

«È vero, ma i cavalli non sono mai stati esclusi, c'è sempre stato qualche cavallo alla benedizione, ognuno se lo ricorda.»

«E perché i cavalli non dovrebbero esser benedetti? Non sono bestie pure loro?» grida un altro.

«Chi vuole escluderli? Ma i cavalli, ecco, non ne hanno bisogno. Gli asini sono asini e i cavalli, cavalli; è una vecchia paglia; c'è una differenza, e chi non lo sa?»

«I cavalli mangiano fieno e semola con fave, e gli asini paglia; c'è una differenza, e chi non lo sa?»

«Tutte le bestie in fondo sono bestie, hai voglia a dire.»

«Ma i cavalli vivono e lavorano solo una quindicina d'anni, e gli asini, pur essendo più fiacchi, da venticinque a trenta, quasi il doppio.»

«Aggiungi che i cavalli, se sono ammalati, corre il veterinario con la valigetta; gli asini invece sono proprio come i poveri cristiani, paglia bastonate e amen.»

«Invece del veterinario e della semola, gli asini hanno però la protezione speciale di Sant'Antonio, è anche una bella cosa.»

«Il mio preferirebbe la semola, la pensa così, che volete farci?»

«A questo mondo non si può aver tutto, o questo o quello.»

«Chi asino nasce, asino muore. Non cambia nulla, finché non cambia questo. Ma può cambiare?»

«Se la benedizione non serve al corpo, serve almeno all'anima, questo non si può negare.»

«All'anima dell'asino? Ahi, ahi, ahi.»

La signora tira da parte la tendina di uno sportello e sporge fuori il viso:

«Be'» chiede «che cosa vogliono dire tutte queste chiacchiere? Si può sapere?».

«Oh, donna Maria Vincenza, i nostri rispetti. Buon vespero a Signorìa. Salute, donna Maria Vincenza, salute. Una stradaccia simile, che strapazzo all'età di Signorìa.»

Il viso pallido e triste della signora torna a scomparire nell'interno della carrozza. La tramontana si fa veemente; in quel tratto di strada il vento soffia giorno e notte, con tutte le stagioni, e l'andatura dei cavalli e degli asini si fa ancora più lenta e faticosa. All'ultima svolta prima della sommità della collina, dalla strada si stacca una mulattiera che serve di scorciatoia. Gli uomini sui somari, l'uno dietro l'altro, vi si incamminano, vincendo la ritrosia delle bestie con calci ai fianchi, colpi di cavezza e grida gutturali di "Ah, ah, ah." Solo uno di essi continua sulla strada rotabile.

"Te la prendi comoda" gli gridano in vari guardandosi indietro.

« Il mio asino non ce la farebbe » egli si scusa.

Fino a quel momento egli se ne era rimasto silenzioso, confuso nel gruppo. È un uomo dall'apparenza non meno misera degli altri, ma alquanto più alto di essi, e con un viso tagliente, fine, arguto. Egli si avvicina alla carrozza e chiama la signora in tono confidenziale.

« Donna Maria Vincenza » dice « ha poi risaputo qualcosa di quel povero nipote? »

« Sei tu, Simone? » risponde la signora. « Ogni volta stento a riconoscerti. Dio, come ti sei ridotto. »

« È stato almeno ritrovato il corpo? » insiste Simone. « Gli è stata data sepoltura? Donna Maria Vincenza, non so se lei ha fiducia in me. »

« Magari potessi averne altrettanta nei miei » risponde la signora senza esitare. « Però cosa può dirti una vecchia che si avvicina agli ottanta? Che sia fatta la volontà di Dio. »

Simone si aggrappa allo sportello della carrozza e aggiunge sottovoce:

« Ma noi, signora, non c'è nulla, proprio nulla da fare? »

« Pregare. »

« Non ci resta proprio altro? »

« Sì, quando si è soli e in casa propria, piangere. »

« Signora, se ha bisogno di me, anche se si tratta d'andare in galera... »

Un centinaio di metri prima di Orta la strada è alberata da carri e traini con le stanghe all'aria. All'entrata del paese anche il fango diventa domestico e umano. Il vicoletto è fiancheggiato da stalle fetide e casucce imputridite, contro le quali sono addossati mucchi di letame resti di cucina spazzatura cocci altri rottami, mentre nel mezzo della via, che è costruita a forma di basto rovescio, scola un rigagnolo nerastro che trasporta con sé detriti in disfacimento. La piazza davanti alla chiesa di Sant'Antonio è già gremita di gente e di bestiame, come un'arena; donna Maria Vincenza, per nascondersi alla curiosità della folla, l'attraversa lasciando tese le tendine degli sportelli e tarda a mostrarsi anche quando la carrozza si ferma all'altra estremità, presso la casa di suo figlio. Il suo arrivo è accompagnato da un lungo mormorio della folla, che cessa appena la signora sporge la testa dallo sportello. Don Bastiano e donna Maria Rosa, la moglie, accorrono per aiutare l'inaspettata visitatrice a scendere dalla vettura e la sorreggono nel salire la breve scala esterna che conduce in casa.

Don Bastiano non nasconde il suo malumore.

« Stai anni senza farti vedere, madre, neppure di estate, ed ora, nel mese di gennaio e con quella stradaccia, è la terza volta che arrivi all'improvviso. Che deve pensare la gente? »

« Figlio mio, devo parlarti, la gente non m'interessa. »

« Potevi mandarmi a chiamare, sarei venuto da te, senza dare nell'occhio. »

« Figlio mio, non potevo aspettare. Ti spiegherò. »

« Be', vedremo poi che altra pazzia hai da propormi: ora vieni, riposati, riscaldati vicino al camino. »

« Tu intanto, figlio mio, va giù a dare un'occhiata ai cavalli e di' a Venanzio che non s'allontani troppo. »

Dopo essersi tolti i mezzi guanti che le proteggono le dita fino alle nocche e aver deposta la sciarpa e la mantellina di lana nera, donna Maria Vincenza si accomoda lentamente, come se le giunture le facessero male, su un seggiolone di legno accanto al camino. I suoi movimenti hanno una grave e come improvvisa pesantezza, appena dissimulata dall'abbondanza di stoffe dell'antiquato abbigliamento. Ella deve restare un po' di tempo senza parlare a causa del frequente e affannoso respiro che le solleva il petto.

« Alla tua età, madre, invece di riposarti, perché t'imponi questi strapazzi? Chi te lo fa fare? » piagnucola la nuora. « Hai visto quanta gente è venuta per la benedizione? » aggiunge ridendo. « È tutto merito del curato. »

Donna Maria Vincenza è costretta a tirarsi un po' indietro con la sedia, a un lato del camino, per salvare la gonna dalle faville della legna crepitante sugli alari. Il camino è nero, alto e vasto, nello stile chiamato alla fratina, col piano quasi rasente il pavimento e la cappa così ampia da poter accogliere attorno a sé una decina di persone. La stanza è illuminata in parte da una finestrella poco più grande d'una feritoia, e in parte dal riverbero rossastro e intermittente del fuoco, e la vecchia signora si trova nella zona d'ombra, come una massa oscura e indistinta contro la parete affumicata, una massa quasi violetta tra il camino e la parete. La sola cosa viva della sua persona restano le mani ch'ella protende verso il fuoco per rianimarle; mani esili lunghe scarne, avvizzite come vecchi sarmenti, agitate da un leggero tremore e, a osservarle meglio, un po' rattrappite; controluce, esse rivelano l'intreccio delle articolazioni leggermente deformate dall'artrite, con i ceppi e le divaricazioni delle vene ingrossate dalla sclerosi. Solo il cerchietto della fede conserva la sua capacità e incide nell'anulare sinistro una cesura d'ombra.

Quando la nuora le mette nelle mani una tazza di bevanda calda e le chiede ridendo d'indovinare il nome, le mani l'accettano con diffidenza, ma dopo un po' la restituiscono col gesto di chi, su certe cose, non ammette scherzi.

« Che brodaglia m'offri? Un decotto di fieno? »

« Lo chiamano tè, madre. L'ho dovuto comprare per le visite di riguardo. Riceviamo molti forestieri, per ogni cosa si ha bisogno di loro, specialmente per gli appalti. Certo, di sapore è un po' sciocco. »

« Non dovresti invitarli. Che bisogno avete, Maria Rosa, di chiamare zingari in casa? »

« Ecco, puoi guardare la scatola. Non è mica a buon mercato. »

« Se non ti rincresce, Maria Rosa, a me dammi piuttosto mezzo bicchiere di vino, con un po' di pane abbrustolito. E prima ch'egli torni, Maria Rosa, raccontami che fa adesso Bastiano. Ha ottenuto l'appalto? »

Donna Maria Rosa aspettava quest'invito per cominciare a piangere.

« Devo dirti la verità? » dice tra i singhiozzi. « Ah, non ne so proprio nulla. Con me adesso scambia appena mezza parola al giorno, senza neppure guardarmi. Quasi ogni sera esce, senza dirmi dove, e torna tardi, delle volte a tal punto bevuto, che non riesce a salire da solo le scale. Si mette in furia per un sospiro e allora rompe quello che gli capita sotto mano.

Pensa un po', col prezzo che hanno adesso i piatti e i bicchieri. Io non esco quasi più di casa, soprattutto per non sentirmi commiserare dalla gente; perché, sai, c'è sempre chi ci gode. »

« Ah, adesso ha ripreso a rompere? »

« E c'è sempre chi ci gode » sospira la nuora asciugandosi le lagrime.

Donna Maria Vincenza spezza il pane abbrustolito e lo ammolla nel bicchiere di vino che le porge la nuora. È un vinetto leggero, frizzante, e contro il fuoco scintilla come un rubino. La nuora si è seduta e sta ora immobile proprio di fronte al camino, vestita dimessamente di scuro, come una povera massaia in un giorno di lavoro. La luce del fuoco mette in rilievo le sue caviglie gonfie, le mani ossute stanche posate sui ginocchi, il petto alto sporgente come una mensola e il faccione pieno e piatto, d'un colorito bruno terroso, simile alla scorza delle patate arrostite, atteggiato in un'espressione di rassegnazione e di lamento, con la bocca leggermente aperta e gli occhi rossi e pesti di chi piange spesso.

« C'è sempre chi ci gode » ripete con un sospiro come per chiedere la protezione della suocera. Ma quando riconosce il passo del marito per le scale, si asciuga in fretta gli occhi e si dà un contegno d'indifferenza.

« I tuoi cavalli vanno in rovina » dice don Bastiano alla madre. « Quello grigio (come si chiama, Belisario?) hai osservato che porcheria gli esce sotto la mascella? L'altro invece... »

A questo punto egli s'interrompe e scruta gli occhi arrossati della moglie. « L'altro? » dice donna Maria Vincenza; ma il figlio in piedi in mezzo alla stanza, non le fa caso. La luce cinerea della finestrella illumina la sua testa precocemente grigia e le sue forti spalle curve, mentre il riverbero del fuoco arrossa i tratti incavati della faccia malrasata. Dal fondo delle orbite affossate sotto i sopraccigli folti e ispidi si vede salire la collera.

« Hai pianto? » urla alla moglie. « Hai ripianto? Ti sei rilamentata? Quante volte devo dirtelo che non voglio vederti gli occhi rossi? »

« Non è vero, eh, domandalo a tua madre » implora la donna scoppiando a piangere e agitando le mani in segno di negazione. « Non è vero che ho pianto. »

«Via» urla l'uomo già fuori di sé indicando la porta. «Va' via, per Cristo, a chi parlo? Al muro?»

Egli mette mano a una sedia e fa per lanciarla, ma la moglie esterrefatta previene il colpo e si rifugia correndo nella camera vicina.

«Gente mia» mormora donna Maria Vincenza accorata «gente mia, a questo punto siete ridotti?»

«Non posso vederla piangere, ecco. Quando la vedo con gli occhi gonfi, perdo la testa e sarei capace di ucciderla. Dunque, ti dicevo, Belisario ha gli stranguglioni sotto la mascella. Devo far luce? In questa stanza si fa presto notte.»

«I primi tempi, Bastià, te ne ricordi? trovavi che Maria Rosa rideva troppo. È una sciocca, dicevi, ride per ogni mosca che vola. Bastià, aggiungi un po' di legna al fuoco, non vedi che spira? Che freddo, Dio mio, che gelo in questa casa.»

Egli ammucchia i tizzoni sugli alari e vi aggiunge due ceppi di faggio, quindi sbracia la cenere e i carboni accesi perché il fuoco pigli aria. Stando chino sul focolare, le sue congiuntive arrossate dall'alcool luccicano come se sanguinassero.

«Dimenticavo di dirti che aspetto visite» dice alzandosi in piedi a fatica. «Alcuni conoscenti, dei notabili, che vogliono assistere alla benedizione dal nostro balcone. Se a te, come immagino, non piace d'incontrarli, potrai restare qui, vicino al camino.»

«Oh, non aver paura, non mi farò vedere, non ti farò fare brutte figure.»

«Sai bene, madre, che non è per questo; anzi.»

Donna Maria Vincenza accenna un gesto e sorriso affettuoso per attirare a sé il figlio e parlargli in confidenza, ma questo l'interpreta male e reagisce con uno scatto del tutto sproporzionato e imprevisto.

«Basta coi lamenti» egli grida. «Sia inteso una volta per sempre, non posso, non voglio più soffrire piagnistei di donne attorno a me.»

Ma di fronte allo sguardo mansueto e addolorato della madre egli resta interdetto e cambia tono.

«Non dicevo naturalmente per te» aggiunge in fretta per scusarsi.

«Povero figlio mio» dice donna Maria Vincenza prendendogli una mano «a me mi rattrista di vederti sempre più angustiato. Come fai a vivere senza amici? Come puoi vivere tra gente che disprezzi e di cui diffidi? »

« Capirai, madre, sono negli affari e le mosche non si prendono con l'aceto » risponde don Bastiano con un gesto evasivo.

« Ma neppure con la minestra. »

« Anche questa, che vuoi, è un'arte: ingoiare amaro e sputare dolce. »

« Sei ricco, sei il primo proprietario del comune e non hai figli. Non potresti vivere in pace? »

Don Bastiano fa segno di no con la testa.

« Magari » dice « magari. Purtroppo chi è in ballo, deve ballare. Se adesso mi tirassi indietro, mi colpirebbero alla schiena. »

« Chi? »

« Gli amici. I cosiddetti amici. È una vera lotta al coltello. »

« Non capisco. »

« Non puoi capire. Vedi, madre, il mondo è cambiato. Adesso il nome di nascita non serve più. Il denaro serve ancora, ma a certe condizioni. Mediante un certo modo di applicare le imposte, l'autorità può rovinare qualsiasi proprietario. E vi sono gli appalti. T'ho già spiegato altre volte che le aste pubbliche sono state abolite. »

La madre l'interrompe.

« Che bisogno hai degli appalti? » dice. « Hai le tue vigne. »

« Un buon appalto rende più di dieci vigne. E sugli appalti non grandina. Se abbandono gli appalti a Calabasce, tra un paio d'anni quello mi porta via anche le vigne. Capisci? Non ho scelta. »

Per un momento la madre sembra convinta.

« Per avere l'appoggio di don Coriolano e degli altri chiacchieroni come lui » dice « ti è sempre bastata una damigiana di vino. »

« Ma adesso non sono più loro che comandano » spiega don Bastiano. « Essi sono rimasti in funzione per tenere i discorsi, ma chi regge le fila è gente nuova, cattiva. Madre, tu hai la fortuna di poter vivere appartata. »

« Neanche tu, figlio mio, hai mai voluto occuparti di politica. Quante volte volevano farti sindaco e tu hai sempre rifiutato? Volevi rimanere libero, dicevi. »

« Adesso nessuno è più libero, non lo vuoi capire? Anche se io non voglio occuparmi di politica, la politica si occupa di me. Non c'è via di scampo. Ma basta con questo argomento; non avevi detto che volevi parlarmi? »

« Sì, chiudi la porta. »

Dalle scale salgono confusi rumori di passi e voci.

« Oh, donna Maria Rosa, i nostri omaggi. Don Bastiano è in casa? Disturbiamo? »

« Benvenuti, buon vespro, salite, don Coriolano, chiamo subito mio marito. Che tempaccio, eh? »

« Donna Maria Rosa, ho portato con me due camerati, due gerarchi, perdonerà la licenza, due persone, parola d'onore, assai simpatiche. »

« Sì figuri, don Coriolano, è onore nostro. Di qui, per favore, entrate nel salotto, è riscaldato, sapete. Che tempaccio, eh? »

« Permetta, signora, che le presenti don Marcantonio Cipolla, cavaliere, e il nuovo segretario sindacale De Paolis, non ancora cavaliere, ma lo sarà presto, come lei può ben immaginarsi. »

« Piacere, signora, onoratissimi, felicissimi, non si scomodi, per carità. »

« L'onore è nostro, si accomodino di qui per favore, il salotto è riscaldato, il piacere è nostro. Che tempaccio, eh? Porto subito da bere, e cerco mio marito. »

« Non c'è fretta, signora; non c'è nessun treno che parte. Possiamo bere anche senza di lui » rispondono gli ospiti e ridono.

Don Bastiano ha chiuso la porta ed è venuto a sedersi vicino al camino, accanto alla madre. I due restano un momento in silenzio, l'una accanto all'altro con lo sguardo fisso sul fuoco. Il vento deve essersi nel frattempo fatto più violento, perché la gola del camino comincia a rinviare buffate di fumo.

« Che c'è di nuovo, madre? Si può sapere? »

La madre gli fa cenno d'avvicinarsi di più e gli mormora all'orecchio, con un filo di voce rotta dall'emozione:

« Bastià, sembra che quel povero ragazzo nostro sia vivo. Hai capito? Vivo. »

« No » egli risponde seccamente. « Pochi giorni fa sono stati ritrovati i suoi resti sulla montagna. Pochi resti, dilaniati dai lupi. »

« Così era stato creduto in un primo momento » corregge donna Maria Vincenza sottovoce. « In seguito non è stato difficile stabilire che si trattava d'una ragazza e precisamente di una figlia dei Colamartini, una certa Cristina. Invece lui è vivo. Capisci? Vivo. »

Don Bastiano resta immobile, con lo sguardo fisso sul fuoco; solo i tratti della faccia, nello sforzo per dominarsi, si contraggono e diventano ancora più duri; quindi lentamente si alza, e mentre la madre lo segue con uno sguardo in cui allo stupore s'accompagna rapidamente lo sgomento, egli, con gesti distratti e indifferenti, rimette a posto una sedia, riappende al muro un tegame, si sceglie un sigaro da una scatola, cerca un fiammifero in tutte le tasche e, poiché non lo trova, si china sul fuoco e accende il sigaro con un tizzone.

« Dovrei andare di là » dice alla madre con voce indifferente, come ricordandosi all'improvviso degli ospiti. « Capirai » aggiunge con un sorriso forzato « capirai, la buona creanza. »

« Bastià, per l'amore di Dio, non lasciarmi così, proprio ora, dopo quello che t'ho detto » lo supplica la madre afferrandolo per un braccio. « Vieni qui, siediti qui, sì, vicino a me, così possiamo parlare senza che ci sentano quelli di là. Non essere spietato, figlio mio, ascoltami, non fare quella faccia crudele da anima dannata. Dunque, mi senti? qualcuno della contrada in cui quel ragazzo nostro si trovava quando fu scoperto dalla polizia, è venuto a dirmi che nel momento della fuga egli non prese la via della montagna, come fu creduto da tutti e anche dalle autorità, ma si nascose nella valle, si nascose in una stalla, e ora si trova ancora vivo in quel nascondiglio. Sembra che nessun altro lo sappia, e nessun altro, all'infuori di noi due, dovrà saperlo. Noi dovremo far finta di essere rassegnati alla sua morte; già, Madonna Santa, a questo siamo ridotti, dovremo far finta. Intanto, dice quell'uomo, al più presto bisogna trovargli un rifugio più sicuro. Lui stesso, quell'uomo, è un poveraccio e naturalmente vuol essere pagato per il rischio. Ora, delle spese posso caricarmi io; ma, per il resto, io sono vecchia, e non sono pratica di certe cose, devi aiutarmi un po' anche tu. Mi stai a sentire quel che ti dico? »

Don Bastiano, curvo verso il fuoco, sembra assorbito nel disegnare cerchi sulla cenere maneggiando il soffione fatto di una vecchia canna da schioppo. La sua faccia contratta e indurita si è lentamente spianata e ha ripreso un aspetto noncurante.

« Bastià » lo supplica la madre « hai capito quello che ti ho detto? »

« Non una parola, madre » egli risponde come uno che allora si svegli, e affetta un sorriso di scusa. « Hai finito? Non hai nient'altro da dire? Adesso però è veramente tempo ch'io vada di là, ché gli ospiti mi aspettano. Vuoi venire anche tu sul balcone per vedere la benedizione? Credo che stia per cominciare. Quest'anno è venuta più gente del solito, è merito del curato, pretende Maria Rosa. »

Egli si alza e fa per andarsene; senonché donna Maria Vincenza lo riafferra per un braccio e lo trattiene, e poiché egli ha un gesto d'ira e fa per divincolarsi, ella, senza lasciarlo, riprende a parlargli con voce e con occhi supplichevoli:

« Figlio mio, non andartene così, te lo imploro. Se non hai pietà di quello scapestrato, ch'è pure figlio di tuo fratello, la buonanima d'Ignazio, cerca d'averne almeno per tua madre. Tu lo vedi, sono all'estremo limite delle mie forze. Sento nel petto un accoramento, non so che dirti, un crepacuore, una gramezza senza nome. Pensa un po', figlio mio, questa potrebb'essere l'ultima volta che ci parliamo. Siediti dunque qui, Bastià, vicino a me, ancora un momento. Anche se ho torto, abbi pazienza; se tu sapessi, figlio mio, quanta mi ce ne volle per farti grande. »

La vecchia signora parla a stento, e ogni tanto deve arrestarsi per riprendere fiato. Don Bastiano emette un profondo sospiro, si siede e allunga i piedi fin presso la brace per fare asciugare gli scarponi inzaccherati di fango. Un improvviso scampanare dalla vicina chiesa annunzia l'inizio della benedizione.

« Puoi forse immaginare che, per salvare un nipote, io voglia la perdita d'un figlio? » riprende a dire la madre con gli occhi pieni di lagrime. « Anche l'altra volta tu hai cercato di spiegarmi le nuove circostanze e la lotta in cui sei impegnato; certo, Bastià, non mi persuadesti, ma allora si trattava di cercare il cadavere e di dargli una sepoltura cristiana. Invece, adesso egli è vivo. Figlio mio, hai capito? Vivo. I tuoi ragionamenti dell'altra volta, anche se fossero stati giusti e non lo erano, scusami, adesso non servono più. Se tu vuoi dire che la sua adesione al partito degli operai fu una follia, ti do senz'altro ragione. Se intendi che quel suo girare per paesi con carte false è stata una stravaganza pericolosa, sono d'accordo. Lo vedi, Bastià, ti do ragione in tutto. Ma neanche tu, figlio mio, puoi darmi torto se aggiungo che, malgrado questo, egli è sempre uno dei nostri. Nessuna legge di governo può cambiargli il sangue. Noi siamo legati nelle ossa, nelle arterie, nelle viscere, l'uno con l'altro. Siamo rami dello stesso albero. L'albero esisteva già, figlio mio, quando il governo non esisteva ancora. Noi possiamo rifiutare, certo, di spartire le colpe di quel ragazzo; ma non il dolore.»

La vecchia parla con voce accorata e sempre più flebile, nel timore esagerato di essere ascoltata dalla stanza vicina, finché le sue parole diventano del tutto afone, intramezzate da lievi sibili, come nella respirazione degli asmatici, e quel che vuol dire acquista la sua intera evidenza solo nell'espressione del viso che accompagna e accentua ogni parola, aggiungendovi una intensità dolorosa.

«Bastià» sussurra la vecchia signora china verso il figlio «Bastià, veramente non riesco a capirti.»

L'uomo sta seduto accanto alla madre, un po' più innanzi e su uno sgabello più basso. Donna Maria Vincenza aspetta invano che egli dica una parola.

«Le famiglie» essa ricomincia a dire con pazienza, come se parlasse a un bambino «le famiglie esistono soprattutto per sostenersi nella tristezza. Se il vivere diventasse permanente allegria, continuerebbero a esistere le osterie, il cinematografo, la banda che suona in piazza, ci vuol poco a figurarselo; ma le famiglie? Io temo, esse sparirebbero ben presto. Bastià, devo confessarti la verità? Per la prima volta in vita mia, se per strada o in chiesa non mi riesce di evitare la gente e mi sento osservata, adesso mi vergogno, come tu non puoi figurarti. Non perché, bada bene, uno dei nostri abbia sollevato uno scandalo mettendosi contro il governo. Oh, agli occhi dei più, essere contro il governo, questo lo sai, non è mai stato un disonore, al massimo una pazzia, e, ad ogni modo, disgrazia o colpa, riguarda la persona e non la parentela. Mi vergogno, invece, e cerco di nascondermi agli occhi della gente, perché noi non abbiamo fatto nulla per soccorrerlo. Mi vergogno perché, appena arrivata la notizia della sua morte sulla montagna, noi non corremmo alla ricerca del corpo per inumarlo nella tomba di famiglia. Cristianamente, nella tomba di famiglia, accanto a suo padre e a sua madre. Sfidando ogni pericolo. Noncuranti di qualsiasi timore o rispetto umano. Bastià, mi stai a sentire? Be', se mi ascolti, non fare, ti supplico, quella faccia di sordomuto. Gli Spina, è vero, sono stati sempre conosciuti per la loro testa dura, le loro ossa dure, la loro scorza ruvida, ma anche per il loro cuore. Toccare uno di essi significò sempre dover affrontare tutta la famiglia. A te, figlio mio, adesso è rimasta solo la testa dura. Chi ti ha mutato il sangue? »

Ravvicinate e illuminate dal fuoco del camino, la testa di donna Maria Vincenza e quella di don Bastiano rivelano la stessa fattura: come modellata nell'avorio, quella della madre ha i lineamenti scarnificati, sottili, puliti, netti, con la pelle aderente alle ossa; la testa del figlio è una copia fedele, ma in argilla, una copia rudemente ingrandita, più forte, più incavata e non ancora del tutto rifinita, ancora un po' sporca.

« Hai paura della polizia? » gli domanda d'un tratto la madre. « Hai paura del carcere? Non sarebbe la prima volta, lo sai, che nella nostra parentela ci si aiuta anche contro la legge. Come te la facesti franca, tu, durante la guerra, quando si scoprì che avevi nascosto la metà del grano alla commissione delle requisizioni? Chi ti salvò dal carcere quella volta che, in un veglione di carnevale, rompesti un fiasco di vino sulla testa del povero Giacinto? In quell'occasione, il padre del ragazzo la cui vita ti lascia ora indifferente, proprio tuo fratello Ignazio, si presentò ai carabinieri fingendosi colpevole, finché il pretore, amico di famiglia, non mise le cose in chiaro e trovò un accomodamento. Hai forse paura di perdere il nuovo appalto? »

Donna Maria Vincenza aspetta invano e con ansietà crescente che suo figlio dica una parola, accenni un gesto, una smorfia, un segno qualsiasi. Con una stecca di legno egli scrosta dai suoi scarponi slabbrati e scalcagnati il fango risecco; con gesti indifferenti e distratti, come se fosse solo, ma gli occhi pieni di tenebre. La madre lo osserva stupita, atterrita, e poi d'un tratto riprende a parlargli con la disperazione di chi sente avvicinarsi la prova suprema della sua vita.

« Figlio mio » dice « non puoi essere da meno di un estraneo. Ti ricordi di Simone Ortiga? Appena si sparse la notizia, venne da me, mi offrì i suoi servizi. Anche poco fa, per strada, si è avvicinato alla mia carrozza... »

« Simone-la-faina? » esclama don Bastiano. « Bell'esempio che mi proponi. Vorresti che mi riduca come lui? »

Ogni speranza sembra svanita.

« Bastià » mormora la madre con voce dolente « Bastià, figlio mio, tu devi almeno renderti conto di questo. Tu introduci nella storia degli Spina una vergogna che finora, grazie a Dio, vi mancava. Vi sono stati, purtroppo, degli Spina stravaganti, violenti, alcolizzati, avari; tu sei tra essi il primo vigliacco. »

Di tutto il discorso della madre questa è la prima parola che don Bastiano mostra di capire. Donna Maria Vincenza lo vede repentinamente allibire e scattare in piedi, piombarle con i pugni chiusi fin contro il viso, e fuori di sé, come un indemoniato, gridare:

« Taci, taci, vuoi tacere? Se aggiungi una sola parola, come è vero Dio, ti prendo con tutta la sedia e ti butto per le scale. »

A queste grida appare sulla porta della cucina donna Maria Rosa, stravolta per lo spavento, ma il marito la fulmina con uno sguardo così collerico ch'ella subito si ritrae e richiude la porta dietro di sé. Dalle scale si sentono passi e voci di altri invitati.

"Salute, donna Maria Rosa, buon vespro, disturbiamo forse?"

« Benvenuti, buon vespro, don Michele, donna Serafina, che bella sorpresa di portare anche le signorine. Avanti, venite avanti, entrate nel salotto, sapete, è riscaldato. Che vento, eh? Accomodatevi, non fate complimenti. Vado a chiamare subito mio marito e porto da bere. »

Don Bastiano, nel parossismo dell'ira, va in lungo e in largo per la stanza, gettando a terra, rompendo quello che gli capita tra le mani, la caffettiera, il macinino del caffè, la saliera, alcuni vasi di conserva dalla moglie dimenticati sul tavolino; invano però si accanisce a voler aprire un solido armadio in cui sono chiusi a chiave le stoviglie e i bicchieri, riacquistati di recente; finché, esausto e trafelato, col volto paonazzo, quasi turchino, lo sguardo torbido, le mani che gli tremano come a un epilettico, si accascia in un angolo, su un piccolo sgabello, con la testa contro il muro. Esterrefatta donna Maria Vincenza guarda il figlio. Nella penombra, contro il muro, la testa di don Bastiano sembra un teschio, ma non nudo, non puro, un teschio sporco torbido ebbro, un teschio di dannato, spaventoso. Per il ribrezzo e la compassione donna Maria Vincenza chiude gli occhi. In don Bastiano la vampata di collera lentamente si spegne e lo lascia ansimante, esausto, depresso.

Vario tempo scorre prima che, ricordandosi della madre e gettando uno sguardo furtivo verso il camino, egli la vede inerte, le mani posate sulle ginocchia, la testa bianca supina sulla spalliera del seggiolone, gli occhi chiusi. Il pensiero che potrebbe essere morta, sembra riempirlo improvvisamente di panico. Dal suo angolo, e a causa dell'oscurità, non gli riesce di percepire se ella ancora respiri e muova le palpebre; e avvicinarsi non osa.

Mentre egli sembra riflettere sul da fare, riconosce il passo della moglie per le scale; esce in punta di piedi dalla cucina, le va incontro e le prende dalle mani un gran boccale di vino. « Servirò io gli ospiti » dice con una affabilità che per la sua inconsuetudine stupisce e commuove fino alle lagrime la povera donna. « Tu va' a occuparti di mia madre, e se le fosse successo... qualche cosa, chiamami subito. »

II

Don Bastiano trova il salotto vuoto, a parte il molto fumo di toscani sospeso a mezz'aria. Gli ospiti sono accalcati sul balcone che dà sulla piccola piazza, dov'è già cominciata la benedizione delle bestie. La piazzetta gremita è come un teatro in cui il pubblico è spettacolo di sé stesso. Don Coriolano, don Marcantonio e De Paolis fanno siepe sulla soglia del balcone, atteggiandosi in pose autorevoli e protettrici; accanto ad essi, per darsi anche lui importanza, il farmacista don Michele Canizza, piccoletto e calvo, ogni tanto tossisce, pur non essendo raffreddato, e senza maggiore necessità trae un grosso orologio di tasca. Il loro apparire ha suscitato nella piazza alcune esclamazioni di scandalo subito soffocate dallo zittìo timoroso della folla.

« Il lutto adesso dura poco in casa dei signori » grida qualcuno.

« La vostra presenza qui mi rassicura » mormora don Michele all'orecchio di don Coriolano. « Scusate se mi esprimo male, voi mi capite. Questo vento per caso vi disturba? »

« Vi capisco e vi elogio. Come va la farmacia? » domanda don Coriolano battendogli una mano sulla spalla.

« Devo confessarlo? Ero incerto se venire » continua don Michele sottovoce. « La farmacia va male, non perché manchino i malati, anzi; e per di più ho due figlie da maritare; dunque tirate i conti voi stesso. D'altronde, ci tengo a precisarlo, oggi è la prima volta che rimetto piede in questa casa, dopo lo scandalo. Alla notizia del vostro marito, ho detto a mia moglie: Sarafì, se don Coriolano, un uomo come lui, va in quella casa, e vi conduce due gerarchi, in un certo senso vuol dire che si può. Non so, cavaliere, se mi sono ben spiegato. »

« Vi ho capito, e i vostri sentimenti, permettetemi di dirvelo, don Michè, vi fanno onore. »

« Mille grazie. Sarafì, hai udito che cosa mi ha detto? Nunziatè, Gemmì, avete udito? Questo elogio, cavaliere, mi va diritto al cuore. Oltre tutto, quando si è in commercio e si hanno due figlie da accasare, non c'è posto per le curiosità. »

In prima fila, contro la ringhiera del balcone, hanno preso posto le signore, accoccolate su sediole e sgabelli infantili. Donna Sarafina, la moglie del farmacista, si vede subito ch'è una servotta rimpannucciata; ma, ringalluzzita dalla presenza dei forestieri, si dà le arie di una dama in una loggia di teatro: "Michelì" ha detto al marito, in tono di cortese rimprovero "perché hai dimenticato a casa il cannocchiale?". Le due figliole, brunette esili malnutrite, con vestitini domenicali di fattura casalinga, sono oggetto di scherzetti e sciocchi maneggi da parte di don Marcantonio e De Paolis, e si sforzano di parere, nel modo di ridere rispondere gesticolare, civettuole ed emancipate come ragazze di città. A un certo momento scoppia una risata generale; nessuno sa con precisione per quale parola o storiella, e donna Sarafina assicura di non avere mai udito nulla di più buffo.

« Spiritosaggini simili » afferma il farmacista asciugandosi le lacrime per il troppo ridere « parola d'onore, bisognerebbe stamparle. »

Donna Sarafina non cessa un momento di sorvegliare le sue figlie, e con una mimica facciale troppo espressiva per passare inosservata agli altri presenti, ma assai complicata per essere dagli estranei interamente compresa, ella cerca di compiacersi con le figlie del loro successo e nello stesso tempo di ammonirle, per il trionfo stesso della causa, a mantenersi più riservate. Agli angoli estremi del balcone siedono due persone delle quali a don Bastiano era sfuggito l'arrivo: sua cognata donna Filomena, una maestra in pensione, donnetta semplice magra giallognola, con un cappelluccio di pizzo nero sulla testa e due occhi furbi e vivaci, che si è seduta di traverso, girando la schiena a donna Sarafina e alle sue signorine col pretesto di un dolore al ginocchio; e il figlio di Calabasce, un ragazzotto di sedici anni, vestito da ometto, scuro serio silenzioso.

«Nella nostra famiglia, ringraziato sia il Signore, il rispetto delle autorità, non c'è che quello» ha sospirato donna Sarafina riprendendo a volo il discorso di suo marito, dopo essersi assicurata dell'assenza dei padroni di casa.

Allora donna Filomena non potendone più, ha detto, senza rivolgersi ad alcuno personalmente e come parlando all'aria:

«Il disgraziato anche le pecore lo mordono, ci vuole pazienza.»

«Chi di noi parlava di pecore?» chiede donna Sarafina tutta stupita. «Sai, Filomè, che non avevi capito proprio nulla? Nessuno di noi, nessuno di questi signori, parlava di pecore.»

Il cicaleccio s'interrompe all'arrivo di don Bastiano, che ricambia appena i saluti e finge d'interessarsi alla benedizione. Egli appare pallido e turbato. Il dubbio ch'egli possa avere sorpreso la conversazione di poco fa, mette in imbarazzo gli ospiti, i quali ammutiscono e fanno finta essi pure d'interessarsi allo spettacolo della piazza.

Egli si fa innanzi sul balcone per mostrarsi tra gli oratori e godersi un po' l'invidia dei vicini, ma se ne ritrae subito perché tra la folla riconosce Simone.

«Don Bastià, papà si scusa tanto e fa sapere che verrà più tardi» gli dice il figlio di Calabasce, «si scusa tanto.»

«Va bene, va bene» egli risponde distrattamente.

«Come? Hai invitato anche quello?» gli domanda donna Filomena con visibile disgusto.

Tutt'intorno alla piazza i balconi delle case sono rivolti alla chiesa come i palchi dei teatri verso la scena. Don Coriolano saluta con ampie scappellate molti tra gli spettatori schierati sui balconi delle case vicine, i quali lo hanno riconosciuto e lo chiamano, lo salutano per nome, con scappellate o ad alta voce. Egli non ha più l'autorità di una volta, i tempi sono mutati, questo si sa; ma egli si è sottomesso al nuovo potere e serve talora da intermediario tra esso e la povera gente; anche per questo egli è rimasto l'oratore più richiesto per i banchetti nuziali i battesimi i funerali e, benché ateo e anticlericale, il padrino più ambito nella cresima dei bambini.

«Non vorrete mica, proprio oggi, far concorrenza a Sant'Antonio?» gli rimprovera donna Filomena infastidita.

Don Bastiano chiama un momento a parte il farmacista.
«Sei venuto a pagarmi l'affitto della bottega?» gli chiede.
«Quale ingratitudine» gli risponde disgustato il farmacista. «Mi espongo a chissà quali pericoli per venire a casa tua e mi ringrazi con questo affronto.»
«Non paghi da due anni» dice don Bastiano. «E poi di quali pericoli parli?»
Nella piazzetta rettangolare l'antica chiesa parrocchiale è proprio di fronte alla casa degli Spina; dalla facciata della chiesa due statue di pietra corrose e annerite sorvegliano la piazza; due statue di santi sconosciuti, che nella lunga convivenza e dimestichezza coi cafoni han finito con l'assumere i loro sembianti. Le case che attorniano la piazzetta, serrate l'una contro l'altra, sono strette e alte, umidicce e fangose, come se durante i secoli un fiume vi fosse passato sopra e vi avesse lasciato il suo limo. Fa sola eccezione il nuovo edificio delle scuole e degli uffici pubblici, costruito nello stile eroico-funebre in voga negli ultimi anni. Nella piazzetta s'è intanto ammassata una gran folla, nella quale riesce difficile distinguere, a prima vista, i cafoni dai piccoli proprietari, i trainanti dagli artigiani, essendo questi tutti ammantati, secondo l'uso locale, di lunghi cappotti neri a foggia di pellegrine, più o meno pesanti, più o meno laceri. L'uniformità fosca dell'assembramento, alla quale anche le donne partecipano essendo infagottate per lo più di cenci scuri, è limitata tutt'intorno dal bordo grigio fangoso della pista dove un centinaio di asinelli e di muli, montati dai loro padroni e incitati dalle grida della gente, stanno già sfilando, l'uno dietro l'altro. Il freddo rende visibile e accomuna il fiato degli uomini e quello delle bestie; dall'agglomerazione si leva un sentore di terra umida concimata, di terra invernale a riposo. La benedizione viene impartita alle bestie a ogni loro passaggio davanti alla chiesa, dal vecchio parroco in cotta stola e aspersorio. Per ripararsi alquanto dalla tramontana, la quale sbocca sulla piazza da un vicolo trasversale e fa mulinello contro la scalinata della chiesa, il prete ha dovuto abbandonare il posto al margine della pista e rifugiarsi sotto il portale del tempio. Accanto a lui si tiene il sacrestano in camice rosso col secchio dell'acquasanta, e più indietro, in maggior riparo dal vento, ma pur visibile alla folla, la statua in cartapesta del Santo illumi-

nata dalle fiammelle d'innumerevoli e ineguali ceri votivi. Vecchi e giovani cavalcano, com'è uso, senza sella e senza morso, reggendo una semplice fune di canapa legata intorno alla testa della bestia; ve ne sono tra essi che anche cavalcando portano il mantello, e lo tengono avvolto sulla spalla sinistra, conservando il braccio destro libero per la capezza.

Qualche asinello è particolarmente festeggiato, perché agghindato con nastri colorati sulla testa e sulla coda, e con sonagli attorno al collo, come una volta, in questa occasione, era costume generale. Quei fronzoli a buon mercato, sottratti per un giorno al corredo delle ragazze da marito, non riescono però a mascherare il misero stato delle povere bestie, le scorticature ed escoriazioni sul dorso, le spallacce gonfie, il ventre sfiancato, oppure ingrossato e pendente, le scoppiature dei ginocchi, i crepacci degli stinchi, la coda spelata, gli altri segni della quotidiana esistenza, comune con la povera gente. La più parte degli spettatori, specialmente i giovani e gli artigiani, partecipano alla benedizione come a un divertimento chiassoso che interrompe il letargo invernale e gridano lazzi e sberleffi all'indirizzo delle bestie più malconce e dei soliti due o tre poveracci che in ogni assembramento di folla fanno le spese del riso collettivo. Ma non mancano neppure, qua e là, gruppi di contadini gravi e taciturni, con gli occhi fissi al braccio del prete benedicente e alla statua miracolosa del Santo. Posto su un alto piedistallo di legno, il Santo è rappresentato con volto giovanile pallido e roseo, incorniciato di una ghirlanda di riccioli biondi; egli è vestito d'un lungo sacco marrone e ha sulle spalle un mantello dello stesso colore; nella mano sinistra reca una fiamma di fuoco (a ricordo della terribile malattia medievale chiamata appunto il fuoco di Sant'Antonio), e nella destra il bordone del pellegrino sormontato da un campanello.

In un angolo della piazza, Venanzio è attorniato e interpellato da un gruppetto di proprietari, uomini grossi e massicci, con cappotti pesanti.

"Strane usanze, stalliere, seguono adesso gli Spina" gli han detto. "Non sono essi a lutto?"

"Perché donna Maria Vincenza, almeno essa, non rispetta il lutto?" gli chiede un altro.

Venanzio è tolto d'impaccio da Simone che lo conduce lì accanto in un antro buio e profondo adibito a osteria. Simone è già ebbro e scende gli scalini barcollando. In fondo alla grotta è un lucignolo acceso davanti alla Vergine nera di Loreto.

« Mi dispiace per la tua padrona » spiega Simone allo␣stalliere. « Ma in quella casa io non ci metterei piede. »

« A parte tutto, don Bastiano è suo figlio » dice Venanzio imbarazzato.

« Io non ci metterei piede » ribatte Simone. « Filumè » egli grida « abbiamo sete. »

Dall'oscurità emerge e s'avvicina un'ombra più densa che reca un pesante boccale di vino; è donna magra e d'alta statura, con capigliatura copiosa, innumeri fili di corallo attorno al collo e grandi cerchi d'oro come orecchini.

« Un tempo don Bastiano e tu mangiavate nella stessa scodella » dice Venanzio a Simone. « Poi vi siete dati alla stravaganza, lui in un senso, tu in un altro. »

« Un tempo » conferma Simone con un gesto per indicare remota lontananza. « Beviamo, Venà, l'epoca dei signori è passata. »

« Perché ti sei ridotto in questo stato? » si lamenta Venanzio. « E Bastiano? Chi gli ha mutato l'anima? »

« Non so » dice Simone. « Forse il denaro. Non v'è più orgoglio, Venà, e perciò non ci sono più signori. Filumè » grida Simone « porta un altro boccale, vogliamo bere alla sparizione dei signori. »

« Hai già bevuto troppo » dice Venanzio. « Come farai a tornare a Colle? »

« Dormirò qui con la cantiniera » gli confida Simone in un orecchio. « Ha un vasto letto, là, dietro la botte; forse lo conosci anche tu. L'alcova è umida, ma la padrona asciutta e rovente, come un braciere di Satana. Ora bevi, Venà, bevi con me alla morte dei signori. »

« Signori ve ne saranno sempre » ripeté Venanzio umiliato.

« Ce n'era ancora uno » corregge Simone « ma l'hanno ucciso sulla montagna. Il suo orgoglio era intollerabile. E i parenti non hanno osato ricercarne il corpo e seppellirlo nella tomba di famiglia. Forse è anche giusto; ove non è orgoglio, non sono parenti ma bastardi. Filumè » grida Simone « un altro boccale. »

Ma la cantiniera non risponde; dev'essere in piazza. I due

uomini s'alzano anch'essi per uscire, ma prima Simone infrange il boccale vuoto contro il tavolo.

« Simò, nessuno ti capirà mai » ripete Venanzio offeso. « Signori, però, ve ne saranno sempre. »

« Va', va' anche tu con loro » gli dice Simone sprezzantemente, dandogli uno spintone e indicando il balcone di casa Spina.

Don Coriolano ha colto un momento in cui i suoi due colleghi sembrano particolarmente accalorati nella conversazione con le signorine Canizza, per tirare a parte don Bastiano in un angolo del salotto e dirgli due parole in confidenza.

« Questa volta l'hai fatta veramente grossa » egli comincia con voce grave e gesto costernato. « Poiché tu ricavi un così pessimo profitto dai miei consigli, parola d'onore, cesserò dal proteggerti. Non interrompermi, Bastià, ti spiegherò subito. Dunque, t'avevo suggerito di scrivere un biglietto di felicitazioni e di benvenuto al nuovo segretario politico. Be', ti sei reso conto delle diavolerie che gli hai scritto? Oh, l'hai fatta veramente grossa. »

« Parola per parola, come tu mi avevi detto, né più né meno » precisa don Bastiano seccato. « Parola per parola. »

« Un cavolo. Ho visto il biglietto con i miei occhi. Non interrompermi. Il segretario, bontà sua, sapendomi tuo amico, m'ha chiamato d'urgenza per mostrarmelo. Mio caro, permettimi di dirtelo, tu hai confuso il fischio col fiasco, e invece d'infinite congratulazioni, gli hai scritto, testualmente, infinite condoglianze di tutto cuore, anche a nome degli altri concittadini. Non so se ti rendi conto della differenza. »

Don Bastiano lo guarda diffidente, temendo uno dei soliti tranelli per carpire denaro; ad ogni modo, avendo altro per la testa, cerca di tagliar corto.

« Se è come tu dici » egli mormora sfinito « è stata una banale distrazione. Da qualche tempo, per Cristo, non ne azzecco più una. Se sbaglia talvolta il prete sull'altare, posso sbagliarmi anch'io. »

Ma don Coriolano non è disposto a lasciarselo scappare così a buon mercato.

« Converrai tu stesso » egli riprende a dire paziente e persuasivo « che in occasione d'una nomina, e di questi tempi, ricevere condoglianze, basta per mettere il freddo nella schiena. Ma non è tutto; devi aggiungere, e qui, Bastià, è il grave, che il nuovo segretario crede alla jettatura. Già, amico mio, proprio così. Parlando in confidenza con me, a quattr'occhi, mi ha francamente confessato che, sull'esistenza di Dio, lui, personalmente, non ci metterebbe la mano sul fuoco, perché, tu l'hai mai visto? Mentre la jettatura, avendo da parte sua l'esperienza, è una delle poche cose delle quali non si possa dubitare. Puoi figurarti quindi l'inquietudine in cui l'ha gettato il tuo biglietto. Quando me l'ha mostrato, era letteralmente verderame, aveva il sorriso di chi ha mangiato l'erba sardonica. Naturalmente, io ti ho difeso a spada tratta, a rischio di compromettermi. Via, non drammatizziamo, è un *lapsus*, gli ho detto, è un *qui pro quo* innocente. Sai tu, Bastià, che cosa m'ha risposto? Appunto per questo è gravissimo, mi ha spiegato. Se fosse un malaugurio premeditato, equivarrebbe a un gesto d'opposizione, contro il quale sapresti subito come procedere. Ma contro un malaugurio involontario, non c'è proprio nulla da fare. Come difenderci contro la mano invisibile del destino? La discussione andò per le lunghe e devo confessarti che il nuovo segretario come oratore vale poco e, parola d'onore, sento di potermelo mangiare come un panino imbottito, come logico invece è imbattibile. Basti dirti, amico mio, che ha studiato dai gesuiti. »

« Insomma devo scrivergli un biglietto di scusa? » domanda stizzito don Bastiano al quale preme il lato pratico del discorso.

« Per carità, non aggravare la tua posizione. Se ti scappasse un altro strafalcione? Ascoltami, Bastià, ho riflettuto al tuo caso, parola d'onore, durante un'intera notte. Credo che il meglio sarebbe se tu gli mandassi una botticella di vino. Anzi, siccome egli è di carattere suscettibile, e io sono amico suo, potresti mandarla al mio indirizzo; vuol dire che l'inviterei ogni tanto a bere a casa mia. Una botticella, si capisce, di vino buono, altrimenti sarebbe peggio di nulla. »

« Ma il vino » esclama esasperato don Bastiano che ha finalmente capito « il vino io non lo spillo mica alla fontana. »

« La tua ingratitudine è pari alla tua incoscienza » conclude don Coriolano offeso e disgustato. « Tu non sai quello ch'io rischio frequentando la tua casa. Anch'io ho i miei nemici. » E gli gira le spalle per tornare allo spettacolo del balcone.

La benedizione delle bestie intanto va per le lunghe. I cafoni devono essere persuasi che, se una sola benedizione giova, cinque o dieci benedizioni debbono profittare altrettante volte di più, e perciò, senza stancarsi, passano e ripassano davanti al prete e a Sant'Antonio, a chi più ne riceve, dato che le benedizioni (incredibile ma vero) sono gratuite. Col sopraggiungere di sempre nuovi gruppi d'asini e muli, succede però che la pista finisce col rimanere ostruita e nessuno può più andare né avanti né indietro, a nulla servendo, per stasare l'ingorgo e ridare l'avvio alla pia giostra, le grida, le imprecazioni e perfino le bestemmie che si alzano da tutti i lati della piazza. A un certo punto, allo stesso sacrestano gli scappa la pazienza, ed è uno spettacolo curioso.

« Per Cristo » egli grida « non volete mica farmi restare qui fino a domani? »

E passando dalle parole ai fatti, lo si vede posare per terra il secchio dell'acqua santa, correre di qua e di là nella ressa, afferrare per la capezza quegli asini e muli a criterio suo già sufficientemente benedetti e spingerli per forza in un vicolo a fianco della chiesa, in modo da far largo agli ultimi arrivati. Sembra tuttavia che l'autorità del sacrestano, fuori della sacrestia, non sia da tutti riconosciuta e dal suo intervento nasce un parapiglia, in cui il camice rosso dell'uomo di chiesa rimane lacerato e due o tre cafoni rotolano per terra. Il più malconcio ne esce Simone accorso per metter pace tra i cafoni; essendo in grave stato di ubriachezza egli cade in malo modo e deve essere raccolto con la testa e la faccia insanguinate tra le zampe d'un mulo. Alcuni uomini lo trasportano semisvenuto verso la casa di don Bastiano. Ma già per le scale egli riapre gli occhi e punta i piedi contro i gradini, rifiutandosi di salire oltre: "Oh no, non qui" egli implora dai suoi accompagnatori. "Bisogna pur lavarti le ferite" cerca di spiegargli Venanzio. "Sì, alla fontana" egli ha la forza di rispondere. Per rispetto alla sua volontà, è dunque portato alla fontana, in un angolo della piazza, e posto con la testa sanguinante sotto la cannella. Sotto il getto d'acqua la povera testa sembra una bietola rossa con la scorza violetta profondamente incisa da un coltello. Attorno alla fontana si forma ben presto una vasta pozzanghera di sangue. Da tutta la piazza sale il respiro affannoso della folla degli spettatori pieno di pietà e orrore.

"È morto?" si domanda la gente più lontana. "Resterà impedito? Chi è?"

"Povera moglie sua che se lo vedrà riportare sulla barella" si lamentano le donne. "Poveri figli suoi. Povera gente sua. Come succedono presto le disgrazie."

Ma poco dopo si vede lo stesso Simone, con la testa avvolta in un brandello di camicia, risalire sul suo asino e allontanarsi, dondolandosi col corpo di qua e di là, come se da un momento all'altro dovesse ruzzolare nuovamente a terra.

"Che fortuna, che miracolo" si sente esclamare allora da varie parti tra le donne. "Ah, è Simone di Colle, Simone detto la faina; è un uomo col diavolo in corpo."

"Senza l'assistenza di Sant'Antonio, a quest'ora egli sarebbe morto, quest'è certo" dicono altri.

"Guardate adesso come se ne va. Sembra proprio un morto risuscitato. Sì, è Simone, non s'è mai visto uomo più stravagante."

Simone-la-faina si ferma con l'asino dinanzi alla chiesa, ma non per ringraziare il Santo, sebbene per dire il fatto suo al sacrestano.

« Spelato sorcio di chiesa » egli urla, « mangiacandele, pipistrello rognoso, fatti avanti ora, se hai coraggio. »

Ma vari cafoni s'intromettono, i quali consigliano a Simone, data la presenza, proprio lì a due passi, di Sant'Antonio in persona, di rinviare a un'altra volta le sue spiegazioni col sacrestano; ed egli infine, malgrado l'ubriachezza, si lascia persuadere e sparisce trotterellando in direzione di Colle.

« In ogni altro paese civile » fa osservare don Michele Canizza ai suoi vicini di balcone « un incidente simile sarebbe finito regolarmente in farmacia. Qui invece, l'avete visto con gli occhi vostri, l'incidente s'è risolto alla fontana. Notate bene che non dico questo nel mio interesse, tutt'altro, come voi potete immaginare. »

« L'importante, secondo me » interrompe donna Filomena « è che le ferite guariscano. Nei casi in cui può bastare l'acqua fresca, non capisco perché bisognerebbe ricorrere agli impiastri. »

Il farmacista fa un salto come morso da una vipera, ma cede la parola a don Coriolano per la risposta.

« La teoria dell'acqua fresca » obietta sorridendo don Coriolano fregandosi le mani « è sediziosa. Quella teoria minaccia non solo la farmaceutica, ma, parola d'onore, anche la religione e lo Stato. »

« Scusate » insiste donna Filomena arrossendo « voi non mi avete capito. Io ho voluto dire: nei casi in cui l'impiastro sia del tutto superfluo. »

« Benedetta signora, come donna di chiesa voi dovreste essere la prima a insegnarci che solo il superfluo è necessario » replica don Coriolano con la voluttà del gatto che giuoca col topo. « La storia ci insegna, donna Filomè, che quanto più una cosa è superflua, tanto più essa è nobile, quindi fondamentale. L'eloquenza, per esempio. »

« Don Coriolà, scusate se v'interrompo, ma voi parlate proprio come un libro stampato » esclama donna Sarafina « e mi piacete assai, se permettete. »

Il farmacista stringe calorosamente ambo le mani all'oratore.

« Permettete una domanda? » chiede De Paolis alla ex maestra. « Se voi date la preferenza ai rimedi naturali, dove va a finire la grazia? »

« La grazia, voi lo sapete come me, può essere dappertutto, e anche nell'acqua fresca » risponde donna Filomena infastidita dalla larghezza che sta prendendo il discorso. « Anzi, se si riflette al gran numero di sorgenti miracolose, non si può negare che la grazia abbia una predilezione speciale per le acque fresche. Salvo il rispetto dovuto all'eloquenza, l'acqua non è stata inventata dal governo. »

« Gli acquedotti e le fontane sì » ribatte ridendo il funzionario sindacale. « Il resto è teologia, cioè: chi vuol crederci ci creda. »

« Poiché stiamo alla teologia » dice don Coriolano con un gesto da direttore d'orchestra « sarebbe il momento per don Marcantonio di uscire dalla riserva e di esporci qualche suo pensierino. Mi raccomando però la concisione. »

« Come? » salta su Nunziatella improvvisando un broncio. « Siete un teologo e ancora non ce l'avete detto? »

Don Marcantonio aveva preso da parte don Bastiano, forse con l'intenzione di chiedergli un piccolo prestito, ma non era riuscito a esprimersi che balbettando vaghe allusioni a una cambiale in scadenza e alla propria madre nella miseria più nera, minacciata dai pignoramenti.

« Ma voi avete certamente molti amici » gli ha detto don Bastiano.

« Nel senso che voi pensate, purtroppo nessuno » gli ha risposto don Marcantonio.

Al richiamo di don Coriolano, egli arrossisce fino alle orecchie. Striminzito sbilenco occhialuto, pur avendo già superato la quarantina, egli ha conservato, oltre al modo di vestire, le maniere timide e dimesse dello studente povero.

« Ma allora, scusate la mia franchezza, voi sareste per caso un prete spretato? » gli domanda Gemmina allarmata.

La sorpresa delle ragazze e l'imbarazzo del cavaliere che non arriva a combinare due parole, creano il buon umore sul balcone, finché don Coriolano non salva il collega dall'impiccio.

« A dir la verità » egli spiega « don Marcantonio si laureò a suo tempo in agricoltura; ma volendo migliorare un po' la sua posizione e credendosi in possesso di qualità oratorie, sulle quali però non oserei ancora dare la mia parola d'onore, l'anno scorso abbandonò di punto in bianco la cattedra ambulante con le sue patatine insalatine e cipolline sperimentali, e si trasferì a Milano, dove imparò il tedesco e frequentò la celebre scuola di mistica statale, tornandone poche settimane or sono con un magnifico diploma a colori che lo consacra mistico governativo. Quindi, vi prego di scusarmi per la imprecisa espressione di poc'anzi, egli non è propriamente un teologo, ma un padre passionista della politica. »

« Perché scusarti? » interrompe don Marcantonio che finalmente ha trovato l'appiglio del discorso. « La mistica, si sa, non è che l'accorciatoia della teologia. Essa arriva all'essenza misteriosa dell'anima nazionale, non per i sentimenti aridi del pensiero, ma direttamente e direi di colpo, *durch gefühlmässiges Erleben* per dirla nella lingua dei nostri maestri d'oltr'Alpe. »

La frase tedesca fa colpo. De Paolis se la fa ripetere tre o quattro volte e spiegare.

« Noi veramente discorrevamo d'impiastri e d'acqua fresca » osserva donna Filomena riavendosi. « Se un malato o un ferito, dicevo, può fare a meno dell'impiastro, perché volerlo costringere? »

« Spiegami tu, allora, perché si costringe la gente ad ascoltare gli oratori? » rimbecca don Michele inviperito perdendo la pazienza. « Un tuo lontano parente, donna Filomè, che tutti conoscono e che d'altronde è un deficiente, ha perduto l'impiego per aver rifiutato d'assistere a una conferenza. Se l'eloquenza è obbligatoria, mi domando, perché non dev'esserlo anche la farmacia? Badate bene che io non parlo nel mio interesse, tutt'altro. »

« Papà, lascia rispondere il cavaliere » supplica Nunziatella impazientita « non interrompere continuamente. »

Don Marcantonio tossisce e si soffia il naso, mentre gli altri prendono la posa di ascoltare. Egli esordisce accompagnando il dire con un movimento impacciato della mano, come un maestro novellino sul podio.

« Il vostro errore, donna Filomè, il più funesto e pernicioso errore che si possa immaginare, è di partire dall'individuo, se mi è consentito di evocare il diavolo col suo vero nome. In uno Stato autoritario, però, non dovrebb'essere più permesso di chiedersi, come voi avete osato, se una persona possa fare a meno dell'impiastro, ma, al contrario, evidentemente, se l'impiastro possa fare a meno della persona. Allo stesso modo, com'è già fuori discussione e sanzionato da acconce misure di polizia, non l'eloquenza esiste per gli ascoltatori, ma gli ascoltatori per l'eloquenza; e non la scuola per gli scolari, ma gli scolari per la scuola; non la ferrovia per i viaggiatori, ma i viaggiatori per la ferrovia; *und so weiter und so weiter*; ah, ah, ah. »

Don Marcantonio ha il sorriso artistico e commosso del prestigiatore novellino le prime volte che gli riesce in pubblico di tirar fuori una tortorella da un cilindro vuoto; ma don Coriolano sussurra all'orecchio di De Paolis un giudizio disapprovatore.

« Non sei d'accordo? » gli chiede De Paolis prendendolo da parte.

« Torto o ragione » sentenzia don Coriolano « veramente non è mai questo che importa. Egli si commuove e si esprime male, qui è tutto. »

Il farmacista vorrebbe congratularsi, ma don Bastiano, che lo tiene d'occhio, lo precede, gli dà sulla voce e lo costringe a tacere, con una premura quasi affannosa.

« D'accordo, d'accordo » egli afferma scotendo fortemente ambo le mani di don Marcantonio.

De Paolis accoglie il consenso di don Bastiano con diffidenza, ma don Coriolano con un cenno l'assicura che se ne occuperà lui.

« Se invece di restare qui, esposti al vento e agli sguardi indiscreti dei cafoni, tornassimo nel salotto, non sarebbe un'idea? » propone donna Sarafina. « Anche per non offendere donna Maria Rosa, che, mi sembra d'intravedere, ha già preparato i bicchieri. »

Avviene il trasloco, seguito dall'attenzione e i commenti della folla che gremisce la piazza. A eccezione del figlio di Calabasce rimasto a guardare la benedizione, gl'invitati fanno circolo intorno alla tavola del salotto, cortesi cerimoniosi e infine riconciliati e affiatati dallo stesso amore per le belle parole.

Don Marcantonio ha inaspettatamente acquistato una tale franca e cordiale fiducia in sé stesso che con smette un momento dall'elogiarsi e ogni tanto si frega le mani come per congratularsi di aver l'onore di aver fatto la propria conoscenza. Dietro le lenti, i suoi occhietti luccicano per la commozione. Nel chiuso del salotto si sente che la sua giacchetta è stata abbondantemente smacchiata alla benzina, per cui spostandosi qua e là egli lascia dietro di sé un vago puzzo di motocicletta.

« Un bicchiere? » gli chiede Nunziatella.

« Sì, non posso rifiutarmelo. Eh, ditemi un po', come lo potrei? »

Egli assapora il vino da finto intenditore; liba sorbisce centellina come se fosse ambrosia, infine socchiude gli occhi e fa un lieve scrocchetto con la lingua, pulendosi le labbra col dorso della mano.

« Se permettete » dice De Paolis « mi tolgo la cravatta e sbottono il colletto. Sono modi piuttosto democratici; ma tra noi. »

« Non devi affatto scusarti » corregge don Marcantonio. « Non siamo, non bisogna dimenticarlo, uno Stato autoritario, ma popolare. Io stesso, ora, quando ricevo dei cafoni nel mio ufficio, stringo loro la mano, fumo la pipa e sputo per terra, benché preferirei fumare sigarette e lo sputare per terra francamente mi disgusti. Della democrazia, sia ben chiaro, noi dobbiamo combattere senza compromessi certe sue degenerazioni, come la libertà di stampa le elezioni le assemblee e i congressi e le altre diavolerie inventate dagli inglesi, offensive per la nostra dignità latina; ma, oltre a ciò, non si può negarlo, essa ha anche vantaggiosi lati. In una parola, noi realizziamo la vera democrazia. Si capisce, in senso mistico. »

Al farmacista spuntano le lagrime per la commozione. L'armonia del salotto è turbata di colpo e in modo irrimediabile dall'arrivo inatteso d'una giovane signora, che per l'eleganza e la foggia del vestire sembrerebbe una forestiera, se il colorito i tratti l'espressione del viso, lasciassero dubbi sulla sua origine paesana. Ella pare sorpresa dal gran numero d'invitati che trova nel salotto e accenna a scusarsi e a tirarsi indietro, ma ne è impedita da don Bastiano che le va incontro e la costringe ad associarsi alla compagnia. A parte il farmacista, immobilizzato da uno sguardo minaccioso della moglie, gli altri uomini salutano con grida d'evviva la nuova venuta e l'attorniano levando in alto i bicchieri pieni.

« Nunziatella, Gemmina, torniamo sul balcone » chiama a raccolta la madre. « Grazie a Dio, noi siamo venute qui per la benedizione e non per far baldoria. »

Donna Filomena, dopo un mezzo saluto alla nuova venuta e non senza esitare, finisce anche lei col tornare sul balcone.

« Un affronto simile » protesta donna Sarafina. « La padrona di casa avrebbe dovuto avvertirci. »

« Hai visto come s'è incipriata? » domanda Nunziatella. « E che cappellino buffo. »

« Casa imbiancata *locanda est* » commenta la madre.

« Che cosa mangerà quando quel vecchione, che ora la mantiene, sarà morto? »

« Andrà per elemosina » dice Gemmina con una smorfia di soddisfazione.

« Ah, non è facile capire Faustina » risponde donna Filomena. « Se non è pazza, è un mistero. »

« A me, Filomè, non mi meraviglia che una cosa » dice la moglie del farmacista. « Scusa, non serbarmi rancore per le parole di poco fa, t'assicuro, che mi sono espressa male. »

Donna Filomena finge di sorridere.

« Ma ti pare? Le parole passano. »

« A me, dicevo dunque, non mi meraviglia che una cosa. Il nostro curato è un sant'uomo, si priva del necessario per i poveri, l'ammetto anch'io; ma perché, se è un vero uomo di Dio, non chiama don Severino e non gli impone di rompere le relazioni peccaminose con Faustina che non gli è sposata e ha trent'anni meno di lui? »

« Il nostro curato, Sarafì, è un uomo all'antica, forse un santo, non so, comunque un santo strano » risponde donna Filomena. « Non ragiona come noi. »

Tra le due donne si accende un battibecco serrato.

« Don Severino è l'organista della parrocchia » insiste donna Sarafina « egli partecipa con la sua musica a ogni funzione importante, non è un uomo qualsiasi. Come uomo di chiesa, egli non può vivere nello scandalo. »

« È un vecchio amico del curato » ripete donna Filomena « anche questa è la verità, è un suo vecchio compagno di scuola. »

« È un libertino, Filomè, ed è un miscredente. Tu ricorderai lo scandalo dell'ultimo censimento quando sulla carta da riempire, alla domanda sulla religione, scrisse di credere in Bacco. »

« Aveva scritto Bach, anche lui un musicista, a quel che si racconta, un grande musicista. »

« Lo scandalo ci fu lo stesso, Filomè, perché nei risultati finali del censimento per il nostro comune, che furono affissi sui muri, avemmo la vergogna di leggere: tutti cristiani, eccetto un adoratore di Bacco. »

« Don Severino nessuno l'ha mai visto ubriaco, Sarafì, egli è quasi astemio. Forse il suo unico difetto è l'orgoglio. »

« Egli è anche qualcos'altro, Filomè, è l'organista della parrocchia; è lui che suona la musica quando noi riceviamo il Santissimo. Il curato dovrebbe almeno sostituirlo come organista. »

« Don Severino suona l'organo gratuitamente, Sarafì, questo lo sai. Forse lo suona per amore della musica; o forse per amicizia verso il curato, è difficile dire; ma è certo che nel paese nessuno potrebbe sostituirlo, e far venire un organista di fuori costerebbe un occhio. »

« Uno scandalo resta però uno scandalo. »

« L'ultima volta che il Comitato delle Figlie di Maria è andato in sacrestia per lagnarsi col curato della vita scandalosa dell'organista, Sarafì, sai che cosa lui ha risposto? Nessuno, all'infuori di Dio, può sapere quello che unisce un uomo e una donna, se il peccato o altro. Questo ha risposto: Nessuno può saperlo. »

« Oh, io posso benissimo immaginarmelo » risponde ridendo Gemmina.

« Signor De Paolis » invoca Gemmina rivolta verso il salotto.

« Michelino » ordina la moglie. « Vieni qui, devo parlarti. »

35

« Cavalier Cipolla, don Marcantonio » pigola lamentosa Nunziatella.

Dal salotto nessuna eco.

« Questi uomini » commenta con una punterella di soddisfazione donna Filomena. « Fanno venire il torcicollo alle ragazze di buona famiglia e dopo cinque minuti pensano ad altro. »

« Proprio così, sono come le mosche » conferma donna Sarafina inviperita. « Le mosche nel giardino come si comportano? Girano di qua e di là, sembra che per loro nessun fiore sia abbastanza bello e profumato, e poi finiscono per deliziarsi, parlando con rispetto, su una immondizia. »

« Cavaliere Cipolla, De Paolis » supplicano le signorine.

Vani appelli. Nel salotto l'eloquenza ha ceduto il trono alla bellezza e le rende il dovuto omaggio. Nello sforzo per accaparrare l'attenzione della giovane signora, i cinque uomini che l'attorniano, prendono un aspetto a chi può più scimmiesco. Don Bastiano appare il più trasfigurato. Donna Faustina sembra invece distratta e delusa per l'assenza di qualcuno ch'ella cercava. Bella, nel senso ordinario della parola, veramente non è, fuorché nelle proporzioni della persona, d'una magrezza agilità freschezza da adolescente; ma il viso piccolo scarno quasi felino, tutt'occhi e bocca, anche se non è di una bellezza regolare, è molto attraente; gli occhi grandi umidi e come bagnati di voluttà, la bocca ampia carnosa color di camelia, le dànno un'espressione vorace e ardente, e nello stesso tempo triste.

« Cari signori » ella dice « io non sono venuta qui per ascoltare le vostre oscenità. Passando dietro questa casa ho visto la vettura di donna Maria Vincenza, e, dopo vari anni che non ci siamo più parlate, qualcuno di voi sa da quando, di colpo m'è venuta l'ispirazione di venirle a dare la buona sera. Come va, Bastià, che non è qui con voi? »

« È stanca » si scusa don Bastiano impacciato. « Mia moglie tiene compagnia, di là, in cucina, vicino al fuoco. È meglio non disturbarle. »

Don Coriolano protesta indignato.

« Non bisogna trapiantare da noi, Bastià, queste usanze arabe » egli perora con finta esagerata gravità. « Io non ho più visto donna Maria Vincenza da una decina di anni, e i due camerati qui presenti non hanno ancora avuto l'onore d'incontrarla. L'occasione di oggi è quindi più unica che rara. Cari miei » egli aggiunge rivolto a De Paolis e a don Marcantonio

« noi dovremmo, come oratori, accendere una candela di ringraziamento a Sant'Anna, perché fu saggiamente prudente allorché fece nascere donna Maria Vincenza in forma di donna e non di uomo, e quel ch'è più, in forma di donna abruzzese, cioè rinchiusa in casa; perché altrimenti, con la sua lucidità di spirito e la sua franchezza che datano direttamente dal paradiso terrestre, vi posso garantire ch'ella avrebbe reso a noialtri la vita dura assai. Oltre a ciò, quella benedetta donna è così certa di Dio, ma così certa, vi dico, come noi siamo sicuri degli oggetti che vediamo e tocchiamo, che so io, degli spaghetti o del vino. Ora io sono dell'opinione che la fede in Dio, se moderata, come i preti benpensanti saggiamente raccomandano, oltre che una inesauribile fonte d'ispirazione oratoria, è un ottimo coefficiente dell'ordine pubblico; se esagerata, parola d'onore, conduce all'anarchia. »

I colleghi approvano e il farmacista si congratula con don Coriolano, mentre don Bastiano vorrebbe cambiar discorso.

« Donna Maria Vincenza, voi lo sapete, era molto amica di mia madre » dice donna Faustina, ma non può proseguire.

« Non ricominciamo adesso coi miserere » interrompe sgarbatamente don Bastiano quando s'accorge che donna Faustina ha gli occhi pieni di lacrime. « Non ricominciamo coi lamenti. »

« Io sarei dell'opinione » propone il farmacista in tono pacificatore « se donna Maria Vincenza è troppo stanca per intrattenersi nel salotto, che noi andiamo un momento attorno al camino a renderle omaggio. Naturalmente è solo una opinione. »

Malgrado la viva contrarietà del padrone di casa, donna Faustina viene spedita in cucina a portare l'ambasciata. Incerta e timorosa ella vi si reca, ma subito ne ritorna delusa.

« Pregano » ella mormora sottovoce. « Stanno recitando il rosario. Quando sono entrata, non hanno nemmeno girato la testa. »

« Siediti qui e bevi con noi » l'invita il padrone di casa rassicurato. « Se di là non ti hanno visto, tanto meglio. »

« L'idea che della buona gente prega anche per noi, poveri peccatori, ci sia d'incoraggiamento » mormora don Coriolano in un orecchio di donna Faustina accarezzandole una spalla.

« Che buon odore ti sei messo sui capelli » sospira De Paolis annusando. « Come si chiama? »

Donna Faustina è stata alcuni giorni fa a Roma e ne è tornata con una nuova acconciatura della testa. I capelli sono

37

sollevati sulla nuca e riportati fin sopra il capo, dove si arricciano e annodano graziosamente; appoggiato sulla fronte, ella trae un cappellino minuscolo, a ciambella, con una piccola piuma.

« Secondo me, ti sta molto bene, perché adesso somigli proprio a un cavalluccio » le dice don Bastiano guardandola con goffa tenerezza. « Sai che per molto tempo era la mia specialità domare giovani cavalli, saltare loro addosso di corsa, tenerli alla criniera, senza sella, e via come il vento. »

« Il mio domatore, Bastià, non è ancora nato. »

« Già, lo so, vi sono cavallucci che non si lasciano cavalcare e preferiscono tirare la carrozza. »

« Neppure la mia carrozza, Bastià, è stata ancora costruita. »

« Questo è innegabile » concede il farmacista « siamo giusti. Don Severino non è neppure una carrozza, tutt'al più un carro funebre. »

Donna Faustina scatta in piedi furente.

« E voi tutti, in confronto, non siete che carriole di letame » ella grida.

Il gattino domestico si è trasformato di colpo in tigre.

In piedi, fremente d'ira e con gli occhi sgranati da far paura, ella guarda in faccia i presenti, uno dopo l'altro, pronta a cacciare gli occhi fuori dalle orbite al primo che osi replicare una sola parola. Poiché ognuno dei presenti ci tiene ai propri occhi, ella va via senza salutare, sbattendo la porta, e senza che neppure don Bastiano faccia un gesto per trattenerla.

« Vorrei essere indovino per capirla » borbotta don Bastiano.

Un vivace battibecco tra la moglie del farmacista e un gruppo di giovanotti appostati sotto il balcone, crea un opportuno diversivo all'imbarazzo di quei signori.

« Sarafì, non abbassarti a discutere con la plebe » grida il marito.

La ringhiera del balcone essendo a forma di gobba o, come si dice, a pancia piena, è successo che le ginocchia delle signorine Canizza inavvertitamente avevano finito con lo sporgersi troppo, al punto da dare aria e luce alle cose che i buoni costumi raccomandano di tenere in ombra. Per approfittare dell'occasione e ammirare la biancheria intima delle figlie del farmacista, una parola d'ordine doveva essere circolata per tutta la piazza, perché un vero assembramento di giovanotti, preferendo il nuovo spettacolo alla benedizione delle bestie, si era raggruppato sotto il balcone. I più forti, come in casi simili sempre avviene, a forza di spintoni e gomitate si erano accaparrati i posti migliori, e quattro o cinque di essi, con i cappelli all'indietro sulla nuca, erano rimasti, nel posto conquistato, a guardare in aria, come allucinati, dimentichi del tempo e del luogo. Finché donna Sarafina se n'è accorta e ha dato l'allarme.

« Scostumati, schifosi, dovreste vergognarvi » si è messa a gridare sporgendosi dalla ringhiera con tutto il busto, correndo pericolo di cadere con la testa in giù.

Il pronto accorrere del padrone di casa e degli ospiti tronca però l'incidente sul nascere. I giovanotti di sotto al balcone si allontanano e si disperdono in mezzo alla folla, come all'uscita del cinematografo, mentre la sacra giostra si avvicina alla fine. Tra le bestie che stanno compiendo gli ultimi giri rituali attorno alla piazza si riconoscono ora anche i due cavalli di donna Maria Vincenza. Il vecchio Belisario, dal mantello grigio diventato quasi bianco per l'età, è montato da un amico di Venanzio, ex soldato di cavalleria, che per darsi delle arie e con grande ammirazione delle donnette cavalca all'inglese, alzandosi e abbassandosi sulla sella e inchinando il capo e la vita verso il collo del cavallo, come se fosse al galoppo. Dietro di lui, con più modestia, Venanzio monta il secondo cavallo che camminando ha il vizio di beccheggiare.

Don Bastiano prende a parte don Coriolano che lo segue restìo.

« Facciamo pace » gli propone umiliato e conciliante. « Una damigiana basterebbe? »

« Ma di quello vecchio » pone come condizione l'oratore.

I due si stringono la mano ridendo.

« Oh, guardate, guardate, adesso sfila anche il povero Plebiscito » esclama Nunziatella.

« Plebiscito? » chiede insospettito De Paolis.

« Viene così chiamato il cavallo bruno » chiarisce don Bastiano. « Come puledro era stato battezzato Maltinto, ma da quando ha preso il vizio di camminare in quel modo, alzando e abbassando la testa, come per dire di sì, sempre e solo di sì, don Severino l'ha ribattezzato Plebiscito. Il curioso è » aggiunge sorridendo « che lo stesso cavallo, ora, risponde solo se chiamato col nuovo nome. »

« Lo chiamano così per dileggio verso il plebiscito o per rispetto? » domanda don Coriolano insospettito.

« Rispetto, s'intende, rispetto e sottomissione » assicura don Bastiano.

« Dovresti suggerire a tua madre di regalare quel cavallo, dopo morto, allo Stato » propone donna Filomena ridendo a modo suo. « Imbalsamato ed esposto in qualche scuola farebbe la sua figura. »

Venanzio sale in cucina ad avvertire la padrona che adesso la piazza è abbastanza sfollata e la carrozza pronta per ripartire. Il figlio e la nuora accompagnano donna Maria Vincenza.

Per le scale essi incontrano un uomo tarchiato, fortemente sopraccigliato e labbruto, che saluta cerimonioso e si fa da parte. Donna Maria Vincenza lo guarda in faccia senza rispondere al saluto.

« Calabà, va' pure su, che torno subito » gli dice don Bastiano.

Alla porta, con la mano tesa, vi sono tre piccole vecchie cenciose rinsecchite incurvate che hanno udito dell'arrivo di donna Maria Vincenza e l'aspettano per l'elemosina. Ella ne riconosce una, che ha due bambini scalzi attaccati alle gonne, e la prende da parte per dirle qualcosa sottovoce.

« Maria Sabetta? » le mormora ad un orecchio. « Tu hai bisogno di me, ma oggi io ho ancora più bisogno di te. Hai un po' di tempo? Nelle prossime ore non hai nulla da fare? Va' in chiesa, Maria Sabetta, e prega per me davanti al Sacramento. Tu hai tanto sofferto, Maria Sabetta, che il Signore certamente t'ascolta. Digli una sola cosa. (Ascoltami bene, Maria Sabetta, non sbagliarti.) Digli così: Maria Vincenza non ha paura (questo d'altronde Lui lo sa), ma non vorrebbe essere tentata al di là delle sue forze. »

« Per obbedienza farò come dici » risponde la vecchia mendicante baciandole la mano. « Ma come posso io apparire davanti al Sacramento a chiedere qualcosa per te? Se il Signore mi risponde: Presuntuosa, sfacciata, osi tu fare l'avvocata di donna Maria Vincenza? »

« Maria Sabetta, di fronte al Signore non c'è che una dignità, quella del dolore cristianamente sopportato. E tu hai tanto sofferto, Maria Sabetta, senza mai disperare. Altre donne sarebbero impazzite al tuo posto. Va' e prega per me. »

Prima di salire sulla carrozza, mentre Venanzio toglie le coperte di dosso ai cavalli, donna Maria Vincenza domanda al figlio:

« Era Calabasce quello che abbiamo incontrato per le scale? Quello delle cambiali false? Mi stupisce che tu gli abbia perdonato. »

« Come conosci male tuo figlio » egli risponde ridendo. « La vendetta è un piatto che le persone per bene mangiano freddo. Bisogna lasciare ai cafoni e ai barbieri di reagire a sangue caldo ai torti ricevuti. »

Don Bastiano ride e la madre, ch'è già nel fondo della carrozza, inorridita si copre gli occhi con le mani per non vedere quel ghigno. Poi cede a un moto di commozione, l'attira verso di sé e lo bacia a lungo su una guancia. « Figlio mio » mormora « povero figlio » e non riesce più a frenare le lagrime.

La carrozza si avvia. In piazza la funzione liturgica è finita. Gli ultimi uomini lasciano la piazza. Le stalle nere addossate alla collina a una a una aprono e richiudono le porte. I poveri asini benedetti rientrano nella terra. Dietro la chiesa, nel momento in cui passa la carrozza, un gruppo di ragazzini attorniano un ciabattino che col pennello del nerofumo cerca di eternizzare sul muro le parti nascoste delle figlie del farmacista, da lui fugacemente intravedute. Ne risultano due disegni macabri con le teste quadrate e le bocche a inferriata, tra loro identici. ("Capirete, sono sorelle" spiega lo scarparo ai ragazzini.) La carrozza lascia il paese in direzione di Colle. La neve le viene incontro come un fitto velario grigio che pende dal cielo fino a raso terra e si sposta lentamente portato dal vento. Il paesaggio è di una tristezza accorante.

« Signora, andiamo a casa, oppure? » domanda Venanzio girandosi verso l'interno della carrozza.

« Al mulino vecchio. E affrettati ché siamo in ritardo » risponde la signora; poi chiude gli occhi e si fa il segno della croce.

III

Nel buio della camera il respiro affannoso di Pietro Spina sale scende risale come il soffio d'un vecchio mantice. In un letto accanto donna Maria Vincenza fa finta di dormire, ma ogni notte sta ad ascoltare a lungo quell'ansimare nuovo e penoso che rompe il silenzio della sua casa, e ogni volta che, vinta dalla stanchezza, sta per assopirsi, basta un'irregolarità qualsiasi di quel respiro, per ridestarla e rimetterla in ascolto.

« Nonna, perché ti alzi così presto ogni mattina? D'inverno alle quattro e mezzo è ancora notte. »

« Devo risvegliare il fuoco, figlio mio, e preparare il caffè. »

La sera, quello che resta di carboni accesi viene coperto di cenere e se al mattino si vuol ritrovare qualche pezzetto di brace ancor viva, bisogna sbrigarsi.

« Non potrebbe farlo la serva ch'è ancor giovane? »

« Di solito infatti lo fa Natalina, ma il caffè per i miei figli l'ho sempre preparato da me. Sia detto tra noi, la nuova generazione non sa fare il caffè. E d'altronde, con l'avanzare dell'età, si dorme sempre meno, forse perché ci si abitui al giorno in cui si cessa per sempre di dormire. »

Verso le sei la nonna va a messa, e Pietro rimane ancora un po' a letto. Egli deve girare per la casa il meno possibile, non deve aprire le finestre, né avvicinarsi a quelle già aperte. Restare a letto d'altronde, ha detto alla nonna, non gli dispiace: le lenzuola hanno un gradevole odore di mele cotogne ed egli sente ancora nelle ossa una pesante stanchezza, quella che si dice una stanchezza da pellegrino. La lampada a olio che durante la notte sostituisce la luce elettrica, è posta su un'alta mensola in modo da mantenere nella oscurità la parte inferiore della camera, fin sopra all'altezza dei due letti, rischiarando debolmente solo le immagini sacre appese sulle pareti e il soffitto di vecchio legno tarlato. I santi sono perciò, durante la notte, le sole immagini visibili della grande stanza.

"Ti disturbano?" gli chiese una delle prime sere donna Maria Vincenza. "A dirtela francamente, senza di essi forse io non riuscirei a chiudere occhio."

Proprio di fronte al letto di Pietro pende un piccolo quadro a colori cupi, con figure rosse e turchine tra bagliori gialli, che rappresenta la scena della crocifissione e reca intorno stampate le parole di San Paolo: *Judeis quidem scandalum, gentibus autem stultitia*. Nelle lunghe ore d'insonnia, quel quadro, illuminato dalla luce incerta della lampada a olio, s'ingrandisce immensamente, assorbe l'intera stanza e lo stesso Pietro entra a farne parte.

Al medesimo mondo notturno appartiene una nidiata di sorci infiltratisi tra le vecchie travi del soffitto e che Pietro può ascoltare distintamente rodere; di tanto in tanto essi s'interrompono, zampettano di qua e di là, e poi riprendono a rosicchiare, affrettatamente, come operai che lavorino a cottimo e non abbiano tempo da perdere. Quell'insistente tenace infaticabile rosicchiare occupa molto il pensiero di Pietro che un giorno ne ha discusso con la nonna.

« È sintomatico per la mentalità aristocratica degli autori classici » egli ha confidato a donna Maria Vincenza « che non parlino mai di sorci. »

« Di chi? »

« Dei sorci. Eppure, se è vero che la storia della civiltà ha camminato di pari passo con lo sviluppo dei centri urbani, non si può dubitare che la vita dell'interno delle case, specialmente dei paesi mediterranei, fin da quei tempi sia stata largamente occupata dalla lotta contro i topi. Malgrado il silenzio dei classici, noi abbiamo ogni diritto d'immaginarci le mogli dei Cesari o le sacerdotesse di Delfi intente ogni sera a escogitare mezzi, vuoi chimici, vuoi meccanici, per distruggere l'odiata genia dei piccoli roditori. Be', con quale risultato? Non credo che possa dar luogo a dissenso la constatazione che gli antichi elleni e latini sono scomparsi, e tra i ruderi dei loro edifizi non sono rimasti che i sorci. »

« Lo stesso ragionamento potresti fare sulle mosche » gli suggerisce donna Maria Vincenza.

Verso le sei e mezza, appena di ritorno dalla chiesa la vecchia signora apre gli scuri delle finestre e di colpo fa entrare il giorno. Allora le immagini della notte impallidiscono e s'immobilizzano nelle loro cornici, e i sorci si rifugiano nei loro covaccioli. Poi la signora va e viene alcune volte tra la camera e la cucina, col suo passo lento e silenzioso, e dispone su una sedia, vicino al letto in cui giace il nipote, una bacinella di vino tiepido e un'ampolla d'olio d'oliva per la lavanda e la fasciatura delle escoriazioni ch'egli reca ancora sul corpo. Il suo torso nudo bianco lungo esile, con le costole a fior di pelle, col ventre vuoto e rientrato, e la traccia d'innumerevoli lividori e scorticature, ricorda a donna Maria Vincenza le immagini di certi ragazzi martiri dei primi tempi cristiani dipinti nella chiesa parrocchiale; ma la testa color terracotta, anzitempo invecchiata, con i tratti fortemente incavati e le occhiaie spettrali, è invece d'una tutt'altra persona e sembra appiccicata per isbaglio a un corpo non suo.

« Adesso, figlio mio, posso dirtelo » confessa donna Maria Vincenza sorridendo. « La sera di Sant'Antonio, quando quell'uomo di Pietrasecca ti scaricò dal suo carretto, nel momento in cui vidi davanti a me questa tua faccia da beduino, fui sul punto di rifiutare di prenderti sulla carrozza, temendo un inganno, temendo che tu, figlio mio, fossi un altro, uno sconosciuto qualsiasi. »

« Nonna, forse sono realmente un altro. »

« Oh no. T'ho detto che fu solo il dubbio d'un istante. Ogni massaia, del resto, sa riconoscere il pane della sua madia. »

Dopo aver lavato delicatamente col vino tiepido le screpolature e lacerazioni che il nipote ha su varie parti del corpo, e sempre spiando sul suo viso se qua e là gli faccia ancora male, ella fascia le cicatrici con pezzi di vecchia tela imbevuti d'olio d'oliva. La grazia e la purezza di quei gesti lievi avvolgono il povero corpo in una dolcezza di cui aveva perduto ogni ricordo; quando quella mano sfiora il torace, sembra ridare al cuore stanco il suo battito normale, e se gli ravvia i capelli sulla fronte, il suo viso si spiana e sembra scacciarne i pensieri molesti.

« Povero figlio » la vecchia signora un mattino non sa trattenersi dal dire « come hai potuto, con la tua salute delicata, sopportare tanti strapazzi? »

« Vedi, nonna, io sono di quelli che hanno la carne debole e le ossa dure. Una semplice corrente d'aria, tra due porte, basta per mettermi in pericolo, un naufragio invece non mi fa proprio nulla. »

È una spiegazione che piace a donna Maria Vincenza.

« Sai perché? » gli risponde. « Forse per questo: l'anima è agganciata non alla carne, ma allo scheletro, e se questo è fatto di buone ossa, allora è difficile separare l'anima dal corpo. Ecco la ragione per cui certe persone deboli e malaticce arrivano ai cento anni. Nelle avversità che hai dovuto sopportare, figlio mio, tu non hai ceduto perché non sei stato solo a resistere, ma nelle tue ossa han resistito con te i tuoi antenati. Pensa un po', generazioni di zappaterra di vignaiuoli di aratori di bifolchi, gente sobria, indurita dal maltempo, dalle fatiche. »

Nei primi tempi della vita in comune, i rapporti di donna Maria Vincenza col nipote si sono esauriti nelle cure per la sua salute. Ella ha avuto riguardo d'evitare, non solo ogni penosa "spiegazione" ma anche il più piccolo accenno allo scandalo di cui egli è stato il triste eroe. Per ciò che riguarda l'avvenire, e la durata della sua permanenza a Colle, gli ha detto semplicemente, fin dalla prima sera:

« Ne parleremo più tardi. Adesso, caro, non farti nessun pensiero. L'importante è che ti riacclimatizzi a vivere tra uomini, voglio dire tra cristiani. »

Per la vecchia signora, uomo e cristiano sono la stessa cosa. « Non basta per essere uomini » dice « di camminare su due piedi; perché, allora, e le galline? »

« Le galline » obbietta Pietro « nemmeno parlano. »

« E i pappagalli? i grammofoni? Forse non parlano? »

« Mancano di coscienza. »

« Ecco, vedi che anche tu mi dài ragione. »

Le precauzioni adottate da donna Maria Vincenza, col consiglio e aiuto del vecchio garzone e della serva, affinché nulla trapeli della presenza del nipote, sono minuziose e severe, e han condotto a vari cambiamenti negli usuali rapporti tra la casa e l'esterno. La vecchia abitazione degli Spina, a Colle, è situata a un centinaio di metri al di sopra del villaggio, e dietro ha una larga terrazza coltivata a vigneto, poi un pianoro sterposo battuto dalla tramontana, dopodiché comincia la costa squallida del monte. È una palazzina robusta, a tre piani, tutta di pietra scoperta, annerita dal tempo, con muraglie di un forte spessore e al pianterreno finestre piccole, dagli strombi profondi, protette da solide inferriate. Davanti alla palazzina c'è un cortiletto acciottolato con un pozzo fuori uso nel mezzo, sormontato da un piccolo tetto, e dietro di essa, dall'altra parte, un'aia spaziosa, con la stalla il pollaio il fienile la concimaia la rimessa. Questo è il regno di donna Maria Vincenza. Esso è separato dal resto del mondo da un muro di cinta, con due sole entrate, una porta con lamiere di ferro di fronte all'abitazione e un grande cancello per il passaggio dei carri e del bestiame dalla parte dell'aia.

«La casa, forse lo sai» racconta a Pietro la nonna «fu costruita circa centocinquant'anni fa, in un'epoca anche quella di brigantaggio, da Giambattista Spina, uno dei tuoi più bizzarri antenati.» E aggiunge ridendo: «Non ti sembra un fortilizio costruito all'intenzione di noi due?».

«Oh, adesso è molto peggio» egli le fa osservare pur essendo incerto se prendere alla lettera quelle parole ingenue. «A che cosa possono servire contro la polizia le inferriate alle finestre?»

«T'inganni, caro, se credi che basti la prepotenza perché io apra. A casa mia la legge la faccio io.»

A veder donna Maria Vincenza andare da una stanza all'altra o salire le scale, grave e lenta, con la testa eretta e la persona dilatata dalle ampie sottane che scendono fino ai piedi, il segreto della sua sicurezza diventa palese. Malgrado l'età, ogni tratto di lei rivela ancora la donna di montagna, la padrona, la fattoressa abituata a comandare, abituata, con la sola sua presenza, a farsi obbedire dagli uomini e dalle bestie. La casa le somiglia, antica solida usata pulita. Al primo piano mancano due mattonelle e altre sono screpolate, ma la signora è contro i restauri.

«Le stesse mattonelle, puoi girare quanto vuoi, adesso non si trovano più» ella spiega. «E cambiarle tutte, solo a causa d'un paio, sarebbe veramente ridicolo. E poi, le case, come le donne, devono sapere accettare la vecchiaia e non fingere gioventù quand'è passata.»

Secondo le ore del giorno, Pietro è ammesso in questa o in quella stanza. Solo in soffitta egli ha libero accesso in tutte le ore e, poiché gli piace di star solo, vi passa buona parte del tempo. La soffitta è ingombra di mobili rotti o fuori uso, lampadari specchiere schioppi a bacchetta trofei di spade arrugginite e altri congegni strani.

Le travi enormi che sostengono il tetto dànno alla soffitta

l'apparenza della chiglia d'una nave, una nave da pirata infantile. Come appoggiando l'orecchio a certe conchiglie si ha l'illusione di sentire gli echi delle tempeste marine, così, di lassù, Pietro riascolta le voci lontane della sua esistenza, l'ululato della tramontana, il belare delle pecore, il latrare dei cani da pastore. Anche da ragazzo, con le tasche piene di chiodi spago liquorizia, gli piaceva di salire a nascondersi sotto quel tetto. Dalla lucerna della soffitta egli vede nuvole passare e neri uccelli da preda che lasciano il cielo della montagna e scendono verso il piano. Venanzio gli ha spiegato che da vari giorni c'è una carogna d'asino nella contrada del mulino, le porzioni migliori se le sono contese i cafoni, il resto è stato abbandonato ai cani e agli uccelli. Dalla buia finestra della soffitta egli può anche osservare, senza essere visto, un angolo della piazza del villaggio. Di sera un lampione giallognolo vi crea uno spazio illuminato delle dimensioni di un piccolo palcoscenico. Sulla scena appaiono a intervalli regolari due carabinieri, qualche ubbriaco, qualche cafone con l'asino, un giovanotto con la sua ragazza. Pietro aspetta ogni sera l'entrata del giovanotto con la sua ragazza nella luce giallognola del piccolo palcoscenico, appena arriva, diventa egli stesso quel giovanotto, prende la ragazza sottobraccio e se la porta a passeggio. Più lontano, dove il pendio della collina incontra il piano e cessano le vigne, comincia il latifondo del Fucino, coltivato a patate a grano a barbabietole. La vasta conca da vari giorni è ricoperta da una grigia tettoia di nuvole; sulla pianura uguale cenerina verde, circondata di montagne bianche e nere, si scorge il taglio diritto dei lunghi viali, dei canali, la spartizione netta, imposta dall'uomo, alla terra e all'acqua. Sembra un mondo chiuso, tutte le valli scendono verso il piano, tutte le acque affluiscono e spariscono in un incline sotterraneo. Nel paesaggio invernale i paesi d'intorno, a mezza costa tra il monte e il piano, mostrano la loro nuda e stanca vecchiaia, sembrano alveari neri nell'ombra violetta dei monti, miseri alveari in una terra sassosa povera di fiori.

La sera quando le porte e le finestre sono non soltanto chiuse ma sprangate, nonna e nipote scendono nella cucina, ch'è uno stanzone a volta, intonacato a calce, con mobili pesanti e massicci, e si siedono vicino al camino, l'una accanto all'altro, su una vecchia panca dall'alto schienale. A poco a poco Pietro riapprende a stare a tavola. Donna Maria Vincenza si guarda bene dal muovergli osservazioni se egli dimentica di mangiare, s'interrompe, si alza, si occupa a lungo del fuoco. Ma la compostezza della nonna lo riconduce a poco a poco alla vecchia costumatezza. All'inizio di ogni pasto, prima di sedersi, donna Maria Vincenza prega e si fa il segno della croce. «Tu puoi sederti» dice al nipote. «Per favore, non farci caso.» Ma Pietro resta in piedi anche lui.

«È un problema serio» gli confessa donna Maria Vincenza. «Ti assicuro che ci ho riflettuto, ma senza trovare il rimedio. Ecco, la minestra è nella stessa zuppiera ed è materialmente impossibile che Dio benedica la mia parte soltanto. Mi dispiace, caro, ma non so che farci.»

«Ah, perciò la minestra è spesso salata» risponde Pietro ridendo.

Le prime sere donna Maria Vincenza ha messo al corrente Pietro delle morti, dei matrimoni, delle nascite, del disfarsi e farsi delle famiglie, di quelle che sono andate su, di quelle che sono scese giù. D'ogni famiglia il vicinato sa quello che vale e la posizione che le spetta, sa se lentamente ascende o se decade; anche se qualcuna cerca d'illudere e fa finta, si risà sempre quello che vale. Ogni fatto, matrimonio eredità compra vendita disgrazie e simili, è commentato giudicato tramandato dal punto di vista se aiuta a far salire o scendere la famiglia. Negli ultimi tempi, col terremoto e le guerre, poche si può dire sono rimaste al loro posto: le più sono salite o sono discese. Negli ultimi decenni le relazioni tra le famiglie sono molto cambiate e sono successe cose abbastanza strane. La stabilità delle abitazioni è alla origine di tutto. Se la terra trema e le case crollano, non è solo una perdita di vite e di ricchezze, ma l'origine di molte altre conseguenze assolutamente inspiegabili. Quanta gente donna Maria Vincenza ha visto venir su e sparire. Il suo mondo si compone anzitutto dei suoi parenti, ed è un mondo gerarchico, a causa delle alleanze e consanguineità; il resto del mondo sono le altre famiglie, con le loro diramazioni. Non c'è altro, su questa terra. Ella ha una memoria prodigiosa per i rapporti di parentela, risale senza difficoltà su per le generazioni, fino alle più remote alleanze, dai padri zii cugini ai nonni e bisnonni, in connessione con le terre mulini gualchiere filande, cave di rena e di pietre, stalle e ovili, in modo che la popolazione le bestie le terre della regione si rivelano legate dalle stesse vicende e partecipano assieme alla buona e cattiva fortuna. Perfino le siepi e le pietre finiscono allora per assumere un'aria di famiglia, finiscono a lungo andare col somigliar alle famiglie alle quali appartengono.

« Tuo nonno » essa racconta a Pietro « dal quale tu hai ereditato la forma della testa e il colore degli occhi, ogni mattina, appena vestito, sorbiva una chicchera di caffè nero, montava a cavallo e faceva il giro delle sue vigne. Al ritorno trovava sul tavolo della cucina un pezzo di pane con un po' di pecorino ch'egli mangiava in piedi. Subito dopo scendeva alla stalla e s'occupava delle vacche e dei cavalli. Egli ripeteva spesso (in gioventù aveva avuto anche lui le sue frasche): Per guarire dalle stravaganze, non c'è che la fatica; e nei momenti di riposo starsene a sentire come cresce l'erba. »

Pietro sta ad ascoltarla senza interrompere, compassionevole e trasognato, e una sera la nonna crede di scoprire nel suo sguardo tale docilità filiale e infantile stupore, che a un certo momento n'è commossa fino alle lagrime. Gli posa la mano sulla testa e dolcemente la costringe ad appoggiarsi sulla sua spalla.

« È come se al termine della mia vecchiaia il Signore m'avesse mandato un ultimo figlio » dice. « Ecco, adesso capisco perché mi ha lasciato vivere così a lungo. »

« Credi, nonna, che si possa veramente nascere una seconda volta? »

« Se si può? Sai bene, caro, che si deve. Non nel senso, si capisce, delle pie persone che scambiano la semplicità del cuore con l'imbecillaggine, paroleggiano, tornano a chiamare miau-miau il gatto e cocò la gallina. »

« Anche l'infanzia nell'altro senso, lo sai bene quanto sia illusoria. »

« No, caro, non è un abbaglio. È anzi certo che delle volte, inaspettatamente, tu mi appari come un bambino. Non a causa del tuo aspêtto, e neppure, (perdonami questo giudizio temerario), in un senso morale, d'innocenza e di fiducioso abbandono in Dio. Ma ora preferisco parlarti d'altro, perché un simile discorso può riuscirti penoso e non vorrei che ti venisse il sospetto ch'io voglia in qualche modo investigarti. Tu sei qui a casa tua. »

« Te lo dico io, nonna, quel che in me ti sembra infantile:

è il mancato adattamento al vivere comune, con quel che comporta di debole e parassitario.»

«Be', figlio mio, se puoi parlarne in un modo così esplicito non dev'essere poi tanto terribile il tuo parassitismo. Piuttosto, dato che ci tieni a saperlo, ecco quello che volevo dire: è vero, c'è spesso nel tuo sguardo, e anche nell'inflessione della tua voce, una sorpresa, una meraviglia, direi quasi uno stupore, che non è da persona adulta. Ma adesso preferisco raccontarti un curioso incidente. Stamattina, dunque, uscendo dalla messa, don Gennaro m'ha aspettato e mi ha voluto accompagnare per un pezzo di strada. Sai, don Gennaro, il fratello del curato di Orta, devi ricordartelo, quando eri piccolo l'avrai visto spesso a casa tua, e aveva sposato la figlia unica dei De Camillis per via delle vigne ma soprattutto della filanda. Come si chiamava quella povera donna? ah, donna Caritea, d'altronde una cugina in seconda di tua madre, per via paterna. E poi, come si sa, tutto fu mangiato dal fallimento della Banca cattolica "Per l'Incoraggiamento dell'Agricoltura" e la poveretta morì di crepacuore. Uscendo dalla chiesa dunque, don Gennaro, che da quando scoppiò il tuo scandalo faceva finta di non vedermi, m'ha aspettato... Credi che dal cortile qualcuno potrebbe udire le nostre voci?»

Pietro tace imbarazzato.

«Non m'ascoltavi?» gli domanda donna Maria Vincenza. «Non negarlo» aggiunge ridendo «sei stanco e stavi pensando: quanto chiacchiera questa vecchia.»

«Nonna, t'assicuro invece che potrei ripetere ogni tua parola. Ma mentre t'ascoltavo, a dirti la verità, mi veniva da pensare: strano, che mondo strano, com'è bizzarro ch'io sia capitato qui, è proprio questo il mio mondo?»

«Vorrei sapere, figlio mio, che cosa ci trovi di strano. Hai dimenticato che questa è casa tua? Che qui nacque tuo padre? Sarebbe strano, secondo me, proprio il contrario, se tu ora non fossi qui.»

«Non ho dimenticato nulla. Eppure codeste storie di famiglia suonano al mio orecchio come lontane vicende di un mondo scomparso, sepolto nel terremoto. Scusa la franchezza, ma con te non potrei recitare la commedia. Ecco, mentre tu racconti dei miei antenati gli Spina, dei Presutti, dei De Angelis, dei tuoi antenati i Camerini, dei De Dominicis, dei De Camillis, o come essi si chiamano, mi viene insistentemence questo pensiero: strano, esiste ancora un simile mondo, oppure io sogno? Che gente curiosa, e che ci sto a fare io tra questa gente? »

Donna Maria Vincenza impallidisce e chiude gli occhi.

« Poverino » ella dice con tristezza dopo una lunga pausa « poverino, tu parli come un trovatello, come un uomo senza passato, come se noi ti avessimo raccolto dal brefotrofio, come se tuo padre tua madre i tuoi avi non t'avessero lasciato nulla. Non parlo, caro, dell'eredità di terre e di case, ah no, parlo dell'anima. Tu t'esprimi come se la tua anima l'avessimo comprata dai Fratelli Zingone o dalla Rinascente. Mi parli come a una sconosciuta. »

« No, non è questo. Forse mi sono espresso male. Ah, com'è difficile e penoso spiegarti quello che sento. Forse io stesso non riesco a definire lo sgomento che mi strinse il cuore fin dalla prima sera in cui rimisi piede in questa casa, quell'angoscia che mi riafferra ogni tanto, specialmente quando, insomma, tu sei con me più cara e affettuosa. Ecco, io penso, forse è lo sgomento del già vissuto, l'angoscia della ripetizione. Certo, nonna, è bello qui da te, è patetico, è caldo; ma tutto ciò, vedi, per me, è il passato, il già successo; perché mentire? ciò non riguarda, non interessa più la mia vita; tutt'al più, la mia memoria. Credimi pure, nonna, m'è terribilmente doloroso doverti dire tutto questo. »

« Povero figlio mio, così parlerebbero (se parlassero) i morti. »

« Si può essere morti per la propria famiglia, per il proprio mondo e continuare a vivere. Talvolta è una condizione per continuare a vivere. »

« Ti trovavi forse a più agio in quella stalla in cui eri nascosto a Pietrasecca? »

« Oh, "agio" non è certo la parola più acconcia per quel loco. E a voler essere esatti, quella non è neppure una vera stalla, benché oltre a un numero imprecisabile ma ragguardevole di sorci, essa serve d'abituale ricovero a un asino; a un povero disgraziato vecchio asino. Figurati una grotta scavata nella roccia e chiusa per davanti da un muro di sassi; nel muro una sola apertura con una porticina sgangherata, a stretta misura d'asino; l'interno forse come la metà di questa stanza, ma così basso ch'io non potevo starvi del tutto diritto; le pareti e il suolo irregolari a causa delle sporgenze della roccia;

non una finestra dalla quale possa entrare aria e luce quando la porta è chiusa; non una buca per il concio e uno scolo smaltitoio (il letame viene tirato fuori alla svelta e ammucchiato accanto alla porta una o due volte alla settimana). Insomma, se si vuole, unicamente per non mancare di rispetto all'asino che non ce n'ha alcuna colpa, quella si può chiamare una stalla, ma è piuttosto una fetida spelonca. Nonna, non puoi immaginare quanto io ti sia riconoscente di non avermi posto delle domande sul mio soggiorno a Pietrasecca, e perché vi fossi andato e che cosa vi facessi e chi vi conoscessi, ché mi sarebbe oltremodo penoso il risponderti. Ugualmente mi sarebbe fastidioso starti ora a raccontare per quali circostanze, all'ultimo momento, quando non vidi più via di salvezza per sfuggire alla muta degli sbirri, trovassi la porta di quell'immondo rifugio. Ma una cosa posso dirti: appena i miei occhi si furono assuefatti all'oscurità della grotta e cominciai lentamente a distinguere quello che conteneva (la mangiatoia in legno appoggiata alla parete in fondo, il vecchio asino coricato per terra tra la paglia e il letame, un vecchio basto, la capezza e alcuni finimenti appesi presso la porta, una forca, una lanterna rotta giacenti in un angolo, e incollata al muro una immagine sgualcita di Sant'Antonio abate protettore delle bestie) nel mio animo si diffuse un sentimento d'una indicibile serenità e dolcezza, un profondo senso di pace, quale in tutta la mia vita non avevo mai provato, e ne scacciò ogni ansia. La mia presenza in quel luogo m'appariva, insomma, di un'evidente naturalezza. Eccomi arrivato, *inveni portum*, pensai, ah questa era dunque quella suprema Realtà, spoglia d'ogni illusoria consolazione, che andavo cercando. »

« Figlio mio, adesso cominci a farmi paura. »

« Invece ora sono convinto che paurosa fosse la mia situazione prima d'aver trovato quel rifugio. Nell'estrema lucidezza che allora si stabilì nel mio animo tutta la mia vita passata prese alfine un senso e mi si rivelò come un avviamento a quella spelonca. Se risalivo col pensiero agli anni neghittosi del collegio, al terremoto, alla fuga dalla famiglia, agli anni sterili e desolanti dell'emigrazione, la vita m'appariva come una spogliazione successiva, un'emancipazione dalle grossolane finzioni che ai più la rendono cara. A mano a mano dunque ch'io m'ambientavo in quell'oscurità e vi scoprivo i poveri primitivi oggetti ripostivi, il vecchio asinello scorticato, i piccoli e magri sorci che l'abitavano mi sembrava che tutto ciò mi fosse già da molto tempo familiare, come se l'avessi portato dentro di me da molti anni e, forse, troppo addentro perché potessi prima d'allora vederlo. Quando mi sedetti per terra accanto all'asino: Ehi, vecchio, non potei trattenermi dal dirgli a un orecchio, con voce, come puoi ben comprendere, commossa, buona sera. Eccomi arrivato. Non mi rispose... »

« No? Oh, caro, proprio mi stupisce. »

« Ma esso si girò verso di me e, posso assicurarti, nonna, nemmeno lui si mostrò sorpreso di vedermi lì, tra la paglia e il letame; tutt'altro. Ti offendi se ti dico che sono cose che tu non puoi capire? Perdonami e parliamo dunque d'altro. Una sola cosa voglio aggiungere: in quella stalla, fin dal primo momento, io perdei ogni senso del tempo. Il quale, si sa, esiste per chi desidera e cerca, e per chi si annoia, ma io non avevo nulla da cercare (ero arrivato) e d'altronde non ho mai conosciuto la noia. Il tempo era dunque per me semplicemente svanito. Però, quando il padrone della stalla e dell'asino, che era diventato quindi anche il mio legittimo padrone, dopo essersi messo d'accordo con te e aver ricevuto da te una somma di denaro, cioè dopo avermi regolarmente venduto, mi caricò sul suo traino e mi condusse a valle nascosto tra sacchi e cenci per consegnarmi, la prima forte sensazione che mi colpì, fu la mia reintegrazione nel tempo. E, fenomeno straordinario, che prima d'allora non avevo mai avvertito, cominciai a distintamente percepire lo scorrere del tempo. Tanto per dartene un'idea ti dirò che sentivo scorrere il tempo come si sente di solito scorrere un fiume; ecco, voglio dire, non alla maniera uniforme artificiale astratta degli orologi; no, sentivo scorrere il vero tempo come si sente scorrere un vero fiume, cioè in modo intermittente e irregolare, ora lento e ora impetuoso, secondo il pendìo sul quale il fiume cammina, secondo la natura del suo letto, e delle sue sponde, secondo se esso incontra mulini o gualchiere e se alla riva vi sono lavandaie che sciacquano e sbattono i panni. Avevo la netta sensazione che il trainuccio traballante sul quale ero caricato, fosse, rispetto al tempo, come una barchetta malsicura su un fiume in piena che dalla montagna scendeva verso il piano. Altra sorpresa: appuntando lo sguardo tra le scuciture dei sacchi che mi nascondevano, ogni particolare del mondo esterno che mi riusciva di cogliere, benché m'apparisse niente affatto sconosciuto, mi riempiva tuttavia di stupore. Così, dopo il ponte di Fossa, una ragazza e un soldato han camminato per un buon tratto di strada seguendo da presso il carretto. La donna aveva gli occhi rossi e le gote inondate di lagrime, e camminando il soldato le ripeteva con dolcezza e rassegnazione: Che posso farci? Devo ripartire. Forse non lo sapevi? e la ragazza, docilmente, gli faceva segno di sì, ch'essa lo sapeva, e non la smetteva però di piangere; e camminando il soldato la stringeva affettuosamente con un braccio attorno alla cintura e le ripeteva con tristezza: Quando scade il tempo, capirai, bisogna ripartire. Nessuno può farci nulla. È così la legge. Per un buon tratto camminarono a quel modo dietro il carretto, l'uomo e la donna, l'uno accanto all'altro, portati dalla medesima irresistibile corrente. Strano, pensavo tra me, che mondo strano; che strane convenzioni; ma come può continuare a esistere un mondo simile? L'idea allora mi venne di liberarmi dai cenci che mi nascondevano, di scendere dal treno e di prendere a parte con buone maniere quel soldato per dirgli: Uomo, credi a me, tu sei vittima di un'idea fissa. Ma eravamo già arrivati alla cappella delle Anime del Purgatorio, sai, là dove la strada comincia a scendere. La corrente che ci portava assieme, ebbe a quel punto un rigurgito e bruscamente ci separò, l'asino che tirava il carretto approfittò del pendìo per mettersi al trotto, il soldato invece lasciò la strada e prese un viottolo tra i campi per arrivare più presto alla stazione; e così la ragazza rimase sola, a un lato della strada, diritta e immobile presso un mucchio di breccia: la corrente l'aveva deposta sulla riva e lì, come un relitto, abbandonata. Appena la strada riprese a salire, al treno s'affiancò nuovamente per brevi tratti altra gente. Ricordo tra l'altro che a un certo punto esso fu costretto a uscire dalla carreggiata per non arruotare un vecchio cafone curvo, quasi ginocchioni, a metà strada, un vecchio col vestito a brandelli e tutto inzaccherato, che cercava nel fango una moneta smarrita. Che mondo, pensavo tra me; e non c'è nessuno che dica con buone maniere a quel povero vecchio: Uomo, quel pezzetto di metallo da te perduto, quel maledetto feticcio... »

Donna Maria Vincenza, pur sforzandosi di non perdere il filo del discorso del nipote, da alcuni minuti sembra assorta in una orazione mentale per implorare l'urgente intercessione d'un personaggio anch'esso, a suo modo, presente nella cucina, benché Pietro non gli faccia caso, la Misericordiosa Madre di Gesù, la cui effige dolorosa è illuminata da una lampada a olio in un angolo della stanza. Tra madri certe situazioni non c'è poi bisogno di molte parole per spiegarsele, basta uno sguardo. Ma il guaio è che adesso una povera donna i figli non sa più nemmeno come augurarseli: o corrono dietro al perditempo e ai vizi, o si dannano l'anima per il denaro, o son troppo seri e allora trovano che il mondo è mal fatto. Che la colpa sia delle madri le quali non sanno più come affezionarli alla vita di casa? Ah, non è mai stato facile essere madre. Certo, quel giorno in cui Gesù, all'età di dodici anni, se ne scappò di casa, senza dire né dove né come, e andò nel tempio per discutere coi dottori, non dovette essere una giornata lieta neppure per Maria, tanto più che coi dottori non c'è proprio nulla da discutere, è tempo perso. E se Pietro s'aspetta ora che sua nonna abbia voglia, un giorno o l'altro, di dibattere con lui sulle idee e simili diavolerie, be', allora sta fresco e può aspettare. Donna Maria Vincenza era ancora una ragazzina con le trecce sulle spalle, quando un celebre padre passionista venne a spiegare nella chiesa di Colle il Sillabo di Pio IX; e lo ricorda come fosse ieri ed ama spesso ripetere le eloquenti spiegazioni del sant'uomo: "Le idee storte" egli disse "sono le figlie dirette dei falsi sentimenti. Discutere gli errori e le eresie è dunque fatica sprecata. I pilastri della verità sono gli onesti costumi". Proprio al ritorno da una di quelle prediche, donna Maria Vincenza aveva trovato a casa un libro intitolato *I Promessi Sposi* d'un certo Manzoni che le aveva portato in regalo da Roma don Berardo Spina, allora studente di ginnasio e suo futuro marito; appena però ebbe letto sulla copertina del libro la parola "romanzo", la ragazza senza esitare l'aveva dato alle fiamme. "Egregio signorino" aveva poi scritto allo studente "molto bizzarra dev'essere l'idea ch'ella si è fatta di me, se ha osato offrirmi in lettura un romanzo."

« Questo mondo è dunque tale » domanda Pietro « che basta allontanarsene per qualche settimana e poi tornarvi, per trovarlo del tutto assurdo e inverosimile? »

« Povero figlio » gli risponde donna Maria Vincenza costernata « tu dimentichi che questo mondo è stato creato da Dio e continua a reggersi in piedi soltanto grazie alla divina Provvidenza. Che età hai tu adesso? Trentaquattro anni? Certo è una rispettabile età, tu sei già quello che si dice un uomo adulto; ma non dimenticare che Dio è ancora più vecchio di te e per combinare le cose nella maniera come le vediamo, avrà avuto le sue buone ragioni. »

Dopo un minuto di riflessione aggiunge sorridendo:

« Quando tu avrai la sua età, forse lo capirai. »

Ad ogni modo, per la nonna adesso è chiaro che quella frequente vaga espressione di meraviglia nello sguardo del nipote non viene da ingenuità di cuore, com'essa aveva creduto; e le torna in mente una parola di Natalina. Con l'intuizione che talvolta hanno i semplici di spirito, la serva le aveva detto, a proposito di Pietro, qualche cosa che ora anche a lei sembra ben indovinato.

« Se ben ricordo » dice donna Maria Vincenza « fu il secondo o il terzo giorno dopo il tuo arrivo qui, che Natalina, incontrandoti per il corridoio, mentre tu scendevi dalla scaletta della soffitta, fu colta da grande spavento e cadde a terra priva di sensi. »

« Già, e ridusse in cocci, credo, una mezza dozzina di piatti che portava sulle braccia, primo frutto tangibile della mia presenza in casa tua. »

« Ma lascia stare; per rompere le stoviglie quella ragazza ha sempre avuto un talento speciale, e gli oggetti che non può rompere, perché infrangibili, li ammacca. Quella volta dunque: Di che hai avuto paura? la rimproverai appena si fu rimessa. Avevi dimenticato che mio nipote è qui, in casa, con noi? Sai che cosa mi rispose? (Ma forse fo male a raccontartelo.) M'è sembrato, rispose, d'aver davanti un risuscitato. »

Ci si abitua a tutto, anche ai risuscitati. La sera in cui arrivò a Colle, Pietro osservò Natalina solo di sfuggita e gli fece un'impressione vaga d'animale domestico sottomesso e impaurito. L'indomani aveva potuto osservarla meglio da dietro le persiane d'una finestra mentre attraversava il cortile; la ragazza traeva sul capo difeso dal cercine un cesto pieno di lenzuola da poco lavate, attorcigliate a serpe e stillanti ancora gocce d'acqua che le imperlavano le gote il naso il mento. L'aveva studiata con un certo batticuore. Gli era allora sembrata piccola e non ben proporzionata, a causa della brevità del busto rispetto al resto del corpo e anche per la gracilità delle spalle in paragone all'ampiezza delle anche, come pure per una certa delicatezza delle braccia e delle mani in confronto alla grossezza delle caviglie e dei polpacci. Non è della specie da lavoro, giudicò allora Pietro, ma da figli. Dal cancello aperto era entrata intanto una capra e dopo un istante di incertezza era andata diritto verso l'abbeveratoio dei cavalli. Natalina posò subito per terra il cesto, corse verso la capra e le assestò un calcio così violento sotto lo stomaco da gettarla quasi per terra. Belando lamentosamente la capra fuggì da dove era venuta. La ragazza, dopo essersi guardata attorno per vedere se qualcuno l'avesse osservata, riprese il cesto e andò a stendere le lenzuola sui fili di ferro tesi accanto alla stalla. La sera, parlando con la nonna, Pietro aveva portato il discorso su Natalina.

« È una puledra non doma » aveva detto donna Maria Vincenza. « Una puledra che non sa soffrire le mosche. Perdé la madre al terremoto e il padre poco dopo, e di parenti a Colle non le resta nessuno, fuorché la zia Eufemia, sai, l'ultima dei De Dominicis, una beghina isterica che qui è la zia di tutti e di nessuno; per cui, volere o no, sono io responsabile del suo avvenire. Ma non posso dirle una parola; quel ch'è peggio, non posso tirarle fuori una parola. »

« È bella? » aveva allora domandato Pietro arrossendo.

« Come? Non sai giudicare da te? »

« Voglio dire, ha un amoroso? La domenica dopopranzo, quando esce, dove va? I giovanotti la seguono? »

« Esce solo per andare in chiesa e per i piccoli servizi. La gente crederà magari che io la tenga rinchiusa, invece è una selvatica. »

Il pomeriggio d'una domenica Pietro trovò barricato l'uscio al sommo della scaletta che conduce in soffitta. Egli era sul punto di tornare indietro, ma il fatto che l'uscio, privo di serratura, fosse stato barricato dall'interno, quindi da qualcuno che si era rinchiuso in soffitta, punse la sua curiosità. E poiché non poteva trattarsi della nonna, cercò di forzare l'uscio. Solo con molta fatica riuscì a smuovere d'alcuni centimetri gli oggetti posti a ridosso; ma appena poté passare un braccio attraverso l'apertura, gli fu più facile di spostare alquanto una cassa che costituiva l'ostacolo maggiore; e la sua magrezza gli permise di passare appena l'apertura raggiunse la larghezza d'un palmo. In mezzo alla soffitta, in piedi su due bauli messi l'uno sopra l'altro, egli trovò, come aveva previsto, Natalina. Quel piedistallo improvvisato le permetteva d'appoggiarsi con i gomiti alla mensola dell'abbaino e di contemplare in lontananza il paese, la conca del Fucino e le alte montagne che gli fan cerchia. La ragazza era vestita a festa, con un vestitino di percalle a fiorami gialli e rossi, un vestitino, malgrado la stagione invernale, piuttosto estivo e succinto, e traeva ben a piombo sulla testa un cappelluccio di paglia ornato di fiorellini bianchi e ciliegie. Ella non s'accorse dell'entrata di Pietro e rimase a guardare il panorama con la testa appoggiata alla palma d'una mano come, in certe pitture, vengono spesso raffigurati gli angeli, dietro parapetti di candide nuvole.

«Eh, buon giorno» le gridò Pietro. «Forse ti disturbo?»

La ragazza s'aggrappò a un'imposta dell'abbaino per non cadere dallo spavento.

«Oh, signorino» domandò «come avete fatto a entrare?»

«Se disturbo, vado via» rispose lui.

«No, veramente spetta a me d'andar via.»

(Disse così, però non si mosse.)

«La soffitta non è un salotto» replicò Pietro. «Qui non ci sono regole di precedenza. Se però non sono indiscreto, prima d'andarmene, vorrei domandarti che fai quassù, tutta sola?»

La ragazza restò alquanto imbarazzata.

«Non è per mancanza di fiducia» ella si scusò «ma esito a dirvelo.»

«Allora, tante scuse e arrivederci.»

Egli era già sulla scaletta, ma Natalina lo richiamò.

«Ve lo dico» ella gridò. E aggiunse: «È un segreto. Promettete di non raccontarlo alla signora?».

«Lo giuro» esclamò Pietro con finta gravità.

Quando anch'egli fu salito sui bauli, la ragazza gli confidò all'orecchio.

«Aspetto il treno.»

«Il treno?»

«Già, il treno. Vi meravigliate?»

Pietro sapeva che a Colle non passa alcuna ferrovia, la stazione più vicina vi è invisibile e si trova a cinque o sei chilometri di distanza; perciò insisté:

«Aspetti un vero treno, con locomotiva vetture passeggeri?»

«Naturalmente, un vero treno. Vi fa meraviglia?»

«Oh no, anzi.»

Il viso pallido della ragazza aveva un'espressione grave e tranquilla; solo gli occhi, osservati da vicino, due occhi a mandorla, leggermente ineguali, due mandorle dorate, piuttosto dolciastre, tradivano un forte nervosismo. Al cappelluccio fiorito corrispondeva bene il naso piccolo, e la bocca stretta e sottile, senza labbra, da roditore. Pietro s'accorse che sulla mensola dell'abbaino, c'era una sveglia.

« Serve per svegliarti se t'addormenti? »

« No. È per annunziare l'arrivo del treno. »

« Ah, capisco. Se non fossi molto stupido l'avrei indovinato da me. »

Poco dopo, infatti, scattò la suoneria della sveglia.

« Ecco il treno » annunciò Natalina tutta eccitata. « Indietro, indietro, lasciamo scendere quelli che arrivano. Per favore, quando sarò salita, porgetemi la valigia attraverso il finestrino. Arrivederci; o meglio, addio. Dite a vostra nonna che mi perdoni. Solo se muore la zia Eufemia, per favore, telegrafatemi; sapete, a causa dell'eredità, non vorrei che gli altri si prendessero anche la mia parte. »

« Presto, presto, bisogna salire. »

« Il biglietto, oh Dio, dov'è il biglietto? »

« Lo farai in treno, il regolamento lo permette, presto, presto » gridò Pietro preso nell'infantile finzione.

« Ma l'ho già comprato, non voglio fare doppia spesa, non sono mica pazza. »

« Non vedi come il capotreno è impaziente? Sali su, poi lo cercherai. »

Natalina tirò fuori dal reggipetto un pezzettino di carta.

« Ah, eccolo » gridò trionfante. « Porgetemi la valigia, per favore. Grazie. È pesante? Capirete, vi sono tutti i miei vestiti. Dove vado? Mi dispiace, ma non posso dirvelo. Avete un fazzoletto bianco da sventolare quando il treno partirà? Sì? Grazie. Sentite che buon odore di carbon fossile vien dalla locomotiva? Ah, certamente carbone inglese. »

« Buon viaggio, buona fortuna. Ti raccomando quando il treno è in marcia, non sporgerti dal finestrino. »

« So. E non devo sputare sul pavimento, ma nel fazzoletto. »

« E non usare il gabinetto durante le fermate alle stazioni. »

« So. E non devo tirare la maniglia d'allarme senza giustificato motivo. So tutto. Addio, addio. »

« Addio. »

Scendendo dalla soffitta Pietro chiese alla ragazza:

« Fai spesso di questi viaggi? »

« Ogni domenica. »

La sera stessa Pietro, dopo lunghe e affannose incertezze, le capita all'improvviso in camera. Natalina è scalza e spettinata e sta rovistando nervosamente tra diversa biancheria posata un po' dappertutto, sul letto, sulle sedie, sull'armadio.

« Hai fatto il bucato? » le chiese Pietro con un insolito turbamento nella voce.

« No, sto ricontando la mia "roba" » spiega Natalina furiosa. « Mi manca un fazzoletto. »

« Lo ritroverai domani » suggerisce Pietro nell'intento di cambiare discorso.

« Perché domani? »

« L'avrai lasciato oggi in qualche altra camera e domani lo ritroverai » spiega Pietro per poter parlare d'altro. « Natalina, via, non è il caso di disperare. Non preferisci conversare con me? »

« Ma è da un anno che lo ricerco » replica Natalina con voce adirata. « Ogni sera, da un anno. Come fate a dire che lo ritroverò domani? »

« Se è così, Natalina, facci sopra una croce. Se è da un anno che lo ricerchi. »

Ma Natalina lo guarda con tale odio che Pietro ammutolisce.

« È "roba" mia » grida la ragazza battendosi il petto. « Che c'entrate voi con la mia "roba"? »

« Natalina, per l'amore di Dio, dicevo per dire » si affanna a chiarire Pietro. « Non ero venuto da te per litigare; anzi. Se permetti, ti regalerò una dozzina di fazzoletti. »

« Conoscete voi il valore della "roba"? » persiste a inveire la ragazza.

(Pietro deve pensare: se dice ancora una volta la parola "roba", rinunzio.)

« La "roba", signorino... »

Pietro si asciuga il sudore e parte.

Il pomeriggio della domenica seguente Pietro incontra Natalina per le scale e le domanda:

« Partirai anche oggi con una valigia pesante? »

« Sì, naturalmente, con tutta la mia "roba". Ma se voi non verrete alla stazione, potrò farmela porgere da un facchino. Non vorrei disturbarvi. »

« Tanto meglio. Buon viaggio. »

« Arrivederci, anzi, addio. Scrivetemi se muore la zia. »
« Quale zia? »
« La zia Eufemia. Sapete, a causa della "roba" da spartire. »

A una certa distanza, la ragazza, a dir vero, non gli ripugna; ma a starle da vicino lo disturba, oltre alle sue manie, un acuto e persistente puzzo di sudore, un puzzo acidulo che certi giorni si complica con le esalazioni d'una polvere di talco di qualità scadente, di cui fa uso abbondante, e con l'"odore d'insalata" aleggiante attorno ai suoi capelli unti d'olio e d'aceto, di modo che, in qualunque luogo Natalina sosti per qualche minuto, vi lascia un leggero effluvio d'antipasto andato a male. Pietro sopporta senza difficoltà (spesso perfino con evidente piacere) il puzzo delle vacche degli asini delle pecore; ma quello del corpo umano gli procura facilmente la nausea. "Ecco forse un'altra ragione" egli ammette parlando con la nonna, "per cui io sono sempre stato un pessimo socialista. Il vero uomo di sinistra, deve essere senza naso; come il suo collega di destra, d'altronde, senza orecchi." I pomeriggi domenicali egli non li passa più in soffitta, ma nella cantina sotterranea, tra immense botti vuote. A causa del freddo glaciale egli è costretto a scendervi imbacuccato di maglie di lana supplementari e di sciarpe e cappotti pesanti che rendono impacciati e goffi i suoi movimenti. Il sotterraneo l'attira perché anche in pieno giorno, ha qualcosa di segreto, e a quell'atmosfera umida verdastra notturna le grandi botti vuote aggiungono un ornamento retorico che stimola la sua immaginazione. Con un pezzo di gesso egli si diverte, durante intere giornate, a disegnarvi sopra inverosimili figure allegoriche sotto le quali scrive nomi familiari: La Tradizione secondo Venanzio, La Ragazza con la Roba, L'Eredità della Zia Eufemia, Il Cristianesimo secondo le Nonne. Le ore passano silenziose: il fiume del tempo scorre lontano di lì, ed è appena percettibile, come un fievole e vasto mormorìo remoto.

« Finirai col prendere una polmonite » l'ammonisce donna Maria Vincenza.

IV

Da quando la vecchia signora s'è alquanto rassicurata sulla salute di suo nipote, gli ha assegnato una camera indipendente accanto alla propria. È un camerone che una volta serviva da salotto e di quell'uso conserva ancora le dorature annerite e screpolate attorno al soffitto e alle finestre, un lungo specchio sul caminetto di marmo e un immenso lampadario di cristallo; ma dal tempo che donna Maria Vincenza è rimasta sola e ha smesso i ricevimenti, il salotto è decaduto a guardaroba e deve sopportare, tra l'altro il peso di tre armadi pieni di biancheria e vestiti, cui ora s'aggiunge un divano che la notte si trasforma in letto.

In una vetrina a due piani sono conservate le figurine a colori del presepio, il Bambino nudo su un mucchietto di paglia, la Madre umile e felice, il devoto San Giuseppe, la capanna l'asino il bue gli angeli i pastori le caprette le rocce. A una parete pende un ritratto di don Saverio Spina, coperto d'un velo nero. In uno degli armadi Pietro scopre una uniforme da capitano di cavalleria dello stesso zio e gli viene l'idea d'indossarla e di fare una sorpresa alla nonna. "Povera vecchia" egli dice "per una volta forse riuscirò a farla ridere."

Ma appena travestito, esita. "E se lo scherzo dovesse riuscirle penoso? L'uniforme le ricorderà il figlio morto in Libia". Mentre riflette sul da fare, la porta s'apre ed entra Venanzio. Lo stupore del vecchio garzone assume una forma comica somigliante alla paura.

« Oh, per esempio » egli balbetta. « M'è sembrato di rivedere davanti a me la buonanima di don Saverio. »

« Chi t'ha chiamato? » gli grida Pietro seccato d'essere sorpreso travestito. «E anche se t'avessi chiamato, perché sei entrato senza bussare?»

Offeso, il garzone esce dalla camera, richiude dietro di sé la porta e poi bussa forte; ma prima d'aprirgli, Pietro lo fa aspettare.

«Sapete da quanto tempo servo in questa casa?» osserva Venanzio risentito. «Da quarantadue anni, signorino mio. Quando arrivai qui, vostro nonno, la buonanima di don Berardo, stava a cavallo vicino al pozzo e mi disse: Giovanotto, sei tu il nuovo stalliere? Be', se tu fai il tuo dovere io farò il mio. Ah, era un vero signore.»

Pietro ha un gesto di stizza.

«Me l'hai raccontato» egli grida. «Giorni fa m'hai anche raccontato che quando ero bambino in varie occasioni m'hai tenuto sulle ginocchia. Finirai presto col farmi credere che m'hai perfino allattato. Ma, anche se fosse, non ti dispenserebbe dal bussare prima d'entrare nella mia camera.»

Venanzio è in mezzo alla stanza, col cappello in mano, sotto il lampadario illuminato a pieno e scintillante di prismi di cristallo; in tutta quella luce egli appare ancora più vecchio, la sua faccia e le sue mani più scure, il suo vestito più miserabile, il suo atteggiamento più umile dimesso offeso. Il suo sguardo ha però qualche cosa di nascosto e sfuggente che ispira a Pietro diffidenza. E poi egli ne ha ormai piene le tasche di storie della famiglia Spina; per mostrargli il suo dispetto gli volta bruscamente le spalle. Pietro si trova così davanti allo specchio e vede se stesso in divisa da ufficiale di cavalleria. Nel panno grigio verde, col petto gonfio a fisarmonica e le spalle allargate a pagoda cinese, egli si scopre ridicolo goffo impagliato. Con quel suo colorito tetro e i capelli arruffati, si direbbe quasi un soldato di colore, promosso ufficiale sul campo, per qualche grottesco merito di guerra. L'uniforme odora fortemente di canfora ed egli finisce per vedersi come un pupazzo incanforato, un pupazzo squallido strambo e anche un po' irreale. Accanto a lui, sullo specchio, c'è quel povero vecchio uomo di Venanzio, in tutta la sua semplice naturale servile miseria, con gli scarponi infangati e deformi, i calzoni rimboccati fin sopra le caviglie, attorcigliati attorno alle gambe come la tela di un ombrello attorno all'asta, le maniche della giacca troppo corte. Egli non si avvede che Pietro lo sta osservando; le sue mani sono nodose scorticate nere come vecchi strumenti agricoli, il collo magro a corde e cavità, e la faccia rugosa dal colorito giallastro di pane di granoturco, un pane già risecco, perfino un po' ammuffito, un po' verdolino tra i baffi grigi lunghi e sottili, attorno alle narici, attorno agli occhi e nelle cavità delle orecchie. Da quarantadue anni il pover'uomo lavora in casa Spina. Dunque, da prima che Pietro nascesse. Da quarantadue anni egli vi lavora, dodici o quattordici ore di fatica al giorno comprese in parte le domeniche (perché i cavalli devono essere governati anche i giorni di festa). Ne avranno smosso di letame quelle mani; di fieno, di paglia, di terra; ne avrà portati di sacchi quella povera schiena in quarantadue anni. A Pietro è penosa quella devozione, quell'attaccamento, quella fedeltà di cane. Si gira bruscamente verso l'uomo, gli dice impacciato:

« Sai, Venanzio, parlavo per parlare. Del resto, Venanzio, tu puoi venire da me ogni volta che ti pare. A proposito » gli domanda abbozzando un sorriso amichevole « trovi veramente che somiglio allo zio Saverio? »

Venanzio è commosso da quel mutamento di tono e per mostrare che riflette, aggrotta le sopracciglia, socchiude gli occhi.

« Don Saverio era più robusto » egli giudica. « Aveva anche un bel colorito roseo che piaceva alle donne, quest'è risaputo. Ma l'incavatura degli occhi il naso il mento sono tali e quali. Anche l'altezza della persona, credo. Ah, era un vero signore. »

Pietro rinunzia a presentarsi in quel travestimento alla nonna. Venanzio, smarrito, accenna a parlare.

« Non ero venuto per disturbarvi » egli balbetta. « Questo, signorino, non sarebbe nelle mie abitudini. Come si dice? il garzone alla stalla e il signore dove gli piace. Ma, ecco, signorino, adesso succedono fatti su cui non m'è più possibile tenere la bocca chiusa. Figuratevi, signorino, che oggi è stata la volta di Lama. Siamo partiti appena pranzato e siamo tornati mezz'ora fa. No, su queste cose non posso più tacere. »

« Perché, a Lama? C'è un santuario? »

« Non si tratta di pellegrinaggi, signorino, ma del vostro caso. Voi fate la faccia di chi non capisce? Ebbene, donna Maria Vincenza cerca aiuti e consigli a destra e a sinistra per salvarvi dalla situazione in cui siete caduto. Non vi siete accorto che quasi ogni giorno della scorsa settimana ho dovuto condurre donna Maria Vincenza in qualche paese dei dintorni? A Lama, oggi, m'ha fatto fermare sotto la casa di un avvocato. La gente che ogni giorno ci vede in giro, di qua e di là, dopo anni di vita ritirata e tranquilla, comincia a congetturare. D'inverno, si sa, poca gente lavora, e quando la carrozza attraversa un paese tutta la gente esce per strada. Qui a Colle, signorino, non posso più fare due passi da solo senza che qualcuno mi domandi: Che succede a donna Maria Vincenza? Che altro guaio è capitato a quella disgraziata signora? »

Pietro non s'era accorto di nulla. Da quando ha una camera per sé, egli ha meno occasioni di stare con la nonna. Naturalmente, non gli è sfuggito il frequente scalpitìo dei cavalli e il rumore della carrozza nel cortile; ma non gli è mai venuto in mente che ogni volta potesse essere la nonna a partire o a tornare; e anche quell'una o due volte che da dietro le persiane ha potuto vedere donna Maria Vincenza scendere dalla carrozza, ha pensato che tornasse dalla chiesa o da una visita a Colle. Adesso però egli si rende anche conto perché le ultime sere la nonna apparisse così stanca e si fosse scusata di non essere in grado di tenergli compagnia presso il camino.

« C'è il pericolo, signorino, ma c'è anche la vergogna » continua Venanzio parlando a stento e con evidente sofferenza. « Non crediate che la signora sia imprudente e le possa scappar detto che voi siete ora in casa sua. Il pericolo al quale penso io, non riguarda voi, signorino, ma il casato. Per il resto, donna Maria Vincenza, non è una bambina da lasciarsi tirare i vermi dalle narici. Ah, dovreste udirla, signorino, con che prudenza riesce a parlare di voi. L'altro giorno, tanto per raccontarvi un esempio, ho assistito all'incontro tra lei e il canonico don Angelo Scarfò, nella sacrestia dei Santi Martiri, a Cavascura. Se quello sciagurato è morto, ripeteva il reverendo con la sua voce nasale e il sorriso ipocrita della dentiera di gomma, non ci resta che pregare per la sua anima. E se non è morto? gli domandò donna Maria Vincenza con tutta calma. Inverosimile, dichiarò il canonico. La polizia non è riuscita a trovarlo? Vuol dire ch'è morto. Scusi, ma è un ragionamento che non capisco, gli obiettò la signora senza turbarsi. Se la polizia non l'ha trovato, vuol dire ch'è vivo. Benedetta signora, esclamò allora il reverendo, se lei ne sa più di me, perché non parla? Mi dica apertamente dove si trova. Se è ancora vivo, rispose donna Maria Vincenza, significa che il Signore, nella sua infinita misericordia, vuol lasciargli la possibilità di riparare il malfatto e tornare a una vita normale e onesta. Ma, vivendo sulle montagne o qua e là, sotto falso nome, aggiunse la signora, lei stesso, reverendo, ammetterà che non è possibile. Reverendo, concluse la signora, ecco perché sono venuta da lei: tutti sappiamo che lei ha buoni appoggi nella capitale; non ci sarebbe il mezzo d'ottenere una grazia dal re? Se vi fossero spese da affrontare, donna Maria Vincenza disse infine, la famiglia non si tirerebbe indietro.»

«Una grazia dal re?» interrompe Pietro sorpreso e incuriosito. «Quale re?»

«Signorino, che posso saperne io?» si scusa Venanzio alzando le spalle. «Io non leggo i giornali. A quella domanda, dunque, don Scarfò arricciò il naso; ma la sua risposta non potei udirla perché, col pretesto di mandarmi a comprare un francobollo all'ufficio postale, egli mi fece allontanare. Ad ogni modo, le nostre gite nei paesi vicini non si arrestarono lì. Dopo Cavascura, la signora è stata a Fossa, a Orta, a S. Giovanni, a Rocca; oggi è stata a Lama; domani andrà chi sa dove. Donna Maria Vincenza, una signora così fiera e davanti a cui, in segno di rispetto, tutti hanno sempre inchinato la testa, adesso deve girare da un comune all'altro per implorare aiuto; e in ogni casa, dopo che ha esposto lo scopo della visita e pronunziato il vostro nome, deve vedersi ricondurre alla porta con sorrisi più o meno compassionevoli.»

Venanzio ha parlato finora a stento, in maniera impacciata e con visibile pena, tenendo lo sguardo a terra o di sbieco e torcendo il cappello tra le mani come se fosse una salvietta da asciugare; ma, bruscamente, quasi commovendosi alle proprie parole, cambia aspetto e s'avvicina a Pietro fissandolo negli occhi, con una espressione torva in cui rivela d'un tratto un'ostilità troppo a lungo repressa. Pietro resta calmo, come se non si fosse accorto del cambiamento; forse, al suo solito modo, egli ne è soltanto un po' stupido.

«Venanzio, hai altro da dirmi?» gli domanda con indifferenza.

«L'onore del casato» gli grida il garzone al sommo dell'esasperazione «per Cristo, sapete almeno cos'è?»

Pietro si dirige con flemma verso l'uscio, l'apre e con un sorriso bonario gli fa cenno d'andarsene. Il garzone resta immobile in mezzo alla stanza, pallido disfatto scosso da un leggero tremore alle mani e alle labbra. La noncuranza e la serenità di Pietro ristabiliscono la distanza che per un momento sembrava abolita. Il garzone torna a guardare per terra e gesticola come se volesse spiegarsi o scusarsi, ma l'emozione gli serra la gola.

« Dio sa che non volevo offendervi » gli riesce infine di balbettare. « Come oserei? Tutta la mia esistenza, la mia anima è legata alla vostra famiglia. »

« Non sono offeso » gli spiega Pietro « T'assicuro che non è poi tanto facile offendermi. Un altro giorno, Venanzio, se vuoi, discuteremo sull'onore e ti spiegherò allora come io l'intenda. »

L'uscio è rimasto aperto, ma il garzone non pensa ad andarsene e resta vicino alla porta, cupo testardo risoluto.

« Non vi ho ancora detto perché volevo parlarvi » egli aggiunge.

« Più tardi o domani » gli propone Pietro. « Adesso voglio andare nella camera accanto, da mia nonna. »

« Quest'è l'ora in cui donna Maria Vincenza recita il rosario » osserva il garzone che non ha voglia d'andarsene senza aver raggiunto un risultato. « Fate come volete, ma vorrei solo ricordarvi che durante le preghiere la signora non ama d'essere disturbata. »

Pietro richiude l'uscio e invita Venanzio a sedere, mentre lui si sveste da ufficiale per riprendere i suoi panni civili.

« Voi certamente vi domandate con quale diritto io m'intrometta nelle faccende del casato, e forse supponete ch'io dimentichi il mio stato di servo » riprende a dire Venanzio. « Ma se poteste leggere nella mia anima sapreste dopo quale lotta con me stesso, dopo quante pene, mi son deciso a parlare. Ci soffro, mi ci struggo, a dovervi dire certe cose; mi par quasi d'impazzire. La disgrazia, signorino, è che gli altri parenti, don Bastiano compreso, non sanno che voi siete qui e non hanno perciò alcun sospetto dei pericoli ch'essi stessi corrono, assieme a donna Maria Vincenza. Se, dunque, non fosse il servo a parlarvi, chi in sua vece? Mi dovete perdonare, signorino, se vi dico che questa situazione non può durare. Oh, non lo dico per me, voi lo sapete, né per i cavalli, non ci mancherebbe altro. Noi siamo diventati vecchi in questa casa e dobbiamo servirla, e la serviamo, nella buona e nella cattiva fortuna. Alla sua età, e con quel crepacuore, con quello struggimento che ha per voi e che notte e giorno la tormenta, non è esagerato dire che il minimo strapazzo può toglierle il respiro. Figuratevi adesso un momento, signorino, per favore, pensateci un po' se un giorno o l'altro (che la Madonna della Misericordia allontani il malaugurio) alla discesa dalla carrozza, al ritorno da una di quelle gite, io dovessi constatare l'irreparabile. Una cristiana come donna Maria Vincenza, dopo una così lunga vita, mi pare, ha almeno il diritto di chiudere gli occhi nel proprio letto, di morire attorniata dai parenti, assistita dal parroco. Ora lei stessa, donna Maria Vincenza, sente che la sua resistenza è agli sgoccioli; per la prima volta, da quando la conosco, la vedo agitata, dare in ismanie e angosce; da quando siete qui, lei che non aveva mai avuto paura di nulla, adesso trema per ogni piccolezza, è in permanente allarme; naturalmente non per sé ma per voi. Soprattutto, a causa di voi, ha una paura folle di morire. Oggi, quando la signora m'ha ordinato di preparare la carrozza per andare a Lama, mi sono fatto coraggio e le ho fatto osservare che, a giudicare dalla cera, mi sembrava indisposta e forse sarebbe stato prudente, se mi era permesso d'esprimere un'umile opinione, di rinviare la visita a domani. Ma, appunto, perché sto male, m'ha risposto, appunto perciò dobbiamo andare subito, non ho mica tempo da perdere. Ogni volta che torniamo a casa, la prima domanda a Natalina, naturalmente, riguarda voi; e se la ragazza (voi sapete come può essere distratta) esita a rispondere, la signora è colta da spavento. E oltre a donna Maria Vincenza, ripeto, c'è il casato.

« Quante generazioni ci vogliono per dare vero lustro e decoro a una famiglia? Basta un niente per rovinarla. Ah, voi non conoscete, signorino, la gente di qui, voi siete cresciuto lontano, voi non sapete come i più siano servizievoli amici devoti a chi la fortuna sorride, ingrati vili odiosi traditori appena fiutano il vento contrario. Non ci si può fidare più di nessuno. Lasciatevi raccontare, signorino, un piccolo episodio. Non più tardi di un'ora fa, al ritorno da Lama, nelle vicinanze della villa dei Pilusi, sono stato costretto a fermare la carrozza perché uno dei cavalli inciampava a ogni passo in un finimento scucito. Proprio in quel momento s'è trovato a passare di lì un certo Giacinto il gobbo, un servo dei Pilusi, e gli ho chiesto per favore, per gentilezza, se poteva prestarmi una funicella da sostituire al finimento guasto. Voi non mi crederete, ma quello non si è nemmeno fermato e m'ha risposto con una risata. Be', non farci caso, m'ha detto la signora, sai che quello lì è uno scemo. Anzitutto, avrei potuto rispondere, un gobbo non è mai scemo, e poi Giacinto non è il solo che comincia a ridere di noi. Queste cose io le so perché con me la gente parla a faccia a faccia, senza tanti riguardi. Alla risata di quello scalzacane che fino a poco tempo fa, fino allo scandalo per causa vostra, si sarebbe sentito onorato di rendere un servizio alla signora Spina, il sangue mi s'è rivoltato. Ho riparato alla meglio il finimento e, appena rimessa in moto la carrozza, ho perduto ogni ritegno e ho detto alla signora quello che da molto tempo mi bruciava in cuore. A me mi sembrava quasi d'impazzire. A dir la verità, donna Maria Vincenza m'ha lasciato parlare, senza interrompermi; ma, quando ho finito, m'ha risposto con un tono grave e che non ammetteva replica: La prudenza il decoro il casato la situazione sociale l'opinione pubblica, Venanzio, sono certamente belle cose. Ma, se una madre ha un figlio in pericolo, lui viene prima delle cose ora nominate. Dunque, mi son detto, con lei non serve a nulla di parlare, non sentirà mai ragione. Invano tutte le persone che donna Maria Vincenza consulta e chiama in aiuto, le dichiarano che per voi (ammesso che siate ancora vivo) non c'è proprio nulla da fare. Invano cercano di farle capire che, se voi foste un ladro o un assassino, vi si potrebbe facilmente trarre d'impiccio per mezzo d'avvocati celebri, per mezzo di falsi testimoni, per mezzo di giudici compiacenti. Ma il vostro delitto è il più terribile, il solo imperdonabile che si possa immaginare, e quell'imprudente che osasse intervenire a vostro favore, non vi gioverebbe in nulla e comprometterebbe sé stesso. Questo, su per giù, la signora se l'è sentito ripetere dai parenti e amici ai quali s'è rivolta per consiglio. Ma lei ha altro in testa e finché le reggeranno le forze, chi la conosce può esserne sicuro, continuerà ad andare da Ponzio a Pilato nell'illusione di trovare chi vi salvi. D'altronde, la signora è stata sempre così, è la sua più grande virtù, ci faccio tanto di cappello; ma è un lusso d'altri tempi.»

Venanzio fa un gesto delle braccia, un po' goffo, per indicare la sua afflizione, la sua disperazione, la sua testardaggine. Adesso veramente nessuno lo prenderebbe più per uno stalliere, ma piuttosto per un parente povero, per uno Spina decaduto, incafonito, e a causa di ciò più sensibile all'opinione della gente di strada. Il suo viso scarno bruciato, a parte i lunghi baffi plumbei, ha assunto ora il colore rossastro del vecchio rame domestico, con profonde rughe fuligginose; le sue orecchie sono diventate scarlatte per l'eccitazione e le palpebre gli battono senza interruzione nelle occhiaie scure, quasi turchine. Si capisce ch'egli deve aver chiara in mente una via di salvezza per allontanare dagli Spina un'onta definitiva e, se esita a indicarla, è solo perché spera che Pietro la scopra da sé.

« Proprio in questi giorni m'è tornato a mente un episodio del terremoto che credo di non avervi ancora raccontato » egli riprende a dire affrettatamente appena gli sembra che Pietro voglia nuovamente indicargli la porta d'uscita. « Che cosa fu quella terribile catastrofe disgraziatamente voi lo sapete, signorino, per esperienza di casa vostra, e non è il caso che ve la ricordi. Insomma, fu una circostanza in cui ognuno si salvò come poté. Il curato di Fossa, ad esempio, pur essendo un curato, un uomo consacrato, saltò in camicia dalla finestra e si ruppe una gamba, ma salvò la vita. Ricorderete dunque che la terra cominciò ad agitarsi di mattina presto. Donna Maria Vincenza stava andando in chiesa e si trovava verso la metà del vicolo di Sant'Antonio. Nello stesso istante io stavo attraversando la piazza, col carro pieno di legna tirato da una coppia di buoi. Appena capii che si trattava del terremoto, e non mi ci volle molto a capirlo, fermai il carro e mi misi davanti ai buoi che muggivano come indiavolati. In meno di mezzo minuto vidi crollare davanti ai miei occhi un centinaio di case. Di molte, apparentemente illese, era rimasta solo la facciata. Voi non avrete dimenticato che alla prima scossa ne seguirono altre due di non minore violenza. La signora veniva dunque verso la piazza, in cui io già mi trovavo con altra gente atterrita; ma, per arrivare fino a noi, a lei restava ancora da percorrere una buona metà del vicolo, forse duecento metri, tra due strette file di case l'una serrata contro l'altra. Appena la riconobbi, istintivamente, come potete immaginarvi, mi misi a gridare: Signora, correte, correte, fate presto. Infatti terribili scosse si susseguivano a breve distanza. Dalla maggior parte delle finestre e dei tetti del vicolo di Sant'Antonio uscivano nuvole di polvere di calcinaccio, a causa delle volte interne già crollate. Le facciate resistevano ancora, ma potevano crollare da un momento all'altro e seppellire chiunque si trovasse nel vicolo. Ma la signora continuava a camminare nella direzione della piazza col suo solito passo regolare diritto calmo misurato. Io temevo, se non si fosse affrettata, di vederla da un momento all'altro scomparire sotto una montagna di macerie, e perciò mi sgolavo a gridare: Signora, donna Maria Vincenza, fate presto, più presto. Infine, quando Dio volle, la signora arrivò in salvo. Appena mi fu vicino, mi prese da parte e mi domandò sottovoce: Venanzio, che maniere sono queste? Perché urlavi il mio nome in quel modo, qui, in mezzo alla piazza? Signora, risposi, tutto il paese sta crollando. L'ho capito, mi ribatté. Non ci vuol proprio molto a capirlo. Ma se la terra si mette a fare stravaganze, è una ragione perché noi la imitiamo? Già da allora, dunque, la signora aveva la specialità degli argomenti che, pur non convincendo, restano inconfutabili. Per questo, adesso, ho preso l'ardire di rivolgermi a voi. Spetta a voi, signorino, scusate, di prendere una decisione. »

« È inutile che tu continui » l'interrompe Pietro. « Se serve a tranquillizzarti, posso dirti che non ho mai pensato, mai progettato di stabilirmi a lungo in questa casa. Se mi ci trovo, tu lo sai, è perché mi ci han portato. Ma uno dei prossimi giorni, me ne andrò. »

All'udire annunziare questa decisione, la stessa da lui auspicata, l'animo di Venanzio si capovolge ed è preso da una improvvisa intensa compassione per il giovane signore. « Per Cristo, per la Madonna, per tutti i Santi » egli si mette a bestemmiare; ma Pietro lo lascia nella propria camera con gli occhi pieni di lagrime, tremante e con la faccia imperlata di sudore come un febbricitante. Egli va in camera di donna Maria Vincenza e la trova a tavolino che scrive, china sul foglio e attenta come una scolaretta alle prime aste. Il tappeto rossiccio del tavolino e il paralume rosa della lampada da tavolo dànno al viso un colorito illusorio, quasi giovanile.

« Disturbo? » chiede Pietro.

« Resta pure, caro, ho presto finito. Tutto il pomeriggio non t'ho visto. »

« Sarebbe stato difficile incontrarmi a Lama. »

« Ah, Venanzio t'ha raccontato? »

Donna Maria Vincenza smette di scrivere e resta un momento pensierosa. Nel rialzare la testa, tutta la stanchezza tutta la vecchiaia riappaiono sul suo viso.

« In quel povero Venanzio » ella dice sorridendo tristemente « sembra essersi rifugiato l'orgoglio della nostra famiglia.

Sai che oggi ha osato farmi delle osservazioni? Siccome non la finiva più: Se ci tieni poi tanto alla tradizione, ho dovuto dirgli per farlo tacere, be', non dimenticare che tu sei uno␣stalliere e io la tua padrona. L'ha smessa, non senza aver prima borbottato: Adesso dovrebbe risuscitare don Berardo. Non puoi immaginare fino a che punto egli ne soffra. Egli era solito scendere a Colle ogni domenica dopopranzo, per giocare a carte con amici e per bere un bicchiere in compagnia, in qualche cantina. Siccome ho potuto riscontrare che le ultime due domeniche è rimasto qui, gli ho domandato se si sentisse poco bene. Dopo varie scuse, ha finito col confessarmi di "vergognarsi". Di che ti vergogni? gli ho domandato. Dello stato in cui siamo ridotti, m'ha risposto. Chi intendi per noi? ho insistito; ma non ha più fiatato. »

« In fondo, egli ha ragione » osserva Pietro gravemente. « Una famiglia è una comunità di vita più che di sangue. Così, lo dico seriamente, senza voler affermare un paradosso, senza dubbio egli è più Spina di me. Egli è rimasto sempre qui, fedele laborioso sobrio; mentre io correvo l'avventura da un paese all'altro. Anche per questo forse mi odia. Non è insopportabile che un intruso metta in pericolo l'onore della "sua" famiglia? »

« Vedo con piacere che hai voglia di scherzare » osserva la nonna. « Tu non sei un intruso; tu sei anzi il solo Spina che sopravviva. »

Pietro cambia tono e aggiunge con voce ferma:

« Nonna, io non voglio che tu continui questa *via-crucis* da un comune all'altro, per causa mia. Se c'è qualche cosa che può indurmi a partire di qui, subito, senza indugi, senza dirti neppure addio, è appunto questo. »

Donna Maria Vincenza si alza, gli si avvicina e gli risponde in un tono che non ammette replica:

« Per agire come la coscienza e il cuore m'impongono non ho bisogno del permesso di nessuno; neppure del tuo. Se tu avessi un figlio sul punto d'annegare, prima di buttarti all'acqua non gli chiederesti, credo, la sua opinione. Il guaio è che tu non hai figli. »

« Lasciamo da parte le parabole » ribatte Pietro impaziente. « Nonna, ascoltami bene. Io non voglio, capisci? io non voglio (e dà un colpo di pugno sul tavolo alzando la voce) che dopo tutto quello ch'è successo, altre persone abbiano ancora a soffrire a causa mia; altre persone che amo, abbiano a sacrificarsi per me. »

Il viso della signora si contrae in un sorriso leggermente ironico e doloroso.

« Ah, riconosco codesta voce » lei esclama « codesto modo di battere il pugno sul tavolo. Voialtri uomini della famiglia Spina avete perduto le virtù degli antenati; non sapete più arare, né domare le bestie, né trattare le opere, né pregare, com'essi sapevano; ma vi sono rimasti in fondo all'anima i gesti e le grida di quando diventavano prepotenti. Devo dirti che questi modi, a me, non m'hanno mai impressionata? »

Siccome è d'inverno, s'è fatto buio quasi di colpo. La notte è sopravvenuta senza il crepuscolo della sera. Attraverso le tendine della finestra Pietro vede accendersi le luci del villaggio.

« Se tu sapessi, caro, come mi sento stanca » aggiunge dopo una lunga pausa donna Maria Vincenza, e si stende a fatica sul suo letto. « Stanca, come bastonata, in ogni giuntura delle ossa. Ah, Madre Misericordiosa, fa' ch'io non sia tentata al di là delle mie forze. »

Pietro l'aiuta a distendersi e le accomoda i cuscini dietro la testa. Più tardi, dopo essersi un po' riposata, ella aggiunge:

« D'altronde, caro, posso rassicurarti, quella che tu hai chiamato la mia *via-crucis* è terminata. Anche se ne avessi le forze, non saprei più a chi rivolgermi. Ah, come supporre che la rovina fosse così generale? Persone ch'io conoscevo da decine di anni e continuavo a stimare oneste e amiche perché non avevo mai avuto bisogno di loro; cosiddetti cristiani che nessuna domenica mancano alla messa, che non si fanno sfuggire alcun triduo o novena, che si confessano e comunicano più spesso di quello che i precetti richiedono; parenti sacerdoti autorità mi si sono rivelati bruscamente meschine creature impaurite, con l'anima totalmente invasa dalla sola permanente ossessione del quieto vivere. Mi domando: è ancora un paese cristiano questo? Non mi ci ritrovo più. Questo paese mi riempie di spavento. Questa mi sembra ora una terra sulla quale da molte stagioni non sia piovuto; una contrada nella quale la siccità abbia inaridito perfino le radici delle anime, una steppa un deserto. Ah, non sapevo che col prosciugamento del Fucino e il terremoto e le guerre ci fossimo ridotti in questa desolazione. »

Donna Maria Vincenza chiude gli occhi, ma ciò non serve a trattenere le lacrime che già le inondano le gote.

Pietro, ora che quegli occhi sono chiusi, può rimirare da vicino il vecchio caro viso. Lo sconforto senza nome che esso riflette, lo commuove profondamente e sbigottisce. Egli non sa che fare, come soccorrerla. Sulle guance scarne della nonna le lacrime formano due gore limpide e sottili che si riuniscono nelle crespe del mento. Pietro scopre bruscamente una strana somiglianza tra quel viso e la terra di cui la nonna ha poc'anzi parlato: terra vecchia ossuta secca assetata prosciugata. Ce ne vorranno di lacrime di madri, ce ne vorranno di fiumi di lacrime, prima che questa povera terra inaridita torni a fiorire e fruttificare.

Quando Natalina entra per aiutare la signora a svestirsi, Pietro dà la buona notte e si ritira nella sua camera.

A metà sonno, donna Maria Vincenza si sveglia di soprassalto. Sta un momento in ascolto, poi indossa in fretta una vestaglia e va nella camera del nipote. Lo trova in mezzo alla stanza che prepara una valigetta.

« Parti? » gli domanda.

« Preparo, come vedi, una valigia » risponde Pietro impacciato.

« Farò anch'io preparare la mia. »

« Per che fare? Dove vuoi andare? » dice Pietro.

« T'accompagnerò, ovunque tu vada. »

« Senti, nonna, non è proprio il caso di separarci con ira. Io devo proprio andarmene di qui. »

« M'hai capito male, caro. Io non penso affatto a una separazione, ho detto che t'accompagnerò. Non ti lascio; ah, di questo puoi stare sicuro. »

E poi aggiunge a voce bassa, quasi involontariamente:

« Non mi resta altro motivo di vivere che stare con te. »

« Ma sarebbe una follia » esclama Pietro.

« Oh, caro, da quando in qua tu sei contro le follie? »

Convinto dell'inutilità di continuare a discutere su quel tono, Pietro rinunzia a terminare la valigia, torna a letto e spegne la luce.

V

« Gli Spina sono sempre stati un po' pazzi » afferma la zia Eufemia. « Con la politica e senza la politica, questo si sa, hanno sempre avuto la pazzia nel sangue e perciò hanno avuto fortuna e sono diventati la prima famiglia del paese. Quando non era la politica, era il denaro; quando non era la vita militare, erano le donne, o la religione, o che so io; i pretesti a quelli non mancano mai e, se mancano, li inventano. D'altronde, siamo giusti, non è colpa loro, se pazzi ci nascono. Riflettici bene, Palmira, e anche tu troverai che non è colpa loro. »

« Certo, certo, ma si sono sempre creduti più degli altri » aggiunge donna Palmira. « Ecco il torto. Non bisogna credersi più degli altri. Ogni uomo ha due mani, zia Eufemia, due sole mani, e come uno può credersi più degli altri? »

« Basta ripensare a don Berardo da giovane » incalza la zia Eufemia. « Buon cuore, certo, chi lo nega? ma più stravagante di San Camillo prima della conversione. Non ti sei accorta, Palmira, che queste sarde sono arrugginite? I maccheroni sapranno di rancido. Ma la fortuna dei pazzi, beati loro, è di potersi buttare giù dal tetto, come i gatti, senza rompersi l'osso del collo. Così, a quel che sembra, rivedremo presto per le vie di Colle don Pietruccio Spina, graziato e amnistiato, attizzare l'odio dei cafoni contro i proprietari; ah, sarà bello a vedere, Palmira. »

« Credi veramente, zia Eufemia, che questa cattiva azione sia opera di don Coriolano? Si era detto che lui non contasse più nulla. »

« L'ho udito anch'io, Palmira, ormai egli sarebbe solo un

trombone suonato da altri. Altri gli soffiano dietro e lui suona. Perché l'hai invitato? »

« Mio marito vuole appurare come stanno adesso le cose con gli Spina. »

« E per farlo parlare, Palmira, gli offri maccheroni alle sarde? »

« Per don Coriolano avevo prima pensato di lasciarti fare gli spaghetti all'uovo, che so che gli piacciono » si scusa donna Palmira. « E a chi non piacciono? Ma, non dovrei ricordarlo proprio a una donna di chiesa come te, zia Eufemia, adesso siamo in quaresima e, per di più, oggi avremo a tavola anche il predicatore. »

« È vero, Palmira, che il quaresimalista di quest'anno è piemontese? Che c'entra, potresti spiegarmelo, un piemontese nella nostra parrocchia? Come se nella nostra diocesi mancassero i grandi oratori. »

« Quello che a me non m'entra in testa invece è questo: dunque, prima il governo ricercava uno per fucilarlo e adesso gli fa la grazia? Vorrei sbagliarmi, zia Eufemia, ma così s'incoraggia la stravaganza e si scoraggia la gente onesta, la gente come noi. Tu sai che in chiesa io avevo cambiato posto per non dover più salutare donna Maria Vincenza. Adesso vedrai come rialzerà la cresta quella vecchia. »

« Dal mulo, Palmira, non cercar lana » ammonisce la zia Eufemia. « Sui governi di Roma io non mi sono mai fatta illusioni. Dopo i maccheroni che pensi di servire? »

« Sai che il podestà s'è nuovamente lamentato, zia Eufemia, per il tuo modo di parlare? Almeno, ti consiglia, quando vuoi dire certe cose, se proprio non puoi farne a meno, abbassa la voce. Dice lui, si capisce, se proprio non puoi farne a meno. »

« Capisco, e perciò da parte mia l'ho consigliato amichevolmente di mettersi la cera nelle orecchie, sai, quella cera speciale che vendono i farmacisti, così non udrà più parole spiacevoli. E le sue oscure minacce, Palmira, l'ammetterai anche tu, sono veramente ridicole. Se Cristo avesse paura dei sorci, gli ho detto, non se ne starebbe in chiesa. Infine, Palmira, sapresti dirmi tu da dove viene quell'impiegatuccio morto di fame? Chi era suo padre? Lo domando a tutti, ma nessuno sa dirmelo. Forse sua madre, non voglio essere troppo pessimista, forse sua madre l'avrà saputo. »

« Oh, zia Eufemia, tu finirai col compromettere te e noi, con i tuoi *eufemismi*. »

A Colle sono comunemente chiamati *eufemismi* i detti e le sentenze della zia Eufemia. Molti d'essi sono già passati in proverbio; la loro spregiudicatezza contrasta, a prima vista, con la persona che li proferisce. La zia Eufemia ha infatti l'aspetto d'una beghina qualsiasi, di una beghina alta striminzita allampanata vestita sempre di nero, ha l'aspetto d'una di quelle povere pie sterili e rassegnate zitelle che, in mancanza di famiglia propria, bazzicano dalla mattina alla sera attorno alla sacrestia, assistono i moribondi e piangono ai funerali. Ma in realtà, la zia Eufemia è l'unica superstite della famiglia patrizia dei De Dominicis, che per vari secoli spadroneggiò nella contrada di Colle e d'Orta, prima che sorgessero gli Spina e più precisamente prima che gli Spina si appropriassero delle terre della chiesa messe all'incanto in seguito alla legge sulla manomorta. Per non incorrere nella scomunica, i buoni cristiani, e tra essi i De Dominicis, si astennero dal partecipare all'asta; dimodoché gli Spina, che erano di sentimenti liberali e patrioti, con pochi soldi arraffarono tutto e divennero da allora i più ricchi proprietari della contrada. I nomi più antichi dei De Dominicis si ritrovano nelle pietre sepolcrali che pavimentano la chiesa parrocchiale di Orta e quelli del secolo scorso signoreggiano ancora il cimitero di Colle da una cappella monumentale costruita nel suo centro; tiranneggiano ancora i poveri morti, in attesa della resurrezione della carne. Ma tra i vivi la loro supremazia è declinata da parecchio e il lòro stesso nome sta per spegnersi. La zia Eufemia è ora l'unica superstite di quella nobile famiglia. Ella non è zia d'alcuno in particolare e anzi, fatto strano, proprio per questo, senza far torto ad alcuno, può essere chiamata zia da tutti in generale. D'altronde, un certo fondamento, se non legale, umano, per quella pretesa collettiva pure esiste: nel testamento del nonno della zia Eufemia si trovò infatti, a giustificazione d'un suo lascito per i poveri del comune, un'allusione esplicita a un numero imprecisabile ma ragguardevole di suoi figli naturali. A Colle non si trovò nessuno che rivendicasse subito quella paternità; ma l'imminente fatale estinzione del ramo legittimo dei De Dominicis ha indotto i collesi a riesumare quel loro diritto. Tanto più che, nel frattempo, con la prolificità propria dei bastardi, è da supporre che quei figli naturali si siano largamente moltiplicati, fino al punto che nessuna famiglia ne sia con sicurezza immune. Così, la zia Eufemia, pur non avendo parenti di sorta, adesso ha quasi tutti gli abitanti di Colle come nipoti; e reciprocamente, quelli tra i collesi che non hanno parente alcuno possono almeno dire d'avere lei. E non è una zia qualsiasi, ma d'onorata discendenza. Come però succede anche nelle migliori famiglie, tra zia e nipoti i rapporti non sono mai stati troppo cordiali; anzi, spesso piuttosto burrascosi.

L'antico palazzo dei De Dominicis, costruito nel seicento, crollò in gran parte nel terremoto del 1915, e di esso ora resta in piedi, della facciata, solo il portone, alto più di cinque metri, con lo stemma della famiglia nella sommità dell'arco, e su di esso, in bilico, un gran balcone con un'ornatissima ringhiera di ferro battuto. Su quel nobile triste arioso e solitario simulacro s'abbarbicano ora erbacce parassite e in primavera ciuffi insolenti di papaveri rossi. Delle altre parti del fabbricato si salvò dal terremoto soltanto nell'estremo angolo nord uno stanzone del pianterreno, ch'era adibito a deposito di patate, con due camerette del primo piano appollaiate su di esso. Siccome una delle camerette serviva da cappella di famiglia e custodiva, tra l'altro, le reliquie d'una parente dei De Dominicis vissuta nella prima metà del settecento e morta in odore di santità, dagli abitanti di Colle si gridò allora al prodigio. Le due camere, restaurate puntellate da travi e ricoperte di tegoli, servono adesso d'abitazione alla zia Eufemia; ma somigliano piuttosto a una torre colombaia disertata dai colombi. Per salirvi, in mancanza d'una scala interna in muratura, la zia si serve d'una scaletta a piuoli, ch'ella ritira su, come un ponte levatoio, durante la notte, e nei giorni di furore, quando lo scirocco, alle molteplici ragioni personali ch'ella ha d'odiare il prossimo, aggiunge il supplizio delle emicranie.

"La zia Eufemia ha ritirato su la scala" si vocifera allora a Colle per avvertire di girare al largo.

L'antica cappella dei De Dominicis, pur dovendo servire ora anche da camera da letto, ha conservato gli arredamenti sacri, l'altare con le reliquie il crocifisso i candelieri la piletta dell'acquasanta l'inginocchiatoio. Alla destra dell'altare pende un vecchio quadro che simbolizza la morte esemplare della santa di famiglia, e vi si vede una candida anima staccarsi senza dolore da un corpo già cadavere e dolcemente involarsi verso il cielo stellato scortata da uno stormo d'angioletti alati; all'altra parte dell'altare è appeso un quadro più realistico e di soggetto profano, ma per la zia Eufemia non meno sacro, raffigurante la regina Maria Sofia di Napoli che marziale e gentile passa in rivista le truppe della cittadella di Gaeta, durante il noto assedio. Il quadro è ormai celebre a Colle e dintorni, non a causa delle sue qualità artistiche, ma per un fenomeno strano e inspiegabile; ogni anno che passa la zia Eufemia assomiglia in modo sempre più impressionante alla regina Maria Sofia. Sulle altre pareti della cappella, la zia Eufemia tiene esposto, alla rinfusa, tutto quello che di più caro, fra i ricordi di famiglia, le riuscì di ricuperare tra le macerie del terremoto, ritratti di antenati e trofei di caccia, decorazioni cavalleresche e collezioni di pipe. Agli occhi d'un estraneo quegli oggetti potrebbero sembrare eterogenei e banali e ad ogni modo fuori posto in una cappella consacrata; ma per la zia Eufemia essi hanno perduto il senso della loro origine e sono ora oggetti saturi di malinconia, richiami d'oltre tomba, oggetti di meditazione e culto. Nessuna meraviglia, dunque, se attorniata da quelle reliquie alla zia Eufemia riesce di raccogliersi e di pregare con più fervore che nella stessa chiesa parrocchiale. Non si potrebbe immaginare, per la religione della zia Eufemia, un tempio più adeguato di quella cappella-camera da letto. La sua religione è una fusione patetica del culto della propria famiglia e della spodestata dinastia dei Borboni di Napoli, col culto d'alcuni vecchi santi (pochi, è vero, ma bene scelti), e del Salvatore Crocifisso. La zia Eufemia, come ogni buon italiano, è, si capisce, cattolica, ma sul serio, essendo rimasta al Sillabo, dunque più intransigente e papista del papa. Ella rimpiange la Santa Inquisizione e prega ardentemente per il suo ristabilimento, come pure rifiuta d'accettare nella sua cappella le devozioncelle che incessantemente inventano e propagano le numerose congregazioni cattoliche di recente formazione, i salesiani i giuseppini gli orionini e simili, in concorrenza spesso meschina tra loro, congregazioni tutte, non a caso, d'origine piemontese. Il culto della zia Eufemia è rimasto meridionale, come quello degli avi, immune dalla inflazione devota dei tempi moderni; le sue preghiere sono rivolte ai vecchi santi nati tra l'Abruzzo e la Calabria, santi autentici e provati, e le sue preghiere sono di preferenza formulate in dialetto in modo che, anche se altri santi dovessero stare a orecchiare, non capirebbero proprio nulla. Con la stessa coerenza la zia Eufemia ha sempre rifiutato di pregare per la dinastia usurpatrice; anzi, ella non ha ritegno di continuare a implorare sui suoi membri il meritato castigo di Dio e l'ira sterminatrice degli uomini. Le annuali feste nazionali e dinastiche sono per lei tristi giorni di penitenza e di digiuno. Tuttavia la zia Eufemia non è tanto ignara di cose politiche da aspettarsi una restaurazione del regno di Napoli, come anche sa che nulla ormai può impedire la sparizione della famiglia De Dominicis. Il suo culto è dunque una fede senza speranza, un'accorata fedeltà a un mondo sparito, al quale si sente legata dai vincoli della nascita e dell'educazione, e ancor più dalla memoria di suo padre, il timorato pio infelice don Ferdinando De Dominicis, cavaliere dell'ordine borbonico di San Gennaro. A Colle molti lo ricordano ancora con rispetto e compassione.

Don Ferdinando morì di crepacuore nell'inverno del 1895, pochi giorni dopo il suo ritorno da Napoli, dove aveva assistito, nella chiesa dei Bianchi allo Spirito Santo ai funerali dell'ex re Francesco II, spentosi in esilio. Contro ogni speranza, l'ingenuo leale candido gentiluomo abruzzese aveva fin allora tenacemente continuato a sperare, aveva, contro ogni avversità, ripetuto a sé e ai pavidi amici che l'ultima istanza della storia è sempre la Divina Provvidenza e che i giusti hanno dalla loro, come riserva, le invincibili legioni degli angeli. Ma durante quella cerimonia funebre, alla vista del vuoto catafalco e degli officianti parati in nero, nell'udire le note lamentose del *Miserere* e del *Requiem*, la fine del Regno di Napoli gli era apparsa irrevocabile, malgrado le preferenze degli dèi. Con orrore aveva allora riconosciuto in quella sciagura politica la stessa superiore fatalità che aveva già condannato la famiglia dei De Dominicis; e tutta la sua vita, subitamente, gli si era rivelata nutrita d'illusorie speranze. Egli morì di dolore, non tanto per la menomazione sociale e per il danno materiale che il nuovo ordine gli apportava, quanto per l'inganno sofferto dalla sua fede. E a dir la verità, di quell'estinguersi del suo vecchio mondo politico e familiare, il fiducioso mite ingenuo don Ferdinando non traeva alcuna colpa personale. Egli aveva rifiutato ogni credito all'avverso destino; fino alla vecchiaia aveva continuato a sperare anche al di là del ragionevole, e se i moti d'un cuore puro e fedele avessero potuto piegare il corso degli avvenimenti, le cose sarebbero certamente andate in ben altro senso. Non bisogna dimenticare che per la salvezza del Regno, don Ferdinando aveva spedito alla corte di Napoli, nel triste maggio del 1860, un fiducioso e ottimistico messaggio d'inalterata devozione. Malgrado quel messaggio, le orde scomunicate di Garibaldi continuarono la loro marcia; ciò nonostante don Ferdinando non aveva potuto credere al trionfo duraturo di un'impresa sprovvista della benedizione della Santa Sede.

Con pari fiducia don Ferdinando, ultimo dei De Dominicis, s'era dato da fare per assicurare alla sua famiglia una discendenza maschile. Anche dopo i primi anni di matrimonio trascorsi senza frutti, don Ferdinando non si era perduto d'animo, nella certezza che non poteva spegnersi una famiglia come quella dei De Dominicis, tanto benemerita del trono e dell'altare. Esaurite le pratiche della normale liturgia, poiché il proverbio dice "aiutati che Dio t'aiuta", egli aveva preso ad accompagnare la docile consorte nei pellegrinaggi più faticosi, aveva vegliato assieme a lei intere notti in remoti santuari, sulla nuda pietra, l'aveva condotta dai medici più esperti, non aveva tralasciato alcuno degli artifizi delle fattucchiere, né i soliti bagni di mare. Ma erano sempre stati, se è lecito dire, innocui colpi sparati a salve. Tra la compassione e l'incoraggiamento di tutta la contrada, contro ogni ragionevole calcolo, l'onesto timido ottimista don Ferdinando aveva persistito a sperare. Egli aveva già messo i due piedi nella cinquantina, ed era per la terza volta vedovo, quando volle intraprendere un estremo tentativo, lanciare un'ultima sfida alla sterile sorte, togliendo a nuove nozze una donna di quasi trenta anni più giovane di lui. Il cielo sembrò allora finalmente commuoversi a tanta fede e concesse al nuovo imene la meritata grazia. Vi fu tuttavia un piccolo malinteso, perché dopo alcuni mesi di esagerato ottimismo nacque una bambina, la futura zia Eufemia, offrendo ai pazienti sforzi di don Ferdinando un premio, certo da non buttarsi via, ma, insomma, non quello di cui lui aveva precisamente bisogno. Tra la curiosità e gli incoraggiamenti di tutta la contrada, il cortese gentiluomo persisté nei suoi tentativi; altri risultati però non ottenne.

Eufemia sembrò rivelare fin da fanciulla tracce evidenti delle inappagate preferenze paterne per un figlio maschio, e mise fuori, a mano a mano che procedeva in età, una ben visibile peluria scura sul labbro superiore, tratti virili nella voce nella muscolatura delle braccia e del petto, e perfino nel carattere attaccabrighe e manesco. Vari anni di severa educazione in un collegio di monache bastarono però a renderla alquanto ingentilita e ammanierata e, per di più, pallida triste e scontrosa, proprio come meglio s'addice a una signorina di buona famiglia. Senonché, una beffa grossolana di cui fu vittima nel suo ventesimo anno (lei aveva allora perduto anche la madre e viveva da sola, nel grande palazzo, con una vecchia serva) ebbe un'influenza nefasta sul resto della sua esistenza. La signorina Eufemia fu allora denunziata all'autorità militare nientemeno che come renitente di leva. Non s'è mai saputo con sicurezza se quello stupido scherzo fosse una vendetta tardiva di persone che covavano vecchi rancori contro la famiglia e avevano trovato comodo di sfogarsi su una ragazza indifesa; oppure un'invenzione dei soliti buontemponi, artigiani senz'opera e intellettuali da farmacia, in provincia allora assai più numerosi d'adesso, e sempre pronti a profittare d'ogni occasione per inscenare beffe, poiché il deridere altrui era uno sciocco sollievo alla propria vita neghittosa e meschina. Fatto sta che la denunzia percorse in silenzio il suo cammino, e sia la signorina Eufemia come le poche persone di Colle che, avvertite a tempo, avrebbero potuto impedire lo sconcio, ne ebbero sentore solo all'ultimo momento, quando l'autorità militare aveva già ordinato che il sospettato renitente fosse scortato da due carabinieri alla sede del distretto per esservi sottoposto a verifica medica. Le indignate proteste del parroco, della famiglia Spina e d'altre persone non servirono a nulla, perché tardive. Fu solo possibile accertare che la ridicola accusa si basava principalmente sulla testimonianza d'un giovinastro mezzo scemo, uomo di paglia spinto innanzi dai veri denunziatori, il quale pretendeva d'aver potuto osservare la signorina Eufemia mentre cambiava di biancheria.

Ma per muovere le autorità militari, in quell'epoca in cui i renitenti di leva nell'Italia meridionale si contavano a decine di migliaia, c'era stato di peggio; in un rapporto della polizia politica della sottoprefettura il denunziato travestimento era dichiarato senz'altro attendibile per la ben nota tradizione legittimistica della famiglia De Dominicis e, ove fosse confermato dalla visita medica, doveva essere giudicato come un coscier te rifiuto di servire il nuovo Stato e di prestare il dovuto giuramento di fedeltà alla nuova dinastia.

Il giorno della partenza della signorina Eufemia per la visita militare, l'avvenimento attirò sulla via principale di Colle tutta la popolazione in una gazzarra carnevalesca, mentre gruppi di giovani cantavano le canzoni del coscritto. Ma quando, dopo lunga attesa, la signorina Eufemia apparve fiancheggiata dai due uomini della legge, pallida come cenere, col cappottino di lana turchina e il cappello di velluto rimastile dall'uniforme del collegio, tra la folla cessarono bruscamente i canti e i lazzi, si stabilì un penoso silenzio, molte persone si vergognarono e subito si ritrassero dentro le case, altre che vollero rimanere per strada, al passaggio di lei quasi senza volerlo si scoprirono. La signorina Eufemia attraversò il paese senza guardare nessuno in faccia, senza pronunziare una parola, senza rispondere ai saluti, come se non s'accorgesse di nulla; non porse alcuna attenzione neppure al vecchio don Berardo Spina che si offrì di condurla in carrozza, lei e i due gendarmi, fino al distretto militare, non badò nemmeno alla sorella del parroco che voleva cingerle attorno al collo, in segno di protezione contro il Maligno, una corona di rosario riportata da un pellegrinaggio in Terrasanta e benedetta sul Sacro Sepolcro, una corona dagli acini di spino. Noncurante e impassibile la signorina Eufemia aveva proseguito per la sua strada, col passo incerto d'una sonnambula e la stanca rassegnazione della vittima.

Al ritorno a Colle, quella sera stessa, poiché era notte avanzata, nessuno la vide. E poiché, sul serio, nessuno aveva avuto l'ombra d'un dubbio sul risultato della visita militare, nei giorni seguenti sempre meno si parlò di lei, e solo in tono ammirativo. Era impressione generale, insomma, che la signorina Eufemia avesse superato la difficile prova nella più degna delle maniere a tutto scorno degli sconosciuti denunziatori. La fredda muta calma indifferenza da lei dimostrata aveva rivelato una nobiltà di cui nessuno, a dir vero, la riteneva provvista, una nobiltà senza paura, da far esultare i De Dominicis più remoti nella polvere dei loro sepolcri. Per qualche tempo il comportamento esteriore della signorina Eufemia rimase immutato: accompagnata dalla serva, ella fu vista, come d'abitudine, attraversare il breve tratto di strada tra il suo palazzo e la chiesa parrocchiale, ogni volta che v'era chiamata dalla messa e dai vespri; per la strada e in chiesa ella non guardava mai nessuno, non rispondeva ai saluti, pareva ignorasse perfino l'esistenza d'altra gente, appariva però ogni volta un po' più cupa e contratta. Ma sotto quell'apparente apatia, come divenne palese più tardi, la nobile signorina covava un'ira terribile, che non doveva spegnersi per tutto il resto della sua vita, un implacabile furore, il cui scoppio si sforzava allora di ritardare, forse per la paura che quel vento di follìa a lei stessa incuteva, forse anche per l'impossibilità di trovargli un'espressione adeguata.

Gli argini si ruppero bruscamente una sera in cui alcune pie caritatevoli e curiose donne, supplicate dalla vecchia serva, salirono nel palazzo per visitare la signorina Eufemia, con la pietosa intenzione di recarle sollievo nella sua cupa e amara solitudine, e anche con la segreta speranza di udirle raccontare qualche scabroso particolare della visita medica. Ma le malcapitate consolatrici dovettero ridiscendere a precipizio la ampia scalinata del palazzo per salvarsi dalla collera della signorina Eufemia scatenatasi al loro apparire. Ululati solitari e funebri risuonarono quella sera nel villaggio impaurito, grida di collera troppo a lungo represse, minacce sinistre e oscure. Gli accessi d'ira e le orribili maledizioni tornarono a ripetersi d'allora in poi ogni volta che passi stranieri varcavano la soglia del palazzo De Dominicis, chiunque fosse, lo scriba del municipio o un carbonaio, un mendicante affamato o uno stanco pellegrino, o soltanto qualche bambino giocante a nascondiglio. Nessuno tuttavia a Colle osava biasimare la signorina Eufemia; ognuno, in coscienza, trovava che l'eccesso del dileggio da lei sofferto le assicurava un'assoluta giustificazione.

Per finire, la stessa frequenza delle sue escandescenze ne diminuì col tempo il terrore, e gli abitanti di Colle, col passare degli anni, vi fecero l'abitudine come a tanti altri guai. I più giovani le consideravano come gli altri fatti spiacevoli ch'erano là da prima che essi nascessero, come un castigo incomprensibile e irrevocabile di Dio per qualche sconosciuta colpa dei padri. Sembrava che non ci fosse nulla da fare, finché, pochi anni dopo il terremoto, un predicatore gesuita napoletano riuscì a parlare con la zia Eufemia, a farsi ascoltare e, almeno in parte, a convertirla.

L'uomo di chiesa, secondo quello che ne riferì il curato, seppe trovare il giusto tono. "Diletta figliuola" le disse "non potendo più dominare nel fasto e nella superbia come i vostri avi, sappiate che, grazie alla religione, voi potete ancora eccellere nella umiltà. Voi potreste, diletta figliuola, diventare l'esempio di tutti i parrocchiani di Colle. Voi, una De Dominicis, potreste e dovreste sbalordirli con la vostra umiltà." La zia Eufemia fu turbata nel più profondo dell'anima da quei religiosi suggerimenti. Così nuove vie, accanto alle già battute, si spalancarono al suo furore: seguendo da vicino le vicende mensili della luna e quelle meno periodiche dello scirocco, le sue vecchie crisi di misantropia presero ad alternarsi con lunghi periodi di penosa ostentata impressionante umiltà. La sua conversione fu dunque intermittente e insieme duratura.

Da allora ogni anno la zia Eufemia partecipa alla processione del Venerdì Santo a piedi scalzi, con una grossa fune attorno al collo e la testa cosparsa di cenere, come una volta usavano soltanto i penitenti d'eccezione, i peccatori convertiti dopo anni e anni di scandalo pubblico; ma di quelli molto più meritevole e degna di ammirazione, data la sua origine patrizia, data anche la sua condizione di zitella e la sua non discussa verginità. C'è perfino gente che il venerdì di Pasqua ora viene a Colle dai paesi vicini per ammirare quella sua straordinaria umiltà; e la zia Eufemia, a buon diritto, ne va fiera. Ma siccome l'invidia si ficca dappertutto, così una volta, proprio durante la processione di Cristo Morto, una beghina invidiosa osò con voce amara di fiele rimproverarle quel comportamento come poco umile, anzi addirittura come affatto umile. Ne nacque una terribile scenata che costrinse la processione a sostare. Tacquero di colpo i tristi salmi e le lamentose giaculatorie delle confraternite, e tra la folla intimorita apparve la zia Eufemia, nell'acconciatura della sua eccezionale umiltà, scalza, la fune attorno al collo e i capelli cosparsi di cenere, ma con i tratti del viso già stravolti dall'antico furore. Nel silenzio della cerimonia interrotta s'elevarono, orribile all'udito, i suoi ululati minacciosi, le sue funeste maledizioni, le sue invocazioni imperative all'ira degli elementi naturali e degli dèi inferi, al terremoto ai fulmini ai venti alle alluvioni ai serpenti velenosi ai lupi agli scorpioni ai cani arrabbiati. Nessuno dei fedeli fece più attenzione al Dio-Uomo portato in processione nella sua bara di vetro, né alla misericordiosa Madre Addolorata, pure presente, con le sette spade dei sette dolori infitte nell'esile cuore d'alluminio. I preti i crociferi i priori delle confraternite gli anziani le "sorelle della Buona Morte" le "figlie di Maria" i portatori dei sacri simulacri attorniarono tutti la zia Eufemia e, livldi di raccapriccio, la supplicarono di perdonare ancora una volta un'offesa insensata, la scongiurarono d'avere pietà d'una popolazione in buona parte innocente, implorarono a gran voce la sua umiltà senza esempio, la sua insuperabile ammirevole umiltà. La processione proseguì a stento, tra la folla avvilita e depressa dall'angoscia di quelle nuove maledizioni e delle incombenti sciagure, mentre attorno alla zia Eufemia, muta ma non placata, rimasero i fedeli più autorevoli, i quali, pur camminando, continuarono a mormorarle parole di scongiuro, d'oblio, di perdono, di lode. La cerimonia, con i simulacri liturgici, proseguì, ma non era più la processione dell'Uomo-Dio crocefisso, sebbene dell'umile e terribile zia Eufemia.

In condizioni normali però la zia Eufemia è piena di rispetto per la religione, tutta zelo per il culto e la liturgia, coadiutrice benevola del curato in varie pie istituzioni. Valendosi di un'arte appresa in collegio, ella s'è attribuito tra l'altro il privilegio d'ornare di fiori di carta colorata le statue sacre della parrocchia. I prati e i pochi giardini di Colle non mancano, almeno in primavera e d'estate, di fiori freschi, ma quelli artificiali della zia Eufemia sono, tutti lo riconoscono, molto più belli e originali. La sua specialità, anzi, la sua "creazione", è un immenso fiore rosso, dalla forma e dimensione d'un grande cavolo, un immenso cavolo spampanato, dagli stami neri turgidi mostruosi, un fiore in natura mai visto e che i paesani hanno perciò battezzato il "cuore della zia Eufemia". Posto sull'altare maggiore, al disopra del tabernacolo, e attorniato di ceri accesi, esso offusca il roseo e anemico cuoricino di Gesù dipinto sul tabernacolo, per cui l'altare sembra in realtà consacrato al cuore della zia Eufemia, e verso di esso si elevano gli incensi e i canti liturgici dei fedeli in ginocchio.

I rapporti tra la zia Eufemia e la popolazione di Colle hanno subìto un miglioramento decisivo in questi ultimi anni, dal giorno in cui un muratore, chiamato per restaurare il pavimento della cappella dei De Dominicis, scoprì nascosto in un angolo un recipiente misterioso dalla forma e grandezza d'una bigoncia da vendemmia. Egli sparse per primo la diceria che la zia Eufemia dovesse nascondere presso di sé qualche importante tesoro. Quella notizia non sorprese affatto i paesani più vecchi, non solo perché non c'è nulla che possa mai veramente stupirli, ma perché essi ricordarono precisamente d'aver udito raccontare, nella loro lontana infanzia, d'un antico e inestimabile tesoro sepolto tra le mura del palazzo dei De Dominicis, e anzi si erano assai meravigliati che al terremoto non fosse stato ritrovato tra le macerie. Il sorriso ambiguo opposto dalla zia Eufemia alle timide allusioni d'alcuni paesani sul misterioso contenuto della bigoncia persuase gli ultimi dubbiosi. Per non essere da meno delle altre, le poche famiglie di Colle le quali nel passato si erano astenute dal chiamare zia la signorina Eufemia, scoprirono bruscamente vecchi e dimenticati legami di parentela con la sua famiglia; nella maggior parte dei casi si trattava però di ipotetici peccati extraconiugali tra le proprie nonne e bisnonne e i prepotenti antenati della famiglia De Dominicis.

La signorina Eufemia da allora divenne la zia proprio di tutti. Perfino i poveretti che non avevano alcuna zia, potevano così dire d'averne almeno una; e non una zia qualsiasi, bensì d'onorata e ricca discendenza. Ma purtroppo, come succede anche nelle migliori famiglie, tra zia e nipoti i rapporti non sono stati sempre cordiali; anzi spesso perfino burrascosi. Per quegli strani nipoti è chiaro che in un sol caso l'irascibile zia, morendo, potrebbe defraudarli della preziosa eredità; se non lasciasse alcun testamento e abbandonasse il tesoro all'odioso avido governo. Quello sarebbe però un gesto incoerente, un atto in assoluto contrasto con tutta la vita della zia, un'empia ingiuria alla tradizione degli avi, la peggiore, la più atroce offesa, infine, alla triste memoria di suo padre, il candido dolce infelice don Ferdinando De Dominicis, cavaliere dell'ordine borbonico di San Gennaro, al cui cospetto, dopo morte, la degenere figlia dovrebbe vergognarsi di comparire. Quegli strani nipoti dunque, pur essendo per naturale umore e le tristi esperienze della vita proclivi al pessimismo, in questo unico caso non disperano. La loro cupidigia non li spinge fino a sollecitare ad alta voce la morte della zia, per paura delle terribili conseguenze se lei ne avesse sentore; ma, poiché la morte a niuno perdona né sparagna, essi si attengono strettamente ai buoni costumi e, come succede anche nelle migliori famiglie, implorano sospirano pregano in segreto che la nobile e disgraziata zia cessi al più presto di soffrire in questa valle di lagrime e se ne vada a raggiungere sollecitamente i cari antenati. Da vari anni, al Colle, i negozianti sul punto di fallire, i contadini rovinati dalle ipoteche, le ragazze senza dote aspettano impazienti e fiduciosi quel triste lieto evento. Così, anche i poveretti che altrove non hanno più alcuna illusione, a Colle hanno almeno quella speranza.

Non bisogna nemmeno meravigliarsi se tra gli eredi ve ne sono di quelli che cercano di tirare la coperta dalla propria parte, circuendo la zia, nei giorni d'umore socievole, d'attenzioni nient'affatto disinteressate. Purtroppo, i nipoti più ricchi, i meno bisognosi, quelli che potrebbero starsene tranquilli, sono proprio essi, in quelle egoistiche manovre, i più intriganti e perfidi. A essi riesce più facile infatti d'abusare dell'unica debolezza della cupa desolata e casta zia, l'amore per la buona cucina. Nel convento di monache in cui la signorina Eufemia era stata rinchiusa per ricevervi un'aristocratica educazione, il suo sano istinto di campagnuola l'aveva salvata dall'apprendere le molte cose strane e vane che v'erano insegnate (la musica le poesie l'acquerello il galateo il francese e altre inutilità simili) e aveva fissato la sua predilezione, oltre che sui fiori di carta, sull'arte culinaria. Ma, artista vera, la zia Eufemia non è golosa e disdegna di cucinare per sé sola. A Colle, dov'è rimasta la tradizione del cucinare come lavoro signorile e non servile, e anche nelle case in cui c'è domestica, questa è ammessa in cucina solo come aiuto della padrona, la zia Eufemia cede talvolta alla vanità di rivelare a qualche nipote gli svariati arcani della sua arte conventuale. Davanti ai fornelli c'è chi racconta di averla perfino vista sorridere. Le migliori famiglie di Colle, dunque, quando la luna e lo scirocco lo permettono, vanno a gara per attirare la zia Eufemia in casa propria, specialmente se hanno a tavola ospiti di riguardo; e sempre la complimentano e l'adulano per la sua bravura, con l'idea fissa però del tesoro nascosto. Ma come ogni artista, la zia Eufemia è anche, per sua fortuna, ingrata e di mutevole umore. Cosicché i rapporti tra la zia Eufemia e le famiglie di Colle che più le fanno la corte, non sono, a dir vero, sempre cordiali; anzi spesso sono addirittura burrascosi.

« Tu sai, zia Eufemia » dice donna Palmira « su mio marito e su me, puoi sempre contare. Sai, zia Eufemia, noi, grazie a Dio, non siamo stati mai come gli altri, e per noi, il rispetto non c'è che quello. Sai, zia Eufemia, se fosse dipeso da noi, la tua esistenza si sarebbe svolta diversa, oh ben diversa. »

« Certo, certo, Palmira » dice la zia Eufemia « se i porci volassero, si potrebbe vivere di caccia, questo si sa. Ad ogni modo, se scontate la mia morte a breve scadenza, vi sbagliate. »

« Oh, zia Eufemia » dice donna Palmira « coi tuoi *eufemismi* tu saresti capace di togliermi perfino l'appetito. »

La zia Eufemia ha in mano il piatto delle sarde arrugginite e le contempla con disprezzo. Ella è vestita, come al solito, di nero, ha una piccola pezzuola nera ricamata sulla testa, i capelli, ancora folti e di fresco ritinti in lucido nero, divisi in due bande e tirati bassi sulle tempie, un nastro nero stretto attorno al collo; il colorito del viso è invece del verde malva speciale delle persone che non sopportano le mosche e che le mosche, bestiole senza rancore, si accaniscono a prediligere.

« Per dei semplici maccheroni con queste sarde » dice la zia Eufemia « veramente, Palmira, non c'era nessuna necessità, mi sembra, di chiamare proprio me. È vero che il predicatore è piemontese? »

« Non dovrei aver bisogno di ricordarlo a una donna di chiesa come te, zia Eufemia » dice donna Palmira « ma adesso siamo in quaresima, e non è colpa mia. »

« Il predicatore, se vuole, può darti la dispensa, questo, Palmira, lo sai anche tu. È vero che egli è piemontese? »

« No, non dovrei aver bisogno di ricordarlo a una donna di chiesa come te, zia Eufemia, ma un quaresimalista è tenuto a darci il buon esempio. A casa sua, o nel suo convento, egli può mangiare come gli pare e piace; ma in missione è strettamente tenuto a mostrare ai fedeli che fa penitenza. Egli si è anzi raccomandato che la salsa d'oggi non sia troppo forte. »

« Per un uomo che a tavola vuol fare penitenza, Palmira, veramente, non avevi alcun bisogno, mi sembra, di chiamare proprio me. Se il piemontese poi vuole prescrivermi perfino come bisogna preparare la salsa, Palmira, non credi che sarebbe cortesia d'invitarlo a farsela da sé? Oltre a lui, però, m'hai detto che c'è anche don Coriolano che vorresti far sbottonare. »

« C'è anche don Coriolano, certo; ma, zia Eufemia, non si possono presentare due pranzi, lo stesso giorno; non si può servire di magro a un ospite e di grasso a un altro, lo stesso giorno; non si può, zia Eufemia, tu lo sai meglio di me, astenersi dal peccato e compierlo, lo stesso giorno, e sullo stesso fornello, se quel giorno è di quaresima, e se c'è il quaresimalista a tavola. E poi don Coriolano non è venuto a Colle per noi, lo sai meglio di me, egli è venuto per donna Maria Vincenza. Per incarico di lei è stato a Roma e adesso è venuto a portare l'ambasciata, per dirle, l'hai saputo prima di me, che quello scellerato di suo nipote è graziato, è perdonato, e se vuole può tornare a Colle, da sua nonna, o a Orta, da suo zio Veramente, zia Eufemia, tu ne converrai, la notizia non è così piacevole per noi che meriti d'essere festeggiata con un'infrazione alla quaresima. Il governo, a me sembra, incoraggia la pazzia e scoraggia la gente calma e benpensante, zia Eufemia, la gente come noi.»

«Capisco, Palmira, ma l'ortica non può dare pomodori, questo avresti dovuto già saperlo. T'ho spiegato altre volte che tutti i governi che si sono succeduti a Roma, da settant'anni in qua, sono illegittimi, ma tu hai la testa dura. Ah, voi speravate seriamente di vedere donna Maria Vincenza disperata e umiliata a causa del nipote? Donna Maria Vincenza è vecchia, adesso forse va già per gli ottanta ed è una donna all'antica, basta dire una Camerini, e può ancora insegnare a voi tutte, Palmira, come infilare il filo nell'ago al buio. È vecchia, sì, ma quella lì, ha sette spiriti, come i gatti. Dopo i maccheroni, Palmira, che cosa pensi di servire?»

«Oh, zia Eufemia, i tuoi *eufemismi* veramente non sono consolanti; veramente, zia Eufemia, essi tolgono perfino la voglia di mangiare.»

VI

Fuori nevica e soffia una tramontana impetuosa. In una stanza attigua don Coriolano e il padre Gabriele, predicatore dell'Ordine dei Passionisti, cercano di scaldare i piedi tenendoli appoggiati sopra un braciere di coccio. Don Coriolano è tornato da Roma con un vestito nuovo a quadretti, un paio di scarpe giallo-girasole e una buona dose di fresco ottimismo, da cui appare come vivificato e ringiovanito: i baffetti ben arricciati il pizzo aguzzo i capelli impomatati e spartiti nel mezzo le guance rosee gli occhi scintillanti completano la sua figura di uomo commosso felice puerile. Di fronte a lui, l'oratore ecclesiastico, nella zimarra nera dei passionisti col bianco emblema del cuore di Gesù incoronato di spine, acquista un aspetto francamente lugubre e meschino, quasi portafortuna. Padre Gabriele è un vecchietto impacciato ossuto segaligno, forse malaticcio, certamente malnutrito; i suoi occhi di pulce, piccolissimi, saltellano tra le varie sezioni del breviario e si chiudono durante i passi che egli conosce a memoria, dandogli allora un'apparenza cadaverica. Don Coriolano ha cercato di approfittare della presenza del padre passionista per ripetergli il racconto del suo viaggio a Roma. Durante alcuni giorni egli ha avuto l'illusione di essere qualcosa di più di un semplice trombone, essendo stato ammesso ad avvicinare i protagonisti nei luoghi resi sacri dai comunicati delle gazzette e dai riflettori delle macchine cinematografiche. Per rivivere quegl'istanti sublimi, da vari giorni don Coriolano ne ripete il racconto a ogni incontro, rievocando le scene in tutti i loro particolari, riproducendone i gesti le voci i dialoghi, gonfiando a ogni nuovo racconto il proprio successo, attribuendosi risposte esilaranti, seguite da risate fragorose nelle aule e nei corridoi degli edifici storici.

«Che tristezza, reverendo padre» esclama don Coriolano intonando la voce a profondo accoramento «che tristezza, per un uomo come me, dover trascorrere la vita lontana dai luoghi dove vengono pronunziati i detti memorabili. In questi villaggi pidocchiosi non succede nulla, reverendo padre; la miseria vi ha reso i contadini apatici e rassegnati, i delitti vi sono rari e meschini, niente attentati, niente complotti, niente scioperi. Contro chi devo difendere l'ordine, reverendo padre, me lo dica lei, se qui nessuno lo minaccia? Neppure Cicerone, reverendo padre, neppure Demostene, riuscirebbero qui a mettersi in qualche modo in mostra. L'unico oppositore che avevamo qui, ce lo siamo lasciati stupidamente scappare. Che tristezza, reverendo padre.»

Il padre passionista sta ad ascoltarlo con un sorriso ermetico, a labbra chiuse, col sorriso delle signore la cui dentiera è in riparazione dal dentista; e don Coriolano finisce con l'indispettirsi per quel silenzio che potrebbe essere ironico, si alza, sbuffa con rumore e si mette a pestare i piedi su e giù per la camera, come per scaldarli. Sulla credenza vi sono le abituali confettiere ornate di conchiglie, un calamaio in marmo in forma di colosseo restaurato e una saliera in forma di cigno. «Le solite porcherie» dice don Coriolano ad alta voce. Dietro la vetrina della credenza si vedono alcune bottiglie di acqua minerale e bevande alcoliche con nomi di santi; egli fa per aprire, ma la vetrina è chiusa a chiave. «La solita schifosa diffidenza» dice. Sull'altra parete, in una cornice imitante rami d'albero, pende l'ingrandimento a colori d'una fotografia di caporale con medaglia sul petto; ai suoi lati, a guisa di trofei, due ventagli di cartoline illustrate. Con la punta d'un fiammifero di legno liberata dallo zolfo, don Coriolano, non avendo proprio altro da fare, comincia a rovistare tra le anfrattuosità dei suoi denti i resti dei cibi della scorsa settimana.

«Ieri sera a Celano» confida all'orecchio del predicatore, «ci han servito un pollo arrosto, reverendo padre, d'una limpidità d'una freschezza d'una grazia, le dico, d'un'innocenza, parola d'onore, da giovinetta di prima comunione. Non so, scusi, reverendo padre, se lei se ne intende.»

Il predicatore sorpreso e scandalizzato alza verso il soffitto due sopraccigli meravigliati.

« Avete dimenticato » egli mormora « che siamo in quaresima? »

« Dimenticato? » risponde don Coriolano indignato. « Oh, reverendo padre, e per chi ci prende lei, per turchi? Dunque, m'ascolti, reverendo padre, ecco, si mostri educato e metta da parte il breviario. Dopo il pollo e le patatine arrostite, ci han servito un'insalatina verdechiara, aspersa, direi anzi benedetta, d'olio d'oliva fresco e d'aceto vecchissimo, potrei dire classico, una insalatina timida pudica spirituale ascetica, nel vero senso della parola, conventuale. Allorché quella refrigerante insalatina è stata portata a tavola, reverendo padre, parola d'onore, da tutti i commensali s'è levato un generale sospiro di sollievo. Oh, meno male, abbiamo esclamato, oh, meno male, che non è stata dimenticata la quaresima. »

Arriva tutto infiocchettato di neve e sbuffante vapore come un cavallo da tiro, il padrone di casa, don Lazzaro Tarò, un omaccione alto e membruto, con un barbone selvoso che gli lascia scoperti solo gli occhi e il naso; e don Coriolano l'abbraccia bacia e ribacia con una festosità infantile, e l'aiuta a scuotersi la neve di dosso.

Don Lazzaro tira fuori dalla credenza una bottiglia d'Amaro Sant'Agostino, l'annusa e ne riempie fino all'orlo tre bicchierotti, con leggerezza e precisione da farmacista.

« È un medicinale eccellente in tempo di grippe » certifica don Coriolano esaminando contro luce il liquido verdescuro della bottiglia.

« Corre epidemia di grippe da queste parti? » si informa il predicatore un po' allarmato.

« No, non ancora » lo rassicura don Coriolano. « Ma ci potrebbe essere. Anzi, si può dire con sicurezza che ci sarebbe già, se mancasse da bere. »

« Grazie, non bevo » si scusa il predicatore con un gesto cortese ma fermo.

Don Coriolano con fare amichevole gli batte una mano sulla spalla e strizza un occhio.

« Capisco, capisco » lo rassicura ridendo. « Il buon esempio, l'edificazione, la penitenza, ah, reverendo padre, se lei sapesse come la capisco. Ma qui siamo tra amici discreti sa e lei può bere quanto le pare, può anche ubbriacarsi, non lo racconteremo a nessuno.»

«Qui si trova tra amici fidati» gli conferma Lazzaro strizzando anche lui un occhio. «Siamo buoni cattolici, certo, ma, grazie a Dio, non fino al punto da far la spia al vescovo. E poi, reverendo padre, guardi un po' la bottiglia, è quasi roba consacrata.»

Sull'etichetta infatti, accanto all'immagine corrucciata del santo vi sono stampate queste parole d'un noto scrittore anarchico convertitosi al cattolicismo: "Volete la salute? Bevete l'Amaro Sant'Agostino".

«Grazie, non bevo» replica seccato il predicatore.

«Capisco» conclude don Coriolano offeso e rabbuiato. «Lei non si fida di noi. Su quale tema, reverendo, predicherà stasera?»

«Verrete in chiesa anche voi?»

«Con piacere, ah, se potessi» l'assicura don Coriolano, «ma il medico me lo proibisce. Non mi crede? A causa del puzzo delle candele. Il mio medico pretende ch'esso rovina la voce. Non nel senso che faccia ammutolire, no; ma, respirando aria di candele, pretende lui, la voce s'infessisce e scompare quindi ogni differenza tra un oratore sacro e un oratore politico. Avrà ragione? avrà torto? Non so. Se gli disubbidissi, il rischio per me, ne converrà anche lei, sarebbe troppo grande. Una voce maschia è, per un oratore politico, come le belle gambe per una peripatetica, o se preferisce, quello che la farina è per gli spaghetti. Le avevo invece chiesto il tema della predica, reverendo padre, perché donna Maria Vincenza Spina m'ha detto di voler rinviare a dopo la funzione religiosa di stasera la firma della domanda di grazia per suo nipote. Non perché abbia dei dubbi, ma dice che le è sempre piaciuto di sottoporre gli atti importanti della sua vita a una certa liturgia, a un certo formalismo; e bisogna aver pazienza con le vecchie signore. È anche la ragione per cui mi tocca di restare in questo borgo selvaggio fino a domani.»

«Si è poi sicuri che quel nipote non sia morto?» domanda il predicatore chiudendo il breviario. «Il perdono degli uomini arriva spesso un po' tardi.»

«Egli è all'estero» precisa il cavaliere con l'aria di chi è addentro delle segrete cose. «A titolo eccezionale, sono autorizzato a rompere il segreto. Ebbene da un mese ci risulta con precisione ch'egli è riparato di nuovo all'estero. Anche donna Maria Vincenza, d'altronde, sembra abbia avuto sue notizie dalla Francia, mi pare d'aver capito. Ma, mi raccomando, non costringetemi a dirvi altro, perché, parola d'onore, né posso, né devo.»

Don Coriolano infatti sa molte cose, anzi, modestia a parte, sa tutto, e sempre con un mese d'anticipo; purtroppo però non può parlare. Nessuna notizia mai lo sorprende, e le novità dei giornali egli le conosce sempre almeno da un mese. A dir vero, sui giornali egli nemmeno si sofferma a leggere il notiziario politico, perché le notizie vecchie d'un mese, come ognuno può capire, l'annoiano; e s'egli legge con una certa assiduità le gazzette, è soltanto per le cronache giudiziarie e dei teatri d'opera, a causa dei fasti ch'ivi celebrano le arti belle da lui più amate, l'eloquenza e il canto. Sulle gazzette, anche la rubrica delle Recentissime, perfino i Dispacci dell'Ultima Ora, non gli apprendono mai qualcosa di nuovo; quelle sono per lui sempre novità ridicole, novità vecchie d'un mese, false novità, sulle quali egli getta appena uno sguardo con un risolino di commiserazione per i poveri creduli lettori, eh eh eh. E poi si sa, le notizie veramente importanti nemmeno appaiono sui giornali, l'uomo della strada non deve assolutamente conoscerle. Don Coriolano invece, modestia a parte, sa tutto, regolarmente, e con un mese d'anticipo; ah, che peccato di non poter parlare. E benché sia noto ch'egli, per i suoi amici, rischierebbe perfino la vita, con tutto ciò, su questo tasto, veramente è inutile insistere, anche con gli amici più fidati egli non può, né deve parlare. Non è sfiducia, intendiamoci, è semplicemente dovere; e quando egli supplica: "No, per carità, non insistete" c'è allora molta sincera sofferenza nella sua voce, e gli occhi, quei suoi grandi facili alla commozione occhi bovini, gli luccicano di vere lacrime.

Don Lazzaro non riesce a nascondere la sua stizza di onesto proprietario, la sua amarezza, non riesce a dissimulare il suo risentimento, per quella grazia governativa che minaccia di riportare in auge l'odiata famiglia degli Spina. Egli passeggia su e giù per la camera, fa tremare col suo passo pesante le finestre e la credenza, e sbuffa come uno che soffoca; si vede benissimo che la vecchia ruggine tra gli Spina e i Tarò gli arrovella il sangue. Dice infine don Lazzaro:

«Ecco, posso dire la verità? io non capisco più nulla. Che

bisogno c'è, mi domando, di far tornare tra noi, gente pacifica, un pazzo una testa arruffata un rovinafamiglie di quella specie? Egli ci ha fatto il piacere di tornarsene volontariamente in esilio, tra gli scellerati, tra i senza-patria, tra i senza-dio suoi pari. Che egli vi resti, e non se ne parli più. Invece le stesse autorità che appena due mesi or sono giustamente lo cercavano per ammazzarlo, adesso, sembra incredibile, lo ricercano per perdonarlo. Ecco, cavaliè, forse è perché io sono, come tu ami ripetere, un ingenuo provinciale, ma ti confesso che non ci capisco proprio nulla. »

« So bene, don Lazzaro, quello che vi preoccupa » s'intromette il predicatore scusandosi con un inchino verso don Coriolano, « ma il perdono delle autorità al ribelle pentito può essere un gesto d'opportuna saggezza, non dovreste dimenticarlo. Non è cristiano essere spietati, don Lazzaro, non è neppure utile. Solo questo ho il dovere di dirvi. La Chiesa stessa... »

« Che dice? » interrompe don Lazzaro minaccioso « ma il cavallo, reverendo padre, non cambia andatura per far piacere al padrone. Gli Spina sono sempre stati stravaganti e adesso che stavano per cadere a terra, proprio adesso vediamo correre il governo per aiutarli a rialzarsi. Questo a me sembra uno scandalo. »

« Capisco, don Lazzaro » risponde il predicatore con un gesto e un sorriso che invita alla calma. « Apprezzo la vostra onesta preoccupazione; ma voi non dovete negare a priori la possibilità del ravvedimento. Ecco, la nostra religione, la nostra morale, don Lazzaro, si fondano appunto sulla grazia, questo solo io oso ricordarvi. Se la pecorella smarrita... »

« Oh, reverendo padre » esclama don Lazzaro inviperito, « conosco quella pietosa parabola. Ma gli Spina, reverendo padre, mi scusi se alzo la voce, non sono pecorelle, si vede bene che lei non li conosce, essi non sono mai stati pecorelle, creda pure a me, essi non hanno mai mangiato l'erbetta fresca dei prati in compagnia del gregge. Ora essi accetteranno la grazia, naturalmente, si capisce che l'accetteranno, perché darà a essi la possibilità di risollevarsi da terra, di raggiustare in casa i piatti rotti, di rimpagliare le sedie sfondate, questo va da sé; ma, reverendo padre, essi non sono pecorelle mansuete che si satollano bevono e poi dormono, non sono cristiani che guadagnano, mettono i soldi da parte, vivono e lasciano vivere anche gli altri, essi invece si sono sempre creduti più degli altri, sono sempre stati insoddisfatti, inquieti, quest'è la verità, han sempre cercato la luna a mezzogiorno e le fragole d'inverno. Non so se mi sono bene spiegato, reverendo padre, ma qui è lo scandalo. »

« Capisco, don Lazzaro » risponde il predicatore assumendo il tono implacabile del quaresimale, « ma voi non dovete escludere la grazia, vi ripeto, non dovete negare la possibilità introdotta nel mondo dal Preziosissimo Sangue sparso da Nostro Signore, la possibilità per ogni creatura traviata di ravvedersi, di pentirsi, di tornare sul retto sentiero, di ritrovare l'ovile. Dirvi questo è mio stretto dovere. Ecco, don Lazzaro, vi ripeto, voi non dovete credere che il peccato sia senza rimedio, l'istinto senza freno, la natura senza spirito; quel che più conta, non dovete credere che l'uomo sia solo, alla mercè delle sue debolezze, soprattutto, don Lazzaro, voi non potete assolutamente ignorare la Redenzione e il Nuovo Testamento, non potete dimenticare... »

« Certo, reverendo padre » si mette a gridare don Lazzaro perdendo la pazienza, « non ci mancherebbe altro, anch'io sono un buon cristiano, un vero cristiano all'antica, conosco a memoria il credo, i dieci comandamenti, i cinque precetti, le sette opere di misericordia, ascolto la messa quasi ogni domenica e pago le decime. Anch'io, per le cose che riguardano l'altra vita, credo a ogni parola del curato. Ma, per la Madonna, in cambio di ciò sulle cose che in nessuna maniera toccano lei o la sua frateria, reverendo padre, e che invece riguardano e toccano me e la mia famiglia, su quelle cose lei dovrebbe usarmi la cortesia di credere senz'altro a me. Lei dovrebbe evitare, almeno qui, in casa mia, di venire a difendere la famiglia nemica e di contraddirmi a ogni parola. Lei dovrebbe rispettare almeno le vecchie regole dell'ospitalità, reverendo padre, dovrebbe almeno far finta, se non altro per buona educazione, di condividere il mio punto di vista, tanto più che a lei non costerebbe nulla. So già in anticipo, reverendo padre, quello che lei vuol replicare, ma io trovo che oggi lei ha già parlato abbastanza, e di cose che neppure conosce. Si risparmi dunque il fiato per la predica di stasera e lasci ora parlare un po' me, poiché, in fin dei conti, anche se non sono un predicatore in missione, qui sono però a casa mia, e almeno questo lei non oserà mettere in dubbio. »

« A proposito, Lazzaro, a che ora si mangia? » interrompe don Coriolano che si diverte un mondo di tutto quel diverbio. « Scusa, ma tu sai che siamo qui per questo. »

Il padre passionista si è alzato in piedi, in preda a viva emozione, col viso oscurato della persona offesa, e guarda verso la porta delle scale, ma esita ad andarsene; nel collo lungo e magro, tra le due corde verticali, il pomo d'Adamo gli va su e giù, come un boccone amaro difficile a ingoiare.

« Torni a sedere, la prego, reverendo padre, non è ancora il momento di mettersi a tavola » gli impone don Lazzaro afferrandolo per un braccio. « In attesa le voglio intanto citare un esempio, fresco come un uovo fetato or ora dalla gallina, sulla bizzarra mentalità di donna Maria Vincenza. Mi stia a sentire, tanto più che per il tacere a nessuno si guastò mai l'appetito. Durante varie settimane, dunque, avevamo visto la signora Spina correre con affanno da Ponzio a Pilato per cercare protezione in favore di suo nipote, allora creduto fuggiasco; finché si riseppe che don Coriolano era partito per Roma, con un preciso incarico di lei. (Questo don Coriolano, reverendo padre, è un mio vecchio amico, ma sapete come dice il proverbio? i soli amici di cui puoi fidarti sono quelli che hai nel portamonete.) Don Coriolano dunque partì, e durante la sua assenza lo spasimare di donna Maria Vincenza, com'era da aspettarsi, crebbe di giorno in giorno, fu vista pregare in chiesa più frequente del solito, assoldò alcune beghine perché pregassero per lei davanti al Sacramento fino a tarda sera, ogni mattina fece accendere una nuova candela davanti alla Vergine del Buon Perdono e varie volte mandò alla stazione di Fossa il suo domestico con la carrozza, credendo a un ritorno anticipato dell'oratore e volendo al più presto udire il grave responso. Queste cose io le so con precisione perché vi sono persone che vengono a riferirmele e che io pago per questo. Finalmente ieri sera, come il reverendo padre già lo sa, don Coriolano è tornato, avendo in una tasca del vestito nuovo il testo della domanda del perdono e la sua anticipata scandalosa accettazione da parte del Governo; lei sa anche che a donna Maria Vincenza è stato riservato, per tutta fatica, d'intingere la penna nel calamaio e di scrivere il suo riverito nome in fondo alla petizione. (Qui, reverendo padre, finisce il racconto e comincia la canzone, e io devo pregarla d'ascoltarmi un momento col suo udito più delicato.) Dall'istante preciso, dunque, in cui la signora

Spina è stata sicura del fatto suo, di colpo ha perduto ogni affanno ogni fretta ogni premura; e così ieri sera, dietro futili pretesti, rimandò la formalità della firma a stamattina, e stamattina l'ha rinviata a stasera, e nemmeno stasera firmerà, e non perché, quest'è chiaro, la signora sia indecisa se firmare o no, macché, vuole semplicemente farsi pregare, non vuol ricevere il perdono, capisce il reverendo padre? il perdono vuol darlo, e prima di concederlo vuol essere adeguatamente implorata.»

«Bravo, bravo, Lazzaro» esclama il cavaliere seccato e ironico. «Mi congratulo con te per la tua eloquenza, soprattutto questo tuo pistolotto finale è azzeccatissimo; ma a proposito, a che ora credi che si mangerà?»

«Se è così (e non ho ragione, don Lazzaro, di metterlo in dubbio), da parte della signora è un grave peccato di vanità» ammette il predicatore con l'intenzione evidente di riconciliarsi col padrone di casa. «Ma forse la petizione sottoposta alla signora» egli aggiunge quasi sottovoce rivolto timidamente al cavaliere «contiene espressioni umilianti?»

«Nient'affatto» giura don Coriolano con la mano sul cuore. «La stessa donna Maria Vincenza, a prima lettura è rimasta sorpresa, se è lecito dire, per la banalità. Il medesimo testo, d'altronde, *mutatis mutandis*, ha già servito in casi simili, ed è proprio una coserella da niente, una caramella colorata e scipita, una di quelle pillolette purgative che il palato lascia scivolare, se non con piacere, almeno senza disgusto, e i suoi effetti purificatori si fan sentire solo più tardi, nel più intimo dell'organismo. Disinfettare senza irritare, non è solo un'ottima formula per lassativi, essa è la più saggia, certamente, reverendo padre, anche la più cattolica delle massime politiche. A maggior favore degli Spina ha influito inoltre un particolare degno d'ogni rispetto. Non dimentichiamo, camerati, ho detto e ripetuto ai gerarchi della capitale, non dimentichiamo che donna Maria Vincenza è la madre di don Saverio Spina, l'eroico ufficiale caduto volontario in Cirenaica.»

«Morì di disperazione amorosa» interrompe don Lazzaro. «Ognuno lo sa. Cercò la morte in Africa perché donna Maria Vincenza non consentiva alla sua morbosa passione per Faustina.»

«La versione ufficiale è un'altra» riprende a dire don Coriolano. «Lo Stato trascura i pettegolezzi. Guai se si dovessero indagare i motivi privati degli atti eroici. Dicevo dunque che d'inconsueto nella petizione c'è solo il preambolo, da me stesso così formulato: "In nome del sangue eroico di mio figlio Saverio, sparso sulle sabbie aride e infuocate del Sahara, o Capo del Governo, ecc.". A Pietro Spina (così, reverendo padre, si chiama il criminale che sarà perdonato), per non urtarne l'orgoglio diabolico abbiamo deciso di chiedere il minimo; dichiari semplicemente d'approvare il passo compiuto dalla nonna, e nient'altro, almeno per ora. Non bisogna accogliere col muso duro il figliuol prodigo che, stanco di pascere i porci, torna umiliato alla casa paterna. Caso mai, le bastonate verranno dopo, e saranno sode. »

« Capisco » dice don Lazzaro masticando amaro, « capisco benissimo che si tratta di politica, e so anche che le pecore spettano ai lupi e la politica agli oratori, ma come semplice uomo di campagna posso dirti: se tu metti una scatola di fiammiferi tra la paglia secca, la stalla, credi a me, rischia a ogni momento di bruciare. »

« Certo, Lazzaro » ammette don Coriolano sorridendo, « ma per questi casi esistono appunto i pompieri. Niente incendi, Lazzaro, e, purtroppo, niente pompieri. »

« Capisco, o boccadoro, dove vuoi condurmi con la tua oratoria » dice don Lazzaro sudando freddo, « ma come semplice uomo di campagna posso aggiungere, se nel mese di novembre tu semini la gramigna il loglio e la veccia tra il mio grano, a primavera non mi resta che falciare tutt'assieme, grano ed erbacce, e darlo come fieno alle vacche. E con cosa farò poi il mio pane? »

« Vedi, Lazzaro » risponde don Coriolano divertito fregandosi le mani per il piacere « io rispetto la tua semplicità di cuore e la tua onestà d'uomo della terra; ma a me sembra che tu pecchi di ingenuità. Lasciamo stare che nessuno di proposito viene a seminare nel tuo campo, o nel campo del tuo vicino, la gramigna il loglio e la veccia, perché son fatti che accadono solo nelle parabole evangeliche. Ti prego invece di riflettere a questo punto: nessuno ha cura di quelle povere erbacce; tutti i contadini, anzi, da quando esiste la coltivazione della terra, con ogni mezzo cercano di estirparle; eppure a ogni primavera, spontaneamente, esse riappaiono per dare lavoro e guadagno a migliaia di donne e ragazzi che i proprietari sono costretti a ingaggiare per la mondatura. Non credi, Lazzaro, che se gli uomini, durante i secoli, avessero lottato con uguale accanimento e perseveranza contro il grano i fagiuoli le lenticchie i pomodori, da molto tempo queste piante sarebbero sparite dalla faccia della terra? »

« L'erbaccia » ammette don Lazzaro « si sa, è più dura a morire; ma in quanto alla sua utilità... »

« Non hai mai riflettuto » aggiunge don Coriolano col gesto dell'espada che trafigge il toro « che la stessa agricoltura esiste soltanto grazie alle erbacce e agli altri malanni che affliggono la terra? Nell'Eden primitivo non c'era agricoltura. La tua esistenza d'agricoltore, Lazzaro, dipende dalle erbacce dalla siccità dalla grandine dalla fillossera e dagli altri guai che maledici. E perché esistono lo Stato e l'oratoria? Allo stesso modo, non vorrai negarlo, i medici esistono solo grazie alle malattie, e la Chiesa, con i suoi predicatori, unicamente grazie al peccato (reverendo padre, se sbaglio, mi faccia la cortesia di correggermi). »

A questo punto don Coriolano s'interrompe, sorride di compiacimento per sé stesso e resta col sorriso sospeso a mezz'aria, aspettando, per portarlo a termine, che il predicatore gli si associ e si congratuli con lui; ma quegli, inclinando innanzi la testa, lo sbircia da sopra gli occhiali con lo sguardo intimorito del bambino al giardino zoologico. Il cavaliere sta per riprendere la sua dimostrazione sull'insostituibile necessità del male onde la virtù rifulga, quando dalla cucina arriva a scoppi la voce adirata della zia Eufemia:

« Cavaliere. » (La voce s'eleva di tono.) « Cavaliere. » (La voce diventa grido minaccioso.) « Cavaliere. »

Nello stesso istante sulla porta del salotto appare donna Palmira assai turbata.

« Scusate » mormora con voce supplichevole « m'è lecito pregarvi, senz'offendervi, di tacere un momentino? La zia Eufemia, sapete, sta componendo proprio ora la salsa. »

« Ah, sta componendo la salsa? » ripete sottovoce don Coriolano in tono compunto.

Nel salottino si stabilisce un profondo silenzio, simile a quello dei fedeli a metà messa.

VII

Contro le finestre della stanza la tramontana sibila e ulula, facendo tremare le imposte sui loro cardini. Il vento ha già spazzato buona parte delle nuvole ed è cessato del tutto di nevicare; basso sull'orizzonte è apparso un sole malaticcio gelido lunatico. Dalle alture sovrastanti il villaggio la tramontana continua a sollevare nuvole di neve farinosa che getta con violenza sull'abitato, ed è una furiosa agitazione di bandieroni grigi sui vicoletti bui, quasi viola. A tratti e folate il vento diffonde un suono di tromba, intermittente stonato e monotono, unico percettibile segno di attività nel triste paesaggio. È mastro Anacleto, sartore e bandista, che da ieri sta provando e riprovando un'aria della *Traviata*, quella che comincia: "Tu non sai quanto soffrì". Da ieri Anacleto soffia a pieni polmoni nella sua tromba d'ottone le note di quella triste aria e non gli è ancora riuscito d'imbroccarla in modo giusto due volte di seguito. Ogni volta, con pazienza d'artista, egli ricomincia da capo: "Tu non sai – Tu non sai quanto soffrì – Tu non sai – Tu non sai"; e dalla sua casa il tenace suono si diffonde sui tetti e per i vicoli. Dietro l'abside della chiesa, al riparo dal vento, come d'abitudine, sono seduti su piccoli sedili di pietra, quasi a terra, una decina di poveri vecchi, o che sembrano tali, avvolti nei cappotti neri, immobili e silenziosi. Essi si godono in pace quel poco di sole, che non è affatto caldo ma nel mese di febbraio è meglio di nulla, e anche quel poco di musica, monotona e stonata, ma gratuita. Tra poco, dal forno comunale non lontano dalla chiesa, dovrà arrivare anche un buon odore di pane fresco.

Ogni tanto uno dei vecchioni porta la mano all'apertura della camicia sul petto, e la ritira tenendo stretta, tra l'indice e il pollice, una preda invisibile. Poca gente è per strada. Accanto alla chiesa passano in silenzio alcune donne con la conca di rame in bilico sulla testa, di ritorno dalla fontana. Più tardi appare una ragazza che si tira dietro una capra, la capra non vuol camminare e la ragazza piange; poi un contadino dietro un asinello. Poi si vede arrivare don Gennaro confabulando animatamente assieme a don Luca, suo fratello, il curato d'Orta. Da lontano, poco fa, si sono visti i due al cancello della casa Spina.

« Eh, don Gennaro » s'alza e grida bruscamente uno dei vecchi seduti dietro la chiesa. « C'è già la firma? »

« Quale firma? »

« Donna Maria Vincenza ha già firmato? »

« No, la firma non c'è ancora » risponde don Gennaro. « Per ora non c'è, ma domani sì, domani ci sarà. »

« Ah, ah, ah » ridono i vecchi come destandosi dal letargo. « La firma non c'è ancora? »

« Quando più si liscia la groppa al gatto » grida uno dei vecchi « tanto più esso rizza la coda. »

Tutti ridono da capo; ridono in modo penoso, come se tossissero. Don Gennaro e il fratello prete scompaiono nella porta della sacrestia. Sopraggiunge agile e saltellante Simone-la-faina. Si capisce che anch'egli è in cerca di notizie. Dietro la chiesa i vecchi incappottati, sui loro piccoli banchi, stentano a ritrovare il silenzio e l'immobilità.

« Dev'essere pazzo » dice uno scuotendo la testa. « Pensate un po', aveva da mangiare da bere e da dormire a casa sua; se non fosse stato pazzo si sarebbe impiccato d'altro? »

« Va bene, forse era pazzo quando partì, ma è ancora più pazzo adesso se torna » salta a dire Simone-la-faina.

« Magari » dice un altro « magari avesse fatto naufragio il bastimento che trent'anni fa mi riportò dall'Argentina. »

« Mio figlio » racconta un terzo « m'ha scritto che vorrebbe tornare. Proprio adesso, gli ho risposto, che tutti, se potessero, partirebbero. »

« Ma non è lo stesso caso. Tuo figlio partì per non morire di fame, al nipote di donna Maria Vincenza invece non mancava nulla. »

« Insomma, don Pietruccio partì per pazzia. Quando uno ha pane formaggio e letto assicurato, il suo cervello comincia facilmente a fantasticare. »

« I ricchi hanno spesso fantasie così superflue che un cristiano non riesce nemmeno a concepire. »

« Un modo di pensare ha il cavallo, un altro l'asino. È stato sempre così. »

« Un signore può tutto permettersi, anche la pazzia, e poi, se non gli piace, se ne torna tranquillamente a casa sua. »

« Se un cafone avesse detto contro le autorità la metà delle cose pronunziate da lui, adesso sarebbe all'ergastolo, questo è poco ma sicuro. »

« Se un signore spara a una lepre, è sempre un cacciatore; se alla lepre spara un cafone, è un bracconiere. »

« La selvaggina esiste solo per i signori, è una vecchia storia. »

A Simone non vanno a genio tutte quelle chiacchiere.

« Siete noiosi » dice.

« Ma perché, insomma, lui se ne andò via da casa sua? Anche qui, se voleva, poteva perfino fare il pazzo. »

« Certo, se voleva, poteva perfino fare il pazzo per conto del Governo. Ce ne sono già altri, ma uno di più non avrebbe guastato; e avrebbe avuto una buona paga, questo sì » ammette Simone-la-faina con disprezzo.

« Che cosa possiamo saperne noi? Forse è andato in giro a vedere se esiste miglior pane che di grano, miglior vino che d'uva, miglior caldo che di femmina. Non si sa mai. »

« Ah, ah, ah, e chissà che diavolerie invece avrà trovato. »

« Be', se adesso vuol tornare a Colle e accetta il perdono del Governo, vuol dire che non ha trovato nulla di meglio, quest'è sicuro. »

« Tanto vale dunque non muoversi, si risparmiano almeno i soldi del treno. »

« Egli non ha ancora trovato la sella per la sua groppa, ecco come sta il fatto, è rimasto un puledro anche passata l'età. Se si fosse sposato... »

« Un puledro non può soffrire le mosche; per una mosca esso prende il galoppo. »

« Certo, quest'è vero, basta pensare alla zia Eufemia. In fondo è la stessa storia. Basta pensare a donna Faustina. E a questo qui, Simone. Quanti scandali in questi ultimi anni. »

« È proprio il tempo degli scandali. »

« Ad ogni modo » dice Simone sputando per terra « adesso lui è perdonato. Tutto rientra nell'ordine. Finirà anche lui un puledro governativo, mangerà anche lui alla greppia. Non è proprio il caso di perderci sopra altre parole.»

«La stessa domanda di perdono da parte di donna Maria Vincenza, dev'essere una finta; eh, che ve ne pare? Secondo me, dev'essere una cerimonia inventata da don Coriolano, quel trombone sfiatato, per guadagnarci dei soldi.»

«Eh, già si sa, gli oratori gli sbirri gli scribi vivono di questo, è un'antica storia» conclude Simone-la-faina.

«Sst, sst, sst.»

Il vento, d'un tratto, ha portato e diffuso l'atteso odore di pane appena sfornato, un buon odore di pane caldo, e sembra di vederle le rotonde pagnotte da due chili con la bella crosta croccante dorata e la mollica soffice ben lievitata. La stessa aria ne rimane intiepidita. I poveri vecchi sono bruscamente ridiventati silenziosi e immobili, qualcuno d'essi chiude gli occhi e perfino sorride a quel buon odore e a quel po' di sole, che certo non è molto, ma, d'inverno, è meglio di nulla.

L'odore di pane fresco e le strombazzate di Anacleto arrivano assieme da un vicoletto buio sordido e ingombro d'ogni lordura, che divide Colle in senso verticale e sale diritto dalla chiesa verso la collina fino a mezza costa, dove s'imbatte nel muro di cinta di casa Spina. Oltre il muro c'è un vigneto da cui la tramontana sta ora spazzando la neve, scoprendo le viti nere basse tortuose, come serpi congelate; oltre il vigneto c'è una spalliera di scheletrici alberi da frutta, e ancora più in su, la palazzina di donna Maria Vincenza, di corallo rosa, col tetto e le finestre cenerine. Nel cortile due persone lavorano da varie ore a spazzare la neve, Venanzio con la pala e la carriola, e Natalina dietro di lui con la scopa. Durante la mattinata la ragazza ogni tanto è dovuta correre al cancello chiamata dalle scampanellate di persone venute per visitare donna Maria Vincenza (e ne sono arrivate perfino da Orta e da Fossa); ma, secondo l'ordine ricevuto, non ha lasciato entrare nessuno.

"Mi dispiace" ha invariabilmente risposto "mi dispiace per il fiato sprecato per salire fin quassù, ma la signora non riceve. No, grazie a Dio, non è malata, anzi; ma è stanca, sì molto stanca. No, veramente, è inutile insistere. Stamane hanno suonato qui persone di molto maggiore riguardo di voi e neanche a loro ho aperto il cancello, non capisco dunque perché dovrei fare un'eccezione per voi. Non ho detto questo per offendervi, sapete, ma semplicemente per spiegarvi come stanno le cose. Ah, volevate congratularvi con la signora. A causa della firma? Di che firma parlate? Oh, vi assicuro che non ne so nulla. A causa del nipote? Di quale nipote parlate? Sì, ecco, è meglio che ve ne andiate, avreste potuto capirlo anche prima, ma non fa niente. Arrivederci, anzi, addio, addio."

« Tu non hai, Natalina » le ha osservato Venanzio alquanto imbarazzato « tu non hai i modi d'una vera cameriera. »

« Sì, è vero, Venanzio, non posso negarlo » ammette Natalina arrossendo « c'è in me qualche cosa di signorile. Ma per essere una vera signora mi manca la moneta. »

La palazzina ha tutte le persiane chiuse e sembra disabitata. Per un eccesso di prudenza, la signora e il nipote si sono rifugiati in una stanza del secondo piano che guarda verso il nord. Su un tavolo apparecchiato in mezzo alla stanza c'è ancora la colazione, già fredda e quasi intatta. A un lato del camino acceso con molta legna, donna Maria Vincenza è distesa, come in un letto, su una profonda poltrona a sdraio, con la testa appoggiata su alcuni guanciali rizzati contro la spalliera. La signora è avvolta in una lunga e pesante coperta di lana rossa e sembra respirare a fatica. Pietro è rannicchiato all'altro lato del camino, seduto sulla soglia e con la testa e la schiena appoggiate a uno degli stipiti. Nonna e nipote appaiono abbattuti esausti sfiniti. Tra loro è avvenuta la spiegazione definitiva, irreparabile. È come un lutto, ormai; come una disgrazia senza rimedio. Essi evitano perfino di guardarsi e già da ore tacciono come persone che hanno ripetuto cento volte lo stesso argomento e sanno che non serve a nulla ripeterlo ancora una volta. Quando Natalina entra per sparecchiare la tavola, è pomeriggio inoltrato. La ragazza comincia a riferire i nomi dei visitatori e l'accoglienza cortese ed energica che li ha trattenuti al cancello; ma, poiché donna Maria Vincenza e Pietro non le prestano alcuna attenzione, indispettita tronca a metà il discorso e li lascia soli. A merenda Natalina reca alla signora una chicchera di caffè nero e al nipote un piattino di noci con un bicchiere di vino. Appena entrata nella stanza essa avverte un forte puzzo di lana bruciata e scopre che il fuoco ha già consumato un lembo della giacca di Pietro. Egli si alza e si lascia cambiare la giacca senza opporre resistenza. Poiché la ragazza gli impedisce di tornare ad accovacciarsi sulla soglia del camino, egli si siede su un cuscino vicino alla nonna. E dopo un po', quasi per stanchezza, appoggia la testa sulle ginocchia di lei. Una mano di lei, bianca e fredda, che regge una corona del rosario, pende come inanimata presso il bracciuolo della poltrona. Egli la prende e stringe tra le sue mani che bruciano.

« Povero figliō mio » mormora donna Maria Vincenza con voce stanca e rassegnata. « Che dura sorte ti sei imposta. Che croce dolorosa. Finora avevo almeno l'illusione che un giorno te ne potessi liberare. Adesso non ho neppure quella speranza. »

« Credi, nonna, che sia giusto per un uomo di liberarsi da quella che tu chiami la sua croce? »

« Oh, figlio, so bene che nessuno eliminerà mai la sofferenza dalla vita, dal nascere, dal morire, dall'amare; ma questa tua croce sei tu che te la sei scelta. »

« Credi, nonna, che possano esservi vite arbitrarie? Dico questo pur non credendo al destino. »

Egli parla lentamente, riflettendo su ogni parola.

« Forse ognuno » egli riprende a dire « secondo la materia di cui è fatto, attira a sé fin dai primi anni le esperienze decisive che dànno l'impronta all'anima, fanno che Muzio sia Muzio, e non Caio. Vi sono dolori che concentrano intorno a sé tutte le forze riposte dell'essere, tutte le energie vitali, e restano confitti e articolati in noi come la spina dorsale sul corpo, come i fili in un tessuto. Distruggere i fili? Certo, si può, ma distruggendo il tessuto. »

« Non si può, figlio mio, con gli stessi fili ordire un tessuto meno triste? »

« Diventare un altro? Anche quello è un modo di morire. Non immaginarti, nonna, ch'io conduca una vita sacrificata in confronto a quella che mi viene offerta. Forse l'accusa più seria che si possa muovere alla vita fuori-legge, è di essere una vita facile, ah, fin troppo facile e comoda. A parte alcuni inconvenienti materiali, alcuni pericoli da non prendere tragicamente, nella vita fuori-legge è così facile dire no a tutto, sempre no, soltanto no. Veramente io non ho ancora eliminato dalla mia mente il dubbio che forse la mia ostinazione per l'illegalità potrebbe essere il frutto della mia preferenza per la vita comoda e sicura, forse anche della mia pigrizia. Un rivoluzionario fuori-legge, vedi, si trova nella stessa condizione ideale del cristiano in convento; egli rompe i ponti col nemico e i suoi allettamenti volgari, gli dichiara guerra aperta e vive secondo la propria legge. »

« Mio Dio, mio Signore » mormora donna Maria Vincenza con gli occhi pieni di lagrime « sei tu che suggerisci questi pensieri a questo mio povero figlio, oppure il tuo Avversario? »

VIII

« Ecco venuto il tempo delle afflizioni, Severino, il tempo dello sconforto e dello smarrimento » dice donna Maria Vincenza. « Scusami, ti prego, se ti ho ricevuto qui in cucina; ma qui, a quest'ora, siamo più soli, e vi fa anche meno freddo. Da due giorni non riesco più nemmeno a pregare. Tu sei uomo e non puoi sapere cosa voglia dire questo, per una povera anima come la mia, bisognosa della preghiera come il corpo del cibo. Adesso mi sento esausta, sfinita come chi da vari giorni è senza nutrimento. Sento qui dentro un gran vuoto e in mezzo al vuoto un dolore mai sofferto, acutissimo, quasi avessi, da parte a parte, un coltellaccio. »

« Oh, cara Maria Vincenza » dice don Severino « ho sempre guardato, sempre pensato a te come alla sola persona felice tra i miei conoscenti. Oh, mia cara vecchia amica, non so dirti che pena mi fa di sentirti parlare in questo modo. »

« Felice? Ah, come suona ironica ora questa parola nei miei riguardi. Col pensarvi fissamente, notte e giorno, la desolazione che m'ha preso per questo mio povero figlio sta diventando una realtà mostruosa, sconfinata. Questo dolore s'è ricongiunto a quelli di tutta la mia vita passata e sta relegando negli angoli oscuri della memoria i ricordi dei giorni lieti e sereni, sta dando un altro colore, un'altra impronta, un altro senso a tutta la mia esistenza. E sono sola, sola e abbandonata da tutti, come l'Addolorata nella processione del Venerdì Santo. »

« I tuoi parenti? » domanda don Severino. « Tutti quelli che hai beneficati e protetti? »

La vecchia signora fa un gesto sconsolato.

« Questa è la vera rivoluzione della nostra epoca, cara Maria Vincenza, la scomparsa dell'amicizia » dice don Severino.

« È la più tremenda di tutte le rivoluzioni. Al posto dell'amicizia adesso vi sono le cosiddette relazioni, che durano finché fanno comodo. Per la rottura dell'amicizia con don Luca, io sto soffrendo certamente di più che per qualsiasi altro lutto della mia vita; ma temo che a don Luca non gli abbia fatto né caldo né freddo. Questo dubbio mi riempie di terrore. »

« Ti ringrazio, Severino, d'essere subito venuto da me. Come mi addolora che in un momento per te così triste, io stessa mi trovi in angustie. Ah, è vero, più vale il cuore che il sangue, e se, invece di rivolgermi ai parenti, avessi subito chiamato te, se t'avessi senza indugio confidato il mio segreto, certamente il tuo consiglio m'avrebbe risparmiato passi falsi e umiliazioni. »

Donna Maria Vincenza indossa un grembiule bianco, come una semplice massaia, e uno scialletto di lana nera sulle spalle. Mentre parla, ogni tanto s'interrompe e chiude gli occhi, reggendosi con le mani ai braccioli della poltrona, come chi è colto da capogiro e cerca un sostegno per non cadere. Ella s'alza lentamente e prepara il caffè per l'ospite. Don Severino De Sanctis, l'organista della chiesa di Orta, è seduto all'altro lato del camino e segue la vecchia signora in ogni movimento, con occhi affettuosi e commossi su cui le palpebre battono di continuo. Egli è preso da un'inquietudine crescente e due o tre volte fa un gesto come per soccorrerla, per giurare una promessa, per gridare qualche cosa di comprometente, ma non sa che dire. Egli può essere sulla sessantina, ed è vestito in maniera antiquata, come ancora si usa in qualche località di montagna; un lungo e stretto soprabito turchino dai polsi sfilacciati e dai gomiti lucidi gli serra il corpo magro e le spalle già un po' curve; un colletto alto, a sportello, lascia vedere del collo gracile solo il pomo d'Adamo sporgente; gli stivaletti d'un solo pezzo con l'elastico ai lati gli salgono fin sopra le caviglie. Ai suoi piedi dorme accovacciato a ciambella un cagnolino da caccia, magro e spelacchiato.

« I miei parenti, tu li conosci, Severino, non sono mica cattivi » aggiunge donna Maria Vincenza. « Anzi, nelle piccole occasioni, nelle faccende di tutti i giorni, per lo più sembrano onesti scrupolosi devoti; nei casi arrischiati però, senza eccezione, falliscono. Non ci si può fidare di nessuno. »

« La bigotteria e la viltà, cara Maria Vincenza, adesso sono di moda, vanno bene assieme, e con la riserva mentale delle buone intenzioni conservano perfino meglio dell'alcool» dice don Severino tendendo le mani verso il fuoco. «Il mio cane puzza, cara Maria Vincenza, ma sembra così felice accanto al fuoco che mi manca il coraggio di mandarlo nel cortile. La bigotteria e la viltà, cara Maria Vincenza, offrono all'anima la sicurezza della persica in scatola. Noi dobbiamo rassegnarci; forse siamo gli ultimi esemplari di una razza destinata a sparire.»

«Gli ultimi? Credi veramente gli ultimi?» chiede donna Maria Vincenza.

Don Severino si volta bruscamente verso la signora in preda a un'esaltazione subitanea:

«Potrei parlare col ragazzo?» chiede sottovoce. «Devo assolutamente consultarmi con lui. Ecco, la mia vita a un tratto m'è divenuta insopportabile. Se anch'io non faccio qualche cosa, cara Maria Vincenza, impazzisco.»

«A che serve, Severino, accumulare gli spropositi?» gli risponde donna Maria Vincenza. «Tutta la mia vita, lo sai, non ho mai gradito che in mia presenza si parli di politica, non ho mai frequentato le autorità. Perché adesso, poco prima di morire, il Signore vuole costringermi a praticare questi furfanti?»

«Ah, fossero almeno furfanti autentici, furfanti interi» esclama don Severino. «Il guaio è, cara Maria Vincenza, che sono tutti soltanto mezze canaglie, piccole e meschine canaglie tiepide, di quelle che provocano il vomito di Dio. In tanti anni, cara Maria Vincenza, ho cercato un vero, un intero mascalzone, e non l'ho trovato.»

Nell'esaltazione don Severino ha alzato un po' forte la voce e all'improvviso tace ascoltando un rumore di passi fuori la porta.

«Ma perché, proprio alla fine della vita, ho dovuto avvicinare simile gente?» protesta donna Maria Vincenza. «È poi colpa mia se, non avendo esperienza, ho creato sciocchezze? Mandando a Roma quell'istrione di don Coriolano, t'assicuro, Severino, non avevo pensato a nulla di disonorevole. Credevo insomma che fosse lecito, come si dice, di vendere la lana per salvare la pecora. Nelle nostre famiglie è successo spesso che le scappate dei figli siano state accomodate dalle madri. Appunto per questo, credo, le madri restano in vita anche quando i figli sono grandi; altrimenti perché? Un figlio adulto, anche sposato, può ridiventare, per un momento, bambino, può combinare stravaganze, a volte anche stravaganze gravi; allora interviene la madre e cerca d'accomodare le cose. Ti offenderai, Severino, se ti dico che la tua vita sarebbe stata ben diversa se tua madre non fosse rimasta sotto le macerie? »

Don Severino fa un gesto e una smorfia sconsolata per celare il suo improvviso turbamento.

« La mia sventura è stata un'altra » egli mormora.

« Ma cosa potevo figurarmi » continua donna Maria Vincenza, « che oggigiorno possono esservi rimedi peggiori degli stessi mali? No, proprio non mi ci raccapezzo. Tanto più che, se devo dirti francamente la mia impressione, ebbene non mi è lecito parlare di Pietro come di uno scapestrato. Se lo fosse, la situazione sarebbe perfino più facile; invece è proprio il contrario. A dirti la verità, prima di rivederlo, ero in trepidazione, m'aspettavo, se non addirittura un petroliere o un teppista col coltello tra i denti, almeno uno scostumato, un uomo involgarito. Questo poverino invece (e io non riesco a spiegarmelo) è rimasto com'era a quindici anni. Ha ancora la sensibilità la timidezza la delicatezza, perfino il pudore, di quando era ragazzo. Ma mentre allora nessuno di noi, nemmeno la madre, sapeva veder chiaro in lui, e non riuscivamo neppure a indovinare se una certa ritrosia gli venisse dalla salute cagionevole o dalla mancanza d'intelligenza, adesso egli è così trasparente, così aperto, direi così spalancato, come può esserlo un melone spaccato a metà. Egli mi fa pensare a un povero pellegrino che trae sulle mani la propria anima nuda. Pensa un po', Severino, una creatura simile nella politica. Ah, se potessi distorglierlo da quella sua idea fissa, da quel fanatismo. Ma non oso neppure parlargliene. »

Don Severino si è avvicinato ancor più al camino; egli tiene poggiate ambo le mani su un bastoncino nero, dal manico d'avorio, e sulle mani il mento, e guarda il fuoco con un lieve sorriso diretto a chissà quale visione. I suoi stivaletti bagnati fumano evaporando. La sua faccia rossa e vivace per il riflesso del fuoco, fa un contrasto curioso con la sua testa grigia.

« Forse, Maria Vincenza, non si trattava di fanatismo politico » si azzarda a dire don Severino. « O forse solo in apparenza, se devo giudicare da quel poco che tu stessa m'hai raccontato di lui. (Il tuo caffè, Maria Vincenza, come al solito, è ottimo.) V'è una tristezza, Maria Vincenza, una tristezza sottile da non confondere con quella più ordinaria che viene da rimorsi da delusioni da sofferenze patite; v'è una forma d'intima tristezza e disperazione che si attacca di preferenza alle anime elette. Tuo figlio, Saverio, se non sbaglio, soffriva anche lui di quella specie di tristezza, era il suo segreto, e invano, me ne ricordo bene, durante tutta la sua vita cercò di liberarsene. D'altronde, a riflettere a fondo e pacatamente sulla nostra sorte, Maria Vincenza, siamo franchi, converrai anche tu che c'è poco da stare allegri. Da queste parti, tra le persone più sensibili, questa forma di disperazione è stata sempre molto diffusa; ma una volta, per sfuggire al suicidio o alla follia, essi andavano nei conventi. Ecco un tema serio di meditazione sacra: perché i conventi non servono più a quello scopo?»

«La segreta tristezza di cui parli, Severino, non potrebbe avere un'origine più vicina, più semplice, più rimediabile? A me sembra» dice donna Maria Vincenza «che si potrebbe vivere così bene in pace, non sempre lieti ma almeno sereni, se i figli rimanessero a casa loro, assieme alle madri, o non molto lontani da casa.»

Don Severino fa un gesto come a sentir parlare di un'epoca favolosa, ma donna Maria Vincenza non se ne avvede e comincia a rievocare i tempi in cui ogni sera, al termine delle opere, ella raccoglieva la famiglia attorno a sé, e attorno alla famiglia i servi, come una chioccia riunisce sotto le ali i pulcini. E quando tutti erano presenti, ella intonava la preghiera serale e gli altri a testa scoperta facevano coro; e dopo la preghiera, se nella giornata era corso qualche malinteso, un litigio o un incidente qualsiasi, senza ambagi ella ne parlava e procurava di mettere i fatti in chiaro e a nessuno permetteva d'andare a letto, neppure a suo marito, prima che ogni equivoco o rancore non fosse sciolto.

«Ma in quel nostro antico modo di vivere» dice donna Maria Vincenza «il diavolo, si capisce, non trovava grandi vantaggi, e ha cercato dunque in ogni maniera di separare quello ch'era stato creato per rimanere assieme. I frutti di lagrime ora già si vedono. Tra essi, anche questa sconsolata, questa disperata tristezza di cui tu parli.»

Ma don Severino oppone energici e ripetuti segni di negazione e appare talmente eccitato che scattando in piedi sbatte fortemente la testa contro la mensola del camino. Donna Maria Vincenza allarmata vorrebbe osservare se si è fatto male; ma, rosso in faccia e confuso per il ridicolo incidente, don Severino si schermisce, afferma di aver la testa dura e compiange anzi il camino, e poi ha fretta di esprimere il suo parere in contrasto a quello della signora.

« Tu dimentichi, cara Maria Vincenza » egli dice, « tu dimentichi che ogni canaglia, o meglio, per essere più precisi, ogni mezza canaglia, ogni tiepido furfante giustifica invariabilmente la sua abbiezione con riguardo alla propria famiglia. D'altra parte tu sai che le famiglie sono spesso messe in subbuglio non dal diavolo, ma da Qualcun Altro ben diverso. Tu sai, Maria Vincenza, di un Altro il quale s'è Lui stesso vantato d'essere venuto al mondo per dividere ciò che il sangue unisce, per separare l'uomo e suo padre, la figlia e sua madre, la nuora e la suocera, e se saranno cinque in una casa, egli metterà tre contro due e due contro tre. Altro che diavolo, Maria Vincenza, altro che maligno. »

« Sì, hai ragione. Qualcuno s'è vantato di ciò, e le creature che Lui preferisce e seduce, sono anch'esse perdute per la vita ordinata della famiglia. Ma com'è possibile ch'io sia adesso ridotta a tale grado di confusione mentale da non sapere più riconoscere il bene dal male? Infatti, benché vi pensi ogni giorno, non saprei dirti se questo mio ragazzo sia un santo o un dannato, e io stessa, in coscienza, non so se, coi miei piagnistei presso di lui, compio opera buona o nefasta. A questo sono ridotta. »

« Come puoi facilmente immaginare, Maria Vincenza, il mio smarrimento è ancora più grande. Forse le sètte clandestine di cui ora si fa un gran parlare, sono i nuovi rimedi contro la disperazione. »

Ai piedi di don Severino il cane è scosso da brividi, e si lamenta sospira guaisce pur continuando a dormire.

« È malato? » dice la signora.

« Sogna » spiega don Severino sottovoce per non svegliarlo.

« Vuoi restare a cena con me? » gli propone la signora. « Devi accontentarti però d'una piccolezza. »

« Grazie, Maria Vincenza » si scusa don Severino « ma sono atteso da Lazzaro Tarò, sì, da quel bestione. Una volta all'anno passo da lui per via del fitto di una terra. Ora m'avvedo di essere già in ritardo.»

Don Severino cerca il cappello e il bastone. La signora si accinge ad accompagnarlo alla porta, ma si avvede di una strana esitazione.

«Ha saputo il tuo ragazzo» egli domanda «della misera fine di Cristina Colamartini? Pare che siano stati ritrovati dei resti di lei sulla montagna di Pietrasecca.»

«Ho accennato una sola volta all'infelice» dice donna Maria Vincenza «ma egli mi ha guardato con tale sgomento da togliermi il fiato.»

Don Severino rimane fermo accanto all'uscio.

«Prima d'andarmene» egli dice infine «devo parlarti di qualche cosa che mi opprime terribilmente l'anima. Ecco, Maria Vincenza, forse anche tu sai che Faustina abita da qualche tempo a casa mia.»

Appena udito quel nome donna Maria Vincenza si rabbuia e per dissimularlo volta le spalle a don Severino e si mette a riordinare alcuni oggetti in un canestro.

«Oggi Faustina voleva venir qui con me» continua don Severino con la voce che gli trema per l'emozione. «Faustina voleva accompagnarmi. Anzi, la prima idea è stata la sua. Dopo la scenata con don Luca mi ha detto: Adesso non ci resta che donna Maria Vincenza. E difatti mi ha accompagnato da Orta a Colle; ma, all'ultimo momento, quando ha rivisto la tua casa, non ha più osato, è tornata indietro da sola e ha preteso ch'io venissi.»

Donna Maria Vincenza porta il canestro nel vestibolo; don Severino la segue umile impacciato commosso.

«Ti supplico d'ascoltarmi» egli dice. «Tu non puoi immaginarti che cosa darei perché tu mi credessi. Faustina non ha mai cessato dall'amarti, anzi, dal venerarti, e ti manda a dire che per ogni occorrenza, anche la più rischiosa, starà sempre a tua disposizione, come una figlia, o, se questa parola è poco umile, come una serva. Io so, Maria Vincenza, che tu potresti renderla felice.»

«Oh, Severino» implora donna Maria Vincenza voltandosi verso di lui con le lagrime negli occhi «c'è proprio bisogno, per lenire una piaga, di riaprirne un'altra?»

Don Severino si mette il cappello in testa e va via senza salutare, trascinandosi dietro il cane insonnolito.

Le ombre salgono e s'accavallano rapidamente dalla pianura nebbiosa verso le colline ricoperte di neve, riempiono di bitume i fossi, di fuliggine i vicoletti del villaggio, avvolgono i tetti e gli orti di cenere. L'aria è umida e triste. Sulla stradetta ricoperta di nevischio che scende dalla casa Spina verso la chiesa, davanti alla porta della sua bottega di falegname, mastro Eutimio sta seduto su una sedia, il cappelluccio a barchetta in testa e le mani nodose sui ginocchi. Egli ha smesso l'abito da lavoro e indossato un vestito di panno turchino e, prima di chiudere la bottega, incurante del freddo, si prende un po' d'aria e augura la buona sera alla gente che passa. Accanto a lui, per terra, arde un fuocherello di trucioli e schiappe, e dietro a lui, appoggiato contro il muro, è esposto il lavoro terminato in giornata: una grande massiccia impressionante croce di quercia, alta più di quattro metri e verniciata di nero. Essa è destinata, al termine delle prediche di quaresima, a essere processionalmente trasportata e issata su una delle alture che sovrastano Colle, su quella che la gente del luogo chiama la montagna dell'Asino Morto; e dovrà essere, secondo l'intenzione del quaresimalista, una solenne cerimonia di riparazione per gli scandali di cui l'intera contrada è stata negli ultimi tempi il triste teatro. La necessità e l'urgenza della nuova croce balenarono nella mente del predicatore fin dal primo giorno del suo arrivo a Colle, allorché, dato uno sguardo critico sulle alture dei dintorni, gli riuscì di scoprirne una ancora priva del simbolo della redenzione. Mastro Eutimio ha terminato la croce con due settimane d'anticipo.

« Perché tanta fretta? » gli ha rimproverato il parroco don Marco abbastanza seccato. « Dove la metterò adesso? »

« Bisogna lasciarle il tempo d'acclimatarsi » ha cercato di spiegargli mastro Eutimio cortese e sicuro del fatto suo. « Una croce, anche di quercia, è sempre un oggetto delicato. Come si fa a portarla, da un giorno all'altro, in montagna? Non sono cose sulle quali sarebbe lecito a un falegname di far lezione a un sacerdote, se la croce non fosse di legno. »

« Va bene, ma nel frattempo dove vuoi ch'io la metta? » gli ha risposto don Marco assai infastidito. « In parrocchia di croci ne abbiamo già abbastanza. »

« Ah, credevi ch'io volessi consegnartela adesso? Affatto » l'ha subito rassicurato mastro Eutimio. « Io consegnerò il lavoro il giorno per cui m'è stato ordinato. Intanto lo terrò qui, appoggiato al muro della bottega, a braccia aperte. Potrà guardare la montagna dov'è destinata, potrà conoscere la gente che passa per strada, potrà, se vuole, guardarmi lavorare. Da ragazzo non fu anche lui falegname? Non potrebbe darsi che l'odore del legno e della colla gli piaccia meglio dell'incenso? »

« Fa' come ti pare » gli ha risposto don Marco con una alzata di spalle, e se n'è andato.

Contro il muro ingiallito della bottega la fiamma dei trucioli crea un'aria d'austera amicizia, un'aria di famiglia, tra la grande croce verniciata di nero e il vecchio mastro Eutimio nel suo ruvido vestito di panno turchino.

« Oh, mastro Eutimio » gli grida don Severino da metà strada additando col suo bastoncino la croce « chi vuoi inchiodare su codesto spaventoso patibolo? »

Il falegname saluta levando il cappelluccio, sorride arrossisce.

« Se dipendesse da me, don Severino, diciamo pure francamente, se dipendesse da noi, se Ponzio Pilato tornasse, ci convocasse al municipio e ci domandasse, a nome del governo, chi sia da crocifiggere, be', è certo che quella canaglia di Barabba una buona volta non se la farebbe franca. »

« Non ne sono affatto certo, scusami » osserva don Severino improvvisamente grave. « No, non capirmi male, non voglio offenderti, ma, francamente, ho i miei dubbi. Credi che i tuoi compaesani saprebbero facilmente riconoscere Cristo da Barabba? »

Don Severino ha l'aspetto la voce i gesti di un febbricitante.

« Ah, don Severino, so bene che a te piace scherzare » dice mastro Eutimio « so che per intimorirci ti piace spesso dipingere il diavolo sul muro, ma stavolta l'hai detta grossa. Hai detto seriamente? Ma è come se tu dicessi che non sappiamo distinguere il pane dalle pietre. In fin dei conti, è vero che siamo povera gente e abbiamo poca istruzione, ma anche noi siamo creature battezzate, per così dire, anche noi abbiamo ricevuto il discernimento dalla mano del sacerdote che ci segnò la fronte col sale benedetto. Non parlo delle tre chiese che esistono a Colle, non parlo della parrocchia che esiste da secoli, non parlo dei martiri che vi sono sepolti; ma, qui, le bestie l'aria l'acqua la terra il vino la cenere l'olio la polvere delle strade, tutto è, per così dire, cristiano. Ah, vedo che ridi, e capisco che volevi scherzare. »

« No, non volevo scherzare » dice don Severino « e scusami se la tua risposta non m'ha del tutto convinto. Credi tu, mastro Eutimio, che la scelta dei collesi sarebbe a favore di Gesù e contro Barabba, anche se Barabba si presentasse qui a cavallo, in grande uniforme, col petto ricoperto di decorazioni, alla testa d'una legione d'uomini armati, acclamato da una turba di servi in livrea, di scribi di corifei d'oratori di sacerdoti, e se Gesù invece vi fosse mostrato tra due sbirri, come un povero cristo qualsiasi, come un profugo un fuorilegge un senza-patria, un senza-carte qualsiasi? È una semplice domanda, una domanda che rivolgo anche a me stesso, ma ora sarei curioso di udire la tua risposta. »

Il fuoco di trucioli si è spento, di esso non resta che un mucchietto di cenere e le ombre della sera hanno già avvolto la bottega del falegname. Mastro Eutimio si gratta il mento, guarda per terra e resta pensieroso, mentre don Severino l'osserva sorridendo.

« Veramente » confessa infine mastro Eutimio « la tua domanda è già una risposta, la più umiliante delle risposte. Scusami, posso accompagnarti per un pezzo di strada? Non devi lasciarmi così. »

Mastro Eutimio chiude la bottega e, prima di allontanarsi assieme a don Severino e al cane, dà uno sguardo imbarazzato alla croce.

« Dovrei andare da Lazzaro Tarò » dice don Severino « e sono perfino in ritardo, ma mi piace fare due passi con te, se non ti disturbo. Non mi sento bene, ho bisogno di respirare un po' d'aria fresca. »

Essi prendono un sentiero che conduce in campagna e si guardano attorno per vedere se qualcuno li osserva. Strada facendo dice don Severino:

« I miei nervi stasera sono stranamente sensibili e per un nonnulla potrei quasi piangere come un bambino. Prima di arrivare davanti alla tua bottega, mastro Eutimio, stavo appunto parlando col cane, gli stavo raccontando la mia tristezza, ma non credere ch'io ami eccessivamente gli animali. A dirti la verità, mi dànno fastidio, e col loro aspetto di uomini degradati mi fanno perfino ribrezzo. Eppure vi sono momenti in cui l'uomo sente il bisogno di parlare di confidarsi d'avere un testimonio; allora anche un cane può servire, e in mancanza d'animali anche un albero. Tuttavia non vorrei darti fastidio; forse tua moglie t'aspetta sulla soglia di casa e la minestra è già sulla tavola apparecchiata.»

Mastro Eutimio sorride con due occhi chiari dolci fanciulleschi e si china per accarezzare il cane.

«Io non sono che un povero artigiano» dice «un falegname privo d'istruzione, da ragazzo la mia sola maestra è stata la fame, perciò non so dirti come queste tue parole mi vadano diritte al cuore. Ah, non credo che sia stato per caso, don Severino, che stasera i tuoi passi t'hanno condotto davanti alla mia bottega. Varie volte durante la giornata, lavorando attorno a quella croce che hai visto, sono stato preso da una ansietà che non sapevo spiegarmi, sentivo, ero certo che qualcosa di bello doveva capitarmi. Anche a me succede di parlare con le tavole.»

Per un tratto di strada i due camminano in silenzio, quasi impacciati, e mastro Eutimio si guarda timidamente attorno, come se temesse di essere sorpreso in un'occupazione insolita.

«Se tu sapessi» dice don Severino «fino a qual punto il disprezzo che pubblicamente professo per i farabutti mi rende bisognoso della confidenza delle persone degne di stima. Purtroppo siamo arrivati a questo punto che due persone le quali si trovassero spesso assieme senza avere in comune la parentela, o la professione, o almeno un vizio, attirerebbero senz'altro i sospetti del vicinato e delle autorità.»

Mastro Eutimio si guarda attorno anche lui timido e insospettito.

«Vuoi sapere» dice don Severino «che cosa stavo raccontando al cane?»

Mastro Eutimio risponde con un gesto cortese e umile, come per dire: "se credi ch'io ne sia degno".

Dice Don Severino:

«Sono stato licenziato dall'ufficio d'organista della chiesa d'Orta in seguito a petizione popolare. Il povero don Luca è venuto stamane lui stesso a comunicarmi la decisione. Ma, insomma, ho cercato di consolarlo, via, non è poi una perdita irreparabile, né per la parrocchia né per me. Il guaio è, egli m'ha spiegato, che adesso non abbiamo più pretesti per vederci. Perché no? gli ho risposto. Tu puoi continuare a venire da me come per il passato. E cosa dirò alla gente? egli m'ha obiettato. Già, che cosa potrebbe egli dire alla gente? Egli potrebbe forse dire che iene a vedermi per amicizia; forse i vecchi, le vecchie della parrocchia lo capirebbero; ma i ragazzi le fanciulle i luigini le Figlie di Maria, anime innocenti si domanderebbero: L'amicizia? che cos'è? e ne riceverebbero scandalo. Il povero don Luca ha certamente pensato alla terribile maledizione di Gesù contro quelli che scandalizzano gli innocenti e avrà avuto paura per la salvezza della sua anima. »

« Erano venuti a chiedere anche la mia firma » racconta mastro Eutimio. « D'altronde capita spesso che qualcuno passi con un foglio da firmare. Mi dispiace, rispondo invariabilmente, ma il mio mestiere è falegname. »

« Non vorrei » dice don Severino « che per causa mia, tu abbia a soffrire molestie. Dovessero tornare per la mia questione, firma pure. »

« Parla più adagio » gli mormora mastro Eutimio.

I due sono raggiunti da don Nicolino, il cancelliere della pretura, ansimante e sudato per la corsa fatta.

« Che gli stai raccontando, Severino, con accento così lugubre a questo povero falegname? » esclama ghignando don Nicolino. « Gli hai ordinato la tua cassa da morto? »

I due si fermano per lasciare il cancelliere proseguire da solo.

« Non vorremmo trattenerti » dice don Severino indicando al cancelliere la strada.

« Non ho fretta; anzi non ho meta » risponde don Nicolino.

« Non vorrei trattenerti » ripete don Severino con più accentuata cortesia indicandogli la strada.

« Disturbo? » chiede don Nicolino sorpreso e ironico. « Un organista e un falegname, suppongo, non hanno segreti in comune. Come sta, Severino, la tua fanciulla? Non faccio per vantarmi » egli aggiunge lisciandosi il mento « ma sarebbe anche il mio tipo. »

« Be' continua pure la tua passeggiata » l'interrompe don Severino. « Addio. »

Don Nicolino resta perplesso in mezzo alla strada e vorrebbe esprimere il suo risentimento; ma i due gli voltano le spalle.

« Hai visto? » mormora mastro Eutimio rosso in viso e confuso. « Hai visto? »

IX

Don Severino mastro Eutimio e il cane tornano indietro, in silenzio. Davanti alla sacrestia della parrocchia don Severino si sente chiamare ad alta voce dal curato don Marco. Il curato, già in cotta e stola per la benedizione della sera, gli viene incontro fino a metà strada e lo prende a parte per parlargli senza farsi udire da altri.

« Sei stato da donna Maria Vincenza? » gli chiede sottovoce. « T'ha ricevuto? T'ha spiegato da dove l'è venuta la pazza idea di rifiutare la grazia governativa per suo nipote? Pensa un po', lasciarsi sfuggire un'occasione simile. Ma non è questo che m'importa; io ho troppi guai miei per rammaricarmi di quelli degli altri. Invece tu non puoi immaginare quali infami sospetti stia diffondendo don Coriolano a carico del padre quaresimale. Egli accusa padre Gabriele d'essere l'ispiratore dell'assurda insana stupida decisione di donna Maria Vincenza. Sì, egli minaccia perfino di denunziarlo alle autorità di polizia. Mastro Eutimio, scusami, non vedi che ho da parlare con don Severino? Non potresti lasciarci soli? »

La luce delle candele che viene dalla finestra della sacrestia illumina la testa del curato e fa luccicare i suoi occhi di coniglio bianco, orlati di rosso, senza ciglia, i suoi rotondi occhi intimoriti; la cotta bianca completa il suo aspetto impacciato di grosso coniglio fuori della conigliera. Mastro Eutimio, dopo aver esitato alquanto, stringe la mano a don Severino e lo tira da parte.

« Hai visto? » gli mormora il vecchio falegname. « Hai visto? »

« Verrò più tardi da te » gli promette don Severino per

consolarlo. « Il tuo padre Gabriele non m'interessa » egli aggiunge in tono seccato rivolto al curato.

Ma quello non si lascia scoraggiare.

« Se incontri don Coriolano » implora il curato sottovoce « promettimi di dirgli una parola ragionevole. Devi ricordargli (le famiglie di qui le conosce anche lui) che gli Spina non hanno mai avuto bisogno d'istigatori per le loro pazzie. Ah, Severino, si potrebbe vivere così in pace, con un po' di riguardo reciproco, un po' di rispetto per le autorità, un po' di timore di Dio... »

« Eh, eh, eh » esclama don Severino scoppiando in una scomposta risata « quello che ti piacerebbe, don Marco, somiglia troppo a una ricetta da libro di cucina. Un po' d'olio, un po' di cipolla, un po' di prezzemolo, un po' di pomodoro, e infine servire tiepido a tavola. »

L'attenzione di don Marco è bruscamente deviata dall'apparizione di un omaccio strano che s'è staccato dall'ombra del campanile, s'avvicina lentamente fino a pochi passi, e poi si ferma.

« Come, sei di nuovo qui? » gli grida il curato preso da evidente disgusto e agitazione. « Si può sapere che cerchi? Chi sei? Di dove vieni? »

Lo sconosciuto forestiero ha un aspetto insolito anche per un cafone; di età indefinibile, alto magro forte ma sproporzionato e mal piantato, è vestito a brandelli e inzaccherato come un mendicante, come chi avesse l'abitudine di dormire in un fosso di fango; è senza cappello e la sua testa ha una espressione preoccupante, un teschione nodoso inceppito sormontato da una boscaglia di capelli arruffati, una barba ispida di una decina di giorni, due occhi accesi spiritati, tra il sant'eremita e l'indemoniato; egli è a piedi scalzi, e i suoi piedi sono neri enormi e sproporzionati.

« Da stamane, quest'uomo mi segue, mi spia, mi gira attorno, senza dire una parola » il curato spiega a don Severino senza perdere d'occhio l'omaccio. « Capirai, ho ben ragione d'impensierirmi. Lo conosci tu, per caso? L'hai mai incontrato a Orta? I carabinieri di qui l'hanno già fermato, gli hanno imposto d'andarsene, di non mettere più piede a Colle; invece, eccolo qui, di nuovo. »

Don Severino s'avvicina allo sconosciuto, l'osserva, gli chiede:

«Chi sei? Che cerchi? Hai bisogno di qualche cosa?»

Ma lo sconosciuto rimane silenzioso, immobile; solo al cane che gli gira attorno e scodinzola di piacere e gli annusa i piedi, fa una carezza con una mano e una smorfia strana che forse è un sorriso.

«Deve aver fame» dice don Severino tornando verso il curato. «Oppure ha perduto la memoria. Oppure è muto.»

«I carabinieri l'hanno già perquisito» assicura don Marco diffidente. «L'hanno addirittura spogliato nudo, ma non gli hanno trovato addosso che un pezzo di pane e un coltello.»

«Ah, un coltello» dice don Severino con voce forzatamente preoccupata. «Un vecchio coltello? Un coltello bene affilato? Povero don Marco, che Dio te la mandi buona.»

«Dici per farmi paura? Sai, il brigadiere m'ha giurato che il coltello gliel'ha tolto» spiega don Marco afferrandosi a un braccio di don Severino.

«Se ne sarà facilmente procurato un altro» assicura don Severino. «O magari una roncola, un falcetto bene acuminato, è così facile. Tu non leggi i giornali? Ogni giorno succedono delitti inesplicabili.»

«Ma che posso farci io?» protesta il curato. «Devo chiamare di nuovo i carabinieri?»

«Cerca anche tu un coltello e difenditi, per Dio» esclama don Severino in tono provocatorio e crudele. «È l'unico consiglio che un gentiluomo può dare a un suo pari. Lasciami andare.»

«Tu dimentichi» insiste don Marco tenendolo per un braccio «ch'io sono un sacerdote.»

«Non si può essere prete e gentiluomo?»

«Tu dimentichi che per la difesa dei cittadini inermi vi sono i carabinieri. E perché paghiamo le tasse? Per il chiaro di luna, forse? Insomma, non mi resta che mandare a chiamare di nuovo i carabinieri.»

Varia gente intanto è accorsa a guardare l'insolito forestiero; cafoni mingherlini giallognoli, coi capelli messi di traverso sulla testa, in segno di spavalderia; donnette nere unte infagottate, precocemente sfiancate; ragazzi seri come ometti; e alcuni anziani avvolti in cappotti neri. La piccola folla mostra verso lo sconosciuto la naturale curiosità dei poveri per un più povero, l'attornia l'interpella. La piazzetta è come un palcoscenico invaso dal coro cencioso.

« Sarà venuto anche lui per la predica » dice uno. « Anche lui avrà i suoi peccati da farsi perdonare, che c'è di strano? »

« Eh, uomo, hai fatto peccati di gola? » gli grida un altro. « Hai mangiato troppo e adesso vuoi farti perdonare? »

« Sarà venuto per domandare la carità all'uscita dalla predica » assicura qualcuno. « È una industria come un'altra. »

« Certo, certo, non tutti possono fare i banchieri, sarebbe troppo noioso » dice un altro.

« Hai la tessera da mendicante? » gli domanda Simone-la-faina. « Senza la patente, sai, adesso non si può più mendicare. E per ogni soldo che incasserai » gli spiega « devi rilasciare una ricevuta con marca da bollo da due soldi. È la legge. »

Tra la folla si fanno largo due carabinieri che, senza perdere tempo con inutili parole, afferrano risolutamente lo sconosciuto e fanno per trascinarlo via con la naturalezza di due addetti alla nettezza urbana che raccolgono immondizie. Ma quello resiste, come un albero con salde radici. I carabinieri riescono solo a scuoterlo, appunto come si scuote un albero non a sradicarlo, non a portarlo via. All'apparire dei due gendarmi una parte della gente è scappata in tutte le direzioni, come uno stormo di topi all'apparire del gatto. L'insolita resistenza dello straccione sconosciuto crea nella piazzetta l'atmosfera paurosa dell'ammutinamento. Molti si rifugiano in chiesa, altro corrono nelle case più vicine, le porte e le finestre sbattono, si chiudono in fretta, e da lontano si odono donne chiamare con voci altissime e lamentose i mariti, scongiurarli a non impicciarsi, a non compromettersi, a non dimenticare i figli, i già nati, i nascituri. Don Severino e il curato si rifugiano in sacrestia. Don Marco pallido e sudato balbetta:

« Credi che ora lo maltratteranno? Pensi che gli potranno fare del male? »

« Macché, che idea » lo rassicura don Severino « tu sai bene come sono sempre molto gentili. Vedrai, don Marco, gli spolvereranno il vestito, gli faranno la barba, lo pettineranno, forse anche gli offriranno il caffè coi biscottini. »

« Sai, io non li ho fatti chiamare perché lo battano. Tu stesso sei testimone. Li ho fatti chiamare solo perché lo mandino via da Colle. Credi veramente che adesso lo picchieranno? »

Nella piazzetta rimasta deserta i due carabinieri intanto lavorano e sudano attorno al malcapitato straccione con la pazienza la tenacia la naturalezza di due legnaiuoli. Gli assestano agli stinchi calci potenti con le loro scarpe ferrate, e ogni tanto tornano a scuoterlo per provare se cede. Finalmente essi prevalgono, riescono a smuoverlo, lo trascinano via come un tronco sradicato. Le porte e le finestre delle case vicine tornano ad aprirsi; la gente esce di chiesa; un piccolo corteo di curiosi impietositi si forma dietro l'uomo catturato. I carabinieri con la preda e il corteo dei curiosi attraversano la piazzetta e infilano il vicolo che conduce alla caserma preceduti dal cane di don Severino che ringhia e abbaia.

« Ma cos'ha fatto di male quel disgraziato? » grida don Severino in modo che tutti odano. « Ha forse rubato? Ha forse ammazzato qualcuno? »

« Il solito sospetto » spiega Simone-la-faina ad alta voce. « Capirete è troppo mal vestito, troppo povero; come non sospettarlo? »

« Ah, certo, ehilà, uomo, perché non sei arrivato in carrozza? » gli grida qualcuno. « Perché non sei venuto col cilindro e la sciammerga? »

Uno dei carabinieri si volta e grida adirato:

« Che volete voi? Che cerchi tu, per esempio, si può sapere? »

« Io? » risponde Simone-la-faina. « Perché domandi proprio a me? Che razza di confidenza è questa? »

« Perché non vai per la tua strada? » ripete il carabiniere minaccioso. « Perché vieni dietro? »

« La povera gente » gli risponde Simone « non è mai fuori di strada, puoi prenderne nota. »

« Tu sei un falso povero. E la prigione » gli risponde l'altro « non ti sarà fuori strada, se continui così. »

« Non è una via sconosciuta, io sono nato laggiù, all'angolo. »

« Le mosche preferiscono i nudi e i cenciosi » dice un vecchio.

« I corvi beccano i vermi » dice un altro. « Il coraggio dei corvi è così. »

Il piccolo corteo si scioglie e solo il cane di don Severino segue il prigioniero coi due carabinieri fino alla caserma.

X

Don Severino dopo aver cercato e chiamato inutilmente il suo cane, si affretta verso la casa di don Lazzaro Tarò. A capo delle scale lo riceve donna Palmira pallida nera unta come nei giorni di festa e con un'espressione di gaudio amaro nel viso.

« Benvenuto, don Severino, arrivi come il cacio sui maccheroni. Di là c'è il povero don Coriolano, fagli coraggio. »

« Cacio? Ah, se fossi cacio, donna Palmira, avrei paura delle tue unghie. »

« Eh, ti capisco, ci hai in casa la giovinetta di buona famiglia con le mani vellutate e dipinte. Fai l'orso nella tua tana, don Severino, ma non deve essere poi tanto noiosa se un'orsolina ti ci fa le capriole. »

« Non ha forse ragione? » commenta il vocione di don Lazzaro che viene incontro all'ospite facendo tremare il pavimento. « Buona sera, Severì, come stai? Entra e non curarti dell'invidia delle donne vecchie. Hai torto di darti le arie d'eremita nel deserto, ma, per il resto, come ti capisco. Quanto più s'avanza in età e s'indeboliscono i denti, tanto più l'uomo ha bisogno di carne tenerella. »

« Entra, vieni in cucina, vi fa meno freddo » ripete donna Palmira. « E per favore, di' qualche buona parola al povero don Coriolano che il tradimento di donna Maria Vincenza ha ridotto un miserere. »

« Non sono venuto per trattenermi » si scusa don Severino. « Vorrei ritirare il fitto di quella mia terricciuola. »

« È vero che hai perduto il posto d'organista? » dice donna Palmira. « Ci dispiace proprio assai. »

« M'è stato tolto in seguito a una petizione popolare » dice don Severino. « La mia condotta scandalosa è stata considerata incompatibile con l'ufficio d'organista parrocchiale. Tra le firme, d'altronde, c'erano anche le vostre. »

« Chi te l'ha fatto credere? » protesta donna Palmira. « Mi stupisce da parte tua, don Severino. »

« La verità è questa » ammette don Lazzaro. « Venne qui con un foglio don Nicolino, il cancelliere della pretura. Come avremmo potuto rifiutargli una firma? Ci saremmo messi in un mucchio di guai. »

« È giusto » dice don Severino. « Anzi, è naturale. »

La cucina è oscura bassa e ampia. Dal soffitto pendono, legati a pertiche parallele, prosciutti salami salsicce formaggi corone di cipolle d'agli di peperoni di sorbe di funghi messi a seccare. Utensili in rame, caldai marmitte padelle casseruole tegami pignatte graticole caffettiere, occupano l'intera parete di fronte al camino e ne riverberano il fuoco. Dai fornelli aleggia un grasso e pepato odore di soffritto. Don Coriolano giace sopra un sedione presso al camino, a gambe e braccia penzoloni, torbido cupo disfatto, con gli zigomi paonazzi e gli occhi chiusi sotto le palpebre pesanti. Accompagnato dai padroni di casa, don Severino gli si para innanzi, e un po' resta a contemplarlo soddisfatto e divertito, poi gli fa una riverenza profonda esagerata e l'interpella con solennità caricaturale:

« Cavaliere, oratore influentissimo, i miei omaggi. »

Il faccione barbuto di don Lazzaro si dilata sbellica e decompone in smorfie grottesche, mentre donna Palmira, per dissimulare il riso, si tappa la bocca col fazzoletto, ed è presa da un violento attacco di tosse. Don Coriolano apre gli occhi, ma resta impassibile assente.

« Oratore affascinante » continua don Severino ripetendo le sue grottesche riverenze. « Generoso dispensatore di amnistie di cui nessuno vuol sapere, perché sei così abbattuto? »

Don Coriolano solleva pigramente una mano e fa un gesto come per scacciare una mosca; contrae a muso di pesce la bocca labbruta e sputa sul fuoco. « Hai notizie di don Marcantonio? » egli chiede. « Non è stato visto a Colle? So che va in giro, raccogliendo prove contro di me. »

Sulla soglia dell'uscio appare un uomo cencioso, lo stalliere di don Lazzaro.

« Sia lodato Gesù » dice. « Padrone, è vero quello che si racconta? »

« Che vuoi sapere? » gli grida minaccioso don Lazzaro.

« Se è vero quello che si racconta. »

« Ma che si racconta? » urla don Lazzaro.

« Se è vero, a proposito della firma. È stata rifiutata? »

« Va' al diavolo, va'; tutti lo sanno, c'è ancora da domandare? »

« Ah, è dunque vero? » dice lo stalliere. « Però sembra quasi incredibile. »

« Cos'è incredibile? » domanda donna Palmira che era andata a prendere una sedia dalla stanza vicina.

« Quello che si racconta. »

« Ma che si racconta? »

« A proposito della firma. È stata veramente rifiutata? »

« Va' al diavolo » grida don Lazzaro. « Tutti lo sanno, sì, è vero è vero. »

« Ah, è dunque vero? » dice il servo. « Sembra però impossibile. Uno scandalo simile non s'era mai visto. »

Don Coriolano si sbottona l'ultima asola del corpetto e la prima dei pantaloni, nauseato disgustato offeso.

« Proprio a me doveva capitare » mormora con voce d'agonizzante. « A un uomo come me. »

Donna Palmira versa olio sul fuoco.

« Cavaliere, vuoi sapere sinceramente da che parte sta il torto? » gli domanda con voce stridula e aggressiva. « Devo dirtelo proprio in faccia? »

« Non m'interessa. »

« Be', se ci tieni a saperlo, adesso te lo dico: il torto sta interamente dalla parte tua. Tu sei troppo buono, troppo generoso, quest'è la verità. Dopo un affronto simile, chiunque altro al tuo posto, saprebbe tirare le conseguenze, ma tu... In fondo, scusa l'indiscrezione, si può sapere che progetti di fare contro gli Spina? »

Don Coriolano accenna di sì con la testa, ripete numerose volte, con l'accorata tristezza di chi confessa un male un difetto un vizio conosciuto, ma irreparabile:

« Ah sì, sono nato troppo buono, troppo generoso, troppo idealista, ma che posso farci? È la mia natura. »

La commozione gli serra la gola. Don Severino sembra colto da un'ispirazione.

« Ho udito raccontare » insinua don Severino sedendosi vicino all'oratore con gesto amichevole « ho udito raccontare che il quaresimalista non sarebbe del tutto estraneo al rifiuto di donna Maria Vincenza, e che in fin dei conti la povera signora non ci avrebbe gran colpa. »

« Anche a te piace vaneggiare, Severì? » interrompe don Lazzaro sgarbatamente. « Eppure, la questione è chiara: chi doveva firmare la domanda di grazia? Chi ha rifiutato di firmarla? Adesso vogliamo vedere se le autorità sanno trovare una punizione adeguata. »

« Gli Spina si sono sempre creduti più degli altri » rincalza donna Palmira contro i due ospiti. « Se adesso il loro orgoglio s'è mutato in pazzia, è giunto per le autorità il momento di porvi rimedio. Ah, vogliamo vedere se c'è finalmente giustizia in questo paese. »

« Certo, donna Palmira » obietta don Severino col sorriso ipocrita del falso giudice, « ma se dovesse risultare che la signora Spina ha agito sotto l'influenza del quaresimalista? »

« Padre Gabriele è un forestiero, e non s'impiccia nelle questioni di famiglia » replica don Lazzaro col furore del contadino al quale si voglia rubare una vacca.

« Padre Gabriele è un sant'uomo » ribatte donna Palmira. « In nessun caso ardirebbe dare un dispiacere alle autorità. »

Don Coriolano alza un sopracciglio fino a metà fronte; mentre un occhio gli s'impicciolisce e quasi si chiude, l'altro si spalanca enorme, come quello d'un bue impazzito.

« Ho la prova in mano » egli grida con voce roca e sibilante battendosi il cuore. « Non si tratta d'un sospetto, ho il *corpus delicti* qui, e nessuno me lo carpirà. »

« Hai veramente la prova? » domanda don Severino tra incoraggiante e incredulo. « Questo m'incuriosisce e diverte, perché tu sai il disprezzo ch'io nutro da lunga data per la gente di sacrestia; tuttavia mi fa specie che un frate abbia trasgredito la virtù fondamentale della santa madre Chiesa, la Prudenza, e abbia lasciato prove dei suoi intrighi. »

I padroni di casa non riescono capire perché don Severino s'accanisca anche lui a imbrogliare le carte. Don Coriolano cerca affannosamente qualche cosa in una tasca segreta, e sbottonandosi la giacca e il corpetto apre, per inavvertenza, anche la camicia, e mostra una larga porzione di torace grasso peloso sudaticcio e tutto il mammellone sinistro col capezzolo violaceo, d'una turgidità da vacca. « Scusate » egli balbetta riprendosi il seno col gesto pudico d'una balia « scusate. » Egli tira fuori un biglietto azzurrognolo gualcito.

« Sapete quale ragione ha invocato la vecchia per non firmare? Nessuno di voi potrebbe mai indovinarlo. Nel biglietto da lei mandatomi è detto testualmente: *Non posso firmare perché sarebbe un atto contrario alla mia coscienza.* Eh, avete capito? » urla don Coriolano alzandosi in piedi e agitando il biglietto a un palmo dal naso di don Lazzaro. « L'ostacolo improvviso e insormontabile, di fronte al quale la vecchia ha indietreggiato si chiama co-sci-en-za. C'è qualcuno di voi che, chiudendo gli occhi mentre io pronuncio questa parola co-sci-en-za, non sente subito il nauseante puzzo delle candele? »

Don Coriolano si guarda attorno col riso sarcastico del pubblico ministero che ha sbaragliato con una prova decisiva gli alibi artificiosi della difesa e si accascia di nuovo sul seggiolone.

« Ah, ora vedo anch'io la serpe nell'ombra » esclama serissimo don Severino, sforzandosi di apparire convinto.

Donna Palmira ha una viva mossa di gallina che vuol provare il verso del gallo, ma il marito con gesto sgarbato le impone di tacere e cerca lui d'esprimere l'indignazione comune contro don Coriolano.

« Veramente » gli dice don Lazzaro « veramente io non riesco a capirti, e devo perfino fare uno sforzo per convincermi che adesso tu non voglia scherzare. Io non sono che un semplice uomo di campagna un bifolco un rurale, come ora si dice, io non capisco altro, come tu ami ripetere, che le cose semplici naturali terra terra. Eppure tu sai che alla eloquenza anch'io ho fatto sempre tanto di cappello; non avrai dimenticato che ti chiamai a tenere il discorso il giorno del mio sposalizio con Palmira, e t'incaricai di parlare al mortorio di mia madre e di mio suocero, ogni volta pagando il dovuto; e t'ho sempre raccomandato come oratore ai miei parenti per i giorni lieti e tristi; ho sempre chiesto a te le lettere di raccomandazione ogni volta che ho avuto da fare con uffici governativi. Avrai anche notato che ogni volta che parli in piazza, non manco mai, attorniato dai miei cafoni, e sono sempre tra i primi ad applaudirti ogni volta che devi riprendere fiato. Ma, per la Madonna, vi sono casi in cui l'eloquenza non ha proprio nulla da cercare; vi sono i rapporti le rivalità le lotte tra famiglie, dove l'eloquenza, volendo a ogni costo intervenire, dovrebbe almeno sapere distinguere il giusto dall'ingiusto, e avere riguardo a non confondere i fatti. Ora, com'è possibile, per una paroletta da niente, per un piccolo scarabocchio d'inchiostro su un foglietto di carta, girare la frittata, assolvere donna Maria Vincenza dalla sua colpa e riversarla su un estraneo, su un predicatore vagante? »

« Una paroletta da niente la chiami? » urla don Coriolano. « Be', si direbbe, Lazzaro, parola d'onore, che sei abituato a bere aceto. Quello invece, ti dico, è un parolone, un vecchio bolso cavallo di battaglia dell'oratoria sacra, un'assurda una vacua una nebulosa invenzione dei preti. È una parola, intendiamoci bene, Lazzaro » egli aggiunge cambiando tono « che rispetto profondamente in chiesa, ma in politica la trovo del tutto fuori posto. Ad ogni modo, sul biglietto quella parola smaschera l'origine clericale del rifiuto della vecchia. Su questo punto non ammetto che tu mi faccia la lezione. »

« Veramente » protesta don Lazzaro mettendo innanzi dei pugni poderosi « veramente, adesso ti capisco sempre meno. Anche ammesso che quella parola sia tanto importante, non vuoi mica pretendere che donna Maria Vincenza non sappia tenere la penna in mano e non abbia avuto una buona istruzione? Non capisco perché tu vuoi assolutamente escludere che la vecchia abbia potuto pensare e scrivere da sé quella parola. »

« L'escludo » afferma don Coriolano infastidito « appunto perché la signora Spina ha una buona istruzione. Da sola, avrebbe tutt'al più invocato la sua dignità, il suo onore, la sua convenienza, la sua tranquillità, o qualche altra sciocchezza simile. E poi, tu non devi dimenticare, Lazzaro, ch'io non andai a Roma di mia iniziativa, per diporto o per ammirare i ruderi, ma vi fui mandato espressamente da donna Maria Vincenza; e, se t'interessano i particolari, posso confidarti ch'ella m'ha anche risarcito le spese del viaggio, con qualcosa in più. Ora, la signora Spina non è una ragazzetta sventata da cambiare parere secondo l'andamento del vento o della digestione. Malgrado la ridicola postura in cui m'ha messo, e se dimentichi un momento la rivalità tra le famiglie, Lazzaro, noi non possiamo negare ch'è sempre stata una signora d'una calma, d'una posatezza, d'una costanza di giudizio poco comune. Come si spiega dunque che fino a due settimane fa, anzi fino a tre giorni or sono, fino alla sera del mio ritorno da Roma, la signora era pronta a qualsiasi sacrificio pur di far tornare il nipote dall'estero, e adesso, d'un tratto, rifiuta di firmare la domanda di grazia e accampa un pretesto così futile, così estraneo, così stupido? A me piacerebbe, Lazzaro, di sentire la tua spiegazione di rurale. »

Don Severino sembra divertirsi un mondo a quella tenzone e si allontana alquanto per godersi meglio la scena.

« Voglio sforzarmi » gli risponde don Lazzaro sbuffando e tergendosi il sudore come un bifolco che doma un vitello « voglio sforzarmi d'accettare per un momento il tuo strano modo di spiegare. Per rispetto alla nostra vecchia amicizia e per non mancare di riguardo all'ospitalità, voglio ammettere per un istante che tu abbia ragione. Donna Maria Vincenza s'è lasciata influenzare? Va bene, e poi? Tu non dimentichi, spero, che la signora Spina è uscita di minorità già da un pezzetto ed è interamente responsabile dei suoi atti. Ma se insisti a dire che s'è lasciata suggestionare e vi sono anche altri responsabili, ti ripeto: va bene, e ti domando: scusa, quali? Perché proprio il quaresimalista e non altri? La suggestione che nell'ultim'ora ha fatto cambiare parere alla signora Spina, non potrebbe essere partita da qualche suo parente? Via, anche tu conosci gli Spina, la loro alterigia, la loro vanità, lo sai, essi han sempre cercato pretesti per sfuggire ai doveri comuni. Ed ecco, per Cristo, che il loro orgoglio s'è ora mutato in furiosa pazzia, essi ardiscono perfino di respingere la sacra mano del perdono. I nostri vecchi dicevano: chi rifiuta il perdono, non lo merita. »

« Scusa il mio ardire, Coriolano » interloquisce don Severino impaziente di dir la sua « scusa se prima che tu gli risponda, io ponga una piccola, ma spero non inutile domanda al nostro ospite. Ecco, capisco la tua emozione, Lazzaro, so apprezzare al suo giusto valore la tua indignazione, la tua collera di capofamiglia che non vuole lasciarsi sfuggire una preda pazientemente adocchiata da decenni; ma a me sembra che dal tuo arco agitato partano frecce che si possono facilmente rivolgere contro di te. Lazzaro, credi veramente che donna Maria Vincenza abbia dei parenti, i quali, ancora più rigidamente di lei, piuttosto che agire contro la propria coscienza, siano pronti a sacrificare uno dei loro, a compromettere gli interessi materiali di tutto il parentado, a sfidare l'ira, le persecuzioni delle autorità? Se credi questo, Lazzaro, nel tuo stesso interesse, sono costretto a metterti in guardia. Credi d'abbassare i tuoi rivali, e così di abbatterli; ma in realtà li innalzi, e li poni fuori della portata dei tuoi colpi. T'illudi d'accelerare il momento in cui tu trionferai su di essi? Ma, sul piedistallo in cui li poni, povero Lazzaro, essi cessano definitivamente d'essere tuoi concorrenti, sparisce tra voi ogni possibile paragone, essi entrano in contrasto solo con quanti, per opposti motivi ideali, sono tuttavia disposti a incorrere negli stessi sacrifici. Certo, quale rischio; ma, per dei provinciali, qual insolito onore, quale fortuna. Tuttavia penso, Lazzaro, che il parentado di donna Maria Vincenza non meriti tanta stima e che moralmente esso sia press'a poco, lo dico senza malizia, al tuo livello.»

«Oh io non sapevo, Severì» esclama don Coriolano stupefatto «non sapevo che tu loico fossi.» E rivolto al padrone di casa aggiunge: «I parenti di donna Maria Vincenza, lo sai meglio di me, Lazzaro, sono dei buoni, degli ottimi cristiani, sono dei proprietari di terra esattamente come gli altri. Metterebbero il Sacro Costato di Gesù a bollire nella pignatta assieme alle lacrime dell'Addolorata, se potessero farne un brodo. Che differenza corre tra Bastiano Spina e te, Lazzaro Tarò, a parte la barba, potresti dirmelo?»

Dalle scale arriva un animato vocio, sorto tra alcuni cafoni venuti a implorare dall'oratore qualche lettera di raccomandazione, e il servo di casa che ha l'ordine tassativo di non lasciarli salire. I visitatori non vogliono andarsene, vogliono almeno vedere l'oratore, e ripetono che conoscono le usanze e le buone creanze e non sono venuti a mani vuote, non sono mica dei selvaggi.

Don Lazzaro e donna Palmira devono accorrere in aiuto del servo.

«Permetti, Severì, da oratore a musicista, una confidenza fraterna?» mormora don Coriolano intenerito e confidenziale all'orecchio di don Severino. «Che oneste canaglie sono questi nostri proprietari di terra. Nei momenti d'amarezza, arrivo a capire e a indovinare la tua solitudine. Te fortunato che, rinunziando alla carriera, disponevi della musica come compagna consolatrice. Un oratore solitario, invece, purtroppo è inconcepibile. Puoi dirmi, a chi parlerei? Ai cavoli ai pomodori alla lattuga ai peperoni dell'orto? E chi mi applaudirebbe? Così mi tocca ancora, alla mia età, oltre a tenere i comizi in piazza e scrivere lettere di raccomandazione, correre anche per i battesimi i matrimoni i mortori. Non puoi figurarti, Severì, che voglia dire, nella stagione piovosa, alla mia età, col mio temperamento, parlare in un cimitero, davanti a una fossa, coi piedi affondati nel terriccio umido viscido verminoso. La gente mi ascolta con piacere, mi applaude, questo sì; ma, al momento di pagare, fanno la faccia di quando vanno dal barbiere a cavarsi un dente, stiracchiano i soldarelli di rame come se fossero di gomma, e mi guardano con sprezzo, con invidia, come un parassita un sanguisuga un leccascodelle un godimondo. Quali peccati commisero i miei antenati, mi domando, se a me tocca scontarli tra questa gentaccia? »

Don Coriolano tace un istante, s'asciuga gli occhi gonfi di lagrime, si ravvia i capelli, poi aggiunge, abbassando la voce:

« Tu potresti dirmi, Severì, ci sono le sètte clandestine. D'accordo; ma, siamo leali, che ci farei? Nelle sètte clandestine vi si tengono discorsi? Forse; ma quanta gente ti ascolta? Non è colpa mia se la mia eloquenza non è da catacombe. Devo dirti la verità? Tu mi ricordi un po' don Ignazio Spina, il padre di quello sciagurato ora tornato a Parigi. Don Ignazio e io, forse lo sai, facemmo il ginnasio assieme a Napoli, e ci volevamo bene assai; ah che tempi erano quelli. Tu sei più decente, più elegante di noi, ti sei ritirato a bere il calice dell'umana amarezza nel tuo orticello solitario, hai rinunziato alle consolazioni banali, e per di più, che Dio sia lodato, non vuoi convertirci salvarci redimerci, non fai l'ipocrita né il moralista, non sei come i preti, i quali si sono comodamente installati nel mondo, vi s'impinguano, vi battono cassa, e per sovrammercato ci rompono le scatole predicando il distacco dai beni della terra. Non so se hai avuto occasione d'incontrare per caso il quaresimalista mandato quest'anno qui, a Colle? L'hai osservato da vicino? Che faccia da iettatore, eh? »

Scacciati gli intrusi, don Lazzaro e donna Palmira chiudono la porta delle scale e tornano a sedersi vicino al fuoco. Don Lazzaro guarda torvo i due ospiti e borbotta minacce e parole di disprezzo contro quelli che non conoscono il rispetto della casa altrui.

« La gente adesso viene qui e vi si comporta come se fosse un pubblico locale » egli dice alla moglie con l'aria di chi vuol capire capisca.

Donna Palmira tende l'orecchio al discorso di don Coriolano in attesa d'un appiglio qualsiasi per interrompere quella filastrocca di chiacchiere inutili e ricondurre la discussione al pratico.

« Padre Gabriele è un sant'uomo » essa afferma adirata col risentimento della massaia alla quale il negoziante si ostina a rifiutare il peso giusto. « Il quaresimalista, ripeto, è superiore a ogni sospetto. Io non l'ho visto per caso, come voi; ma l'ho udito predicare, e mi sono confessata da lui sabato scorso e, credetemi pure, è un vero uomo di Dio, più non posso dirvi, egli non s'immischia nelle cose che non lo riguardano. Magari tutti fossero come lui. »

« A me è apparso invece, se permetti, donna Palmira, a me è sembrato un perfetto gabbadeo » risponde seccato don Coriolano. « Egli m'è apparso uno spigolistro un falso un modestioso strisciante. Bada, donna Palmira, ch'io non nutro nessuna prevenzione speciale contro l'eloquenza sacra, anzi. Il Cattolicesimo è un'allegoria alla quale faccio tanto di cappello, un'allegoria stupenda costruita secondo le regole più raffinate dell'arte. Se avessi moglie, donna Palmira, t'assicuro che la manderei ogni domenica a messa, perché sono il primo a riconoscere che l'eloquenza sacra fortifica nelle donne il nobile e delizioso sentimento della fedeltà e sa ispirare la necessaria pazienza per sopportare gli inevitabili tradimenti dei mariti. A mia lode posso aggiungere di più, donna Palmira; ti dovrebbe essere noto che, da quando lo Stato ha stretto un concordato con la Santa Sede, non ho mancato a varie riprese, anche in pubblici discorsi, d'esprimere la mia più distinta deferenza verso Gesù e sua Madre. L'eloquenza civile e quella sacra insomma adesso sono alleate, i tempi sono duri, una mano lava l'altra e tutte due lavano la faccia. Così, ieri a mezzogiorno, appena ho fatto conoscenza col quaresimalista, qui, a casa tua, donna Palmira, poiché di natura sono ottimista, la prima mia impressione è stata benevola. M'illusi d'avere a che fare con un capitone natalizio, sai, di quelli che si tagliano a pezzi lunghi un dito e s'infilano allo spiedo per arrostirli, mettendo tra un pezzetto e l'altro una foglia d'alloro. Ma dopo averlo osservato meglio, scoprii che si trattava, sì, d'un animale subacqueo, ma di tipo indigesto, una serpe. Ho osservato con spavento la sua lingua puntuta e nera mentre mangiava; una vera serpe. »

« Bisognerebbe domandare al curato don Marco » insiste testarda e rabbiosa donna Palmira. « Egli può dirci se donna Maria Vincenza ha veramente parlato col predicatore. Forse i due non si sono nemmeno visti, che ne sai tu? »

«Ho le mie informazioni» ribatte don Coriolano infastidito. «Mi bastano.»

«Non hai fiducia di don Marco? È uno dei nostri, è un tuo amico.»

«È un pollo lesso, lo so; è bonario mansueto inoffensivo, lo so; è un onesto tagliaricotta» ammette don Coriolano. «Ma sa troppo bene piazzare i suoi cerotti. L'amicizia in questi casi non c'entra; non mi fido.»

Don Lazzaro si scuote dal suo torpore, deciso a mettere le carte in tavola.

«Lasciamo da parte una buona volta queste chiacchiere superflue» egli propone con voce forzatamente pacata e col gesto d'uno che scaccia le vespe. «Ragioniamo freddamente, calcoliamo il pro e il contro, come usano le persone adulte. Da quale parte sia il torto o la ragione, questo lo udremo forse al santo tribunale di Dio, se lì non vi saranno avvocati e preti; ma qui, sulla terra, ciò non ha alcuna importanza. Anche ammesso che la colpa del rifiuto di donna Maria Vincenza risalga al predicatore, mi permetto di domandarti, cavaliere, e poi? Dimmi, francamente, alla paesana, che cosa t'illudi di ottenere da lui. Padre Gabriele è un forestiero, questo lo sai, è un piemontese. Passata questa quaresima probabilmente non lo rivedremo più da queste parti, come non abbiamo più rivisto i predicatori delle quaresime passate. Egli appartiene all'ordine dei Passionisti, dunque non è un prete, il nome che porta non è il suo vero nome, egli è un frate, egli non possiede di proprio nemmeno i sandali dei piedi. È facile supporre che, se tu l'accusassi, i suoi superiori prenderebbero le sue difese, e tu sai meglio di me quale onnipotenza rappresentino nel nostro paese le fraterie. Insomma, tu ti caccieresti in un vespaio che ti toglierebbe la pace per il resto dei tuoi giorni. Severì, lasciami finire, adesso non sto parlando con te, ma col cavaliere. Mi permetto di esporti queste mie riflessioni, così come mi vengono, per il tuo, e aggiungo, per il nostro bene, da amico a amico. Ascolta un uomo che ti è stato sempre fedele. Lascia stare quel frate, e se hai uno scorno da vendicare e vuoi, com'è tuo sacrosanto diritto, ricavarne qualche utile, non hai che da prendertela con gli Spina. Essi sono ancora ricchi, agli occhi delle autorità già compromessi e bacati, e hanno qui molti nemici, sia a Colle che a Orta, sulla cui riconoscenza tu puoi contare. Devo spiegarmi ancora più concretamente? Be', qui siamo tra persone fidate, tra vecchi amici, e so di poter parlare come al confessionale. Un'ora fa ho ricevuto la visita di Calabasce, venuto espressamente da Orta; tu lo conosci, egli ce l'ha a morte con don Bastiano Spina, e m'ha incaricato di dirti, che se ora ti dovesse riuscire di assestare agli Spina il colpo di grazia, un colpo da grande oratore, egli sarebbe pronto, come d'altronde anch'io, a premiare il tuo atto di giustizia con un bel regalo; sollecitando il contributo d'altri amici fidati si potrebbe mettere assieme, credo, una bella sommetta. Non so se ho reso l'idea. Palmira, perché te ne stai lì incantata? Non vedi che gli ospiti hanno sete? »

A don Severino non sfugge il grave turbamento di don Coriolano: coi gomiti sui ginocchi e la testa appoggiata sulla palma d'una mano, l'oratore tiene gli occhi socchiusi e la fronte aggrottata come assorto in una profonda meditazione.

« Non temere, Lazzaro » esclama don Severino balzando in piedi nervoso, bruscamente ispirato « non temere ch'io voglia guastare il bell'effetto del tuo discorso. Se ora ardisco d'aggiungere alcune ingenue riflessioni, posso assicurarti che ciò è unicamente per non sfuggire all'obbligo morale di contribuire con un consiglio, forse errato ma ad ogni modo sincero e gratuito, alla decisione d'un vecchio e fidato amico. Grazie, donna Palmira, lo sai, non bevo. Mi permettete di parlare come se il maggiore interessato non fosse presente? Ecco, faccio appello alla vostra immaginazione: don Coriolano si trova di fronte al penoso dovere di spiegare all'ufficio di Roma, dal quale ha ricevuto il delicato incarico, il fiasco della sua missione presso donna Maria Vincenza. Supponiamo ch'egli scriva: Sapete, autorevolissimi gerarchi, mi dispiace, ma la signora Spina (una signora sugli ottant'anni, malaticcia, anzi, più di là che di qua) nel frattempo ha cambiato idea e non vuole più firmare la domanda di grazia per suo nipote. Che accadrà? Lo sbirro che registrerà la lettera all'arrivo, forse farà un'alzata di spalle, forse mormorerà tra sé e sé: Tanto peggio per il nipote. Dico questo, si capisce, nel migliore dei casi; perché può anche darsi che la lettera cada invece sotto lo sguardo occhialuto del caposbirro, il quale arriccerà il naso, batterà il pugno sul tavolo e griderà: Quell'istrione di campagna, quel ridicolo mozzaorecchi da fiera, quel paglietta col tragicomico nome di Coriolano, si burlò dunque di noi? Venne qui a venderci lucciole per lanterne? fischi per fiaschi? E la prossima volta che don Coriolano si presenterà a Roma, è facile prevedere che nessuno vorrà più credergli, tutti gli rideranno in faccia. In mancanza d'ogni risultato ai danni della famiglia Spina, gli verrebbe a mancare anche quello della consolazione volgaruccia promessa da Calabasce. A mio giudizio, il risultato gli sarebbe invece del tutto favorevole, s'egli riferisse ai superiori, su per giù, in quest'altro tono: Dovete sapere, autorevolissime gerarchie, che la signora Spina era prontissima a firmare la domanda di grazia e sicura di ottenere dal nipote fuoruscito che facesse altrettanto e tornasse in patria; ma l'intervento arbitrario d'un padre quaresimalista in missione qui a Colle ha fatto credere alla pia signora che il suo atto sarebbe contrario alla religione (badate, autorevolissime gerarchie, si tratta d'una signora sugli ottanta, malaticcia, anzi più di là che di qua, una signora la quale, da un giorno all'altro aspetta di comparire davanti al Trono dell'Eterno) per cui adesso, temendo le pene dell'inferno, lei non osa più firmare. Una simile lettera, ve l'assicuro, e sono pronto a scommetterci quel che volete, farebbe a Roma l'effetto d'un tuono a ciel sereno. Il pezzo di carta spiccherebbe un volo verticale dalle mani dello sbirro in quelle del ministro; don Coriolano sarebbe telegraficamente chiamato nella capitale, si farebbe conoscere, forse i giornalisti si occuperebbero di lui, forse, che Dio voglia, perfino i fotografi. Be', vedo con piacere che don Coriolano sorride e assentisce. Come avrei potuto dubitarne? E anche tu, Lazzaro, certamente, adesso sei persuaso. Rifletti un po': il destino offre al nostro oratore un'occasione rara per emergere dalla mediocrità della vita provinciale ed elevare la sua eloquenza verso orizzonti statali. Se gli riesce di diventare l'eroe d'un incidente nei rapporti tra Stato e Chiesa, egli avrà la ventura d'inforcare uno dei più nobili cavalli retorici, un cavallo che può condurlo assai lontano. »

Don Coriolano sorride, ridiventa leggero puerile bonario.

« Severì » egli dice soavemente « sapevo già che non eri del tutto grullo, ma come potevo immaginare che la musica t'avesse reso a tal punto perspicace? Mi congratulo con te, e tanto più m'attrista che non ti si veda mai, o solo ad ogni morte di papa. Donna Palmira, questo tuo vinetto ha un sapore eucaristico da risuscitare i morti; è d'una botte nuova? Deve esserci dentro, scommetto, molta malvasia. »

Don Lazzaro sbuffa e rumina amaro, e benché la moglie gli faccia segni di incitarlo a non darsi vinto, egli preferisce, per il momento, lasciar cadere il discorso, contentandosi di squadrare don Severino con lo sguardo bieco e permaloso del contadino al quale un prestigiatore ha fatto sparire l'orologio.

Per le scale si sente arrancare Assunta, la serva zoppa, di ritorno dalla chiesa.

« Sia laudato Gesù » dice affacciandosi alla porta della cucina. « Sia laudata Maria. Con permesso? »

« Assunta, entra pure, è già terminata la predica? » domanda la padrona. « Padre Gabriele ha ancora mal di gola? »

S'avanza in mezzo alla cucina una povera donna tozza mammelluta e naticona, con la testa ricoperta d'uno scialle nero e una faccetta raggrinzita colore di patata lessa.

« È stato ancora peggio di ieri sera, donna Palmira » piagnucola la serva. « Sì, è stata una vera tortura. Ho potuto osservarlo bene perché ero seduta proprio sotto il pergamo. Le parole gli uscivano dalla gola con strazio, come se avesse avuto la bocca zeppa di vetri rotti. Avete fatto bene, donna Palmira, a non venire stasera in chiesa, è stata una ispirazione di Dio. Sapete, tutta la gente adesso mormora contro di voi; in chiesa non si parlava d'altro, a nessuno gli veniva in mente di pregare; a parte, si capisce, la zia Eufemia. La zia era molto concentrata nella sua preghiera. Insomma, tutti sanno che padre Gabriele ha preso l'infiammazione alla gola, per così dire, in casa vostra, mangiando maccheroni alle sarde, e tutti si domandano chissà che *drogheria* gli avete messo nella salsa e quale motivo ci avete avuto, e che un peccato più grave contro la Santa Parola non potevate commetterlo. »

« Sono stata io a cucinare? » replica stizzita la padrona di casa. « Tu sapevi che non sono stata io, e avresti potuto dirlo e ripeterlo, non capisco altrimenti perché ti mando alla predica. »

« L'ho spiegato a quelli che volevano ascoltarmi » piagnucola Assunta « ma voi lo sapete, a nessuno piace d'avere a discutere con la zia Eufemia, e perciò tutti preferiscono dire che la colpa è solo vostra. Tutti ripetono che non si offre a un forestiero, e tanto meno a un frate forestiero, e tanto meno durante la quaresima, non gli si offre, dicono, una salsa bruciante, una salsa d'olio sarde pepe àgli e peperoni rossi e in più chi sa quale *drogheria*. »

« Se non sopporta la nostra cucina » scatta su a dire don Coriolano « perché l'hanno mandato proprio qui quel gufo del malaugurio? Un vero oratore lo si riconosce principalmente a tavola. A parte ciò, donna Palmira, sia detto tra noi, devo confessarti che solo per evidenti ragioni di prestigio e per non avere guai con la zia Eufemia, ieri mi sono dato le arie dell'eroe spartano, ma quella salsa era d'una veemenza infernale, e avrebbe bruciato le trippe di una vacca. »

« Io ho bevuto acqua tutta la notte » confessa avvilito don Lazzaro.

XI

Dalle scale arrivano i rumori d'altri passi, e donna Palmira di pessimo umore va incontro agli ospiti. Si ode un chiacchierìo confuso di voci.

« Buona sera, donna Palmira, i nostri omaggi, l'orco barbuto è in casa? Perfino don Coriolano? Oh, è ancora vivo? »

« Benvenuti, don Marcantonio, signor De Paolis, buona sera, molto piacere, che bella sorpresa, entrate pure, siete stati alla predica? »

« Arrivano » mormora don Coriolano all'orecchio di don Severino. « Essi sono i miei peggiori nemici. Vanno in giro per raccogliere prove contro di me. »

Sulla soglia della cucina i nuovi arrivati battono i piedi per scrollare la neve dalle scarpe. Don Coriolano va incontro ai due gerarchi, festoso e impettito come un tacchino; ma essi rispondono al suo saluto appena con un cenno.

Don Marcantonio attira in un angolo il padrone di casa per confidargli un suo imbarazzo. La vecchia madre, per fargli terminare gli studi, si sottopose a una vita di stenti, contrasse debiti, firmò cambiali, ora in scadenza: da un giorno all'altro può aversi il pignoramento dei mobili di casa; la povera vecchia ne morirà di crepacuore. Don Lazzaro finge di non capire.

« Vi compiango e vi ammiro » gli dice. « Sono queste le disgrazie che fortificano il carattere. Ora, però, vieni vicino al camino. »

Don Coriolano dal suo canto ha preso a parte don Severino, vicino alla finestra.

« Ti ringrazio, Severì, e permettimi che ti stringa ambo le mani, permettimi che t'abbracci. Poco fa mi hai parlato come un fratello, che dico? come una madre. Ti giuro che non lo dimenticherò mai. Il tuo consiglio riguardo a Roma, può essermi prezioso. Che peccato, Severì, che tu non beva; potremmo di tanto in tanto fare una bicchierata assieme. Il vino non ti piace? Ma perché, Vergine Addolorata? Perfino la Chiesa se ne serve per la santa messa. Scusami, hai visto poco fa come questi porci mi trattano? Hai udito come questo bue di Lazzaro si permette di parlarmi? E quella canaglia di Calabasce, che ho salvato varie volte dal carcere, non viene lui da me, per trattare a quattr'occhi, ma me lo manda a dire come se fossi una prostituta pubblica. Severì, ti senti forse male? Vuoi un bicchiere di vino? »

Don Coriolano gli parla sottovoce, a faccia a faccia, e siccome il suo alito contiene l'effluvio acido di vini e liquori indigesti, don Severino è colto da un leggero capogiro.

« Grazie, è già passato » dice don Severino sforzandosi di sorridere e facendosi ventaglio con una mano.

« Be', tu non mi crederai » riprende a mormorargli don Coriolano affettuoso e intenerito « hai ogni motivo per non credermi, ma ti giuro che nel grande impegno che ci avevo messo per far tornare a casa, presso sua nonna, quel ragazzo fuoruscito, certo, v'era il motivo del prestigio, perché dovrei negarlo? v'era anche il vile motivo del guadagno, non mi vergogno di confessarlo; ma, in fondo in fondo, v'era anche il ricordo della bella amicizia giovanile tra me e suo padre. A proposito, ho saputo che oggi dopopranzo sei stato ricevuto a lungo da donna Maria Vincenza; sì, i carabinieri m'informano di tutto. Posso sapere che t'ha detto? »

Don Severino si rabbuia.

« Donna Maria Vincenza? A me? » egli dice fingendo sorpresa. « Niente, t'assicuro. »

La serva viene ad annunziare a don Severino che il fratello del curato d'Orta, don Gennaro, è giù per la strada, sta passeggiando in su e in giù davanti alla casa; ha saputo per combinazione, dice, che don Severino è in visita presso don Lazzaro e si scusa se ardisce di pregarlo di scendere un momentino, vorrebbe parlargli, storia d'un mezzo minuto, dice, ma solo se non disturba; in un certo senso, non si tratta di nessuna urgenza, se insiste, dice, è solo perché ha ripreso a nevicare, e lui ci ha la tosse.

« Perché non sale quell'imbecille? » protesta don Lazzaro

impermalito. «Che mancanza di fiducia, che affronto è questo? Severì, non muoverti, scendo io e te lo porto qui.»

Il padrone di casa sparisce per le scale e ne riappare poco dopo ansimando e tirando su don Gennaro, senza far parole, come si tira nella stalla un vitellino recalcitrante. Don Gennaro è un ometto incappucciato curvo mingherlino che si guarda attorno smarrito.

«Siediti vicino al fuoco e scàldati» gl'impone don Lazzaro sgarbatamente. «Anche i guanti te li potresti togliere, non vedi che sono bagnati? Palmira, dàgli da bere.»

«Lasciamogli almeno riprendere fiato» intercede la moglie. «Don Gennarì, che maniere son queste? Perché non volevate salire? Dov'è l'amicizia?»

Don Gennaro riprende fiato a stento; cerimonioso condiscendente candido egli cerca di guadagnarsi la sopportazione dei presenti con un sorrisetto garbato all'indirizzo di ognuno.

«Veramente» egli balbetta «v'assicuro, non era mia intenzione di disturbarvi. Non è nelle mie abitudini fare visite, così, senz'annunziarmi.»

Sulle spalle del consunto pastrano egli trae un collo di pelliccia di pecora, a forma di ciambella, un collo movibile, non cucito al bavero. Benché il pastrano e la ciambella siano bagnati fradici, don Gennaro non vuole assolutamente togliersi; non è il caso, dice, tanto qui non mi fermo. Egli vuole andare al caffè Eritrea a vedere giuocare al biliardo; è la sua passione, il suo sport, delle volte lo vede perfino in sogno, confessa arrossendo. A don Lazzaro gli riesce però di portargli via il cappuccio, mettendo allo scoperto una testa a noce di cocco, ovale scura lanugginosa.

«Volevi parlare con Severino?» l'interroga don Lazzaro. «Be', eccolo, adesso puoi parlargli, spero che la nostra presenza non t'impedisca.»

«No, anzi» s'impappina don Gennaro «non ci mancherebbe altro. Ma per il momento non ricordo più quello che avevo da dirgli, suppongo nulla, anzi è certo. Ah, sì, ecco, scusate la smemoratezza, volevo dirgli buona sera. Severì, resti qua ancora molto?»

Questa spiegazione fa ridere tutti, fuorché don Lazzaro che scuote la testa sospettoso e ripete: «Non ci credo».

«Buona sera» risponde don Severino al saluto «buona sera, don Gennarì, come stai? Sei stato alla predica?»

143

Don Lazzaro aggiunge legna al fuoco. Gli ospiti formano un ampio semicerchio attorno al camino e le loro facce sono arrossate e incavate dalla luce della fiamma. I tre gerarchi evitano di guardarsi tra loro.

« Forse anche voi avete udito parlare del progetto per l'erezione d'una grande croce sulla cima dell'Asino Morto » dice don Gennaro rivolgendosi ai notabili presenti tutto lieto d'avere un appiglio cui afferrarsi. « Non la trovate un'idea, oltreché pia, utilissima? Le anime sentono veramente il bisogno d'un rito d'espiazione. La colpa, naturalmente, è del materialismo. Dopo la predica, poco fa, abbiamo avuto appunto una piccola riunione del comitato preparatorio; arrossisco a dirlo, ma, del tutto indegnamente, sono io che presiedo quel comitato. »

Questa notizia comunica a don Marcantonio una allegria che gli altri non riescono subito a capire. Con i capelli corti, a spazzola, gli occhiali cerchiati di tartaruga, il vestito nero dal taglio un po' largo e i gesti bruschi, don Marcantonio ha un'aria da giovane prete spretato; la sua reazione è inaspettata, incomprensibile, i presenti lo guardano sorpresi.

« Siete voi, don Gennarì, il presidente del comitato? » esclama don Marcantonio stringendogli e agitandogli calorosamente le mani. « *Mensch, Herr Januar! Wie schicksalhaft ist unsere Begegnung!* Io ero venuto a Colle per cercarvi, sì, per trovare voi, per offrirvi la mia autorevole collaborazione. »

« Scusate » interrompe don Gennaro impaurito e affannoso « scusate, temo che voi siete caduto in equivoco; oppure, quel ch'è più probabile, mi sono spiegato male. Il rito religioso, ideato per la fine delle prediche di quaresima, ha per oggetto la Santa Croce di Nostro Signore. La politica non c'entra proprio nulla. »

« Eh, avevo capito benissimo » afferma don Marcantonio col tono d'arroganza che assumono i timidi quando sono rivestiti d'autorità. « Ve ne sareste accorto voi stesso, se m'aveste lasciato continuare. »

Don Coriolano ha verso don Marcantonio la sorridente compassione del maestro d'arte verso l'apprendista.

« Sei un fanatico e un passionale » così egli lo ammonisce forse per rompere gli indugi. « Bada, sono due qualità pericolose. Il fanatismo e la passione possono condurre sulla stessa via di Pietruccio Spina. »

« Il patriottismo non è anch'esso una passione? » l'interrompe don Marcantonio.

« Presso gli ingenui » spiega don Coriolano con un sorriso forzato. « Ma presso i capi esso è un'arte, dunque un amore con il dovuto distacco, direi quasi il ricordo d'un amore giovanile. »

Sembra l'inizio di un duello. Il semicerchio di facce rosse che attorniano il camino si girano verso don Marcantonio in avida attesa della replica; ma egli tace. Nel suo viso si forma un sorriso ambiguo indecifrabile; non è un sorriso d'imbarazzo; è un sorriso di sfida, un sorriso perfido, insolito su quella faccia, e che a don Coriolano dà il freddo nella schiena. Ognuno sente che sta per rivelarsi qualcosa di grave, di cui nessuno si rende conto.

« Le superiori gerarchie » dice don Marcantonio « han già deciso. »

« Cos'è successo? » chiede don Gennaro spaventato. « Per l'amore di Dio, cos'è successo? »

« Da bere » invoca don Coriolano. « Per favore, non c'è da bere? »

Donna Palmira stura in fretta una bottiglia col gesto di chi tira il collo a una gallina e don Lazzaro riempie i bicchieri. Gli uomini se li passano in silenzio. L'enigmatico don Marcantonio continua a sorridere e assapora la curiosità l'imbarazzo l'ansia che il suo silenzio alimenta. Finalmente si alza, sposta la propria sedia, arretra d'alcuni passi, pone tra sé e gli altri lo spazio necessario per segnare la distanza tra l'oratore e il pubblico, tra l'attore e gli spettatori, tra l'autorità e il volgo.

« Io non sarei alieno » egli dice « dall'accettare con don Coriolano una tenzone platonica sui due opposti generi d'eloquenza che in questa contrada noi così brillantemente rappresentiamo, se, purtroppo, un grave motivo di disciplina ora non lo impedisse. M'è infatti estremamente doloroso di doverti annunziare, Coriolà, che la questione del nostro dissenso (su cui voglio astenermi dal menzionare particolari alla presenza di profani) è stata già esaminata e definita dalle superiori gerarchie, nel senso che tu sei rigorosamente dispensato, è la formula adottata: di-spen-sa-to, da partecipare a ogni ulteriore cerimonia politica. D'altronde il triste annunzio lo leggerai sul giornale domani o dopodomani. Tu non puoi immaginarti quanto ciò mi dispiaccia. »

Don Coriolano diventa livido e guarda a uno a uno i presenti in attesa che qualcuno s'affretti a smentire quella notizia insensata.

« Dispensato? » egli ripete istupidito. « Su proposta di chi, s'è lecito? » egli grida. « In base a quali infami denunzie? »

« Ti si accusa di pietismo » precisa don Marcantonio. « La tua condiscendenza verso gli Spina è stata per lo meno eccessiva. »

« Dio sia lodato » grida don Lazzaro con la spontaneità e il fervore d'un fedele che riceve una grazia.

Donna Palmira è bruscamente sparita in una camera vicina e torna con una candeletta accesa che fissa sulla mensola del camino, davanti a una pia immagine di Sant'Antonio. Il gesto finisce con l'avvilire il povero don Coriolano. Egli si rivolge supplichevole a De Paolis, il quale gli risponde col gesto smemorato di chi non ha seguito il discorso e non sa di che si tratti; a don Severino, che sogghigna apertamente, senza pudore; mentre don Gennaro non sa proprio come atteggiare il suo viso e cerca di sorridere con la guancia rivolta al nuovo oratore e di piangere con l'altra rivolta al defunto. La testa e le mani madide di freddo sudore, don Coriolano s'accascia sulla sedia e si sbottona a fatica il colletto che lo soffoca; con lo sguardo smarrito e intorpidito egli si riduce a interrogare il pavimento il camino i fornelli gli oggetti di cucina appesi alle pareti; è stupito che ogni cosa continui a rimanere al suo posto usuale.

« Dispensato » egli ripete lamentoso. « Un uomo come me, dispensato. »

Don Marcantonio è rimasto in piedi e osserva la scena con un sorriso cinico e sfacciato di trionfo, stupìto egli stesso per il proprio coraggio.

« Pietista io? » sibila tra i denti don Coriolano. « Ma sarei capace di cavare gli occhi col temperino al migliore amico, se fosse necessario. »

« Di ciò nessuno dubita » ammette don Marcantonio. « Vuoi però negare d'essere andato a Roma coi denari di donna Maria Vincenza? »

« Pietista » ripete con disprezzo don Coriolano. « Ma da chi promana la ridicola sentenza? »

«Da chi? Ah, ah, ah» ride don Marcantonio. «*Vuolsi così colà dove si puote, ciò che si vuole.*»

Don Lazzaro s'alza, l'abbraccia, lo bacia sulle due guance, se lo rimira tra le braccia, lo ribacia, lasciandogli l'intera faccia cosparsa di saliva.

«Tu farai molta strada» gli dice commosso. «Prima di andar via riparleremo di quella faccenda delle cambialine materne.»

Don Gennaro cerca di trascinare via don Severino, ma questo rifiuta:

«Lo spettacolo comincia a divertirmi» dice.

Il semicerchio attorno al camino si sgretola. Donna Palmira allontana i bicchieri il fiasco altri oggetti fragili esposti sulla mensola del camino, perché le discussioni tra gli uomini si sa come cominciano, non si sa mai come finiscono, e le stoviglie adesso costano un occhio. Don Coriolano si lascia andare sulla sedia, squallido tramortito afflosciato, come un uomo di paglia, come una zampogna sfiatata, mentre De Paolis sembra fermamente deciso a ignorare di che si parla. In fin dei conti egli è un segretario sindacale e non può compromettere il benessere delle classi lavoratrici per un sentimentalismo fuori posto; s'abbottona perciò accuratamente la giacca e leva al cielo gli occhi distratti: il cielo, nella fattispecie, è il soffitto della cucina con le numerose pertiche dalle quali pendono prosciutti salami salsicce formaggi cipolle funghi peperoni; piacevolmente sorpreso egli sorride e rimane a lungo a godersi quel bel cielo, dimentico dell'ora e del luogo, nell'atteggiamento di Santa Teresa a colloquio con Gesù. Vicino a lui, ma ancora in piedi, don Marcantonio si stringe e scuote vivamente le mani come per congratularsi con se stesso per la meritata promozione e, poiché il segreto è svelato, senza farlo apposta, egli si trasforma, assume gradualmente l'aspetto che alla nuova carica s'addice, gonfia il torace, spinge innanzi le mascelle, elargisce la primizia dei suoi sorrisi protettori allo scarso pubblico presente, con la mente però già fissa alle moltitudini che, ignare, l'aspettano, come la creta aspetta lo scultore. Intanto i padroni di casa sono spariti e si sentono confabulare nella stanza vicina. Vicino al camino, don Severino è il solo che francamente si diverta, simile a un provinciale alla rappresentazione d'una vecchia farsa; per lui il soggetto è tutt'altro che nuovo; egli ha già assistito a simili spettacoli fin da ragazzo, eppure ai suoi occhi, non hanno perduto nulla della loro irresistibile forza comica. A don Gennaro invece l'accaduto appare oltremodo drammatico, e benché tutto ciò, grazie a Dio, non lo riguardi affatto e, a dire la verità, non gli faccia proprio né caldo né freddo perché in nessun caso gliene riviene un centesimo, tuttavia per buona educazione, egli assume un aspetto molto serio, intonato alla gravità dell'avvenimento; l'oratore uscente può interpretarlo come accorata condoglianza, quello entrante come congratulazione commossa.

« La colpa, in ogni caso, è del materialismo » afferma risolutamente don Gennaro. « Severì, hai intenzione di restare ancora a lungo in questa casa? »

Don Severino non gli fa attenzione. Don Marcantonio, impaziente d'assaporare la sua vittoria, abusa del successo, passa a fare l'elogio del predecessore, ma come d'un morto.

« Il genere d'eloquenza lirico-celebrativo » egli dice « che don Coriolano in modo così artistico ha sempre praticato, va e continuerà ad andare benissimo negli sposalizi nei battesimi nelle cresime nelle prime comunioni nei mortori, anzi, per questi casi, resta addirittura insuperabile, bisogna riconoscerlo. Ma di fronte agli scandali come quello di Pietro Spina, esso è ridicolo: quel genere d'eloquenza non va più, non riesce a smuovere gli uditori dalla loro passività; è una bella musica che li fa sognare, non agire. Esso non riesce a fonderli ad amalgamarli a plasmarli in una massa collettiva, a svegliare in essi i profondi istinti ancestrali. Poiché le sole parole purtroppo si sono rivelate insufficienti a trasformare l'anima del nostro popolo, è ora che la nostra antica arte oratoria s'associ a riti liturgie spettacoli simboli. Questa, come sapete, è appunto la mia specialità. *Mein Steckenpferd, meine Herren, darauf reite ich.* »

« Vi rendete conto » esclama don Severino fingendosi allarmatissimo, « che voi rischiate di gettare questo nostro bene ordinato paese in una vera rivoluzione? Da quando la nostra antichissima patria esiste è stata sempre governata dalle chiacchiere; e ora, voi dite, esse non bastano più? Non fu già detto, a proposito dell'oratore politico, che a lui solo la parola è lancia e spada, corazza ed elmo? Non riuscì forse a Cicerone, col solo trucco delle parole, di superare difficoltà per molti lati simili alle vostre? »

« Non dimenticate che quel nostro distinto collega parlava

ai senatori » corregge don Marcantonio con voce sicura e pacata. « Egli parlava ai patrizi, non alla plebe, non agli schiavi; e questo, rifletteteci bene, è sempre il punto essenziale. Certo, vi sono alcune parole nude e spoglie, alcune parole antiche ma non invecchiate, che da sole basterebbero ancora oggi a sollevare gli schiavi, come una carica di dinamite può sollevare una montagna; ad esempio, le parole sacrileghe di Spartaco. Non voglio affermare che noi, a modo nostro, non possiamo impadronirci anche d'alcune di quelle ardenti espressioni; noi possiamo, modestia a parte, permetterci tutto. Alcune di quelle parole catastrofiche, introdotte nella nostra liturgia, non solo perdono la loro virulenza, ma si trasformano in un vaccino efficacissimo contro i germi perniciosi della rivoluzione sociale e, in più, aggiungono un'angoscia salutifera ai misteri nazionali. »

Don Severino passeggia nervosamente su e giù per la stanza, come se avesse perduto il controllo di sé stesso.

« Io non nego » ammette don Severino con voce esaltata « il prezioso contributo che i preti le streghe i chiacchieroni, ognuno per conto suo, hanno sempre apportato al mantenimento dell'ordine pubblico in questo civilissimo paese; ma finora, questo volevo dire, i loro sforzi sono rimasti sempre, se non contrastanti, per lo meno separati. La nostra classica cultura, il nostro classico modo di farci credere progrediti civili umani, ha sempre menato vanto e profitto di quella separazione. Dico questo non per scoraggiarvi, anzi, al contrario, voi potete contare sulla mia più sincera simpatia. Sono convinto, dopotutto, che la vostra sarà un'opera divertentissima, e perciò destinata, in un paese come il nostro, al maggior successo. Da queste parti, voi lo sapete, le distrazioni sono piuttosto rare. Non m'illudo che le vostre cerimonie m'interesseranno a lungo, ma, almeno alla prima rappresentazione, scusate lo snobismo, non vorrei mancare. Vi ricorderete di me? »

« Non vi dimenticherò » assicura don Marcantonio con benevolenza. « Condurrete con voi anche la deliziosa donna Faustina? Le giovani donne, non so se ve ne siete accorto, hanno una sensibilità speciale. »

Mentre pontifica, don Marcantonio non tralascia di osservare con la coda dell'occhio i suoi due camerati. Don Coriolano sembra del tutto assente; tiene il mento appoggiato sul petto, e sulla testa china l'incipiente calvizie ha ora la forma d'una larga tonsura; poiché la fiamma del fuoco s'abbassa, le sue mani e la sua faccia hanno preso un colorito giallastro disfatto di risotto allo zafferano andato a male; dai suoi occhi semichiusi filtra uno sguardo bieco sulla cenere del camino. De Paolis sta ancora con la nuca appoggiata sulla spalliera della sedia e contempla il soffitto; ha finito di contare i prosciutti i salami le salsicce e ha incominciato l'inventario alquanto più difficile delle cipolle dei funghi dei peperoncini infilati a corone.

« Questi nuovi spettacoli » si azzarda a domandare don Gennaro « praticamente in che consisterebbero? Progettate di convocarli anche a Colle? Io penso, se m'è lecito d'esprimere un suggerimento, che dovreste almeno lasciar passare la quaresima, per non disturbare le sacre funzioni. »

« Il vostro suggerimento, permettetemi di dirvelo, don Gennarì » risponde don Marcantonio cortesissimo « rivela l'estrema acutezza del vostro spirito. Non ve lo dico mica per farvi un complimento, è proprio così. Dunque, non temete, lascerò passare la quaresima. Vi autorizzo a ripeterlo ai vostri concittadini, dite pure che, dietro vostro suggerimento, ho deciso di lasciar passare la quaresima. E perché non dovrei lasciarla passare? La quaresima è un tempo di digiuno di tristezze di preghiere, essa è veramente degna d'un transitorio rispetto. Vi autorizzo a ripetere queste mie testuali parole ai vostri concittadini; se volete, potete anche scriverle. Ma ora veniamo al concreto; per quando avete deciso d'impiantare la nuova croce sulla cima dell'Asino Morto? Per la fine della quaresima, voi dite? *Oh, günstiges Schicksal! Oh, barmherzige Vorsehung!* Questo ci sta bene proprio come la fogliolina di ginepro in bocca al tordo arrostito. Ascoltatemi, don Gennarì, la mia idea sarebbe di trasformare la vostra processione in una solenne cerimonia di mistica statale. Naturalmente, devo prima chiedere l'autorizzazione delle superiori gerarchie, e poi restano un mucchio di particolari sui quali dovremo metterci d'accordo. Prevedete che vi parteciperà molta gente? »

« Perché volete cominciare proprio da Colle? » riesce a balbettare don Gennaro esterrefatto. « Il mondo è così grande. »

« Da qualche punto, don Gennarì, devo pur cominciare. Questo o quello per me pari sono. »

« No, volevo dirvi, quest'è un paesetto così povero, così arretrato, così oscuro. »

« Esso diventerà illustre, don Gennarì, ve lo prometto. Oppure, non avete fiducia in me? Pensate, don Gennarì, Nazaret era forse una metropoli, un celebre luogo di villeggiatura, un centro universitario? I farisei, che la sapevano lunga, dicevano con disprezzo: che cosa può venire di buono da un simile luogo? Eppure. »

Inutilmente don Gennaro si guarda attorno in cerca di aiuto; sembra che gli altri godano del suo imbarazzo.

« Quest'è un paesetto cattivo » egli aggiunge sospirando. « Salvo i presenti, quest'è una popolazione testarda, avversa alle novità, un paesetto ingrato. »

« Ma è proprio quello ch'io cerco: cominciare l'opera dal punto della maggiore resistenza » esclama don Marcantonio. « Se la mistica statale s'impone qui, altrove scivolerà sull'olio. E col vostro aiuto, don Gennarì, non dubito del successo. »

Don Gennaro è sui triboli. Poiché nessuno l'aiuta, non gli resta che lavarsene le mani.

« Scusate » dice « perché fate questi discorsi proprio a me? Vi assicuro, non avevo nessuna intenzione di salire in questa casa, non sono venuto a cercarvi, passavo di qui proprio per caso, volevo dire una parola a Severino prima di andare a vedere giuocare al biliardo. »

« Con chi dovresti parlare, se non con voi? Col padre quaresimalista? Non m'avevate pregato voi stesso di lasciar passare la quaresima? »

« Certo, ma il padre Gabriele resterà qui fino al giorno della cerimonia, sarà lui che benedirà la nuova croce. »

« Non m'avevate detto che siete voi il presidente del comitato? Non dipende tutto da voi? Sapete, francamente, io preferisco trattare con un uomo coi calzoni; gli uomini con la sottana non si sa mai quello che pensano. »

« Scusate, cavaliere, voi non avete certo bisogno che un uomo insignificante come me vi spieghi il diritto canonico. Voi sapete meglio di me che nella Chiesa i laici hanno poco da dire. La direzione di ogni cosa è in mani consacrate; i comitati dei laici hanno per lo più il solo incarico di raccogliere i fondi e basta. »

« E adesso me lo dite? » replica seccato don Marcantonio. « Non potevate farvi uscire il fiato un po' prima? Be', andrò a parlare col corvo; che tipo è? Lugubre? Beve? A proposito (almeno questo dovreste saperlo pur essendo un semplice laico) la nuova croce sarà costruita secondo il modello tradizionale? Vi domando questo perché vorrei proporre un'aggiunta, è un'idea mia, originalissima. »

« Non ne so nulla, non è competenza d'un laico » ripete don Gennaro. Poi si rivolge a don Severino e lo supplica: « Non vogliamo andarcene? ».

« Sono venuto qui per il fitto di una mia terra » gli spiega don Severino in un orecchio. « Aspetto che mi paghino. »

Don Coriolano ha il pallore untuoso dei cadaveri il secondo giorno dell'esposizione nella camera ardente. In un angolo della stanza, vicino alla finestra, De Paolis parla a don Marcantonio con le due mani sul cuore; ma donna Palmira tenta di ristabilire il semicerchio attorno al camino.

« Non abbiamo ancora bagnato il cappello nuovo » dice sforzandosi di sembrare disinvolta. « Che ognuno torni al suo posto. Don Marcantonio, signor De Paolis, ai vostri posti. »

La padrona va a prendere nella stanza attigua la solita bottiglia verdastra d'Amaro Sant'Agostino e don Lazzaro comincia a riempire i bicchierini.

« Grazie, non bevo » si scusa don Severino. « Preferisco un bicchiere d'acqua. »

« Donna Palmira » mormora don Coriolano con voce tenebrosa « non avreste per me un liquido meno nauseante? »

« Preferite il cordiale San Pellegrino? Sostiene il cuore. »

Don Lazzaro s'alza e tenta un brindisi. Egli leva in alto una manaccia salsicciuta col bicchierino verdognolo, e comincia:

« Alla salute nostra e alla maggiore gloria della nuova arte oratoria. Come si dice in simili casi? Il re è morto, viva il re. O forse, siccome siamo in quaresima, è meglio dire: morto un papa se ne fa un altro. Onore all'amicizia. »

Neppure don Severino sa resistere alla tentazione di parlare; si alza in piedi e, levando molto in alto con una mano lunga magra diafana il suo bicchiere d'acqua, così comincia, con gesto elegante:

« Un brindisi all'amicizia. E per onorarla più acconciamente permettetemi di raccontarvi un fatto curioso, accaduto a Orta, di recente, un giorno di mercato. Quel giorno arrivò tra gli altri, ma del tutto inaspettata, anche una vecchia zingara. S'insediò in piazza, si qualificò veggente e annunziò che per la meschina moneta di venti centesimi avrebbe svelato a ogni persona adulta il segreto più importante della sua vita, non tralasciando di raccomandare agli interessati di tenere rigorosamente per sé la verità così appresa. Come in casi simili accade, quelli che raccolsero l'invito dell'indovina furono dapprima pochi e timidi; ma il loro numero aumentò rapidamente e in proporzioni davvero inconsuete; e per finire si formò una vera e propria coda di persone in attesa, tra le quali non mancavano anche persone serie e posate. Non era tanto la modicità della spesa ad attirare quella folla, quanto l'espressione di convinto stupore di quelli che avevano già ricevuto all'orecchio la propria rivelazione. Ogni udienza durava solo pochi secondi, la pitonessa non aveva bisogno di concentrarsi per attingere la nascosta verità d'ognuno. E ognuno, senza eccezione, accoglieva il mormorio delle sue poche parole con esclamazioni e gesti ammirativi. Non è esagerato dire che la maggioranza della popolazione, compresi i proprietari e i negozianti, sfilò quel giorno davanti alla zingara. »

« Avrà raccontato il segreto di Pulcinella » interrompe De Paolis.

« Come poi s'è risaputo » conclude don Severino « a ognuno la veggente ripeteva queste precise parole: Diffida del tuo migliore amico, egli ti tradisce. Nessuno aveva avuto difficoltà a crederla. »

« La trovata è spiritosa » ammette De Paolis.

« Don Severì, non sapevo che tu fossi così maleducato » osserva donna Palmira. « Anche se è vero, c'è bisogno di dirlo? Tu toglieresti l'appetito a un lupo, parola d'onore. »

Don Marcantonio approva la padrona di casa.

« Non bisogna esagerare con la sincerità » dice.

« Se l'odorato non m'inganna » interrompe don Gennaro allarmatissimo annusando nell'aria « voi state cucinando carne, donna Palmira. Scusate, non è per impicciarmi nei fatti vostri, ma in tempo di quaresima... »

« Se siete venuto qui a spiare, ditelo apertamente » lo rimbecca don Lazzaro minaccioso. « Belle maniere, permettetemi di dirvelo, belle maniere, entrare in una casa senza essere invitato e poi mettersi ad annusare le casseruole. »

« Non dargli importanza, don Lazzaro » supplica De Paolis con smorfia di disprezzo. « Da un fratello di prete t'aspettavi altro? Don Gennarì, prima di pronunciare un giudizio così grave, avreste almeno dovuto verificare di che genere di carne si tratta; non potrebbe essere carne magra? »

« Palmira, fa luce » comanda don Lazzaro alla moglie. « Non t'accorgi che quasi non ci si vede? »

« Che tipo è codesto frate? » domanda don Marcantonio.

« Niente di straordinario » informa don Coriolano con perfidia. « Una comune vipera sott'aceto; te n'avvedrai tu stesso. »

« Un sant'uomo » ribatte donna Palmira.

« Avrei un piano audacissimo e geniale » prosegue don Marcantonio accalorandosi. « Io vedo il prossimo avvenire sotto colori rosei e ottimisti: noi entriamo, ne sono certo, in un lungo periodo di guerre. L'attuale guerricciola d'Abissinia è solo il preludio d'una serie di conflitti che condurranno fatalmente alla restaurazione dell'impero romano. Sì, io credo nella teoria dei cicli, secondo cui tutto periodicamente si ripete. Adesso dunque è arrivato il turno di ripetizione dell'impero romano: noi riavremo di conseguenza, in breve spazio d'anni, tutte le guerre attraverso le quali Roma edificò il suo impero, le guerre italiche le guerre cartaginesi la guerra gallica la guerra ellenica, per non nominare che le principali. È proprio così, non chiedetemi spiegazioni, anche se ve le esponessi, non le capireste. D'altronde, che spiegazioni vorreste? Una ruota che dall'inizio dei tempi per virtù propria gira, non si mette mica a dare spiegazioni all'organista di Orta. »

« All'ex organista di Orta » corregge don Severino.

« Come portare l'anima popolare all'unisono col suo destino? » riprende a dire don Marcantonio. « *Diese ist die Frage.* Noi possiamo accettare la sfida partendo dalla certezza che i simboli della potenza romana sopravvivono nell'anima italiana (le stesse leggi governative ora c'impongono di crederlo, dunque dev'essere vero); ma vi sopravvivono allo stato letargico, sotto le posteriori incrostazioni cristiane. In altre parole, per arrivare ai simboli romani, fino allo strato profondo dove dormono, e risvegliarli assieme alle antiche virtù, noi dobbiamo passare attraverso gli emblemi cristiani. Be', adesso comincio a temere di avervi detto fin troppo, e da voi stessi potete capire quali strade batterà la nuova oratoria. »

« Non per farti un complimento » dice don Lazzaro commosso e premuroso, « ma ti giuro sulla salute di mia moglie di non aver mai udito esprimere pensieri più rari in forma più impressionante. Pensieri simili meriterebbero di essere tramandati ai posteri su pergamena. Palmira, per favore, non t'accorgi che il cavaliere ha sete? »

« Non si muove foglia che Dio non voglia » dichiara esplicitamente don Gennaro. « È il mio punto di vista e non ne defletto. »

« Sì, Lazzaro, ho già pensato a scrivere un libro » confessa don Marcantonio arrossendo. « A dir la verità, finora non ho scritto che il titolo: *La Croce-littoria*. Spero che le superiori gerarchie mi concedano l'*imprimatur*. »

« Il titolo non potrebb'essere più sublime e originale » si affretta a commentare De Paolis. « Io vorrei solo sapere, Marcantò, dove vai tu a pescare idee così nuove. Quel titolo, da solo, vale un poema. Anzi, per non perdere tempo, dovresti fare uscire subito il libro, magari con la sola copertina. »

« Don Marcantonio, accettate anche consigli gratuiti? » chiede don Severino freddamente. « Ebbene, diffidate della croce, credete a me, la croce è un oggetto piuttosto pericoloso. »

« Ma, don Severì, che vi salta in mente? » protesta indignata donna Palmira. « Come osate parlare in modo così cinico della Santa Croce di Nostro Signore? Si può scherzare su molte cose, sì, voi potete, se vi fa un particolare piacere, deridere i bigotti e perfino i curati, ma il Santo Crocifisso dovreste rispettarlo. Anche se non ve la sentite di venerarlo come gli altri buoni cristiani, almeno dovreste prenderlo sul serio. »

« Egli è morto, Severì, per i peccati di noi tutti » aggiunge don Gennaro rattristato come per un lutto recente. « Anche per i tuoi peccati, Severì, tu sembri averlo dimenticato. In punto di morte però te ne pentirai. »

« Il pericolo, a mio parere » dice don Severino alzandosi in piedi « comincia appunto se il crocifisso è preso troppo sul serio. »

Don Lazzaro mormora qualcosa all'orecchio di don Marcantonio: « Devo mandare a chiamare i carabinieri? Sarebbe un bel colpo ». Ma l'altro gli risponde, pure all'orecchio: « Non ancora. Non bisogna aver fretta ».

Don Severino prosegue, in preda a un'eccitazione crescente: « A chiunque ci chiede, donna Palmira, non di morire per la verità, che sarebbe troppo, ma un piccolo sacrificio a favore di essa, una timida testimonianza, un qualche atto di coraggio, un piccolo gesto di dignità e di fierezza, la nostra timorata prudente casalinga moralità cristiana ci fa invariabilmente rispondere: Chi me lo fa fare? Non sono mica pazzo. Qui possono succedere i soprusi più inauditi e all'infuori del flebile lamento delle vittime, nessuno protesta; ogni buon cristiano si dice: Chi me lo farebbe fare? Non sono mica pazzo».

« La colpa è del materialismo » interrompe don Gennaro imperterrito. « Hai voglia a dire. »

« Bisognerebbe farlo rinchiudere in un manicomio » suggerisce donna Palmira all'orecchio di don Marcantonio. « Lì starebbe a casa sua. »

« Non ha famiglia, parenti? »

« Gli è mancata una moglie, per domarlo. Si dichiarò a donna Maria Vincenza, quando rimase vedova, ma si ebbe un rifiuto e non è riuscito a togliersela di mente. »

« Sopra l'altare maggiore della vostra chiesa parrocchiale, donna Palmira » continua don Severino sempre più esaltato « vi sono scritte parole che segnano, da sole, tutta la distanza tra Gesù e i nostri buoni costumi cristiani. *Oblatus est quia ipse voluit.* Si sacrificò perché così gli piacque. Dunque, per così dire, nessuno glielo fece fare, né, essendo Dio, poteva sentire un impellente bisogno che i giornali parlassero di lui o poteva essere sedotto dall'idea di diventare consigliere comunale di Gerusalemme. Il suo atto fu interamente gratuito. Dal punto di vista dell'ordinario buon senso cristiano, donna Palmira, quella di Gesù fu dunque un'impresa di pazzia, e badate che la parola pazzia, in riferimento alla croce, è stata già adoperata da molti santi. E un simile esempio, cavaliere, voi vorreste offrire alla gioventù del nostro paese? »

« Per conto mio » dichiara bruscamente don Gennaro sulle spine « ho il dovere di comunicarti, Severì, che non ti sto ad ascoltare. Ogni volta che tu cominci a parlare di religione, te l'ho già detto altre volte, io cerco di pensare ad altro. Non perché io possa convertirmi alla tua empietà, ma semplicemente perché non spetta ai laici di parlare di religione. Per conto mio, quando voglio ascoltare un'omelia, vado in chiesa. »

« Don Severì » interviene De Paolis « siccome qui non siamo tutti fratelli di prete, potete continuare. A dirvi la verità, io non sapevo che voi foste così forte in eloquenza sacra. Il vostro ragionamento mi diverte assai. Cosa diavolo volete concludere? »

Donna Palmira è in piedi, vicino al camino, muta ed esterrefatta, e tiene d'occhio la porta e le finestre, come se qualcuno spiasse.

«Scusate» dice don Severino «non so che ho stasera. Forse sono pazzo.»

«Dici forse?» osserva don Lazzaro. «Hai proprio la malattia del dubbio.»

«In fin dei conti» vorrebbe concludere don Severino ma lo sguardo d'odio di donna Palmira gli taglia il filo del discorso.

«In fin dei conti» l'incoraggia don Marcantonio.

«V'ingannate» prosegue don Severino girando le spalle alla padrona di casa «se credete di potervi servire del crocifisso per i vostri fini. Gesù sarebbe un modello ideale, secondo il buon senso raccomandatoci dai preti e dai gerarchi, se si fosse ammogliato, avesse avuto molti figli un suocero una suocera cognati cognate nipoti, se avesse ingrandito la sua bottega di falegname e, risparmiando sul salario dei propri garzoni, fosse riuscito a battere i concorrenti, terminando i suoi giorni in età avanzata; magari malato di gotta, ma, in ogni caso, con un buon gruzzolo alla banca. Invece.»

«La colpa è del materialismo» ribatte don Gennaro approfittando di una pausa.

Don Severino è in piedi e parla con un gomito appoggiato alla mensola del camino, con l'intensità di chi finalmente dice delle cose alle quali pensa da anni, e nessuno potrebbe farlo tacere.

«Perché farnetichi, Severì?» gli grida don Lazzaro. «Cosa hai bevuto oggi? Sii ragionevole.»

«Ah, no» risponde don Severino con una smorfia di disgusto. «Tutto, ma non ragionevole. E non per altro, sapete, ma il vostro buon senso mi provoca il vomito. Non so, cavaliere, se voi siete mai entrato nella chiesa di Orta consacrata a San Bartolomeo. Quell'uomo arretrato e primitivo, pensate un po', per non rinnegare la sua fede preferì di lasciarsi scorticare vivo. Nella chiesetta di Orta egli è raffigurato da una statua in grandezza naturale, con i muscoli di tutto il corpo a nudo, sanguinanti, e la pelle pendente dall'avambraccio sinistro, come un impermeabile. Non è, vi assicuro, un bello spettacolo da offrire in permanenza in un locale pubblico, dove sono ammessi anche i ragazzi e le fanciulle, non è soprattutto uno spettacolo edificante, un esempio, un modello raccomandabile. San Bartolomeo non si lasciò mica scuoiare per pagare le tasse e gli interessi delle ipoteche che gravavano sulla sua casa; egli affrontò l'atroce supplizio per quella cosa ridicola superflua impalpabile che si chiama verità. Egli non si domandò come un buon parrocchiano d'oggi: Chi me lo fa fare? Egli compromise la sua carriera in modo insensato e scandaloso »

Donna Palmira sembra scossa e senza fiato.

« Veramente, adesso voi oltrepassate la misura » ella protesta rossa di rabbia.

Nessuno ha mai udito parlare tanto don Severino; nessuno lo riconosce; che cosa gli sarà successo? Don Lazzaro è in ginocchio per soffiare sul fuoco che si è spento, e si gira verso di lui ingrugnito turbolento rabbioso. La cappa del camino rimanda ondate di fumo, gli ospiti lagrimano e tossiscono; don Lazzaro soffia come un mantice sui tizzoni restii alle fiamme.

« A me non piace, don Severì, voi lo sapete » riprende a dire donna Palmira con voce eccitata e quasi con spavento « a me non piace intromettermi nelle discussioni tra uomini; ma quando si parla di religione spetta alla donna di stare attenta perché Dio e i santi non siano offesi oltre misura. In molte case, quest'è risaputo, Dio fa succedere orribili disgrazie unicamente per punirle di discorsi empi. Quando voi avete bisogno di parlare in quel modo, don Severì, se proprio non ne potete fare a meno, dovreste almeno usarmi la cortesia di scegliervi un luogo all'aperto o, se fa cattivo tempo, una casa lontana dalla mia. »

Quest'invito sembra far colpo su don Severino.

« Veramente, donna Palmira » egli si giustifica un po' imbarazzato « io volevo soltanto dare un consiglio gratuito a don Marcantonio che, per ragioni di cui non mi rendo conto, addirittura mi commuove. Ma non supponevo, donna Palmira, di mettere in pericolo con le mie bestemmie questa vostra antica robusta casa cristiana, che nemmeno i terremoti e i peccati di don Lazzaro sono mai riusciti a scuotere. »

« Io vi sono grato per i vostri amichevoli consigli » dice don Marcantonio autorevole e cortese. « A me non è sfuggita, v'assicuro, la sottigliezza della vostra eloquenza, ma i vostri timori sono, scusate, campati in aria. Non si tratta di stabilire quali meditazioni e propositi potrebbero scaturire, in astratto, dalla contemplazione della croce e delle ossa dei santi martiri, ma qual genere d'influenza il crocifisso e le reliquie dei martiri cristiani effettivamente esercitano sulla massa dei fedeli.

Voi stesso avete riconosciuto poc'anzi che nel nostro paese, in permanenza minacciato dai terremoti e dall'anarchia, la religione dei preti è tra le forze più efficaci della stabilità. E quella stessa prudente moralità casalinga, quel sano terrore di Dio e dell'inferno, quella dolce rassegnazione, quell'inginocchiarsi, chinare la testa, baciare la terra, quell'umile docilità di bestiole mansuete, che così bene giustifica il nome di pecorelle col quale i vescovi designano i fedeli e il titolo di pastore che a sé riservano, non potete negarlo, s'appoggia anche sulla devozione del crocifisso e dei santi. Per venirvi incontro, don Severì, posso specificare: sulla devozione nella maniera moderata che i preti ben pensanti raccomandano e i carabinieri sorvegliano. »

« Perciò vi dicevo, cavaliere, lasciate la croce ai preti » torna a insistere don Severino. « I preti hanno un'esperienza secolare nell'arte di rendere la croce innocua. E malgrado ciò, voi lo sapete, neppure a quei raffinati maestri riesce sempre d'impedire che ogni tanto dei semplici cristiani prendano la croce sul serio e agiscano da pazzi. Gli esempi da citare non avrei bisogno di cercarli lontano da Colle. »

« No, non molto lontano » consente don Gennaro amareggiato. « Far spendere tanti soldi alla famiglia per gli studi e poi, invece di farsi una posizione, finire in quel modo scellerato, non è solo uno scandalo, è anche ingratitudine, questo ogni persona di buon senso deve ammetterlo. »

« Un fatto non riesco a capire » ammette don Marcantonio. « Questo stravagante Pietro Spina, di cui troppo si parla, è giovane senza ambizione? »

« Senz'ambizione, ma non senza orgoglio » precisa don Severino.

« Non capisco » confessa don Marcantonio. « Che significa? »

« È contro la legge » urla don Lazzaro perdendo la pazienza. « Ci vuole tanto a capirlo? »

« Per i pazzi nostri contemporanei, voi lo sapete, ci siamo noi, il braccio secolare » assicura don Marcantonio sorridente e protettivo. « Le vostre paure, don Severino, vi fanno onore, ma sono superflue. »

« Le persecuzioni non hanno mai fatto paura ai pazzi della croce » ribatte don Severino. « Forse, chi sa, essi perfino le amano. »

« La vera colpa è del materialismo » ripete don Gennaro, sordo e imperterrito come un martire sotto la tortura.

« Un'arma molto più efficace contro quei cristiani pericolosi » prosegue don Severino senza fargli caso « erano i conventi, che un tempo li toglievano almeno dalla circolazione e li rendevano innocui. Ma da qualche tempo molti segni sembrano indicare che i conventi non servono più e i pazzi della croce che riescono a sfuggire alle carceri e ai manicomi, si rifugiano nelle società segrete. »

« In tempi di miseria » ammette don Marcantonio « sorgono sempre falsi cavalieri mitòmani, salvatori deliranti, e trascinano dietro di loro dei poveri Sancio Pancia. Ma è una forma di pazzia, don Severì, che da noi va sparendo. »

« Avete ragione » si associa con veemenza donna Palmira. « Essi sono veri pazzi, si credono più degli altri, ma come fa un uomo a credersi più degli altri? Avete ben detto, bisogna sradicarli. Voi parlate meglio di don Coriolano. »

« La lotta contro quei pazzi, avete ragione » rincalza don Lazzaro « è una lotta contro la superbia. Il più irritante in essi è la loro alterigia il loro orgoglio, quel continuo parlare di coscienza di dignità di rispetto. Bisogna distruggere chiunque si crede più degli altri, bisogna schiacciare gl'ipocriti. »

Don Lazzaro ripete tre o quattro volte la parola schiacciare, battendo ogni volta il piede per terra con una potenza da far tremare le pareti.

« Ah, eccoci finalmente tutti d'accordo » esclama soddisfatto e ironico don Severino. « Tuttavia non condivido il vostro ottimismo, don Marcantonio, non credo che voi riuscirete mai a sradicare interamente quella orgogliosa pianta ribelle. E seppure vi riuscirete, non credo che voi potrete distruggere i nuovi semi di essa che qua e là (dove? nessuno può saperlo, forse in posti che nessuno sospetta) già maturano sotto terra. Vi saranno sempre strane creature, le quali, oltre al bisogno degli alimenti, avranno fame d'altro, e per sopportare questa triste vita avranno bisogno d'un po' di stima di sé stessi. »

« Adesso, ti supplico, chiudi il ruscello, Severì, i prati hanno già bevuto abbastanza » implora don Coriolano annoiato e stanco. « Se Lazzaro permette, vorrei domandargli s'egli ci ha invitato stasera a cena, oppure a esercizi spirituali. »

« Assunta sta apparecchiando » annunzia donna Palmira.

Dalle scale arriva un lamentoso guaito di cane.

« Assunta, per favore, non far rumore con le sedie » prega

don Severino. «Sì, lo riconosco, è il mio cane. Chi sa dove era andato a nascondersi. Scusate, amici, ma devo andarmene.»

«Non restate a cena?» fa finta di protestare donna Palmira lietissima di vederlo partire. «Avete aspettato finora e ve ne andate proprio al momento di andare a tavola?»

«Non avete udito il mio cane, donna Palmira? Devo veramente andarmene.»

«Se ci tenete tanto, il cane può salire anch'esso. Ma, sapete, non voglio forzarvi.»

«La verità è che non ho appetito» si scusa don Severino impacciato. «Anzi, donna Palmira, se permettete l'espressione, sento una leggera nausea o, per meglio dire, una forte nausea. Tornando a piedi a Orta, l'aria fresca mi farà bene. Addio.»

«Arrivederci, addio, buona sera, i nostri omaggi alla bella Faustina» gridano i gerarchi.

Don Gennaro lo raggiunge giù per le scale.

«Cosa vuoi?» gli domanda don Severino girandosi verso di lui irritato. «Non sai che fra me e don Luca tutto è finito? Tuo fratello non t'ha raccontato? Non t'ha messo in guardia?»

«Non parlarmi su questo tono» supplica don Gennaro. «Lascia che ti spieghi.»

«Il vostro buon senso è rancido» dice don Severino con disprezzo. «Chiamate religione la vostra vigliaccheria.»

«Luca è a letto, qui a Colle, a casa mia, con febbre alta e accessi di delirio» dice imbarazzato don Gennaro. «E nel delirio ti chiama. Per questo sono corso a cercarti.»

«E perché, imbecille, non me l'hai detto subito?»

Appena per strada don Gennaro propone:

«Passiamo per i vicoli di sotto, Severì, così nessuno ti vede venire a casa mia. Non vorrei destare sospetti.»

XII

« Non c'è dubbio » dice Pietro Spina inquieto « la tua descrizione di quell'uomo mi convince sempre più che si tratta del mio amico di Pietrasecca. Puoi sederti, Venanzio, vieni avanti, per favore, non restare in piedi, vicino alla porta. Adesso ascoltami, Venanzio, devi aiutarmi a far rimettere in libertà quell'uomo, quel mio povero amico. Nella stupida situazione in cui io mi trovo, capirai, non posso fare nulla senza il tuo aiuto; dobbiamo dunque riflettere assieme sul da fare, e agire subito. »

Pietro raccoglie in fretta dei fogli sparsi sul tavolo, li mette in una grande busta e la chiude a chiave in un tiretto. È il principio d'una *Lettera a un giovane europeo del XXII secolo con speciali avvertenze ai ragazzi dell'ex nazione italiana.*

« Io temo, signorino, se m'è lecito d'esprimermi così, che voi m'avete frainteso » risponde Venanzio bruscamente oscurandosi. « L'uomo da me visto tra due carabinieri, non può essere, come voi dite, un vostro amico. Mi sembra d'avervi già spiegato che, fin dal suo primo arrivo in piazza, egli attirò l'attenzione di molta gente appunto per il suo aspetto selvaggio. Egli può essere uno dei soliti vagabondi, forse anche un evaso dal carcere, oppure uno di quegli uccelli di malaugurio di cui nessuno ha mai saputo scovare il nido, uno di quegli uccelli che appaiono alla vigilia delle maggiori sciagure. Allora non c'è più nulla da fare, nemmeno Domine Iddio può opporsi al destino. Un uomo simile passò per Colle il giorno prima del grande terremoto, molti se lo ricordano ancora. Naturalmente, signorino, voi fate come preferite, ma a me non spetta né piace d'occuparmi di simile gente. »

« Quell'uomo non è un vagabondo » afferma Pietro con forzata pacatezza. «Egli è un povero cafone, solo un po' più misero degli altri, un po' più disgraziato, perché quasi sordo dalla nascita e senza famiglia. Ad ogni modo, posso assicurarti, Venanzio, che io non temo gli uccelli di malaugurio gli straccioni i vagabondi gli uomini senza tetto e senza terra. Posso anzi aggiungere che i pochi amici da me avuti finora, li ho trovati appunto tra quelli, proprio così. Mi dispiace, Venanzio, che malgrado le mie migliori intenzioni, ogni nostra conversazione degeneri in alterco, e io sia per te così spesso motivo di scandalo. Ma ora non ho voglia di discutere, e finché quel mio amico rimane in carcere non posso parlare d'altro che dei mezzi per trarlo fuori. Non guardarmi storto, Venanzio, non essere testardo come un mulo, ti prego d'ascoltarmi. Dunque, se è vero ch'egli è stato arrestato solo perché sfornito di carte di riconoscimento, non dovrebbe essere difficile la sua rimessa in libertà. Basterà, ne sono sicuro, che un uomo qualsiasi di Colle dichiari di conoscerlo e dia indicazioni precise sulla sua persona. Andrei io stesso, puoi esserne certo, Venanzio, se col presentarmi non offrissi loro un regalo troppo ambito, e se la mia testimonianza a favore di quell'uomo, invece di giovargli, non gli nuocesse. Tu invece non correresti proprio alcun rischio, Venanzio, e faresti opera buona.»

«Veramente, signorino, scusate, io non ho mai voluto avere nulla a spartire coi carabinieri» risponde Venanzio accigliato e tetro. «Voi lo dovreste sapere, è l'onore della mia vita di non essere mai stato in caserma, né per il bene né per il male. E non capisco perché, proprio adesso, alla mia età, dovrei cominciare a mischiarmi in faccende che non mi riguardano. Posso solo ripetervi che non conosco quell'uomo arrestato ieri sera, non so chi sia; e che potrei andare a raccontare di lui?»

Attraverso le persiane chiuse delle due finestre d'angolo penetrano nella stanza sottili rettangoli di luce grigia crepuscolare che s'incrociano e formano sui muri una rete simile a una grande gabbia. Pietro fa un passo verso una delle finestre per aprirla, ma un rapido energico gesto del garzone gli ricorda i motivi di prudenza per cui l'apertura delle finestre dev'essere evitata in certe ore del giorno. Pietro ha una alzata di spalle da prigioniero esacerbato dalle angherie del regolamento, e si mette a camminare per la camera in lungo e in largo, come un uomo in preda a viva agitazione. Ogni tanto egli getta uno sguardo di sdegno rabbioso verso il servo recalcitrante. Venanzio resta immobile, bagnato fradicio, in mezzo a una pozzanghera formatasi dallo scioglimento della neve portata addosso; nella pozzanghera i suoi scarponi deformi sembrano due enormi rospi fangosi, e anche il resto della persona, assieme a ben visibili tracce del recente lavoro nella stalla, ha qualche cosa di paludoso di viscido di ammuffito. Egli non oserebbe mai apparire in quello stato alla presenza di donna Maria Vincenza, ma probabilmente gli piace di mostrare al più giovane degli Spina cosa sia la vita dei campi. Pietro gli gira attorno, disgustato impaziente indeciso, come un contadino attorno a un mulo impuntatosi in mezzo alla strada. A un tratto gli si para innanzi e fa l'atto di parlargli, ma all'ultimo momento inghiotte le parole già pronte e ne cerca altre più concilianti e persuasive.

« T'ho già spiegato » egli comincia a dire stentamente « sì, ho già tentato di spiegarti, Venanzio, che quel poverino, quel mio amico, è un cafone di Pietrasecca. Forse ha vent'anni, forse trenta, è difficile indovinare. Lo chiamano Infante (come qui si usa) perché sordo dalla nascita, ma in realtà è mezzo sordo, e non ha imparato a parlare soltanto perché nessuno s'è mai occupato di lui. La madre gli morì da bambino, il padre partì per l'America, i primi anni, sembra, scrisse qualche volta da Filadelfia, poi non ha dato più notizie, forse è morto, forse è vivo, è difficile sapere. Questo me l'ha raccontato il padrone della stalla in cui sono stato nascosto a Pietrasecca. Nei primi mesi del mio soggiorno lassù, non m'accorsi del sordomuto, l'osservai per strada una o due volte, ma non sapevo che avesse quel difetto, e una sera in cui ero molto triste lo seguii nella sua spelonca per parlare un po' con lui. Ah, non supponevo, Venanzio, che la miseria dei cristiani in questo paese potesse sorpassare quella delle bestie. Al momento della mia fuga, poiché la stalla in cui mi nascosi è a due passi dal suo tugurio, il caso volle ch'egli conoscesse il mio rifugio. Egli conservò il segreto, e venne spesso a tenermi compagnia. Mai avrei immaginato, Venanzio, che ci si potesse affezionare tanto a una persona che si conosce appena. Bada, Venanzio, che in questo caso non si tratta di riconoscenza. Certo, egli poteva denunziarmi, tradirmi, in qualche modo vendermi; e data la sua miseria, in un certo senso, sarebbe stato perfino suo diritto. Egli invece mi fu di aiuto. Eppure, ora il mio attaccamento a quel pover'uomo, t'assicuro, non è gratitudine. È un legame più forte, più disinteressato, qualche cosa come una parentela. Ti dico questo per dartene un'idea, Venanzio, e poiché, probabilmente, tu non concepisci nulla di superiore ai legami di sangue. Immagina dunque un po', Venanzio, ch'io abbia un fratello, e quello, per un'avventura banale, sia caduto, innocente, nelle mani degli sbirri e tenuto in carcere. Ebbene, approssimativamente è il caso di Infante. Un mezzo legale per liberare quel pover'uomo esiste; è un mezzo semplice onesto e per nulla compromettente. Te lo espongo di nuovo: ecco, Venanzio, tu dovresti andare alla caserma dei carabinieri e dichiarare d'essere in grado di dare precise informazioni sul detenuto di ieri sera; egli è il tal dei tali, dirai, del tal posto, tu l'hai conosciuto in un mercato, a Rocca dei Marsi, o a Fossa, o ad Orta, dirai dove meglio ti pare; tu comprasti da lui, per conto di donna Maria Vincenza, racconterai, un cesto di pomodori. »

« Donna Maria Vincenza è solita a vendere, non a comprare, pomodori, e tanto meno da un uomo di Pietrasecca, dove, già si sa, i pomodori non maturano » corregge Venanzio con una smorfia di scherno.

« Va bene, dirai che comprasti da lui un sacco di lenticchie... »

« Lenticchie di Pietrasecca? In montagna non si coltivano lenticchie, ma non mi stupisce che voi non lo sappiate. »

« Va bene, Venanzio, allora dirai che comprasti da lui dei pali per sostenere i fagiuolini i pomodori le viti gli alberi da frutta. Insomma, lascio a te d'inventare che cosa comprasti da lui. Quel giorno tu non avevi abbastanza denaro su di te, dirai ai carabinieri, e perciò rimanesti con lui in debito d'una certa somma. »

« Ma non è vero, signorino, scusate, noi non siamo affatto in debito con quello sconosciuto. Perché dovremmo essere in debito, s'egli in realtà non ci ha venduto nulla? »

« Dirai ai carabinieri, Venanzio, non farmi perdere la pazienza, dirai che quell'uomo è venuto a Colle certamente per esigere quel suo credito da mia nonna. E ciò spiega perché egli si sia mosso di casa sua senza provvisioni e senza denaro. Gli porterai dunque cinquanta lire da parte di mia nonna. »

«Capisco, signorino, che tutto questo sarebbe, in un certo senso, una finzione; ma se quell'uomo, all'uscita dalla caserma, rifiuterà di restituirmi il denaro? Se invocherà la testimonianza da me resa davanti ai carabinieri per pretendere che questo denaro, per modo di dire, gli è dovuto? Mi troverei, scusate, in un bell'impiccio.»

«Io non t'ho detto, Venanzio, di farti restituire le cinquanta lire.»

«Ah, vorreste regalargliele? Sapete, signorino, che cosa ci vuole in campagna per guadagnare quella somma? Almeno dieci giornate di fatica pesante ci vogliono. Però non mi stupisce che voi non lo sappiate.»

«Io credo, Venanzio» grida allora Pietro impazientito «di poter fare del mio denaro quello che mi pare.»

«Certo, signorino, non ci mancherebbe altro» risponde Venanzio riassumendo bruscamente un aspetto ostile e torvo. «Ma io non credo, se m'è permesso di parlare in questo modo, non credo, che sia proprio affare mio d'andare a testimoniare a favore d'uno sconosciuto. Non credo che sia per me prudente d'andarmi a offrire garante d'uno straccione, sfornito, non solo di carte personali, ma anche di mezzi di sussistenza, e del quale neppure voi sapreste dire come abbia fatto a sfamarsi negli ultimi giorni e con quali segrete intenzioni sia venuto nella nostra contrada. Non credo che voi stesso possiate escludere, per esempio, che strada facendo abbia commesso latrocinii.»

«Non l'escludo, Venanzio, e a dir la verità, neppure m'interessa.»

«Allora, se m'è lecito d'esprimermi così, non credo, signorino, che sia meritevole, per un uomo onesto, d'aiutare simile razza di gente. Non credo, devo ripetere, che qualcuno potrebbe venire a provarmi ch'io abbia un obbligo qualsiasi verso un uomo simile.»

«Neanche quel pezzente, Venanzio, aveva obblighi speciali verso di me» ribatte Pietro stizzito mordendosi le labbra per la rabbia. «Eppure, te lo ripeto, durante il tempo in cui rimasi nascosto a Pietrasecca (oltre al padrone della stalla che poi mi vendette come un vitello grasso a mia nonna) quell'uomo, di cui osi parlare con disprezzo, era il solo a conoscere il mio rifugio, e non mi tradì. Certo, Venanzio, a te non accadrà mai di doverti nascondere per sfuggire agli sbirri, ma può accaderti di finire malamente in un fosso, assieme al carro e ai buoi. Suppongo che da quella pericolosa positura tu invocheresti soccorso e troveresti naturale d'essere aiutato anche da sconosciuti. »

« Non vi siete affatto sbagliato » risponde Venanzio con goffo sarcasmo. « E quelli che, in un infortunio simile (che Sant'Antonio però l'allontani) mi aiutassero, potete star sicuro, neppure essi si sbaglierebbero. Ma sarebbe un caso piuttosto bizzarro se fossero sconosciuti. Qui ci si conosce tutti, sapete; d'ogni uomo che s'incontra per strada si sa da dove viene e dove va, e perfino dei ragazzini in crescenza, che un uomo della mia età non può conoscere uno per uno, al solo guardarli, potrei indovinare i nomi dei genitori. Da quarantadue anni, signorino, io lavoro in questa casa, vi sono rimasto nelle buone e nelle pessime annate, voi lo sapete, o dovreste saperlo; e con la benevolenza di Dio spero anche di morirvi, prima che l'invalidità mi faccia mettere alla porta, o prima che un nuovo padrone vi prenda il posto degli Spina. Le occasioni di rendermi indipendente, potete credermi, non mi sono mancate, e varie volte c'era anche gente disposta ad anticiparmi le spese per la traversata del mare. Ma perfino nelle annate di miseria, in cui Colle si vuotava d'uomini come un alveare che sciama, rimasi qui. L'avventura, signorino, non m'ha mai attirato, né il guadagno. La gente sa questo, qui ci si conosce tutti e, in caso d'infortunio, tra cristiani ci si aiuta, anche perché, come si dice, oggi a me, domani a te. Perfino quelli che la mala sorte spinge lontano di casa, signorino, voi lo sapete, raramente partono soli, e si recano nei posti dove si trovano già altri paesani, facce nomi conosciuti. Molti sono andati in terra d'America, ma non tra americani; anche laggiù, in un certo modo, essi restano a Colle. I rari che talvolta s'arrischiano tra forestieri da soli, sono quasi sempre anime perse, e finiscono male, come meritano. Perfino qui, andando alla fiera e ai mercati, quelli d'uno stesso paese restano in gruppo e mangiano nelle stesse osterie. »

« Voglio sforzarmi di capirti, Venanzio, di capire questa tua ottusità da animale di cortile » dice Pietro rosso d'ira e reprimendo a stento la sua esasperazione. « Ma che devo inventare per riuscire almeno una volta a farmi ascoltare da te, non come un servo ascolta il padrone, né come un contadino un vagabondo, ma come un uomo un altr'uomo, o se tu preferisci, come un cristiano un altro cristiano? Capisco anch'io, Venanzio, che per le galline il pollaio è il centro del mondo, esso rappresenta il luogo più sicuro per ingrassare far le uova covare pulcini, e forse anche, ai loro piccoli occhi rotondi, l'unico locale onesto, per così dire, il rifugio dei buoni costumi, questo è probabile. Così posso capire che per te, questo stare sempre qui, tra gente conosciuta, quest'aiutarsi nelle disgrazie, quando proprio non se ne può fare a meno, questo rendere servizio alla condizione o nella speranza di riceverne all'occorrenza un altro, possa sembrare la più conveniente, la meno arrischiata maniera di vivere. E benché tu non sia del tutto una gallina, posso anche capire che tu abbia bisogno di far di necessità virtù e menar vanto d'una condotta in fin dei conti ispirata dalla paura e dall'interesse. Ma io voglio almeno sapere se, oltre a ciò, tu sia capace d'immaginare (dico solo immaginare una bontà libera da ogni calcolo, un'onestà indifferente alla preoccupazione del che dirà la gente, atti generosi interamente gratuiti, non legati a idee di premio o di restituzione, nemmeno nell'altro mondo, anzi, legati alla minaccia d'un castigo, una solidarietà insomma che non sia quella del pollaio. Aspetto la risposta, non dal tuo cuore, ma dalla tua immaginazione.»

«Oh, certo, signorino» esclama prontamente Venanzio «anch'io conosco la storia del contadino che scaldò nel seno la serpe intirizzita dal freddo; essa era raccontata nel libro di lettura della terza elementare. Ah, signorino, ricordo come quella storia finì.»

«Puoi andartene» gli grida Pietro con ribrezzo. «Ti prego, anzi, di non mettere più piede nella mia camera.»

Dal cortile sale il guaito lamentoso d'un cane. Pietro gira le spalle al garzone, s'avvicina a una finestra e cerca di guardare tra le stecche delle persiane chiuse. Venanzio resta immobile in mezzo alla stanza; egli sembra ora un vecchio mendicante appena estratto da un fosso d'acqua sporca e agitato da brividi; chiude i piccoli occhi cisposi e serra le mascelle come se dovesse trattenere dei singhiozzi. La sua testa ha un aspetto giallo, tra sugheroso e calcareo, con tracce verdastre nel naso, e nelle orecchie; i suoi capelli sembrano una parrucca di stoppa sudicia.

«Naturalmente» balbetta Venanzio umiliato «voi siete il

mio padrone; ho bisogno di dirlo? Se voi mi comandate, vado dove volete. Non ci mancherebbe altro.»

«Non sono il tuo padrone, capisci?» grida Pietro dando libero sfogo alla sua ira. «Non voglio essere il padrone d'alcuno. Ma se tu non fossi che una mia pecora, t'assicuro che ti venderei al prossimo mercato, per non più vederti, essere ripugnante.»

Attraverso le persiane Pietro vede avvicinarsi al cancello del cortile un'apparizione impressionante, un'alta donna macabra, col viso velato, vestita interamente di nero. Dal cancello la visitatrice invoca Natalina, dapprima con voce quasi normale, poi, come chi perde la pazienza, con acute grida, con lunghi ululati collerici. Dopo alcuni minuti di silenzioso stupore, dall'interno della casa si odono in risposta gli strilli della serva, seguiti da un prolungato ruzzolone e dal rumore di stoviglie rotte.

«La zia, la zia, la zia» si ode Natalina strillare per le scale.

Senza riprendere fiato e coi capelli in disordine la serva si precipita alla ricerca di donna Maria Vincenza, e le annunzia con voce stravolta:

«La zia, signora, è al cancello».

«Quale zia?»

«La zia Eufemia, signora, aspetta giù al cancello.»

«Ti prego, calmati, Natalina, non esaltarti a quel punto. Che cos'era quel rumore di poc'anzi? Hai rotto altri piatti?»

«La zia Eufemia, signora, la zia in persona, aspetta davanti al cancello.»

«Che aspetta, Natalina?»

«Aspetta che io apra, signora, non la si può lasciare aspettare.»

«Va' dunque ad aprire, Natalina, e se vuole parlare con me conducila nel salotto.»

L'incontro tra la signora Spina e l'ultimo rampollo dei De Dominicis non è privo d'una certa imbarazzata patetica solennità e neanche d'un certo ridicolo.

«Accomodatevi, signorina De Dominicis» dice donna Maria Vincenza indicandole cortesemente una poltrona. «Siate la benvenuta.»

La zia Eufemia indossa un vestito nero orlato di merletti antichi, qua e là disfatti dalle tarme, e reca in testa un cappelletto scuro con un mazzolino di violette artificiali; non sembra essersi accorta che le sue calze verdi sono scese sugli stinchi poderosi. Ella toglie lentamente i guanti di lana color cannella e raccoglie sulla fronte la veletta a pallini bianchi e neri che le copre il viso, mostrando una faccia scarna, gialla come le candele di sego, e due occhiaie acquose, verdi e nere come ostriche.

« Da centocinquant'anni, se non sbaglio » comincia a dire a stento la zia Eufemia scossa da brividi come se fosse febbricitante « da circa centocinquant'anni, come forse anche voi, signora Spina, saprete, noi non ci parliamo. »

« Veramente, malgrado l'apparenza, signorina De Dominicis » osserva affabile e sorridente donna Maria Vincenza « malgrado l'apparenza io non sono così vecchia, vi prego di credermi, e dubito perfino d'arrivare mai a quell'età. Mi permettete, signorina De Dominicis, di offrirvi una tazza di caffè? Sarei veramente desolata, signorina De Dominicis, se voi preferiste la nuova bevanda alla moda, il cosiddetto tè, essendone sprovvista. »

« Da centocinquant'anni, se non mi sbaglio » riprende a dire la zia Eufemia seccata d'essere interrotta « da circa centocinquant'anni, signora Spina, le nostre famiglie, volevo dire, non si parlano. Sì, prenderò volentieri una tazzina di caffè. Nella mia vita, signora Spina, voi lo sapete, ho bevuto fino in fondo, con umiltà cristiana, la coppa delle amarezze propinatemi dal destino; ma il tè mi sono sempre rifiutata di berlo. Credete anche voi, signora Spina, ch'esso sia una bevanda d'origine piemontese? »

« Piemontese oppure inglese, signorina De Dominicis » risponde donna Maria Vincenza acconsentendo per cortesia.

La zia Eufemia ha una smorfia e un gesto di disgusto; toglie dal polsino sinistro della camicetta un fazzoletto di pizzo nero e vi sputa dentro con gravità.

« Da centocinquant'anni, se non sbaglio » riprende a dire la zia che sembra aver perso il filo del discorso « da circa centocinquant'anni, signora Spina, se non sbaglio, le nostre famiglie dunque non si parlano. »

« Forse non avevano molte cose da dirsi, signorina De Dominicis » osserva donna Maria Vincenza per aiutarla. « Forse centocinquant'anni fa esse presero alla lettera l'ammonimento che dopo morte bisogna rendere conto di tutte le parole inutili dette su questa terra. I nostri avi, signorina De Dominicis, preferivano le opere alle parole. »

« Prima di venire a trovarvi, signora Spina, sono stata al cimitero » riprende a dire la zia Eufemia in un tono che non ammette scherzi. « Voi mi capirete, signora Spina, non ho voluto compiere un passo così audace come quello di mettere i piedi in questa casa, senza consultare i miei antenati. In un certo senso, vi parlo adesso anche a loro nome. Mi scuserete, signora Spina, se la mia voce tradisce una certa emozione. »

« Oh, signorina De Dominicis, che peccato ch'io non giuochi al lotto » dice donna Maria Vincenza fingendo rammarico. « Forse dalle vostre parole si potrebbe estrarre un bel terno. »

« Voi non vi offenderete, spero » continua la zia Eufemia con voce più sicura e ostentata degnazione « se vi confesso che i miei avi avevano conservato finora qualche dubbio sul carattere della vostra famiglia. Lo so, voi siete nata Camerini, ma la grazia sacramentale ha fatto anche di voi una Spina. Anche nel passato, devo riconoscerlo, non sono mancati tra gli Spina dei simpatici pazzi; ma la verità è ch'essi sapevano troppo bene, assieme alle stravaganze, curare gli affari. La diffidenza dei miei avi era forse ingiustificata. È nelle digrazie tuttavia che si rivela la nobiltà d'un ceppo familiare; e proprio in un'epoca molto dura per voi e i vostri, voi avete smentito, signora Spina, il pregiudizio che non sia concesso alle donne di guadagnare titoli di nobiltà per le loro famiglie. Lo stupendo rifiuto da voi opposto all'offerta di grazia della dinastia piemontese... »

« Scusate, signorina De Dominicis, voi prendete il caffè con uno o due pezzettini di zucchero? Natalina, ti prego, posa la caffettiera sul tavolo e lasciaci sole. »

« Senza zucchero, signora Spina. Il caffè, se è buono, lo prendo senza zucchero. Grazie. Quel vostro nobile rifiuto, dicevo, signora Spina, ha segnato, se mi consentite l'espressione alquanto cruda, il definitivo distacco della vostra famiglia dalla gente volgare. Dopo centocinquant'anni di reciproca ostilità e diffidenza, signora Spina, permettete all'ultima dei De Dominicis... »

« Natalina, ti prego, non versarmi sulle ginocchia l'intero contenuto della caffettiera, abbi riguardo almeno a tua zia che potrebbe desiderarne un'altra tazza. Sì, ecco, Natalina, fai meglio se posi la caffettiera sul tavolo e ci lasci sole. Scusate, signorina De Dominicis, mi duole d'avervi interrotta sul più bello del vostro parlare. »

Pietro s'aggira intanto per le stanze dell'ultimo piano come un'anima del purgatorio. Dal finestrino più elevato della soffitta egli scruta, ad alcune centinaia di metri al di sotto di lui, il piano ineguale dei tetti del villaggio, e cerca d'individuare tra essi la caserma dei carabinieri. Tra la parte vecchia dove s'ammucchiano, attorno alla chiesa, poche centinaia di catapecchie affumicate e sgretolate, e la parte costruita dopo il terremoto, formata di casette gialle coi tetti rossi, tutte a un piano, uniformi, disposte a scacchiera, simili ad alveari, Pietro riconosce l'edificio degli uffici pubblici, una palazzina bianca nello stile eroico-funerario della moda più recente.

« Le celle per i carcerati, Natalina, si trovano al piano superiore o nel sottosuolo della caserma? » chiede Pietro alla serva ch'egli sorprende a origliare fuori la porta della camera di donna Maria Vincenza.

« Veramente, signorino » si scusa Natalina arrossendo « a voi parrà strano, ma v'assicuro che finora non sono mai stata in carcere. »

« Saprai almeno chi fa adesso la cucina per i carcerati? »

« No, signorino, mi dispiace infinitamente, non lo so; io ho l'abitudine di prendere i pasti in casa. »

« Hai almeno udito raccontare, Natalina, se attualmente vi siano altri detenuti nel carcere di Colle? Non vi sono stati, per caso, arresti in questi ultimi tempi? Intendo dire per furto, per ferimenti, per ubbriachezza molesta. »

« Non tra le poche ragazze ch'io conosco, signorino. M'addolora il confessarlo, ma v'assicuro, non tra le mie amiche. »

« Ma tu non sai proprio nulla, Natalina » dice Pietro perdendo la pazienza. « Veramente, non ho mai parlato con una ragazza così stupida come te. »

La sera, a tavola, Pietro non tocca cibo e ascolta distratto e infastidito il racconto scherzoso della nonna sulla visita della zia Eufemia. Egli dà come scusa un violento mal di testa; ma la sua faccia, che fino a ieri esprimeva impassibilità o distrazione, ora tradisce un'acerba infelicità. Donna Maria Vincenza evita di porgli domande, finge di credere al suo mal di capo, e l'invita dopo cena a tenerle compagnia vicino al camino, come nelle prime sere dopo il suo arrivo, sperando forse che egli le apra il cuore. Ma Pietro avvicina la sua sedia al focolare, appoggia la testa contro uno stipite e rimane in silenzio, triste stanco assente. La sua testa disegna sulla pietra affumicata un profilo sottile scarno e lungo; il suo viso color tabacco, coi tratti che sembrano segnati con un sughero bruciato, aderisce sulla pietra scura come un bassorilievo, e la fiamma del camino aggiunge al profilo un sottile contorno rosso. Egli fa veramente una impressione strana e contraddittoria, d'uomo a casa propria e di viandante, quasi di intruso.

Donna Maria Vincenza accudisce alle piccole faccende serali, aggiunge un po' d'olio nella lampada davanti all'immagine della Madre Misericordiosa, alcuni pezzi di legna minuta nel fuoco, poi avvicina una sedia sotto la lampada e prende a rammendare della biancheria. I suoi gesti sono molto lenti; la sua persona ha la stessa solidità, la stessa buona qualità, lo stesso colore, forse anche la stessa età, degli oggetti di casa; si vede insomma che non se n'è mai allontanata, e potrebbe muoversi a occhi chiusi, e ripeter” i gesti familiari che le madri fanno da migliaia d'anni. Alza un momento lo sguardo all'immagine della Madre Misericordiosa in una muta preghiera; come per dire: Ah, Vergine Santissima, non è facile essere madre. Il suo viso alla luce della fiamma ha la trasparenza delle vecchie porcellane, con le stesse lievi minutissime incrinature. Pietro tace e guarda il fuoco, chi sa dov'è il suo pensiero. Nel focolare i pezzi di legna secca si sono consumati ed è rimasto sugli alari, senza che il fuoco v'abbia fatto presa, un mezzo tronco di faggio; sulla sua corteccia grigia e bruna, con striature argentate, l'umidità frigge e forma bollicine di vapore.

« Venanzio avrebbe potuto anche tagliare il ciocco » borbotta Pietro. « Oppure, prima di metterlo al fuoco, farlo seccare. »

« L'avrà messo lì appunto per farlo seccare » spiega donna Maria Vincenza. E dopo una breve pausa aggiunge: « Sono un po' preoccupata perché non è rientrato per la cena. Che gli sia successo qualcosa? Ogni discussione con te, scusami se te lo dico, lo getta in angustie. Figlio mio, dovresti essere meno duro, meno esigente con lui; egli ha avuto, forse lo sai, una gioventù difficile, sconsolata; è, come si dice, un figlio della Madonna. »

« Un trovatello? »

« Sì, perciò il suo cognome Di Dio. E benché a Colle purtroppo ve ne siano anche altri del suo stato, egli non vi si è ancora rassegnato. Questa è la piaga della sua vita. Di lì forse il suo attaccamento alla nostra famiglia, la paura dell'ignoto l'odio la diffidenza per i vaganti. Non essere duro con lui. Ricordo che una volta, tuo nonno, per non ricordo più quale confusa lite tra Venanzio e un altro servo, li mise entrambi alla porta. L'altro si cercò un'occupazione altrove, senza far storie: Venanzio invece tornò da me, si mise in ginocchio, mi baciò il lembo della gonna, ammise il suo torto, mi scongiurò d'imporgli qualunque altra punizione, anche più dura, di togliergli magari il salario per lungo tempo, ma di riprenderlo in casa. Eppure in quei tempi era facile cambiare padrone; senonché egli ha avuto sempre paura dell'ignoto. »

Donna Maria Vincenza s'interrompe, inumidisce tra le labbra la punta del filo e l'avvicina contro luce al foro dell'ago, l'ago è infilato; poi stringe un nodo a un capo del filo. Alla luce giallognola della lampada i suoi capelli cenerini stretti attorno alla testa in due sottili treccioline acquistano riflessi di paglia di grano; e tiene la nuca così curva sul cucito e cuce con tanta minuta attenzione da sembrare una fanciulla ai primi punti. Pietro lascia cadere la conversazione e resta pensieroso con lo sguardo fisso sul fuoco.

« Sono preoccupata per il ritardo di Venanzio » ripete dopo un po' donna Maria Vincenza. « Non t'ho ancora detto che è andato in caserma, per tentare di far rilasciare quel tuo conoscente arrestato ieri. Ma ormai dovrebbe essere di ritorno. Spero che tutto sia andato bene. »

Pietro ha un forte movimento di sorpresa, gli occhi gli si riempiono di lacrime.

« Ah, avere un amico » egli dice « e dover ricorrere a un estraneo per soccorrerlo. Saperlo appena a due o trecento metri di qui, e non poterlo vedere, non poter fare con lui due passi, non poterlo invitare. »

Donna Maria Vincenza prende Pietro per una mano e gli chiede:

« A tal punto gli vuoi bene? Lo conosci da molto tempo? »

« Se tu sapessi » cerca Pietro di spiegarle « quel pover'uomo è così povero. »

« Se anch'io diventassi povera, caro, vorresti un po' di bene anche a me? Sai, c'è sempre tempo. »

« Oh, nonna, come ti viene in mente ch'io non ti voglia bene? Ma, ecco, a esser franco, voler bene a te mi sembra come di volerlo a me stesso, è una forma d'egoismo. E poi, devo dirti francamente, nonna, tu non sarai mai povera, anche volendo non potresti esserlo, e se pure ti mancasse da vestire e da mangiare, saresti, che so io, come una regina che fa gli esercizi spirituali. »

« Allora da quel punto di vista devo dirti, caro, che neanche tu sei o puoi essere un vero povero. »

« Sì, è difficile, nonna, essere poveri autentici. T'ha riferito Venanzio dei particolari su quell'uomo arrestato ieri giù in piazza? »

« Sì, quello che tu stesso gli hai raccontato. Egli è sordomuto, vero? »

« Egli balbetta a stento e raramente alcune mezze parole insegnategli dalla madre, tra l'altre, il più spesso, tata, cioè padre. Perciò fu chiamato Infante. »

« Il padre è in America? »

« Andò a Filadelfia e non è più tornato, né scrive più; forse è morto, forse è vivo, non si sa. La madre fece appena a tempo a insegnare al figlio a dire tata per il caso che il padre tornasse. Dalla morte della madre, i cafoni di Pietrasecca si sono serviti d'Infante come d'un asino o d'un mulo comunale; egli è sfruttato e maltrattato da tutti; in un certo senso, è lo schiavo di tutti. In cambio, egli entra ed esce dalle case senza bussare; ve lo si lascia perché, grazie alla sua sordità, non può sorprendere segreti. Egli si nutre dei resti, disputandoli alle galline, ai cani, ai maiali. I resti di cucina nelle famiglie dei cafoni, puoi immaginare cosa sono: scorze di patate, torsi di cavolo, qualche tozzo di pane secco pietrificato. Da sé, crescendo in età, Infante ha imparato una decina di rauchi e striduli suoni gutturali, coi quali talora si sforza d'esprimersi, press'a poco come un animale. Tuttavia non è stupido, non è cattivo, manca di spirito, ma, certo, non di anima. Egli non è nemmeno il buon selvaggio, bada, il puro e ridicolo uomo naturale dei romanzi alla Rousseau; ah, no. Egli è un cafone molto ordinario, solo un po' più povero, un po' più disgraziato degli altri. Però, come si fa a giudicare imparzialmente un uomo al quale si vuol bene? Nella stalla scura e immonda in cui mi nascosi a Pietrasecca, egli veniva a trovarmi ogni sera. Ogni sera l'aspettavo. Quando tutto il villaggio dormiva, lo sentivo attraversare il vicolo, incespicare sostare voltarsi indietro rimuovere la porta sgangherata della stalla, entrare. Egli si stendeva sulla paglia, tra me e l'asino, qualche volta mi mormorava all'orecchio monosillabi incomprensibili, voleva forse raccontarmi qualche novità, ma il più spesso taceva. Ah, come darti, nonna, un'idea di quell'amicizia semplice muta profonda nata così tra noi? D'abitudine io non percepivo d'Infante che il suo lento ampio respirare; ma tra me e gli altri corpi, gli altri oggetti, di quella caverna (Infante l'asino i sorci la mangiatoia la paglia il basto dell'asino una lanterna rotta) esisteva un'affinità una comunità una fraternità la cui scoperta m'inondò l'animo d'un sentimento nuovo, che forse, nonna, dovrei chiamare pace. Ad ogni modo, adesso non credere, nonna, che quella mia fosse una romantica esaltazione per trovarmi fino a quel punto immerso nella cosiddetta natura, perché, come alla maggior parte degli uomini nati e allevati in campagna, la natura mi è quasi indifferente. Né credo che quel mio spontaneo comunicare e riconoscermi in oggetti così umili, così, infimi, possa essermi venuto da una suggestione delle mie idee, delle mie preferenze politiche; perché anche il padrone di quella stalla, per citarti subito una controprova, è un povero cafone, eppure le sue visite giornaliere m'ispiravano orrore ripugnanza. Capii subito ch'egli non m'aveva consegnato agli sbirri che mi ricercavano, solo perché, dal momento in cui apprese il mio vero nome, aveva fiutato in me un pingue affare. Forse neppure la parola amicizia è la più giusta a indicare il genere di rapporti che si stabilirono tra me e le altre cose di quel rifugio; ecco, sarebbe più esatto dire che mi sentivo in compagnia, in buona fidata compagnia, che avevo insomma trovato dei compagni. Compagnia fu anche la prima nuova parola che Infante imparò da me. Egli sapeva già dire pane, che pronunciava paan; e io gli spiegai coi gesti che due persone le quali mangiano lo stesso pane, diventano cum-pane, compagni; e da cum-pane viene cum-pania, compagnia. Il giorno dopo Infante mi diede una prova della sua intelligenza e del suo pieno accordo col mio modo di sentire, indicandomi alcuni sorci che zampettavano tra la paglia alla ricerca di molliche di pane e mormorandomi all'orecchio: Cumpaani. Da allora egli cominciò anche a offrire ogni giorno un tozzo di pane all'asino, affinché esso pure facesse parte della nostra compagnia, e noi potessimo senza mentire chiamarlo compagno, come ben meritava. Dovrei parlarti a lungo nonna, di quel mio soggiorno nella stalla, e ogni volta dovrei farvi capo che volessi spiegarti lo stato presente del mio animo; perché di là sono uscito, se non completamente trasformato, certo spoglio nudo. Mi sembra che, fino a quel giorno, io non sia stato me stesso, ma abbia rappresentato una parte, come un attore a teatro, acconciandomi perfino una maschera adeguata e declamando le formule prescritte. Teatrale convenzionale finta m'appare ora tutta questa nostra vita. »

« Figlio mio » dice donna Maria Vincenza « tu vuoi farmi paura. »

« Se fossi morto, nonna, dopo aver conosciuto di questo paese solo quello che c'è stampato nei libri, ne converrai anche tu, non avrei nemmeno saputo che esistono i cafoni. E non si tratta mica di poca gente, oppure d'importanza trascurabile, perché del lavoro di essi, in fin dei conti, ci nutriamo tutti. Dai libri non avrei mai saputo che esiste Infante. T'assicuro, nonna, mi dispiace di darti un dolore, e se non mi ripugnasse di fingere con una persona che amo, volentieri ti nasconderei quel che ora vedo. Considerato a occhio nudo, come ora a me è dato di vederlo, il nostro paese reca tratti evidenti della fragilità e provvisorietà delle quinte di teatro: una notte avremo un terremoto un po' più rude dei soliti e l'indomani la rappresentazione sarà finita. C'è poco da stare allegri. Invece la quiete la pace l'intimità il benessere da me trovati in quella stalla, mi venivano da quella umile e sicura cumpania. Durante lunghe ore me ne stavo a sentire il rumore secco delle mascelle dell'asino che trituravano lo strame, e non potevo impedirmi di pensare che sono veramente rari i cristiani i quali a tavola sappiano conservare un'uguale indifferente decenza. Anche gli scarsi segni della vita esterna che m'arrivavano in quella spelonca, erano della stessa qualità. Alla sommità d'un muro, presso all'appoggio d'una trave del tetto, scoprii un'apertura larga un mezzo palmo; tenendomi a cavalcioni sull'asino, da quella specie di feritoia potevo vedere un mucchio di letame e alcuni metri d'un piccolo sentiero coperto di neve. In quel breve spazio vidi alcune volte passare un vecchio spelato cane da pastore col collare irto di chiodi a difesa dai lupi, talvolta anche qualche gallina. Essi venivano verso la stalla, miravano verso la buca da dove stavo a guardarli, forse anch'essi mi vedevano, anzi certamente, ma se lo tenevano per sé. Vedevo anche, di lì, un breve lembo di cielo deserto bianchiccio attraversato da rari passeri bruni; alcuni d'essi venivano a posarsi sul letamaio, saltellavano beccavano tra il concime, affamati e inquieti, come, in questo paese, sono perfino gli uccelli. Un'altra apertura, della grandezza da potervi passare un gatto, scoprii in basso a uno dei muri, raso terra, spostando un grosso sasso che la chiudeva dall'interno. Presi l'abitudine di aprire quella buca ogni mattina, per fare entrare nella stalla un po' più d'aria, oltre alla poca che s'infiltrava tra le fessure della porta; anzi, per meglio respirare, m'allungavo e posavo la testa proprio vicino al foro, sopra una manata di paglia messa a modo di cuscino. Non correvo alcun rischio d'essere scoperto perché, all'esterno, davanti alla buca, s'era formato un leggero rialzo del terreno, e chiunque si fosse trovato a passare di lì, anche a farlo apposta, non avrebbe potuto vedere oltre l'apertura del foro. Io stesso non scorgevo che la zolla di terra, la quale s'era accumulata contro il sasso di chiusura della buca, e che, senza l'appoggio d'esso, prendeva l'aspetto d'una zolla spaccata in mezzo. Durante lunghe ore d'immobilità, ho avuto dunque davanti ai miei occhi, a pochi centimetri di distanza, come unico orizzonte, quel pezzo di terra. La terra non l'avevo mai vista così da vicino. Non avevo mai pensato che una zolla di terra, osservata da presso, potesse essere una realtà così viva, così ricca, così immensa, un vero cosmo, un insieme inestricabile di montagne valli paludi gallerie, con ignoti e in massima parte sconosciuti abitatori. Quella è stata, nel vero senso della parola, la mia scoperta della terra. La stranezza è questa: sono nato qui, in campagna, e poi ho viaggiato mezza Europa, sono stato una volta, per un congresso, fino a Mosca; quanti campi, quanti prati ho dunque visto; certo migliaia di colline e di montagne, milioni di alberi, centinaia e centinaia di fiumi; eppure non avevo mai visto, in quel modo, la terra. Pensa un po', nonna, se gli sbirri non mi avessero costretto a nascondermi in una spelonca, dopo essere vissuto varie decine di anni, non avrei neppure saputo cos'è la terra. La parola terra, devo dirti, ha preso per me un significato molto preciso; essa indica adesso per me anzitutto quella tale zolla di terra, da me vista così da vicino, conosciuta così personalmente, e con la quale ho vissuto un certo tempo. La parola terra insomma adesso è per me come il nome di un buon conoscente. Devo dirti subito, nonna, ma forse tu l'avrai già capito, che quella zolla non era affatto d'una terra in qualche modo speciale, non era affatto terra scelta, particolarmente fertile, era proprio un pezzo di terra qualsiasi. Quale avvenimento emozionante fu per me un mattino la scoperta, in quella zolla di terra, d'un chicco di grano in germoglio. In principio temei che il seme fosse già morto; ma dopo aver spostato, per mezzo d'una festuca di paglia, con lentissime precauzioni, il terriccio che l'attorniava, scoprii una linguetta bianca che da esso usciva, una linguetta viva, tenerissima, della forma e grandezza d'un minuscolo filo d'erba. Ah, tutto il mio essere, tutta la mia anima, nonna, si raccolse d'un tratto attorno a quel piccolo seme. Quanto mi disperai allora di non sapere esattamente che cosa convenisse fare per aiutarlo meglio a vivere. E anche adesso non so, e mi dispera, se quello che poi feci, fosse bene. Per ripararlo dal gelo e sostituire la mancata protezione del sasso da me allontanato, vi aggiunsi sopra una manata di terra; ogni mattina facevo sciogliere su di esso un po' di neve allo scopo di fornirgli l'umidità necessaria; e affinché non gli mancasse il calore, spesso vi alitavo sopra. Quella zolla di terra, con quel piccolo debole tesoro nascosto, minacciata da tanti pericoli eppure vivente, finì per acquistare ai miei occhi il mistero la familiarità la santità d'un seno materno. E poiché, in mancanza d'altra bevanda, anch'io ero costretto a dissetarmi con la poca neve che potevo raccogliere da quella apertura e che procuravo di scegliere pulita, eppure aveva sempre un certo sapore di legno e letame, un sapore di terra liquida, in un certo senso, quel piccolo seme e io ci nutrivamo dello stesso cibo; in un certo senso, eravamo diventati veri compagni. E sentivo la mia esistenza così labile, così esposta, così in pericolo, come quella del piccolo seme abbandonato sotto la neve; e, nello stesso tempo, come la sua, la sentivo così naturale, così vivente, così importante, anzi la sentivo come la vita stessa; voglio dire non come una immagine, non come una finzione, non come una rappresentazione della vita, ma come la vita stessa, nella sua umile dolorosa sempre pericolante realtà. Ah, è veramente impossibile, e sarebbe anche troppo comodo, consolarsi col concetto dell'immortalità (dell'immortalità della specie granaria) quando si trepida per la sorte d'un preciso chicco di grano, personalmente conosciuto e col quale s'è vissuto insieme. Mi dispiace, nonna, le mie parole non sono abbastanza semplici pulite chiare per queste cose che ti racconto. In tutto quel tempo, devo ripeterlo, non ho sofferto alcun speciale turbamento fisico o mentale. Soltanto il cuore, devo ammetterlo, mi batteva più forte del solito. In certi momenti percepivo distintamente all'orecchio i suoi colpi sordi profondi irregolari contro la debole cassa del torace, come venuti da remota lontananza, eppure così vicini, simili ai colpi di piccone d'un minatore in fondo a una miniera; in tutto simili anche (per una associazione precisa strana inesplicabile della mia memoria) ai colpi di martello del falegname sulla bara in cui fu rinchiuso mio padre. Misteriose vicinanze crea la memoria. Anche tu eri presente, nonna, quando mastro Eutimio sovrappose e inchiodò il coperchio sulla bara nella quale da ventiquattr'ore giaceva mio padre. Me lo ricordo come adesso. Era l'ora del crepuscolo. Per strada s'era già formato il corteo funebre. Lontano da tutti, chiuso a chiave nella mia cameretta, io premevo i pugni sugli orecchi, tenevo gli occhi chiusi, per isolarmi, per non sentire il pianto della mamma, il salmodiare dei preti; ma ben sentii i colpi del falegname sul coperchio della bara, quei colpi brevi sordi irregolari, come venienti da remota lontananza. Ah, non supponevo che sarebbero stati così duraturi, così tenaci nella memoria, così assimilati dal mio sangue, al punto che ogni volta quando il mio cuore s'agita e batte forte, distintamente li riascolto. È così difficile, nonna, seppellire il proprio padre? Non so se anche tu hai lo stesso ricordo. »

« Ne ho visto inchiodare delle bare, figlio mio » dice donna Maria Vincenza « ne ho viste sparire di persone amate, ne ho viste di fosse al camposanto aprirsi e riempirsi. »

« Quando le persone più care sono morte » continua Pietro « la vita prende allora un colore diverso, un tono ombreggiato; anche il mattino ci sembra sera. Forse il dolore per la morte di don Benedetto e d'un'altra persona che tu sai, nonna, m'aveva predisposto internamente a familiarizzare con gli esseri e gli oggetti del mio oscuro rifugio, a estraniarmi dal resto del mondo. A dire la verità, sono convinto che nemmeno l'arresto avrebbe allora potuto turbare quell'inclinazione del mio animo; e se tuttavia mi nascosi, fu solo per istintiva obbedienza a quella vecchia regola che proibisce ai gentiluomini di consegnarsi spontaneamente ai persecutori, allo scopo di non facilitare troppo il loro disgustoso mestiere. Varie volte, nei primi giorni del mio nascondimento, quando la valle di Pietrasecca era infestata da poliziotti da militi da carabinieri, mi venne l'idea d'uscire dal mio nascondiglio, di chiedere loro: Si può sapere, miei signori, chi cercate? Si può sapere perché annusate e frugate, come cani a caccia, sotto ogni cespuglio, dentro ogni grotta, dietro ogni roccia? Ah, cercate me? Volete prendermi con voi? Me con voi? Ma non v'avvedete, imbecilli, ch'io non vi appartengo, ch'io sono d'un'altra razza? Non sapete che anche carico di catene non sarò mai in vostro possesso? Siccome siete stupidi, ora vi spiego come questo avvenga: ecco, io sono di quelli il cui regno non è di questo mondo, quest'è il segreto mio e dei miei amici. Badate, però, a non confondere, non ho voluto dire che il nostro regno sia per caso nei cieli; quello, generosamente, lo lasciamo ai preti e ai passeri; no, il nostro regno è sotto terra. Così avrei parlato ai miei stupidi cercatori, se già allora, in quei primi giorni, avessi potuto separarmi a cuor leggero dai compagni trovati nella stalla. Ma solo più tardi, quando il traino mi ricondusse a valle sul fiume del tempo, mi accorsi a qual punto essi fossero entrati nella mia esistenza. Devo confessarti, nonna, che spesso, svegliandomi qui di notte, mi succede di domandarmi: che farà adesso Infante? avrà trovato qualche rifiuto da mangiare ieri sera? Avrà imparato qualche altra parola? ricorderà ancora quello che io gli insegnai? Che farà Susanna? »

« Susanna? » chiese donna Maria Vincenza sorpresa.

« Sì, essa era anche lì, te l'ho già detto » dice Pietro « perché ti meravigli? »

« Una donna? »

« Sì, cioè, no; insomma l'asimo da me spesso nominato, è un'asina e si chiama Susanna; credevo d'avertelo già detto. Spassionatamente parlando, come bestia, Susanna non è proprio nulla di speciale. Essa è anzi un'asina del tutto ordinaria, magra, quasi scheletrica, deformata dalle fatiche, dai parti, con numerose escoriazioni e chiazze spelate sul dorso e sulle gambe; ma non manca di qualità, è taciturna paziente rassegnata calma, ah, sì, molto calma, priva delle ridicole ambizioni che spesso corrompono la povera gente. Il mio affetto per Susanna, nonna, l'avrai capito, non appartiene al genere vago e stucchevole "protezione degli animali"; mi sono affezionato a quella povera bestia solo perché per qualche tempo abbiamo mangiato lo stesso pane e dormito sulla stessa paglia; posso anche aggiungere così a lungo, senza litigare, senza snervarmi. Susanna ha uno sguardo... Hai tu mai guardato, nonna, un asino negli occhi? »

« Forse, non so, caro, non ricordo. »

« Ah, certo, non l'hai mai guardato, altrimenti non l'avresti potuto dimenticare. Se gli asini parlassero, nonna... »

« Credi a me, figlio mio, non direbbero, non potrebbero dire nulla di sovrumano. Chiederebbero buona paglia, acqua pulita. »

« Ebbene, sia pure. Anche se gli asini non andassero oltre quelle due o tre parole, esse corrispondono almeno a cose concrete visibili palpabili. Sarebbe, per la nostra vecchia barocca cultura, un'immensa fortuna, se si potesse ricominciare da capo, ricominciare dalla nuda paglia e dall'acqua pulita, se si potesse andare avanti a tastoni, mettendo al vaglio a uno a uno i paroloni in uso. »

« Ma, figlio mio, per sapere cosa siano la giustizia l'onore la fedeltà nessuna creatura ha bisogno di consultare chicchessia; e il resto, in quanto a me, che se lo prenda il diavolo. Intanto non capisco perché Venanzio tardi a tornare; forse sarà finito in qualche osteria, senza pensare che noi l'aspettiamo. »

Poiché l'attesa si prolunga, Pietro persuade la nonna d'andare a riposare, e di lasciarlo solo ad aspettare il garzone.

Per ingannare l'attesa egli entra in una camera attigua che si chiama ancora, dopo trent'anni dalla sua morte, la camera di don Bernardo, e si mette a rovistare tra i vecchi libri d'agricoltura e vite di santi; la letteratura non vi è rappresentata che dalla *Divina Commedia*, dalla *Gerusalemme liberata* e dalle *Mie prigioni*; e la storia dal Muratori e dal Botta. Manca qualsiasi manuale per insegnare a parlare ai sordomuti. Pietro se n'è già amaramente lamentato con la nonna.

"Nella tua biblioteca insomma manca l'essenziale" le ha detto un giorno senza ambagi.

"Non abbiamo avuto mai sordi in famiglia" si è scusata donna Maria Vincenza.

"Ah, la famiglia, sempre e solo la famiglia" Pietro ha commentato con fastidio.

Pietro si mette per un po' a scorrere un *Barbanera* e s'incuriosisce a leggervi i pronostici meteorologici agricoli dinastici e tellurci dell'annata; ma poiché nessun terremoto è segnalato nella regione di Roma, finisce col trovare l'almanacco stupido e reazionario, sbadiglia, la testa comincia a pesargli per il sonno e a cadergli sul petto. Egli spegne le luci della stanza e spalanca una finestra, forse contando sull'aria fredda della notte per rimanere desto; la finestra, come tutte le altre del pianterreno è protetta da una solida inferriata. Egli sale sul davanzale per cercare di vedere più lontano, ma il suo orizzonte resta ancora limitato dal muro di cinta; al di là di esso i rami scheletrici e contorti degli alberi sembrano fili di ferro spinato. Benché il cielo sia coperto di nuvole, la neve dà al cortile un discreto chiarore; sotto la neve gli oggetti del cortile hanno perduto la loro corporeità e son diventati pure forme, rettangoli quadrati triangoli piramidi, attorno al cilindro del pozzo. Il cancello è un rettangolo nero. Al di là è il mondo. Pietro tende l'orecchio per tentare di percepire con l'udito quello che non gli riesce di vedere. Egli riascolta, al di là del cancello scorrere l'antico fiume del tempo; sul mormorio di quelle acque arrivano i lamentosi latrati di alcuni cani da pagliaio. Pietro rimane a lungo in ascolto con la fronte appoggiata contro una sbarra di ferro. Il cortile davanti a lui somiglia a un isolotto, il muro di cinta a una diga, e l'inferriata che protegge la finestra è in tutto simile a quella delle carceri. Egli fissa gli occhi alla direzione del cancello, che deve parergli molto vicino, incredibilmente vicino. Pietro salta bruscamente giù dal davanzale e chiude la finestra. Corre alla porta, ma la trova solidamente sbarrata; oltre alla pesante serratura e a un catenaccio, essa è rafforzata, a contrafforte, da due punterelli di ferro appoggiati a terra e da due bracci di ferro legati al muro ad altezza d'uomo. Dall'interno però è facile aprire. Decide di andar via. In punta di piedi sale le scale che conducono alla sua camera, cerca nell'armadio un mantello pesante una sciarpa guanti di lana e un paio di stivali, e s'accinge a scrivere su un pezzo di carta due parole d'addio alla nonna.

Ma in quel momento donna Maria Vincenza lo chiama dalla stanza accanto; egli esita, però alla terza o alla quarta chiamata non gli resta che deporre su una sedia gli indumenti di lana ed entrare nella camera della nonna per vedere se abbia bisogno di qualche cosa. La camera è illuminata da un lumino a olio posto su una mensola. Donna Maria Vincenza giace supina, con le mani giunte come in atto di preghiera. Sul tavolino accanto al letto è rimasta aperta la Filotea.

« Venanzio non è tornato? » gli domanda. « E tu non sei ancora a letto? Figlio mio, è suonata poco fa mezzanotte. Oh, a me pare d'aver dormito già molte ore. Ho sognato di te, caro, e volevo venire nella tua camera a raccontartelo, quando ho sentito i tuoi passi. Che sogno faticoso triste strano. Mi sono svegliata poco fa, di soprassalto, per l'angoscia del sogno. Siediti un momento qui, caro, ai piedi del letto, così forse mi passa la paura e riesco a ricordarmi di come sia andato. Ah, ecco, dunque, ho sognato d'essere un'asina. Sai, non per modo di dire, ma una vera asina a quattro zampe, una somara qualsiasi, proprio molto ordinaria e già vecchia. Fin qui, in fin dei conti, non ci sarebbe nulla di strano. Ma in qualità d'asina, nel sogno, m'incombeva l'obbligo di portare te in groppa alla ricerca di tuo padre. Sarebbe falsa modestia, figlio mio, se dicessi che tu eri leggero; non meno di sessanta chili li avrai certamente pesati; ed è stato un camminare assai penoso per valli montagne colline, a fianco a torrenti a fiumi sconosciuti, dentro boschi oscuri paurosi. Una fatica simile in tutta la vita non m'era mai capitata. E benché io non dimentichi ch'è stato un sogno, t'assicuro che anche adesso sento le ossa della schiena e delle ginocchia fortemente indolenzite. Forse, dunque, non è stato un sogno. Di te, come cavaliere, non posso lamentarmi, non posso nemmeno dire che tu m'abbia troppo battuta; solo quando rallentavo il passo, non mancavi di darmi forti colpi di tallone ai fianchi, e gridavi: Arri, arri, là, come appunto si usa con gli asini. Be', insomma, a me incombeva l'obbligo di riportarti a tuo padre, e mi era stato detto, vagamente, ch'egli vivesse rifugiato in un santuario. Chi sa poi perché, tuo padre in vita sua fu un buon cristiano, ma preferì sempre il puzzo del tabacco a quello delle candele. T'ho dunque portato anzitutto a San Domenico di Cocullo, ma tuo padre non c'era. Di lì siamo andati alla Madonna della Libera di Pratola; poi a San Giovanni da Capestrano. Ah, figlio mio, salendo per certe coste mi sono sentita varie volte mancare il fiato. A ogni santuario t'ho deposto alla porta, sono entrata in chiesa, ho cercato di tuo padre nei crocchi dei pellegrini nei santuari nei confessionali nelle cappelle delle navate laterali dietro l'altare maggiore in sacrestia nelle foresterie; il più strano era che nessuno si stupiva di vedere un'asina girare per la chiesa.»

«L'asino in chiesa è come di casa» dice Pietro. «Un asino c'è in ogni presepio, in ogni fuga in Egitto.»

«Per strada domandavo alla gente: Per caso, buona gente, non avete visto passare il padre di questo ragazzo? Buona asina, m'ha sempre risposto la gente, veramente ci dispiace, ma non l'abbiamo visto. E così abbiamo dovuto continuare la nostra cerca da un santuario all'altro. Da Capestrano t'ho portato a San Gabriele dell'Addolorata; e poi, lasciando dietro a noi le montagne e camminando accanto al mare, finalmente siamo arrivati alla Santa Casa di Loreto. Là sotto il grande portale, ci aspettava lui, tuo padre. Egli era molto pallido e, se devo dirti la verità, non appariva proprio di buon umore, no, non sembrava quello che si dice un uomo allegro. Appena ci vedrà, ho pensato tra me, appena ci riconoscerà, piangerà per la contentezza e succederà come nella pia parabola del figliol prodigo. Ho girato la testa verso di te per invitarti a scendere dalla mia groppa e a correre nelle sue braccia. Ma non c'eri più, nessuna traccia, nessuna ombra di te si vedeva sul piazzale, né sulla scalinata del santuario; eri sparito. Adesso, figlio mio, dovresti spiegarmi, perché m'hai fatto fare tutta quella strada e poi, senza dirmi nemmeno una parola, sei scappato via? Ti sembra ben fatto?»

«Nonna, è stato un sogno» protesta Pietro.

«Ah, scusa, si vede che sono ancora mezzo addormentata, la brutta paura non m'è ancora passata.»

In quel momento si sente cigolare il cancello. Da dietro le persiane Pietro vede l'ombra d'un uomo attraversare il cortile, alzare un momento la testa verso le finestre della stanza di donna Maria Vincenza, esitare alquanto, e poi volgere a sinistra, sparire dietro la casa.

«È Venanzio» dice la signora. «Riconosco il passo. Sia ringraziato Dio, non gli è successo nulla.»

«Ma perché non sale?» dice Pietro. «Egli potrebbe immaginare che io, che noi l'aspettiamo.»

«Avrà fame e sarà stanco. Ma se vuoi, puoi scendere nella sua camera. Sai, non hai bisogno d'uscire fuori, di fare il giro della casa; puoi arrivarci per la scaletta interna, attraverso il granaio.»

XIII

Pietro scende per una scaletta a chiocciola fino a un corridoio buio; la porta in fondo è la camera di Venanzio. Pietro trova il garzone seduto sulla sponda del letto, mentre mangia della minestra fredda da una grande scodella posata sulle ginocchia. In un tegame posato su una sedia c'è anche un pezzo di baccalà giallastro, condito con olio pepe e aceto. La camera è uno stanzone a pianterreno, squallida gelida umida col pavimento di mattoni in gran parte scrostati e traballanti; in un canto sono ammucchiati alcuni barili, una pompa da insolfare, una carriola a mano, alcune pale; se non ci fosse il letto, si direbbe una rimessa. All'apparire di Pietro il garzone posa per terra la scodella della minestra. Egli è infangato fino alla testa, ha i panni impegolati sul corpo, i lunghi baffi gli pendono a coda di topo, e appare estenuato, tetro, di pessimo umore.

« È stato rilasciato? » gli chiede Pietro ansioso.

« La prossima volta, credetemi pure, signorino, preferirò condurre un paio di buoi sul monte Marsicano » risponde Venanzio furente, posando, quasi gettando la scodella per terra. « Preferirò andare a piedi al santuario della Trinità. »

« Certo, Venanzio, se credi che basterà a salvarti l'anima, vacci pure; ma non è questo che t'ho domandato. »

« Sì, sì, il vostro amico è fuori, il vostro amico è stato rilasciato, a voi, naturalmente, non v'importa d'altro. »

Egli dice "il vostro amico" con goffo sarcasmo.

« Credete forse » egli prosegue « che i carabinieri volessero tenerlo in prigione e nutrirlo per il resto dei suoi giorni? Certo, la vita del pensionato statale piace a tutti; ma essa non è per i cafoni, è riservata a quelli che in vita loro oziano e quando arrivano alla vecchiaia sono stanchi di non aver fatto nulla. D'altronde, anche senza la mia testimonianza, il brigadiere m'ha spiegato che al più tardi domani o dopodomani avrebbero messo in libertà quel sordo girovago, perché da sé stesso, a suo modo, a forza di gesti e di mugolii, gli aveva già fatto capire d'essere oriundo di Pietrasecca, e di chiamarsi Fante o qualche cosa di simile; e, in fin dei conti, essi l'avevano arrestato soprattutto perché il curato, preso dal panico, l'aveva preteso, non per altro. »

Pietro l'interrompe:

« Dove si trova ora? È stato riaccompagnato a Pietrasecca? »

« Vi arrivo subito, signorino, abbiate un po' di pazienza. Intanto devo dirvi che il rilascio non è andato così liscio come voi m'avevate fatto credere; mi sono trovato, anzi, in un vero impiccio. I carabinieri, ve l'ho già detto, sapevano già chi fosse quell'uomo, non avevano più dubbi sulla sua persona, ma per rimetterlo in libertà avevano bisogno d'una firma, così, sembra, vuole la legge. Per ogni atto ci vuole una firma, una pezza d'appoggio, m'ha spiegato il brigadiere, da mettere in Archivio. E siccome a Pietrasecca, ch'è una semplice frazione, non vi sono uffici, i carabinieri aspettavano la firma del municipio di Lama, dal quale Pietrasecca dipende; una firma qualsiasi su un pezzo di carta, in cui fosse scritto: il tale è veramente nato, dunque esiste, e basta, tanto per l'Archivio. Da stamattina il brigadiere aveva scritto al municipio, e al più tardi domani o dopodomani, salvo imprevisti, la firma sarebbe arrivata, le esigenze dell'Archivio sarebbero state soddisfatte e l'arresto in tal modo divenuto superfluo, avrebbe avuto fine. »

« L'Archivio dei carabinieri, Venanzio, a dirti la verità, in questo momento non m'interessa molto. Hai visto Infante? Porta i segni di percosse, di maltrattamenti? »

« Neppure a me, signorino, l'Archivio ha mai interessato, potete credermi. Io mi sono sempre occupato degli affari miei, questo anche voi lo sapete, o dovreste saperlo. Ma il brigadiere m'ha parlato dell'Archivio, signorino, avreste dovuto vederlo, con lo stesso rispetto della zia Eufemia in adorazione davanti al SS. Sacramento, per concludere, con l'infingardia di chi ti fa una carezza con la stessa mano in cui nasconde un coltello: Adesso, Venanzio, scrivo subito il verbale di riconoscimento, metto su un foglio di carta quello che tu m'hai raccontato di quell'uomo, tu ci metterai sotto la tua firma e quell'uomo sarà subito rilasciato. »

« Per farla breve, tu hai firmato e quello è stato rilasciato. Ti ringrazio. »

« Io ho preso invece il cappello. Signor brigadiere, statevi bene, gli ho detto, e mi sono incamminato in fretta verso l'uscita. Al vedersi sfuggire la preda, il brigadiere m'ha rincorso, ha chiuso la porta e vi ha messo un piantone; poi ha cercato di farmi credere che l'avevo frainteso, mentre in realtà l'avevo capito benissimo, e che la sua richiesta era una semplice formalità, la cosa più innocente di questo mondo. Che diamine, Venanzio, m'ha detto, hai fatto trenta puoi fare trentuno, le parole vanno bene, non dico mica di non credere alle tue parole; ma le parole volano, mentre l'Archivio resta. Sii ragionevole, Venanzio, ha proseguito, la tua firma è indispensabile, non per me, ah, se si trattasse solo di me, ma per l'Archivio, non si scherza mica con l'Archivio; il brigadiere ha quindi preso un foglio di carta e ha cominciato a scrivere. A quella vista, a me il sangue è salito alla testa, l'ho afferrato per un braccio e gli ho fatto posare la penna. Per l'amor di Dio e la salvezza delle anime nostre, signor brigadiere, gli ho detto, risparmiatevi ogni fatica, non firmo. Non crediate, signor brigadiere, gli ho dichiarato, d'avere a che fare con un cafone ignorante; io sono stato a scuola, so bene che cosa voglia dire una firma, e quanta gente, per una firma, per una semplice firma, s'è rovinata la vita. A sentirmi parlare in quel modo, il brigadiere ha preso un'aria avvilita, non sapeva capacitarsi di non essere riuscito a illudermi, e gli sembrava impossibile che un onesto cristiano fosse entrato in caserma e ne uscisse senza essere stato messo in Archivio. Senonché, testardo, non voleva ancora darsi per vinto e ha ripreso a parlarmi tra il seducente e il minaccioso, mentre riflettevo, recitando il mea culpa: questa è una punizione meritata, mi capita perché ho voluto impicciarmi nei fatti degli altri. Durante tutta la mia vita non mi ero occupato che degli affari miei, e adesso, proprio adesso, dovevo mettere il piede in questa trappola? Allora, Venanzio, vuoi firmare la tua testimonianza? ha concluso infine il brigadiere al termine della sua tiritera. Per l'amor di Dio, signor brigadiere, gli ho risposto, abbiate almeno rispetto dei miei capelli grigi; durante tutta la mia vita, signor brigadiere, ho vissuto in maniera onorata e proprio adesso dovrei compromettermi? Venanzio, m'ha detto il brigadiere perdendo l'ultima illusione, non sapevo che tu fossi così stupido. Certo, signor brigadiere, mi sono affrettato a rispondergli, dev'essere molto noioso per una persona intelligente come voi di perdere il tempo a conversare con una persona stupida come me; spero dunque che mi lascerete subito partire. »

« Insomma, Venanzio, immagino che infine avrai pur firmato, poiché, come m'hai detto, Infante è stato rimesso in libertà. L'hanno riaccompagnato a Pietrasecca? »

« M'è successo ben peggio, signorino, ahi, me infortunato. Quando il brigadiere s'è convinto di non potermi ingannare, ha cambiato faccia e m'ha detto: Tu resterai qui, Venanzio, finché mi pare; non vuoi firmare? be', te ne pentirai ha aggiunto con un sorriso di scherno; nell'Archivio ti ci ficco lo stesso; con l'Archivio, Venanzio, lo sai, non si scherza. Metterò a verbale la tua deposizione e aggiungerò che hai rifiutato di firmarla adducendo pretesti facinorosi. Il tuo rifiuto sarà certificato dalla firma mia e del carabiniere di guardia e resterà nell'Archivio finché vivrai, Venanzio, e anche dopo, molto dopo, sta sicuro, con l'Archivio non si scherza. Non ho avuto nemmeno bisogno, signorino, di riflettere al senso di quelle parole; ho capito d'essere perduto, e in modo irreparabile; i miei peggiori presentimenti, pei quali voi m'avete deriso, s'erano dunque avverati. Se la terra in quel momento si fosse aperta sotto i miei piedi, e vi fossi precipitato dentro, non ne avrei ricevuto un turbamento maggiore. Gli sforzi d'onestà di tutta la mia vita erano stati vani. Passato il primo smarrimento, mi sono messo a piangere come un bambino; che altro potevo fare? Un forte groppo alla gola m'impediva di spiccicare una sola parola di difesa o di protesta; se anche avessi potuto parlare, a che sarebbe servito? Il brigadiere intanto scriveva, con un sorrisetto diabolico sulle labbra; scriveva lentamente, compiacendosi di ognuna delle sue dannate parole. Dopo aver scritto una frase, posava la penna per avvicinare alle labbra una sigaretta accesa; aspirava profondamente e poi seguiva con lo sguardo la nuvoletta di fumo azzurro dissolversi nell'aria. Ogni tanto mi chiedeva un particolare delle mie generalità: Venanzio Di Dio, come ti chiami? Chi fu tuo padre? Non ti capisco, gridava, rispondi più forte; chi fu tuo padre? Rispondi più forte, insisteva, non ti capisco. Ogni risposta me la faceva ripetere tre quattro cinque volte, a voce sempre più alta, col pretesto di non capirmi. In realtà, perfino lo sbirro di piantone alla porta capiva le mie risposte e rideva; perfino la gente per strada si fermava ad ascoltare. Quanto tempo è durato quel martirio? Io stavo seduto su un banco col cappello tra le mani, grondando sudore in tutto il corpo, e la testa sembrava dovermi scoppiare. A fianco a me c'era una finestra con l'inferriata; di fronte, la parete col ritratto del re e della regina. A un certo momento lo sbirro ha guardato l'orologio, s'è alzato, ha detto al piantone: vado a mangiare, tieni d'occhio costui. S'è fatto buio e, a considerarmi seduto su quel banco, solo, indifeso, in quella stanza ostile, mi sono reso conto di tutta la mia infelicità e del mio triste destino. Quella nuova sventura mi appariva nello stesso tempo incomprensibile e naturale. »

« Mi dispiace di avere interrotto la tua cena » dice Pietro. « Non puoi continuare il racconto mentre mangi? »

« Non ho fame » risponde Venanzio.

Il racconto è per l'infelice sofferenza e sfogo. Per parecchio tempo gli sarà impossibile pensare ad altro.

« Dopo un'ora o un'ora e mezzo il brigadiere è tornato » egli riprende a dire. « Aveva uno stecchino tra i denti, ed ha acceso la luce; cantarellava una canzonetta e sembrava d'avere più bevuto che mangiato. Egli ha apposto la sua firma in basso al foglio già scritto rimasto sul tavolino; ha chiamato il piantone e ha fatto firmare anche lui. Poi ha riposto il foglio in una scatola e l'ha messa in un armadio, guardandomi sogghignando. Senza che lui me lo dicesse, ho capito subito che quello era il maledetto Archivio. Puoi andartene, m'ha detto infine lo sbirro. No, aspetta, devi ancora pagare al sordo il denaro che gli devi. Da una botola che conduceva sotto terra, ho visto sorgere quel disgraziato, ridotto come *l'ecce homo*, zoppicante, un occhio gonfio, la barba inselvatichita, e gli ho messo in mano il biglietto di cinquanta lire datomi da donna Maria Vincenza. »

« Non s'è meravigliato? »

« No. Ha guardato il biglietto di banca distrattamente, come una cartolina postale. Forse non aveva mai visto una somma così alta e non sapeva di che si trattasse; oppure avrà pensato che quella somma gli spettasse, che fosse la paga dei detenuti, non si sa mai. Adesso andatevene, ci ha ordinato villanamente il brigadiere. Appena per strada, mi sono avvisto che s'era fatto già tardi. Sono andato avanti alcuni passi assieme al sordo, poi gli ho indicato l'accorciatoia per Orta e gli ho detto: Va', va' con Dio, uomo, e non farti mai più vedere da queste parti. Ma lui, dopo un po' d'incertezza, ha continuato a camminare dietro a me. Ho già detto che s'era fatto tardi, ma per strada si vedeva ancora gente, qualche rara donna attardatasi in chiesa dopo la predica, i soliti ubbriachi nella prossimità delle cantine. Veramente a me non sarebbe piaciuto di farmi vedere in compagnia di quel forestiero così mal ridotto e di sentirmi chiedere se anch'io fossi stato arrestato, e il come e il perché. Ah, signorino, voi non v'immaginate come la povera gente può essere maligna. Vieni, ho detto perciò al sordo, voglio accompagnarti per un pezzo di strada, e l'ho tirato per un braccio. Abbiamo preso assieme l'accorciatoia sotto la casa di don Lazzaro, e così ci siamo trovati in breve fuori dell'abitato. Ai piedi della collina abbiamo dovuto lasciare la mulattiera, dove affondavamo nella neve fino al ginocchio e abbiamo preso la strada carrozzabile. Dopo un bel tratto ho fatto cenno al sordo di continuare da solo: Va', va' con Dio, gli ho detto, e mai ti venga l'infelice idea di tornare in questa contrada. Ma mentre m'affrettavo verso Colle, ho udito un rumore di passi dietro di me; mi sono girato di nuovo e ho visto lui seguirmi. A dirvi la verità allora ho perduto la pazienza. Vuoi la mia rovina? gli ho gridato. Non ti basta d'avermi compromesso nell'Archivio dei carabinieri? Perché mi segui? Sono forse tuo padre? Va', gli ho ripetuto, vattene per la tua strada. Ma erano ragionamenti inutili, perché lui non mi capiva; per tutta risposta ha mugolato qualche mezza parola incomprensibile. In quel momento ha ripreso a nevicare fitto. Siamo dunque rimasti lì, in mezzo alla strada, sotto la neve, a guardarci l'un l'altro, ognuno incapace di spiegarsi con l'altro, eppure, dal caso, legati assieme; come certe volte si vede nei mercati una capra e un asino legati allo stesso palo. Era evidente che quel pover'uomo, mal ridotto e mezzo azzoppato dalle battiture degli sbirri, con quel tempo e su quella stradaccia avrebbe dovuto camminare tutta la notte per arrivare a Pietrasecca. Dico questo nel migliore dei casi, se le forze l'avessero sostenuto fin lassù. M'è venuta allora l'idea (ma devo confessarvelo, signorino, soprattutto per togliermelo dalle calcagne) di trovargli un rifugio per la notte, lì, nelle vicinanze. Vieni con me, gli ho dunque detto, e l'ho tirato per un braccio perché mi capisse. Abbiamo lasciato la via carrozzabile e siamo entrati nei campi, percorrendo alcune centinaia di metri, fino al canale del mulino; poi, seguendo la linea dei pioppi e facendo bene attenzione a non precipitare nell'acqua, siamo arrivati al vecchio pagliaio degli Spina, che continua a chiamarsi così, benché già da una trentina d'anni don Bastiano, vostro zio, l'abbia venduto a Simone-la-faina, che ora vi abita. Non sapete chi è Simone? È un uomo strano; chi non lo conosce, non se lo può immaginare. Da benestante si è ridotto peggio di un cafone, per superbia, e non saprei dirvi se in lui prevalga il buon cuore o la stravaganza. Un tempo era un grande amico di vostro zio don Bastiano, benché sarebbe impossibile immaginare due caratteri più diversi. Quando si sparse la notizia che la forza pubblica vi ricercava nella contrada di Pietrasecca, Simone non se lo fece ripetere due volte e venne sul posto. Come poi si è risaputo, egli fu subito fermato dalla polizia e interrogato. Sono venuto a caccia, egli spiegò, a caccia ai lupi, e mostrò un fucile caricato appunto a lupara. Ma non aveva la patente. Neanche i lupi l'hanno, egli disse a propria difesa. L'argomento non fu accettato, gli sequestrarono il fucile e gli imposero una multa che certamente non avrà pagato.

«Nella situazione in cui mi trovavo» prosegue Venanzio «l'unica persona a cui potevo rivolgermi con sicurezza di essere aiutato era appunto Simone. Arrivati davanti al pagliaio l'ho chiamato ad alta voce, ho bussato con forza alla porta, ma dall'interno solo il cane ci ha risposto. Il cane latrava contro di noi come un dannato e s'avventava rabbiosamente contro la porta, che per fortuna era chiusa. Di Simone nessun indizio. Quando già m'ero deciso ad andarmene e a lasciare lì il sordo, ho visto venire un'ombra lungo il ciglio del canale da noi costeggiato poc'anzi. Dal modo traballante di camminare ho capito ch'era Simone che, come al solito, aveva bevuto parecchio, e poiché s'affrettava, forse allarmato dai latrati del suo cane, alcune volte l'abbiamo visto ruzzolare nella neve. Più che pratica del luogo, la fortuna, che predilige gli ubbriachi, deve averlo salvato dal cadere nell'acqua. Ogni volta che si rialzava, egli aizzava il cane contro di noi: Leone, mordili, divorali, gridava. Solo quando s'è avvicinato a qualche metro, egli m'ha riconosciuto, e ha riconosciuto perfino il sordo, per averlo visto la sera prima, al momento dell'arresto. Simone già sapeva, naturalmente, del mio interrogatorio in caserma, per averne udito parlare nelle due o tre cantine in cui aveva passato la serata. Egli aveva anzi udito dire ch'io ero stato trattenuto in arresto, per cui al riconoscermi assieme al sordo, in quell'ora e in quel posto insolito, s'è subito molto rallegrato con noi, credendo che fossimo entrambi evasi dal carcere, e s'è messo ad abbracciarmi, a baciarmi, a congratularsi con me. Purtroppo, Simone è stato sempre così. Non voglio dire che sia una cattiva persona; no, anzi ha certamente buon cuore e, quando è sobrio, uomo di forza e coraggio non comuni; ma egli non ha mai saputo farsi i fatti suoi; e perciò le sue cose sono andate di male in peggio, ha perduto il mulino e le vigne che possedeva e da qualche anno s'è ridotto a vivere proprio come una bestia. Non vedevo dunque il momento di lasciargli il sordo e tornarmene a casa; senonché Simone non voleva togliersi dalla testa che noi fossimo evasi dal carcere, e pretendeva perciò che fosse pericoloso per me tornarmene qui dove gli sbirri m'avrebbero per prima cercato. Mentre egli frugava nelle tasche per trovare la chiave della porta, ha imposto silenzio al cane, che continuava a latrare, avvertendolo che noi eravamo persone doppiamente sacre, come ospiti e come perseguitati dai carabinieri; e s'è messo a cantare, a un orecchio del sordo, una vecchia canzonetta proibita che ha come ritornello:

Ah, venirà venirà venirà
Quel dì...

« A varie riprese ho cercato di spiegare a Simone, a costo di deluderlo, che noi non eravamo, a dire il vero, propriamente evasi; ma non m'ha creduto. Tu la sai lunga, m'ha detto, ma non la sai raccontare. Da un coniglio come te, Venanzio, egli m'ha detto continuando a cercare la chiave, da un leprotto come te, a dirti la verità, non me l'aspettavo. Non dico questo per offenderti, ha aggiunto, ma per incoraggiarti. Continua così, m'ha anche detto, e diventerai un uomo. Finalmente, trovata la chiave, ha iniziato le ricerche del buco della serratura. Hai osservato anche tu, m'ha detto, che nel buio la chiave s'ingrossa, mentre il buco della serratura si restringe e delle volte perfino misteriosamente sparisce? E altre sciocchezze di questo genere, mentre io non vedevo il momento di tornarmene a casa. Se tenti di scappare, egli m'ha avvertito, bada, Venanzio, che aizzerò Leone alle tue calcagne. Mi sono dovuto perciò rassegnare a sorbirmi il suo parlare sconclusionato e ad aspettare che, una volta entrato in casa, fosse preso dal sonno. Ho dunque acceso vari fiammiferi per aiutarlo a trovare al più presto la toppa della serratura; ma egli non mostrava la stessa fretta. Hai osservato anche tu, Venanzio, m'ha detto, che appena si fa luce, la serratura invece d'un buco ne mostra improvvisamente due? E come può un povero cristiano indovinare quale d'essi sia il giusto e onesto, e quale il finto? Infine, con l'aiuto di Dio, la porta s'è aperta. Simone è entrato ed ha acceso una lanterna a olio. Egli ci ha presentato con molte cerimonie al cane Leone e poi l'ha costretto ad accucciarsi sul suo giaciglio, in un angolo dello stanzone. Egli ci ha presentato anche il suo asino, di nome Cherubino, allungato sul suo letto di paglia in fondo alla stanza, e gli ha augurato buona notte. Il pagliericcio di Simone, con alcune coperte cenciose, era in mezzo alla stanza, e accanto, su due cavalletti, troneggiava una botticella di vino. La mia camera sarebbe al primo piano, m'ha spiegato, ma la solitudine m'annoia. Puoi allungarti subito sul tuo saccone, gli ho detto, e spegnere la lanterna; basta guardarti, si vede che sei molto stanco; io salirò sul pagliaio e butterò giù la paglia per il giaciglio del sordo e per il mio. Ma Simone ha voluto riempire un boccale di vino e offrirci da bere. Sono povero, ci ha detto, però conosco e rispetto le leggi dell'ospitalità. Sono le sole leggi degne di rispetto, ha aggiunto, e in un paese cristiano non dovrebbero esservene altre. Poi ha voluto offrirci anche pane e formaggio. Si potrebbe vivere così bene, egli ha mormorato a un orecchio del sordo, se riuscissimo a impiccare gli sbirri. Naturalmente, ha aggiunto dopo aver riflettuto, una buona porzione si potrebbe anche fucilarli e una buona porzione sgozzarli; e ha accompagnato le parole col gesto della massaia che sgozza la gallina e col grido gutturale della gallina strozzata. L'importante però, ha ancora aggiunto, sarebbe di distruggere per sempre il loro seme; potrebbe dunque bastare di castrarli. Pensa un po', sordo, si potrebbe vivere così bene. A udire questi sproloqui, io non vedevo il momento di scapparmene via e tornarmene qui, a riposare finalmente la mia povera testa. Ma c'è stato un momento straordinario quando d'un tratto, il sordo, forse rianimato dal vino, s'è messo a ridere. E ha parlato. Anzitutto egli ha riso, e mostrando il pane che avevamo in mano, ha detto distintamente, sillabando, con voce chiara, proprio con la stessa nostra voce: Cumpagni. Noi non credevamo quasi ai nostri orecchi. Come, non sei muto? gli abbiamo gridato. Hai fatto finta, finora? Ti sei burlato di noi? Egli ha riso e ripetuto: Cumpagni. Poi ha voluto dare dei tozzi di pane anche al cane e all'asino, e indicando noi cinque, tutti assieme, ha ripetuto ridendo: Cumpagni. Insomma era la sola parola che sapesse pronunciare bene. Che avete, signorino? Vi sentite male? »

« No, sono solo un po' raffreddato, Venanzio, non farci caso, è senza importanza. »

« Il tempo intanto passava e io non vedevo il momento di tornarmene a casa. A un certo punto m'è scappato detto, senza alcuna intenzione: Chi sa come sarà preoccupata donna Maria Vincenza. A quel nome Simone s'è scosso, ha aggrottato le sopracciglia: Credi, egli m'ha chiesto, che la signora Spina sarà veramente in pensiero se non rientrerai e non saprà dove ti trovi? Certo, gli ho risposto, mi meraviglia che tu mi faccia una simile domanda; da quarantadue anni lavoro in quella casa, e sono sempre rientrato, ogni notte. E se gli sbirri ti riacchiappano? m'ha obiettato Simone. Egli s'è perciò offerto di andare ad aspettare donna Maria Vincenza, la mattina presto, all'entrata della chiesa, per avvertirla che il suo garzone si trova in luogo sicuro, e non stia in pensiero. Ma io non sono evaso dal carcere, ho risposto a Simone perdendo la pazienza; te l'ho già detto e te lo ripeto, non sono stato affatto dichiarato in arresto, mi sono sempre occupato dei fatti miei, ognuno lo sa, e non desidero nient'altro, anche nell'avvenire. Così m'è toccato di spiegargli da capo, perché e come, a quell'ora insolita, fossi venuto da lui per chiedergli unicamente d'alloggiare il sordo fino al mattino. Se è così, puoi andartene, m'ha detto Simone disgustato. Non me lo sono fatto ripetere due volte. Risalendo il vicolo del forno per tornare a casa, ho visto, da lontano, costeggiare il nostro muro di cinta una coppia di carabinieri, probabilmente in giro per la solita ronda notturna. Mai, nel passato, la ronda, è arrivata fin quassù. Ad ogni modo, siccome essi scendevano nella mia direzione, per non incontrarli, istintivamente, al primo angolo, ho preso un vicolo laterale e mi sono nascosto nel buio di un sottoscala, credo, sotto l'abitazione d'Anacleto il sartore. Perché mi sono nascosto? mi son subito chiesto. Di chi, di che cosa ho dunque paura? Quale delitto ho commesso? Che cosa, insomma, mi sta succedendo da alcune ore? La capacità di riflettere m'è passata sentendo i passi dei carabinieri, sempre più pesanti, scendere per il vicolo e svoltare proprio nella mia direzione, verso il mio nascondiglio. Me ne stavo tutto rannicchiato, avvolto nel cappotto nero e col cappello, pure scuro, sugli occhi; sarebbe stato molto difficile distinguermi in quel buio. Ma un dubbio m'ha colto: se i carabinieri, come fanno talvolta, portano con loro un cane? Se le galline d'Anacleto, d'un tratto, cominciassero a starnazzare? E se gli sbirri, in un modo o nell'altro, dovessero scoprirmi in quest'atteggiamento sospetto, quale spiegazione plausibile potrei darne? Quando essi mi sono passati accanto, a uno o due metri di distanza, ho chiuso gli occhi, ho trattenuto il respiro, e ho cercato di reprimere, con i pugni serrati a tutta forza contro il torace, i violenti battiti del cuore. Così, anche quando i loro passi non s'udivano più, sono rimasto ancora lì, stanco umiliato disgustato di me e dell'esistenza. Ecco cosa capita, mi son detto, a chi non si fa i fatti suoi; corri dietro al rospo e cadi nel fosso. »

« Venanzio » gli dice Pietro, afferrandogli amichevolmente una mano « credo che hai torto di pentirti di aver fatto un'opera buona; ma di ciò ne riparleremo un'altra volta. Ora è tardi, e prima di andare a dormire, vorrei solo dirti di non angustiarti troppo se il tuo nome è nell'Archivio dei carabinieri. Non passerà molto, credi a me, e quelle cartacce bruceranno. Buona notte, Venanzio, dormi bene e sogna archivi in fiamme. »

XIV

L'indomani, di buon mattino, Pietro è salito in soffitta e s'è arrampicato con una scala a piuoli fino alla finestrella più alta, per cercare di riconoscere in lontananza il pagliaio dove Infante ha passato la notte. Egli ha stentato a trovarlo perché l'ha cercato dapprima troppo lontano. Quando lì c'era ancora la scuderia di suo zio Bastiano, da ragazzo, Pietro era stato varie volte in quella contrada, e come spesso avviene per i ricordi dell'adolescenza, il tragitto dev'essergli rimasto nella memoria più lungo del reale. Una tramontana bassa e gelida ha già liberato il piano del Fucino dal nebbione notturno. L'ampia conca verdecenerina appare ora disabitata silenziosa morta, ed è chiusa, all'altezza della cresta delle montagne che l'attorniano, da un coperchio completo e uniforme di nuvole a strati, simile, nell'insieme, a un immenso canestro rovesciato, e anche, a un'immensa trappola per sorci. A un tratto, quando Pietro disilluso sta per abbandonare il suo osservatorio, egli scopre, proprio sotto il villaggio, quello che invano aveva cercato in lontananza. Dove il pendio della collina diventa un falso piano e le file verticali delle vigne s'intrecciano con quelle orizzontali degli orti, il suo sguardo cade sopra un filare di pioppi lungo l'argine di un fosso d'acqua; seguendo quella linea d'alberi egli ritrova l'edificio rustico e tozzo che ora serve d'abitazione a Simone-la-faina. Attorno al pagliaio non si vede anima viva. Infante sarà certamente ripartito. Un'esile colonna di fumo azzurrino esce dal comignolo della casa, che, vista in lontananza e dall'alto, sembra piantata sul filare stesso dei pioppi; e poiché la tramontana dà alla cima di quelli un movimento d'onda, la casa sembra un bastimento in procinto di levare l'ancora.

« Signorino, state strologando l'avvenire? » gli domanda ridendo Natalina. « Avremo anche questo anno la malattia delle galline? »

La serva regge con le due mani una trappola nuova, in filo di ferro, con un minuscolo sorcetto grigio, ancora vivo, catturato durante la notte.

« Natalina » grida Pietro « che pensi di fare di quella povera bestiola? »

« L'annegherò nella vasca dietro la stalla, signorino, come d'abitudine. »

Pietro scende dalla scala, in fretta, facendo i piuoli a due per volta.

« I sorci presi in chiesa » aggiunge Natalina ridendo « hanno una sorte peggiore, vengono spruzzati di petrolio e bruciati vivi da donna Carolina, la sorella del curato. Ogni mattina, fuori della sacrestia (che peccato, signorino, che non possiate assistervi) vi sono dei ragazzi che si divertono un mondo a quello spettacolo. Certe domeniche, anzi, durante la messa, è perfino difficile distinguere l'odore dell'incenso dal puzzo dei sorci bruciati. Non dico che i sorci non lo meritano, ah no; ma io trovo, signorino, ch'è meglio annegarli, è più semplice, e poi, col prezzo del petrolio. Donna Carolina però sostiene che per liberare la chiesa dai sorci ci vogliono esempi ammonitori e che i sorci ancora vivi devono odorare in anticipo quale atroce supplizio li aspetti. Con tutto ciò, non si può proprio dire che il loro numero in chiesa sia diminuito, anzi; nei confessionali delle donne, adesso, quelle schifose bestie si sentono zampettare e rodere perfino in pieno giorno. »

« Natalina » esclama Pietro che non riesce più a reprimere la sua indignazione « il tuo modo di parlare, oltre che vile, è odioso. »

A questo punto ha suonato la campanella del cancello. Natalina ha posato per terra la trappola ed è corsa ad aprire. Più tardi, quando è risalita in soffitta, ha trovato la trappola vuota. Furente s'è precipitata alla ricerca di Pietro, anche lui sparito. Egli s'è rifugiato in uno sgabuzzino del secondo piano che serve da dispensa. Su alcuni scaffali vi sono mucchi di bella frutta, pere mele mandorle noci melecotogne e alcuni vasi di olive e confetture. Da alcuni giorni Pietro ama rinchiudersi nella dispensa per scrivere indisturbato. Tra questi buoni odori egli ha cominciato a elaborare il piano di una *Apologia della Sordità.* Senza falsa modestia, rilegge l'indice con molto compiacimento: *Introduzione*: "Nel Paese degli Altoparlanti, beati i Sordi" *Capitolo secondo*: "La vera Arte d'essere Sordo." *Capitolo terzo*: "Sui mezzi più acconci per diffondere la Sordità tra gl'Italiani." Ma Natalina scopre il suo rifugio e v'irrompe come una furia.

« Dov'è il sorcio, signorino? » strilla gonfia d'ira.

« Oh, è partito senza lasciarti un indirizzo? » egli risponde sogghignando.

« Dov'è? » ripete a voce ancora più alta.

« Ma che ragazza sentimentale » risponde Pietro sullo stesso tono. « In così poco tempo t'eri talmente affezionata a lui? »

« Dov'è? » Natalina grida.

Ma accorre Venanzio a imporle silenzio.

« Sei pazza? » le domanda. « Sai che la signora ha visita, e gridi in quella maniera? »

Donna Maria Vincenza era appena tornata dalla messa quando le è stata annunziata l'inattesa visita del parroco.

« Perché non m'ha fatto avvertire dal sacrestano? » la signora gli dice senza nascondere la sua sorpresa. « Al termine della messa, sarei passata in sacrestia. »

« Se non disturbo » si scusa don Marco « ho pensato che qui possiamo parlarci con maggiore confidenza. A casa mia non ho riposo neppure di notte, la sacrestia è come la sala d'aspetto della stazione, c'è sempre chi entra e chi esce, e taluni vengono solo perché è scaldata. »

Sul tavolo c'è una caffettiera di rame e una lattiera di porcellana con una tazza, per la colazione. Donna Maria Vincenza invita il curato a sedere accanto al camino e prende posto di fronte a lui per ascoltarlo.

« Come sta donna Carolina? » gli chiede tanto per avviare il discorso.

Senza la mantellina e il velo nero la signora appare poveramente vestita; il suo viso ha sopportato senza deformazioni la vecchiaia, ma visto da vicino esprime ora una desolazione che impressiona profondamente don Marco. Malgrado la stanchezza, ella tiene la testa alta, appoggiata sullo schienale della poltrona tappezzata d'un vecchio arazzo e la testa sembra aver subìto la stessa usura delle sbiadite rose del panno. Don Marco non è più stato in casa Spina da molti anni e si guarda attorno di sottecchi, sorpreso e turbato dall'austerità che adesso vi spira, là dove, nell'epoca in cui egli era un povero seminarista, regnavano l'abbondanza e l'attività d'una famiglia di grandi proprietari di terre, con numerosi figli fattori braccianti servi. Egli non riesce a superare un visibile disagio. Con la sua zimarra stinta, quasi verdognola, nella luce cruda del mattino egli somiglia a una lunga fascina di legna messa ad asciugare vicino al fuoco, una fascina sormontata da un testone bianco, di gesso, con due occhi rotondi, di vetro scuro, incastrati in occhiaie profonde. Attorno alla testa il cappello gli ha impresso un cerchio durevole, una specie d'aureola imperlata di sudore freddo e ricamata di nere arterie. A un certo punto, quando donna Maria Vincenza pare decidersi a chiedergli la ragione dell'insolita visita, il curato, per guadagnare tempo, comincia a parlare, lentamente, sottovoce, con voce grave e sospirosa, inghiottendo la metà delle parole, poiché, già si sa, non è affatto indispensabile che le parole di conforto siano capite, l'importante è che siano pronunziate. Una volta preso quell'avvio, il discorso di don Marco va avanti per conto suo, fila come olio. Sono formule ch'egli ripete più di una volta al giorno, da varie decine d'anni; chiunque vuole, può dunque fare il calcolo; formule ch'egli conosce a memoria; egli sarebbe in grado di ripeterle anche facendosi la barba o giocando a scacchi, cioè, anche pensando ad altro, purché, naturalmente, gli fosse lasciata la possibilità materiale d'aprire e chiudere la bocca. Parole sacre. Non è indispensabile che le parole sacre siano pensate o udite; per essere efficaci basta che siano pronunziate.

« Corrono brutti tempi, signora, e con l'aiuto di Dio bisogna avere pazienza. Lei ha avuto pazienza durante ottant'anni, e proprio adesso, signora, mentre s'avvicina il giorno beato in cui dovrebbe raccoglierne i pingui frutti, comincia a spazientirsi? Ah, cerchi d'avere ancora un po' di pazienza, signora, procuri con l'aiuto di Gesù e della Beata Vergine, di pazientare ancora un pochino; stringa i denti. Data la sua età avanzata si tratterà solo di poco. »

Egli parla come si offre a un moribondo una pozione calmante; non salva dalla morte, ma calma i dolori. Don Marco è raffreddato e il caldo del camino comincia a farlo starnutire. Per non dare il raffreddore alla signora, egli gira la testa da un lato, restando storto come un uomo afflitto dal torcicollo, e questo gli serve anche di pretesto per non guardare la signora in faccia. Senza pausa passa dal tema della pazienza cristiana a quello della preparazione alla buona morte. La notte scorsa, racconta, è stato chiamato al capezzale di due malati gravi.

« Naturalmente bisogna andare, bisogna correre, un sacerdote non può mica rispondere d'aver sonno o d'essere raffreddato. C'è di nuovo un po' di polmonite in giro » egli aggiunge « la malattia che porta i vecchi alla fossa. Oggi a me, domani a te, certo nessuno può sfuggire alla dea falcigera. Un vecchio cafone, Graziano Pallanera, forse anche lei, signora, ricorda il suo nome (sa, quel tale che ammazzò la fornara, be' proprio lui), è in agonia da vari giorni, non riesce a morire. Non c'è mica da meravigliarsi; durante quarant'anni lo sciagurato non ha messo piede in chiesa e deve averne parecchi di diavoli in corpo. Un prete, naturalmente, fa del suo meglio per scongiurarli, ma forse vi sono dei posti dove la benedizione non arriva. Ah, corrono brutti tempi, signora » sospira il curato « e con l'aiuto di Dio bisogna avere pazienza. »

All'altezza del petto il curato tiene la zimarra sbottonata di due o tre asole, e ogni tanto v'introduce la mano pelosa e ne tira fuori, a fatica, come se estraesse un viscere, un orologio grosso come una cipolla, l'avvicina all'orecchio e senza nemmeno guardarlo lo ripone nel profondo nascondiglio.

« Lei è forse venuto per qualche elemosina? » gli chiede donna Maria Vincenza dando segni d'impazienza. « Ha bisogno di denaro per qualche opera pia? »

« Oh, non sono venuto per questo » protesta il curato arrossendo. « Anzi, deve scusarmi se ancora non sono in grado di estinguere quel debituccio. »

Donna Maria Vincenza dà uno sguardo al proprio caffè e latte che si raffredda, e il curato riprende bruscamente a lamentarsi della scarsa frequenza del catechismo e del solito cicaleccio delle donne in chiesa, durante le sacre funzioni. Il padre quaresimalista, ch'è un frate e per di più un piemontese, ha già avvertito il curato che lo noterà nella sua relazione a monsignore e la parrocchia ci farà una figura meschina. Se voi rimaneste qui un po' più a lungo, ha cercato don Marco di far capire al predicatore, anche voi, padre, ci fareste l'orecchio; ci vuole pazienza, gli ha detto sorridendo, è sempre stato così. Non si tratta d'orecchio, il predicatore gli ha risposto freddamente, non ci si deve rassegnare, non ci si deve abituare a che i fedeli si comportino in chiesa come in piazza. Come sacerdote, don Marco gli ha risposto, non posso non essere della stessa opinione, non ci mancherebbe altro; ma come uomo del luogo, volevo dirvi, se voi rimaneste qui una decina d'anni, anche voi, padre, credete a me, ci fareste l'orecchio; ci vuole pazienza, gli ha detto, è stato sempre così. Comunque sia, ha concluso il predicatore testardo, io ne parlerò nella mia relazione a monsignore. E così, ogni giorno, senza eccezione, al posto del caffè nero, soppresso per ragioni di risparmio, la Provvidenza propina adesso al povero curato di Colle un supplemento di fiele.

Egli respira a fatica. L'aria attraverso le narici ingiallite dal tabacco produce un sibilo simile a quello dei vecchi sorci nel legno secco.

«Come sta sua sorella?» gli domanda donna Maria Vincenza. «Le porga, per favore, i miei saluti.»

Dicendo questo donna Maria Vincenza fa segno di alzarsi. Don Marco non se ne avvede, o fa finta di non avvedersene; allontana il fazzoletto dal naso e fa un largo gesto d'accorata rassegnazione.

«Non starebbe mica male» spiega tenendo il collo storto. «Mia sorella Carolina non starebbe affatto male, signora, se non si fosse messa in testa l'idea assurda di eliminare completamente i sorci dalla chiesa. Si figuri un po' signora. Ci sono sempre stati, vado ripetendole fino alla noia. Carolina, abbi pazienza, dai remoti e gloriosi tempi dei santi martiri, essi ci sono sempre stati. Le catacombe certamente ne brulicavano; forse furono essi stessi a scavarle, secondo un disegno preordinato della Divina Provvidenza, e gli apostoli ne presero possesso più tardi, a opera compiuta; infatti, a bene osservarle anche oggi, esse hanno l'aspetto d'immense topaie. Intendiamoci, donna Maria Vincenza, non voglio prendere la difesa dei sorci, ma mi limito a questa banale inconfutabile constatazione: essi ci sono sempre stati dunque. Come si fa a immaginare, mi domando, un tempio cattolico senza sorci? Bisogna avere pazienza. Certo, se i sorci tendono a moltiplicarsi oltre misura, se minacciano addirittura d'impadronirsi dei luoghi sacri e di scacciarne i fedeli, allora bisogna intervenire e decimarli; senza però illudersi di poterli distruggere. Intendiamoci, io sono il primo ad ammettere che adesso i sorci della nostra chiesa di Colle cominciano a esagerare. Essi si sono installati nei confessionali e vi sono delle pie donne le quali, a causa loro, non osano più avvicinarsi al sacramento della penitenza. Padre Gabriele, nella predica di ieri sera, se l'è presa con le donne. Come? ha esclamato, avere più paura dei topi che di restare in peccato mortale? Se moriste stanotte, improvvisamente, ha aggiunto, sapete quali pene eterne v'aspetterebbero nell'inferno? Intendiamoci, signora, da un punto di vista puramente religioso, il padre quaresimalista ha mille volte ragione, e come sacerdote non posso contraddirlo. Ma, restiamo ai fatti, è evidente che i sorci della mia parrocchia adesso vanno oltre i loro diritti naturali, e se vi sono donne alle quali non piace, mentre recitano il mea culpa e l'atto di contrizione, di sentirseli saltellare tra le vesti, bisogna ammettere la legittimità del loro desiderio e cercare, con mezzi adatti, di sloggiare quelle bestiole almeno dai confessionali. In fin dei conti la chiesa è grande e c'è posto per tutti. Mia sorella Carolina va all'eccesso opposto, e vorrebbe addirittura sterminare i sorci, distruggerne il seme, si figuri, signora. I miei avvertimenti, come parroco e come fratello, non servono a nulla. Codesta è un'utopia, vado ripetendole fino alla noia, Carolina, ascoltami bene, codesta forse è perfino un'eresia, sì, a rifletterci bene, Carolina, codesto è autentico manicheismo. Ma Carolina su questo punto è inaccessibile agli argomenti della teologia e ai consigli del buon senso, e così si sta rovinando la vita. Se non riuscirà nel suo intento (e come potrebbe riuscirvi?) finirà col morire di crepacuore. Mi domando, chi glielo fa fare? »

Donna Maria Vincenza reprime a stento uno sbadiglio e volge uno sguardo pieno di rammarico e di noia alla propria colazione ormai gelida.

« Non vorrei, don Marco » dice con voce stanca, « che lei mi sacrificasse del tempo prezioso per la parrocchia. »

Il curato scuote la testa e si lascia sfuggire:

« Scusi, donna Maria Vincenza, ma io non sono mica venuto da lei per una visita di cortesia, lei sa che questo non è nelle mie abitudini. »

Egli s'interrompe, sperduto, timoroso di aver detto troppo, mentre la signora aspetta che continui e si spieghi.

« Non ci ascolta nessuno » gli osserva per incoraggiarlo.

« Ecco, signora » egli riprende a dire stentatamente mettendosi una mano sul petto « io sono troppo semplice. Mio padre, lei se lo ricorderà, era un povero contadino, mia madre impagliava le sedie, e sono diventato prete con una borsa di studio della famiglia Spina; dunque mi mancherebbe l'animo di fare dell'eloquenza o giocare di diplomazia con una signora come lei. Lei sa anche, donna Maria Vincenza, che a me non è mai piaciuto d'intromettermi negli affari privati degli altri, il mio posto è sempre stato in chiesa. Ogni famiglia ha i propri guai, bisogna avere pazienza; la mia sola ambizione è la salvezza delle anime di cui sono responsabile davanti a Dio. Se non mi sono mai troppo occupato personalmente di lei, donna Maria Vincenza, è per una ragione molto semplice: un pastore, che dalla mattina alla sera deve correre dietro alle pecore che tendono ad allontanarsi dal gregge, non ha più tempo per quelle poche sempre fedeli nell'ovile. »

« Ah, oggi lei è venuto, o è stato mandato, per ricondurmi sul giusto sentiero » l'aiuta a dire donna Maria Vincenza con un sorriso rassegnato. « Be', sentiamo. »

« Mi risparmi la sua ironia, signora, e dimentichi, la prego, la mia umana indegnità, la mia provenienza, la mia parentela. Consideri in me, la prego, solo il parroco. In questo momento, le assicuro, non ho di mira che la pace della sua anima. »

Egli ha messo tanta sincerità e affetto nelle sue parole che donna Maria Vincenza ne è toccata e si affretta a dirgli:

« Non mi permetterei mai, don Marco, di giudicare secondo la nascita un uomo consacrato. Se si tratta di religione, io sono una sua parrocchiana come l'ultima delle contadine. »

Don Marco deve compiere uno sforzo penoso per proseguire.

« Non vi sono soltanto, signora, i comandamenti di Dio e i precetti della Chiesa. Vi sono anche i consigli di prudenza di cui un parroco è debitore verso i suoi fedeli, quella prudenza che nel catechismo è nominata al primo posto tra le virtù cardinali e che serve a evitare gli scandali, a conservare la pace delle coscienze. »

« Ah, Dio solo sa, don Marco, se a me sia mai piaciuto di mettermi in mostra, di far parlare di me, d'attirare su di me l'attenzione delle autorità e della folla. Ma ora vi sono cristiani, don Marco, per i quali la stessa croce è uno scandalo da evitare. »

« Lo so, donna Maria Vincenza, in questi ultimi tempi ella ha dovuto sopportare pene atroci, e quel ch'è peggio, ha dovuto affrontarle da sola. Ma come sacerdote io ho il dovere di dirle che purtroppo non serve a nulla lottare contro il mondo. Il mondo, signora, è quello che è, irrimediabilmente. La stessa Chiesa, in duemila anni di lotte, con i suoi gloriosi santi pontefici predicatori confessori martiri eremiti, non è stata capace di modificarlo, esso è rimasto cattivo. Bisogna abbandonare a Cesare quello ch'è di Cesare.»

«A me non interessa il mondo, don Marco, mi creda pure, e, per ciò che mi riguarda, volentieri lo lascio al diavolo, che ne è il degno principe. Ah, don Marco, io non sono che una povera madre, in angustie per un figlio, e non sento, non capisco altro. Non m'attribuisca, la prego, intenzioni che non ho. Una madre dev'essere prudente, certo, ma all'occasione, anche coraggiosa. Se lei, don Marco, non avesse avuto una madre coraggiosa, mi scusi se glielo ricordo, non sarebbe diventato prete.»

Il curato chiude gli occhi ed è scosso da brividi.

«Una madre, per amore dei figli» egli balbetta «non deve però seguirli dappertutto, e anche nelle pazzie.»

«Essa può, e in certi casi deve lasciarli soli nella gioia, don Marco, questo sì, ma non nel dolore.»

«Ah, viviamo in tempi duri, signora, in tempi pericolosi, e bisogna aver pazienza. Ella sa che a me non piace d'intromettermi negli affari degli altri, e come sacerdote non mi occupo che della salvezza delle anime. Ma anche la Chiesa, malgrado alcuni vantaggi apparenti, ha adesso la vita più difficile che mai, e sarebbe dovere d'ogni buon cristiano per lo meno di non moltiplicarne i fastidi. Ora, sa lei che si cerca d'addossare al padre quaresimalista e a me la responsabilità del suo rifiuto?»

«I sei anni, veramente, don Marco, li ho compiuti da un pezzo.»

«È un argomento, signora, lei ne converrà, che non serve a chiudere la bocca ai perfidi, ci vuol altro.»

«Certo, ma il gracidare dei rospi, don Marco, non è mai arrivato al cielo. In cielo c'è Dio.»

«Va bene, la Chiesa però è sulla terra, signora, non bisogna dimenticarlo. È quaggiù, tra gli uomini, che essa deve portare a termine la missione ricevuta dal Divino Salvatore. Ora ella non ignora, donna Maria Vincenza, la nequizia dei tempi.»

«Non leggo le gazzette.»

«Non si tratta di fatterelli di cronaca, signora, ma d'avvenimenti capitali che hanno sconvolto le condizioni del nostro ministero.»

«Di quali avvenimenti parla, don Marco? Per ogni cristiano, ch'io sappia, l'ultimo avvenimento importante è stata la crocifissione di Gesù. È forse successo qualche cosa che abbia annullato o in qualche modo diminuito il sacrificio del nostro Redentore?»

Il curato corruga i suoi forti sopraccigli giallastri, il suo testone di gesso si decompone, scoppia a ridere, poi bruscamente diventa serio, sembra commosso e s'alza in fretta per andarsene. Veramente, egli non ne può più.

«Pregherò padre Gabriele, se ne ha voglia» egli grida dalla porta «di venire lui a continuare questa conversazione.»

Nel cortile il curato trova un gruppo di vecchie mendicanti in attesa di ricevere l'elemosina settimanale da donna Maria Vincenza.

«Come sta la signora?» gli domandano piagnucolose attorniandolo. «Si sa qualche cosa del suo sfortunato nipote? Ah, don Marco, che disgrazie, che tempi.»

«Sta meglio di noi» risponde in fretta don Marco spaventato. «Comunque, sta meglio di me.»

Ma le povere donne mormorano tuttavia parole di pietà per la vecchia signora; è un brusio come una lunga litania.

«Come può star bene una madre se suo figlio è in pericolo?»

«Ah, una madre quante ne deve patire; finché vive, una madre ci ha sempre da soffrire.»

«A che servono i soldi se una non può nemmeno aiutare suo figlio? Povere o ricche, partorire sempre duole.»

«I figli sono la nostra croce; in un modo o in un altro, senza che neppure lo vogliano, sono sempre la nostra croce.»

«Perfino Gesù quanto fece soffrire sua madre; certo, non lo fece apposta, eppure quanto la fece soffrire.»

Don Marco corre all'impazzata giù per la collina, non guardando né a destra né a sinistra; ma sulla piazzetta, tra la chiesa e l'edificio governativo, non gli riesce di sfuggire al cancelliere della pretura, don Nicolino, che ha saputo della sua visita in casa Spina e da mezz'ora l'aspetta al varco per appurare qualche novità. Siccome oggi alla pretura è giorno di udienze, attorno alla nuova casa degli uffici, triste e imbiancata come un sepolcro, c'è affollamento, il mormorio sommesso degli ospedali in tempo d'epidemia. I giorni di cause la maggior parte delle botteghe di artigiani sartorie scarperie falegnamerie barberie si chiudono; i lavoranti vanno a godersi le arringhe degli oratori. Il cancelliere prende da parte il curato.

« Be', don Marco, t'è riuscito d'esorcizzare quella casa contro gli spettri? » gli domanda il cancelliere ghignando. « Sai, senza scherzi, don Marco, circola la voce che da qualche tempo la casa Spina durante la notte sia invasa dagli spiriti. C'è chi ha perfino riconosciuto la buonanima di don Saverio sporgersi dall'abbaino della soffitta e con un lumicino in mano compiere il giro della casa sul ciglio del tetto. »

Don Nicolino ha una testa che ricorda la civetta, un paio di baffi sottili e pendenti alla cinese, ingialliti dalla nicotina, e mentre parla sorride socchiudendo gli occhi, come se volesse nascondere e godersi da solo il suo piacere.

« Ah, sì, don Nicolino, tu non sai quanto t'avvicini al vero » confessa il curato tristemente. « Ho trovato lassù uno spirito, sai, un vero spirito da far paura perfino a un prete. Ma esso non si lascia esorcizzare. »

« Anche un cane di razza può prendere la rabbia, don Marco » osserva il cancelliere fregandosi le mani e ridendo al suo modo. « E il mezzo di trattarlo non può essere diverso da quello che si usa contro i bastardi. »

« Senti, don Nicolino » gli dice il curato cercando di mettere nella sua voce una grande forza di persuasione « tu non sei di queste parti, stai qui da molti anni, ma sei venuto di fuori, certe cose non puoi capirle come noi. Donna Maria Vincenza non puoi capirla. Però almeno a questo, chiunque può arrivarci: quella è una vecchia signora, una signora sugli ottanta, una madre, sai, ah, una vera madre, e merita d'essere lasciata morire in pace. Scusa, don Nicolino, se mi mischio in faccende che non mi riguardano; adesso non ti parlo nemmeno come sacerdote, ma come paesano. »

« Nessuno vuole impedire alla tua protetta di morire in pace, don Marco, lo sai benissimo; non capisco perché adesso vuoi farne una vittima » protesta il cancelliere indignato. « Quanto prima donna Maria Vincenza se ne andrà all'altro mondo e ci lascerà in pace, posso dirti, tanto meglio. Ma per i giorni che rimarrà ancora tra noi, le faremo un po' abbassare la cresta. Avremo alcune scenette divertenti, don Marco, parola d'onore, eh eh eh. »

Il curato prende il cancelliere per un braccio e gli risponde in un tono molto grave.

« Credo di sapere, don Nicolino, a quali molestie tu alludi. Il pretore, vagamente, me n'ha parlato ieri sera. Ma, scusa s'io m'intrometto in faccende che non mi riguardano e mi permetto di domandare: se vi saranno nuovi scandali, chi ne avrà profitto? »

« Adesso capisco » insinua il cancelliere aggiungendo un tono ambiguo al suo abituale sorriso « sì, adesso anch'io riesco a capire certi sospetti su di te. Devi del denaro alla vecchia, non è vero? Lei ti ricatta? Be', ne riparleremo un altro giorno, don Marco, adesso devo salire su, perché tra poco cominceranno le cause. »

Il curato lo trattiene per un braccio; smarrito e turbato riesce appena a balbettare:

« Bada, don Nicolino, poc'anzi ho parlato solo come sacerdote. Ma come cittadino sono del tutto d'accordo con te, non ci mancherebbe altro. Anzi, a essere sincero, andrei molto più in là, ma molto più in là. Se mi fossi male spiegato, don Nicolino, ne sarei oltremodo afflitto, credimi pure. »

Il cancelliere scoppia a ridere.

« Il tuo sonetto, don Marco, sarebbe perfetto, se non avesse un verso in più » commenta il cancelliere con una smorfia di diffidenza.

E dopo essere rimasto un po' a contemplare il prete a bocca aperta, egli sparisce sghignazzando dentro il portone dell'edificio governativo. Anche la folla d'artigiani che attendeva l'apertura degli uffici e l'inizio delle cause, è entrata, a piccoli gruppi, in silenzio e a testa scoperta, nel bianco mausoleo. Sui banchi di pietra ai lati della porta d'ingresso, sono rimasti a sedere, al riparo dalla tramontana, i soliti cafoni avvolti nei loro lunghi cappotti neri; silenziosi indifferenti e rassegnati, come mendicanti alla porta d'un cimitero di poveri. Sono i pochi ai quali l'eloquenza non interessa più.

« La buona salute a Signoria » dicono alcuni di essi al curato. « Come avete trovato donna Maria Vincenza? »

« Sta meglio di noi » risponde don Marco seccato. « Potete credermi, in ogni caso sta meglio di me. »

« Andrà la signora a testimoniare domani nel processo dei

fratelli Lazzaretti? » gli domanda Simone-la-faina. « Averla convocata è un'infamia. »

Ma il curato s'allontana impaurito, senza rispondere. Il processo tra i fratelli Lazzaretti riguarda un volgare fatto di sangue, di cui donna Maria Vincenza, recandosi alla prima messa del mattino, fu testimone involontaria. Al giudice istruttore che a suo tempo si recò da lei per raccogliere la deposizione, la signora Spina dichiarò subito di non avere riconosciuto nessuno dei contendenti, di non essere in grado di precisare chi avesse provocato l'altro, chi fosse stato il primo a colpire, chi l'ultimo. Poiché lei non aveva potuto certo illudersi di essere in grado di separare con la forza o con le buone parole i due forsennati accecati dall'odio, era proseguita per la sua strada e aveva avvertito di quello che stava succedendo alcuni uomini intenti a scaricare legna davanti alla sacrestia. Non aveva dunque nulla di preciso da dire e non voleva avere nulla a che fare col processo.

« Se lei non lo sapesse, signor giudice » aveva concluso donna Maria Vincenza, « può consultare il suo Archivio e constaterà che nella mia lunga vita non ho mai avuto nulla a che fare con la cosiddetta giustizia. E veramente non c'è nessuna ragione perché ora, prima d'andarmene, debba subire un'umiliazione così grave. Lo so, signor giudice, non si tratterebbe in questo caso che d'una semplice testimonianza, eppure anche ciò mi ripugna. Le liti i contrasti d'interessi noi li abbiamo sempre risolti, nella nostra famiglia, alla buona, e nei casi intricati sollecitando il parere di persone di fiducia. Nella giustizia degli uffici e degli impiegati, signor giudice, non ci ho mai creduto. D'altronde, basta guardarsi in giro per vedere circolare in automobile e a cavallo tristi figuri di cui si parla sottovoce come di criminali da galera, e che la giustizia degli uffici lascia, o deve lasciare, indisturbati. »

Il giudice, ch'era uomo di mondo, aveva riso di cuore, le aveva promesso che non sarebbe stata più scomodata, tanto più che sulla rissa non aveva nulla da dire. Da allora però sono accaduti vari fatti che hanno modificato la benevolenza dell'autorità verso la signora Spina, e alla vigilia del processo, è stata citata come testimone e seriamente avvertita che, se non si presentasse, si procederebbe a suo carico a norma di legge. A Colle tutti ne parlano.

« È una malagrazia » dice Simone-la-faina. « Una vera malcreanza; prendersela con una vecchia signora, che coraggio. »

« I cacciatori preferiscono le colombe ai corvi, sono più saporite » risponde uno dei vecchi.

« Una volta si chiamava signora una persona che non doveva rendere conti a nessuno » dice un altro, « ma adesso tutti devono rendere conto, non vi sono più signori. »

« Siccome è difficile far diventare tutti signori » spiega Simone-la-faina « così tutti diventeranno cafoni, tutti pidocchiosi. Ah, sarà una bella uguaglianza. »

« Vi saranno sempre generali e soldati » ribatte un vecchio. « Vi sarà sempre chi comanda e chi ubbidisce. »

« Ma il bello è » dice Simone « che anche i generali saranno pidocchiosi, in un certo senso, anch'essi diventeranno cafoni. Ah, sarà una vera uguaglianza. »

« Donna Maria Vincenza è l'ultima signora di queste parti » dice un altro. « Forse vi saranno ancora donne ricche, ma le vere signore sono finite, non ne sono più nate. »

« Anche se vi saranno donne ricche, saranno comunque pidocchiose » risponde Simone-la-faina. « Così esige l'uguaglianza. »

« Ma chi farà allora l'elemosina? » domanda qualcuno.

« La faranno gli uffici, si capisce » spiega Simone. « Nell'avvenire essi faranno tutto, è inevitabile. Naturalmente, anche gli uffici saranno pidocchiosi. »

« Finché vi sarà chi comanda e chi ubbidisce » ribatte un vecchio « tutto sarà come prima. Finché vi saranno carogne vi saranno corvi. »

« Tutto sarà, in fondo, come prima » consente Simone-la-faina. « È naturale che il mondo non può cambiare; ma, vi saranno in giro un po' più di pidocchi. Nessuno dei viventi ne sarà privo, tutti sembreranno cafoni, e così sembrerà che ci sia l'uguaglianza. Ma tutto sarà come prima. »

« Da morti si puzza tutti allo stesso modo » conclude uno dei cafoni che finora aveva taciuto. « Quella è la vera uguaglianza. »

Simone vede passare da lontano il garzone di casa Spina.

« Eh, Venanzio » grida « Venà. » E gli corre dietro per raggiungerlo. I due restano un po' a confabulare. Il povero Venanzio sembra molto invecchiato e si guarda attorno impaurito.

« Domani dovrò condurre donna Maria Vincenza al tribunale » dice con le lacrime agli occhi. « Pensa un po' che umiliazione per la casa Spina, il nome di donna Maria Vincenza in un Archivio di tribunale. Ah, se risuscitasse adesso don Berardo. »

« Ma che ne pensa Bastiano? » gli chiede Simone indignato. « Perché lascia maltrattare sua madre in questo modo? Non ha più sangue nelle vene? »

« C'è la faccenda dell'appalto ancora in sospeso, c'è la sua lotta con Calabasce. Non sente, non vede altro. »

« E se la signora rifiutasse di presentarsi, cosa potrebbero farle? Oseranno farla accompagnare dai carabinieri? »

« Fino a ieri era decisa a non andare, ma oggi vi si è rassegnata come a una penitenza impostale da Dio. Donna Maria Vincenza è stanca, molto stanca, e non vuole più scandali. »

« Se posso servire a qualche cosa, fammi un segno, te lo ricordi? Anche se fosse un rischio » dice Simone.

« La signora non vuole. Forse, non so, lei ha anche altri motivi d'essere prudente, non vuole attirare l'attenzione sulla sua casa. »

C'è donna Palmira dietro le imposte di una finestra, che osserva i due mentre confabulano; Venanzio se ne accorge e senza salutare scappa via.

L'indomani, nel cortile di casa Spina, la partenza della signora per il capoluogo è una scena così triste che potrebbe far pensare a qualche grave lutto di famiglia. La carrozza è già pronta, ma donna Maria Vincenza tarda a scendere: infine appare vestita dimessamente di nero e con in mano un libro di preghiere.

« Prenderai la via del vecchio cimitero » ordina a Venanzio a voce bassa. « Non voglio attraversare Colle. »

Il garzone ha gli occhi rossi e fa cenno di sì con la testa, non riuscendo ad articolare parole per l'emozione.

« Natalina, mi raccomando ancora una volta » aggiunge la signora rivolgendosi alla ragazza « in mia assenza non lasciare entrare in casa nessuno. »

La ragazza singhiozza come una bambina e promette, per l'ora approssimativa dell'udienza davanti al tribunale, d'accendere un lumicino e di pregare la Madonna del Buon Consiglio.

La mattina passa senza incidenti, salvo un vivace battibecco al cancello tra Natalina e donna Faustina che nessuno aspettava. Al suono della campanella, Natalina, occupata nella puli-

211

zia delle camere, s'è affacciata a una finestra e, passato il primo momento di sorpresa, ha fatto cenno all'insolita visitatrice d'andarsene, è inutile insistere, è proprio inutile, il cancello resterà chiuso. Ma donna Faustina non s'è mossa, come inchiodata sul posto, ripetendo un breve cenno autoritario della testa per invitare la serva a scendere, ad aprire, dovendo assolutamente entrare. Dopo essersi però accorta che Natalina, richiusa la finestra, ha ripreso le faccende domestiche, non riuscendo più a dominarsi la visitatrice ha dato nuovi rabbiosi strappi alla campanella. Natalina è allora scesa come un'energumena, tirandosi dietro la scopa.

«Che vuoi?» chiede inviperita. «T'ho già detto che non posso aprirti. Non ti vergogni di ripresentarti in questa casa?»

«Come puoi bene immaginarti, non sono venuta per parlare con te» risponde la visitatrice con disprezzo. «Di' alla signora che devo metterla al corrente di qualche cosa d'importante.»

«Noi non sappiamo che farcene delle tue informazioni.»

«Non credo d'aver bisogno di ricordarti che tu non sei che una serva, e le mie informazioni non ti riguardano.»

«Neppure io credo d'aver bisogno di ricordarti quello che tu sei. Il mio pudore di ragazza m'impedirebbe di pronunziare la parola precisa.»

«La tua sudicia fantasia certamente ti fa attribuire a me chi sa che porcherie. Ma esse non m'interessano. Apri piuttosto questo cancello, annunziami alla signora.»

«Se la signora non m'avesse pregato d'evitare, almeno oggi, ogni sorta d'incidenti, adesso, per quel che m'hai detto, ti spolvererei la cipria dalla faccia con questa scopa, puoi esserne certa.»

«Non mi dispiacerebbe affatto di cacciarti dalla faccia quegli occhi cisposi e di metterli su un piattino, come in chiesa è rappresentata Santa Lucia. Ma con te adesso ho parlato fin troppo, corri dunque ad avvertire la signora.»

«Puoi ringraziare il cielo che la signora non è in casa, altrimenti avresti udito dalla sua bocca il bel ricordo che conserva di te.»

«A donna Maria Vincenza posso perdonare quello e altro, ma non a una serva, prendine nota.»

«Ah, eri venuta per portarci il tuo perdono? Veramente credi a me, non è la faccia tosta che ti manca.»

« Quando torna la signora? »

« Non so. È andata al tribunale. »

« L'aspetterò » dice donna Faustina con voce decisa.

E si siede su uno dei paracarri che fiancheggiano il cancello dall'esterno. Ma quando Natalina, rientrata in casa, s'affaccia a una finestra, la vede alzarsi e lentamente allontanarsi asciugandosi gli occhi col fazzoletto.

« Natalina, chi era quella giovane bellissima signora? » le chiede Pietro che ha assistito alla scena da dietro le persiane. « Perchè non l'hai fatta entrare? »

« Per chiamarla col suo vero nome » risponde la ragazza « è una sgualdrina, come, grazie a Dio, dalle nostre parti ce ne sono poche. »

« Come si chiama? È nativa di qui? »

Ma Natalina è già tornata alle sue pulizie e non risponde.

All'entrata d'Orta, davanti al lavatoio comunale gremito di donne che lavano e sbattono i panni, donna Faustina incontra la carrozza di donna Maria Vincenza, che con anticipo imprevisto torna dal tribunale. La ragazza fa subito energici cenni a Venanzio di rallentare e fermare, ma ottiene l'effetto contrario, perché quello frusta i cavalli e li mette al trotto. Donna Faustina resta un momento in mezzo alla strada; come una mendicante respinta; ma, sferzata dalle risate di scherno delle lavandaie, si mette a fuggire verso Colle, e neppure s'accorge di donna Filomena, la maestra, cognata di don Bastiano, che le si avvicina per dirle qualche parola.

« In altri tempi » grida una lavandaia « donne come quella si bruciavano sulla pubblica piazza. »

« In altri tempi » dice donna Filomena « le lavandaie non portavano scarpe ai piedi e da bambine non andavano a scuola. Adesso a scuola s'insegna che non esistono più streghe, né sortilegi. »

« Esistono però gli scandali » dice un'altra.

Le altre donne cessano di lavare e sbattere i panni e partecipano al diverbio.

« Se i figli e le figlie dei signori non possono vivere secondo le vecchie usanze, che deve pensare la povera gente? »

« Perché don Pietruccio Spina ha respinto la mano del perdono? »

« Perché donna Faustina abbandonò la casa della zia Lucia

e ora vive con un vecchio signore senza il sacramento del matrimonio? »

« E perché spinse alla morte il povero don Saverio Spina? »

« Forse avete ragione » dice donna Filomena. « Ma nessuno ci ha incaricato di giudicare il nostro prossimo, quest'è la difficoltà. »

« E se succedono terremoti incendi alluvioni? » si lamenta la più vecchia delle lavandaie. « Ahinoi, quest'è veramente l'epoca degli scandali. »

« Forse avete ragione » dice donna Filomena. « Ma il gridare per strada i peccati degli altri, non è anche uno scandalo? »

La carrozza di donna Maria Vincenza è intanto già entrata nel cortile di casa Spina. Natalina accorre per aiutare la signora a scendere e con gli occhi ansiosi interroga Venanzio per sapere com'è andata.

« Dio sia ringraziato, meglio non poteva finire » grida Venanzio ridendo come un bambino e facendosi il segno della croce.

Da molto tempo non s'era visto il pover'uomo ridere così di cuore. Donna Maria Vincenza è anche abbastanza soddisfatta, e fa chiamare d'urgenza il nipote nella propria camera.

« Il Signore ha voluto anzitutto farmi paura » gli racconta ridendo « ma all'ultimo momento m'ha tolto d'impiccio. Caro, stammi ad ascoltare, sembra proprio una leggenda. Dunque, sono arrivata al tribunale puntualmente, ma così stanca che appena mi reggevo in piedi. Venanzio l'hanno costretto a rimanere nel corridoio, e a me, assieme a vari cafoni di Colle convocati per lo stesso processo, m'hanno introdotta in una saletta riservata ai testimoni. Quella povera gente, a dire la verità era molto imbarazzata a vedermi seduta sullo stesso banco. C'era tra essi anche Simone Ortiga, detto la faina. Egli m'ha subito confidato: Ho chiesto di testimoniare sulle cause remote della rissa, ma sono talmente remote che non vi hanno nulla a che fare; in verità sono qui per il caso che lei abbia bisogno di me. Non so, caro, se hai già sentito parlare di questo Simone; è un uomo onesto ridotto anche lui alla disperazione dalla mancanza di fede. A me quella scena sembrava del tutto irreale e che da un momento all'altro dovesse svanire; tuttavia facevo finta d'esservi rassegnata, e ho cercato perfino di sorridere per rendere meno penoso l'imbarazzo dei miei compaesani. State certi, ho detto, che, se sono venuta qui con una certa ripugnanza, non è a causa vostra; in fin dei conti siamo della stessa parrocchia e da quando siamo nati respiriamo la stessa aria. Finalmente è apparso un uomo con un faccione rotondo e bucherellato come uno scolapasta e un fascio di carte in mano, che ci ha ordinato a tutti d'alzarci in piedi e ha proceduto all'appello dei testimoni. A un certo punto, seguendo l'ordine alfabetico, ch'è l'unico ordine ancora rispettato in questo paese, egli ha chiamato: signora Spinelli Maria Vincenza. Nessuno ha risposto. Non è presente la signora Spinelli? ha ripetuto lo Scolapasta. Non siete voi la signora Spinelli? ha soggiunto rivolgendosi direttamente a me. I presenti si sono messi a ridere. No, ho risposto tranquillamente, posso assicurarvi, egregio signore, non sono mai stata la signora Spinelli. I presenti sono scoppiati in una nuova risata. La signora Spinelli è un'altra, è saltato su a dire Simone-la-faina con fare seccato; chi non conosce la signora Spinelli? Ma voi, allora, che ci fate qui? m'ha chiesto lo Scolapasta. Egli sembrava soprattutto indisposto per le risate dei cafoni e volendo dar prova di autorità, rivolgendosi verso di me, ha soggiunto: V'invito a lasciare al più presto questo locale. Come puoi immaginartelo, non me lo sono fatto ripetere due volte. Se lei me lo comanda, ho risposto, non mi resta che andarmene. Fuori, sulla piazza del tribunale, ho trovato Venanzio che stava somministrando ai cavalli la crusca con le fave, ma appena egli ha intuito che non c'era da perdere tempo, m'ha aiutata a salire, anzi, m'ha quasi spinta nella carrozza, e ha messo i cavalli al galoppo per sottrarmi al più presto dalla zona infetta. Perfino Plebiscito, il cavallo infermo, sembrava d'un colpo alato. A ripensarci adesso, a testa riposata, tutta l'avventura mi sembra una parabola. Sì, è evidente, il Signore ha voluto anzitutto mortificare il mio orgoglio, ha voluto mettermi paura, ma, all'ultimo momento, ha avuto pietà di me, e mi ha salvata. »

« Veramente » osserva Pietro anche lui ridendo « non voglio contraddirti, ma una confusione di nomi può spiegarsi anche senza un diretto intervento soprannaturale. »

« Il casato Spina, è abbastanza conosciuto perché possa essere equivocato » afferma la signora con sicurezza.

« Scusami, nonna, non spetta certo a me di darti lezioni in

questa materia, ma non sei anche tu del parere che bisogna andare cauti nel mischiare Dio nelle nostre minute faccende? »

« Non siamo noi che ve lo mischiamo » risponde donna Maria Vincenza quasi risentita. « È Lui stesso da sé, che vi si mischia, Sai, a Lui non gli si può mica comandare, come a un curato qualsiasi, di rimanere in sacrestia. »

« Se Dio ama tanto d'intervenire nelle faccende del nostro mondo » obietta Pietro in tono semiserio « tu stessa ammetterai che vi sarebbero altre imprese ben più degne di Lui: un bel terremoto nel Lazio, per esempio, con epicentro il Viminale e la Città del Vaticano, non sarebbe un'impresa che gli tornerebbe a disdoro; *et similia*. »

« Le cose importanti agli occhi degli uomini, forse non lo sono affatto agli occhi di Dio » corregge donna Maria Vincenza dopo aver riflettuto. « Che possiamo saperne noi? Ho già dovuto fare lo stesso ragionamento a Simone-la-faina, stamane mentre eravamo seduti sullo stesso banco in quella stanzetta del tribunale. Perché Domine Iddio, egli m'ha chiesto respirandomi in piena faccia col suo alito avvinazzato, non si decide una buona volta a mandare un accidente secco ai nostri governanti? Ai suoi santi occhi, Simone, ho dovuto cercare di spiegargli, forse i capi del governo nemmeno esistono. Forse a Lui essi si rivelano semplici creazioni dell'immaginazione umana; e quindi egli lascia agli uomini, se ne sono capaci, la briga di liberarsene. E gli sbirri, ha incalzato Simone, nemmeno essi realmente esistono? E i giudici? »

« Non ho bisogno di dirti, nonna, quanto codesto tuo modo di vedere mi sorrida e diverta » ammette Pietro. « Se tuttavia, a rifletterci un po', esso non mi convince in pieno, è perché, a leggere sul bollettino diocesano la rubrica delle grazie ricevute, bisognerebbe dedurre che le supreme realtà della vita, agli occhi dell'Eterno, sarebbero fatterelli su per giù di questa sorta: una vedova ritrova un paio di forbici smarrite, un bambino cade dalle braccia della nutrice e se la cava con leggere escoriazioni, arriva una lettera da una persona di cui non si avevano notizie da vari anni. »

« Scusami, caro » risponde donna Maria Vincenza alquanto delusa, « ma la tua incomprensione adesso mi stupisce un poco. Che agli occhi dei gazzettieri i fatterelli da te ora ricordati appaiano banali ridicoli indegni di essere riferiti, mi sembra ben naturale; poiché, già si sa, anche quando le gazzette non si ornano di falsi, esse si nutrono d'una vita fittizia fatua seppure rumorosa e luccicante. Insomma, è comprensibile che le gazzette ignorino il ritrovamento d'un paio di forbici o l'arrivo d'una lettera, mentre dedicano largo spazio a una conferenza di ambasciatori o al discorso della corona. Ma nessuno può certo pretendere che il Padre Eterno calchi i suoi infallibili giudizi su quelli superficiali e venali delle gazzette. Credo anzi che non sia irriverente di supporre che Egli neppure legga i giornali; d'altronde, non ci perde mica molto, sono così mal scritti. »

« Ah, nonna » esclama Pietro con gli occhi lucidi di commozione « perché mia madre, a suo tempo, invece di mettermi in collegio, non mi mandò a scuola da te? »

« Adesso ci sei venuto, caro » gli risponde contenta donna Maria Vincenza. « Un po' tardi, certo, m'hai fatto aspettare tanti anni, ma infine ci sei venuto. Per ricambiarti la gentilezza, posso dirti che anch'io m'ero sempre augurato un figlio come te, un figlio un po' pazzo come tu sei, di codesta pazzia che a me in fondo piace tanto. Ora però, scusami, devo andare a riposare, perché la paura di stamattina m'ha molto stancata. »

Il resto della giornata donna Maria Vincenza la trascorre a letto, per riposare, e Pietro si rifugia nel suo segreto sgabuzzino, a scrivere un trattato *Sugli Oggetti che si smarriscono e si ritrovano, i Bambini che ruzzolano per terra, le Lettere che arrivano.*

La sera, dopo cena, egli è di ottimo umore e scende a conversare con Venanzio, nella sua camera:

« La scorsa notte, signorino, ho sognato che bruciava l'Archivio dei carabinieri » il garzone gli racconta. « È stato un sogno, una lotta terribile. Tutti i mobili e le carte erano inceneriti, tutti, eccetto però quel foglio, sapete, quel maledetto foglio sul quale c'è scritto il mio nome. Tra le fiamme saltava come una salamandra » dice Venanzio avvilito.

« Ah, dimenticavo di raccontarvi qualche cos'altro che forse v'interessa » egli aggiunge. « Ho incontrato Simone-la-faina; be', sapete, quel sordastro di Pietrasecca, quel vostro amico, s'è stabilito da lui. Sì, egli è ancora lì dove lo lasciai, i due vanno pienamente d'accordo, come pane e cacio. Ha proprio ragione il proverbio, Dio prima ci fa e poi ci accoppia. »

La mattina seguente, all'ora della colazione, Pietro non si trova nella sua camera, né in altre stanze della casa. Sul suo letto intatto egli ha lasciato un breve biglietto d'addio per la nonna.

XV

« Mi dispiace, cavaliere » dice mastro Eutimio, « ma la vostra richiesta, v'assicuro, sorpassa le mie capacità. Non so se ve l'hanno già detto che io sono un modesto falegname piuttosto all'antica. »

Mastro Eutimio sorride garbatamente per scusarsi e togliere al rifiuto ogni ruvidezza; egli ammette di essere "piuttosto all'antica" con la voce rassegnata di chi confessa un'infermità ormai cronica e invoca un po' di riguardo.

« Non è cattiva voglia » egli s'affretta ad aggiungere. « Per l'amore di Dio, non mi fraintendete. Ma, nonostante la mia migliore volontà di servirvi, se devo dire la verità, non saprei proprio come mettere mano alla vostra ordinazione. Sono un falegname piuttosto all'antica e riesco a fare solo il poco imparato da ragazzo, le solite cose semplici pratiche. »

Sul vano della porta della sua bottega di falegname mastro Eutimio si sforza di convincere don Marcantonio della propria incapacità di apportare, alla croce già terminata per incarico della parrocchia, le modificazioni e aggiunte ch'egli è venuto a chiedergli per adattarla alle liturgie della nuova eloquenza. Mastro Eutimio indossa, sul suo vestito abituale, una tuta verdognola da lavoro, di stoffa ruvida e taglio grossolano, e sembra un vecchio tronco d'albero da frutta passato al solfato di rame, un albero annoso e ancora fruttifero, ben protetto contro le malattie stagionali; in cima al vecchio tronco i suoi occhietti chiari spiccano come due germogli primaverili. Ma sulla testa ossuta e nodosa, la capigliatura corta e la barba d'una settimana possono far pensare anche a due campi di stoppa; per vari riguardi, a due magri duri campicelli di montagna; a cavalcioni d'un orecchio tiene una matita rossa e sull'altro mezzo sigaro spento.

Accanto a lui si pavoneggia don Marcantonio che i tacchi di gomma fanno sembrare più alto. Egli ascolta il falegname in silenzio, con un risolino d'autorevole compassione.

« Mi dispiace molto, cavaliere, ma non posso » si scusa ancora mastro Eutimio restituendogli in modo affabile e cortese un foglio di carta con l'abbozzo della croce-littoria. « Ogni creatura fa quel che può e non servirebbe a nulla di chiedere la cera alla vite, all'ape il vino. »

Tra la bottega e la strada c'è un piccolo spiazzo dove mastro Eutimio lavora quando il bel tempo glielo permette, e che stamane egli ha già liberato dalla molta neve caduta durante la notte, facendone tre mucchi al margine della strada.

A un lato della porta, contro il muro grigio, si appoggia e tiene allargate le sue braccia poderose la grande e pesante croce di quercia passata al catrame. Benché la croce domini interamente la casetta a un solo piano, tuttavia non dà l'impressione d'opprimerla o di schiacciarla, ma piuttosto di sorreggerla. Al lato opposto, su due cavalletti di legno, è posata una madia nuova, appena terminata e ancora odorosa d'abete, alla quale manca solo la verniciatura. È una madia comune, con una credenza a due tiretti nel piano inferiore; su uno dei tiretti è rozzamente incisa la luna crescente, sull'altro il sole raggiante.

« Con vostra licenza » il falegname si scusa indicando il lavoro che l'attende, e si china per accendere un focherello di trucioli e schiappe sotto la pentola dell'olio di lino. Seduto sulle calcagna egli alimenta la fiamma e vi si scalda le mani con gesti rapidi e infantili. Appoggiato con la schiena allo stipite della porta, don Marcantonio osserva ogni tanto l'orologio e sbadiglia.

« Tra un quarto d'ora sarò finalmente ricevuto dal padre quaresimalista » egli dice. « Il corvo s'è poc'anzi scusato del ritardo col pretesto dei molti penitenti da confessare. Ma io non voglio confessarmi, non ci mancherebbe altro, gli ho risposto. Tutt'al più, reverendo, se avete dei rimorsi sulla coscienza, potrò ascoltare la vostra confessione. Ah ah ah, *es wird lustig sein.* »

Don Marcantonio estrae da un apposito astuccio un pettinino e uno spazzolino, coi quali accuratamente pettina e ravvia i baffetti minuscoli che gli formano un breve e folto ciuffetto di peli nel mezzo del labbro superiore.

« A proposito, mastro Eutimio » egli aggiunge con tono protettivo « ho chiesto la tua opinione di tecnico del legno sulla croce patriottica da me ideata, perché, a modo nostro, anche noi siamo una democrazia, anzi la vera e unica democrazia. Ma, come puoi bene immaginare, il tuo parere non ha, né può avere, alcuna importanza, altrimenti saremmo da capo. La tua croce, ti dicevo dunque, così com'è, non va, è d'una semplicità ridicola, non può servire al mio scopo e in ogni caso, ascoltami bene, *so oder so*, da te o da un altro, dovrà essere modificata, *und Schluss*. »

Mastro Eutimio sta ora preparando la madia alla verniciatura. Egli appiana alla svelta alcuni avvallamenti e fenditure con polvere di gesso, e passa in fretta un pezzo di carta vetrata e poi una pietra pomice bagnata d'olio di oliva su alcune screpolature lasciate dal lavoro della pialla. Egli gira attorno alla madia, l'osserva contro luce, si inginocchia davanti, si alza, vi passa la mano sopra, la rimira da lontano, con gesti leggeri puliti precisi carezzevoli, con l'eleganza e sicurezza che nessuno supporrebbe in un uomo della sua età, fuori del suo mestiere piuttosto timido lento impacciato.

« Permettete una domanda? » chiede infine mastro Eutimio bruscamente. « Se voi sovrapponete al tronco della croce un fascio di verghe, oppure, il che porta allo stesso, se lasciate scannellare su di esso un fascio di verghe, e sulla sommità, secondo il vostro abbozzo, incastrate una grande scure tagliente, dove poggerà la testa Nostro Signore? »

« Tu dimentichi che Gesù non è più in croce » risponde don Marcantonio sorpreso. « La Chiesa stessa lo insegna. »

« Da queste parti c'è gente la quale crede invece ch'Egli sia ancora in croce, tutt'ora agonizzante » dice gravemente mastro Eutimio. « V'è gente la quale è convinta che Egli non è mai morto, mai risorto, ch'Egli è ancora in agonia, su questa terra. E così si spiegherebbero molte cose. »

« Tu dimentichi » interrompe don Marcantonio seccato e a disagio « che sulla tua croce, in ogni caso, Egli non vi si trova, né agonizzante né cadavere. Quest'è certo, *und Schluss*. »

« Come fate a esserne certo? » chiede mastro Eutimio offeso e risentito. E dopo un momento di riflessione, aggiunge: « Se fosse così, per conto mio, tanto varrebbe bruciarla ».

I due si girano verso la grande croce di quercia appoggiata contro il muro e ognuno l'osserva in silenzio; mastro Eutimio umile e fiducioso, l'oratore stranamente impacciato. Alcune donne con le conche in bilico sul capo difeso dal cèrcine, tornano dalla fontana; passando davanti alla bottega, esse si segnano devotamente e augurano il buon giorno.

« Sia laudato Gesù » dicono al falegname.

« Sia laudato » risponde mastro Eutimio.

« Devo andarmene » protesta don Marcantonio infastidito. « Sai bene che sono aspettato. »

Di dietro le finestre socchiuse delle loro case, varie donne hanno assistito, senza essere viste, alla scena dell'oratore col falegname, hanno osservato gli sforzi penosi del falegname per scolparsi da qualche oscura denunzia e la cinica indifferenza dell'oratore nel ribadirla. L'infausta notizia corre di porta in porta e arriva fino a Maria Antonia, la moglie del falegname, intenta alle sue opere domestiche. Le vicine già sanno che durante tutta la mattinata, in seguito a un sogno, un triste presagio ha oppresso il cuore della povera donna. Quel funesto annunzio dunque non la sorprende, tuttavia la colpisce come ogni temuta conferma. Alzando al cielo le braccia, disperata e ansante di sgomento, ella accorre per i vicoli del borgo, verso la falegnameria, accompagnata dai sospiri di compassione delle donne del vicinato. Ma appena arrivata alla presenza del marito, forse scambiando la sua sorpresa per abbattimento, quasi le mancano le forze e deve appoggiarsi alla porta della bottega per non cadere a terra.

« Ah, poveri noi, ah, poveri noi » la donna si lamenta. « Già sapevo che una disgrazia doveva colpirci. »

Mastro Eutimio cerca con buone parole di calmarla, di rassicurarla, di confortarla.

« Veramente, Maria Antonia » le dice e ripete amorevolmente « credimi, non è successo nulla di grave. »

Ma la moglie, purtroppo, non è più una bambina alla quale si possa far credere quello che si vuole.

« Ah, tu pensi, Eutì, che a me non si può raccontare la verità? » ella geme con voce mesta e dolorosa. « Tutto il paese può saperlo, ma non tua moglie? »

E la povera donna, bianca, sparuta, gronda sudore, trema come presa dalla febbre quartana.

« Ah, poveri noi » continua a lamentarsi « che male abbiamo fatto? Eutì » dice poi passando con voce acre al capitolo delle recriminazioni « quante volte t'avevo detto di badare ai fatti tuoi? Tu ridevi allora delle mie paure, e adesso gli altri rideranno di noi. »

Mastro Eutimio continua a suggerirle parole di buon senso di calma di pazienza; a lui non piace d'offrire spettacolo pubblico di gemiti e piagnistei.

« Se vuoi piangere e lamentarti » egli le consiglia dolcemente « se proprio non puoi fare a meno, fammi il favore, torna a casa. In fin dei conti le case esistono apposta per questo. »

Egli non sa spiegarsi la ragione di quell'improvviso sbigottimento, poiché, in sostanza, a ripensarci a mente fredda, la conversazione tra lui e l'oratore s'è svolta in forma piana, cortese. Ma allorché la moglie, per tagliare corto a ogni equivoco, gli chiede, sì o no, se il gerarca sia stato da lui, se l'abbia interrogato e se infine sia partito insoddisfatto, mastro Eutimio s'ingarbuglia e si passa una mano sugli occhi come se la vista gli si oscurasse.

« Non so, non so » balbetta il pover'uomo e deve appoggiarsi alla croce per non cadere a terra.

Da dietro le finestre socchiuse, molte donne, senza essere viste, stanno seguendo la dolorosa scena tra moglie e marito; nessuna sa con precisione che sia successo a quei due disgraziati, ma i particolari non contano.

« Mastro Eutimio, evviva » saluta cordialmente don Severino comparendo all'improvviso davanti alla bottega.

Il falegname lo contempla imbarazzato, impallidisce, stenta a rispondergli e poi fa un vago incerto cenno della mano.

« Che t'è successo, amico, per essere così abbattuto? » gli domanda ansioso l'organista. « Quest'è tua moglie? Maria Antonia, buon giorno, sapete, io sono un amico di vostro marito. »

Ma il saluto resta senza risposta. La sagoma sottile di don Severino, sormontata da un cappelluccio rotondo e avvolta da un lungo mantello turchino, oscilla un po' in avanti, rimane esitante.

« Noi dobbiamo farci i fatti nostri, don Severino, quest'è la verità » gli rinfaccia freddamente Maria Antonia. « Dovete scusarci, ma gli affari degli altri non c'interessano. »

Don Severino guarda il falegname e cerca d'indovinare una

causa plausibile a quello strano parlare, ma Mastro Eutimio sembra un altro, impaurito perplesso incerto egli non sa dove girarsi per evitare lo sguardo dell'amico e quello della moglie, finge d'essere molto occupato, compie gesti incoerenti, prende degli utensili e li ripone al loro posto senza alcuna ragione.

« Non ero venuto per discorrere con vostro marito di affari miei, v'assicuro, Maria Antonia, non è nel mio carattere » spiega don Severino, con visibile pena, alla donna che gli si è parata sgarbatamente dinanzi. « Come altre volte, volevo semplicemente salutarlo, scambiare con lui due parole alla buona, sul più e sul meno. »

« Vi capisco, don Severino, ma mio marito non è un parlatore, è un falegname. Non so se vi rendete conto della differenza » gli risponde la donna con la finta pazienza, non priva d'ironia, di chi è costretto a spiegare fatti evidenti e banali. « Se aveste bisogno d'un tavolino o d'una finestra, allora non ci sarebbe nulla di male a venire qui. Ma così, voi stesso sapete come le autorità sono sospettose. Noi dobbiamo badare ai fatti nostri, quest'è la verità. »

La moglie si gira verso il marito perché confermi.

« Non sono che un modesto falegname » aggiunge mastro Eutimio docile, guardando per terra con un triste sorriso implorante indulgenza. « Voi lo sapete, don Severino, io non sono che un povero falegname piuttosto all'antica. E, per di più, ho famiglia. »

Egli dice "famiglia" con un filo di voce timorosa, quasi rivelasse un fatto nascosto, un'infermità.

« Noi non viviamo di rendita » conclude la donna con voce inasprita e piena di risentimento. « Noi non possiamo permetterci stravaganze. »

Don Severino s'allontana, riprende a passi lenti e in senso inverso la via d'Orta percorsa poc'anzi. Egli cammina un po' curvo, più pallido del solito, appoggiandosi sul suo bastoncino nero, e a un certo punto si accorge che un uomo lo rincorre: è Venanzio, il garzone di casa Spina.

« La signora vorrebbe consultarvi » egli dice ansimante per la corsa. « C'è qualcosa di nuovo, qualche cosa di grave. »

« Mi dispiace » borbotta don Severino continuando a camminare senza guardarlo. « Ho fretta di tornarmene a Orta, non voglio più vedere nessuno. »

« Credo che la signora voglia parlarvi d'urgenza » insiste Venanzio. « Dopo, se volete, vi condurrò io a Orta, con la carrozza. »

« Sarebbe anche urgente, lo puoi riferire alla tua padrona », replica don Severino con voce alterata, « sarebbe ora che si cessi dal mancare di rispetto a donna Faustina. »

Col cappello in mano e gli occhi gonfi di lacrime Venanzio continua a camminargli a lato per un buon tratto di strada, e poi si ferma e resta a guardarlo mentre s'allontana, sperando di vederlo da un momento all'altro tornare indietro con sentimenti più amichevoli; ma quello tira diritto con passo ineguale, come un uomo molto stanco o malato, finché sparisce a una svolta.

Allora, costernato e avvilito Venanzio torna lentamente sui suoi passi.

Davanti alla sacrestia della parrocchia, un arrotino, attorniato da ragazzetti silenziosi, fischietta e pedala il suo girarello, facendo schizzare scintille dalla ruota. Nell'aria c'è ancora il puzzo oleoso dei topi bruciati al mattino. Venanzio fa un largo giro per non essere visto dal solito gruppetto di notabili che stazionano in mezzo alla piazza. Anche senza conoscerli personalmente, ognuno s'accorgerebbe da lontano, per il loro modo di ridere gesticolare tossire roteare il bastone, ch'essi sono gente autorevole e ottimista. La stessa piazzetta ha l'aspetto d'un proscenio di teatro: l'edifizio governativo gli emblemi che tappezzano i muri il balcone oratorio la chiesa, col portale ricco d'intagli e fregi, ne costituiscono le quinte laterali, mentre i ruderi dell'antico palazzo De Dominicis servono di sfondo. In mezzo alla scena è una piattaforma rialzata per la banda musicale nei dì festivi; su di essa pende un grande lampadario ad arco. L'anfiteatro degli spettatori è di fronte; in prima fila, alcune case di proprietari con i balconi e le finestre rivolte verso la piazza, e più indietro, ammucchiati accatastati sulla collina, i reparti popolari, tuguri stalle porcili pollai, gli uni sugli altri, congiunti da vicoletti oscuri scale ballatoi tetti archi. Un occhio lacrimoso sul breviario, l'altro inquieto sulla piazza, don Marco aspetta da un'ora, appostato dietro le persiane della sacrestia, ch'essi vadano via per uscire.

« Hai notato » ha detto don Nicolino al pretore « che il prete tiene le persiane chiuse anche di giorno? »

Poco è mancato che don Gennaro si lasciasse sorprendere per strada alla ricerca di don Severino, cui dovrebbe dare in segreto notizie sull'andamento della malattia di don Luca; avvistato il pericolo, s'è rifugiato in fretta e furia nel Caffè Eritrea.

Don Nicolino ha preso un momento da parte il pretore, don Sebastiano.

« Attenzione, non ti fidare » ha sussurrato. « Sta per arrivare il tuo turno. »

« Cosa mi si può rimproverare? » gli ha chiesto don Sebastiano preso dal panico.

« Non ti fidare » l'altro ha ripetuto. « Non posso dirti altro, ma so quel che dico. »

« Questi reverendi credono di poter giuocare con me allo scaricabarile » racconta sdegnato don Marcantonio ai suoi colleghi. « Il quaresimalista pretende d'essere stato mandato qui solo per le prediche; *ergo*, i rapporti con le autorità civili riguardano il curato. Ma don Marco specifica che l'iniziativa dell'impianto della nuova croce è partita dal quaresimalista, il quale capeggerà anche la processione *quapropter*, a fil di logica, non può dipendere dal curato di regolare il cerimoniale. Dovrò dunque perdere ancora del tempo prezioso e rivolgermi al vescovo affinché risolva al più presto questo conflitto di competenze. »

« Si capisce subito, cavaliere, che vieni dall'agricoltura » gli osserva perfidamente don Nicolino. « Non sai che la soluzione di un conflitto di competenze, nella Chiesa cattolica, può durare decenni, se non secoli? »

Il cerchio dei presenti si dilata in una lunga sonora risata, che poi, a un cenno del cancelliere, bruscamente si smorza, per il dovuto riguardo al nuovo oratore.

« I preti sono furbi come le volpi » commenta don Lazzaro. « La nuova eloquenza, secondo me, non dovrebbe perdere tempo coi preti. A buttare a terra la famiglia Spina, avrebbe da guadagnarci di più. Non so, don Marcantonio, se mi sono ben spiegato, ma possiamo riparlarne a quattr'occhi. »

« La furberia, ch'io mi sappia, don Lazzaro, non ha mai salvato le volpi dai pellicciai » sentenzia don Marcantonio con gesto d'uomo sicuro di sé.

Questa volta la risata dei camerati è un omaggio alla nuova eloquenza. I presenti si congratulano con l'oratore.

« Questa spiritosaggine non l'avevo udita da varie settimane » ammette don Nicolino complimentoso.

« A carico del padre quaresimalista c'è forse di peggio » insinua il pretore don Sebastiano con accento di mistero.

Il pretore è uomo corpacciuto grossolano gioviale; la bocca prominente, a innaffiatoio, e i sacchi lacrimali gonfi violacei gli dànno un'espressione d'uomo festaiolo sentimentale avido. Basta ch'egli atteggi a serietà o mestizia la sua maschera epicurea perché l'effetto comico diventi irresistibile; egli è perciò molto ricercato nei funerali nei matrimoni nei pignoramenti e, in genere, nelle cerimonie pubbliche, dai colleghi che vogliono premunirsi contro le lacrime. Don Tito, il capoguardia comunale, annuisce e conferma i sospetti del pretore.

« C'è di peggio » dice.

Don Tito indossa un'uniforme in tutto simile a quelle che, prima del 1914, all'epoca d'oro delle uniformi, usavano i generali nelle cerimonie solenni; e la sua capigliatura le ciglia i baffi le labbra e il ventre sono d'una prolissità ornamentale confacente allo stile della tenuta, ma la statura e le spalle, piuttosto modeste e gracili, ricordano la sua origine artigianesca. La carica di don Tito è, in realtà, di semplice guardia municipale, e se è chiamato capoguardia è merito precipuo dell'uniforme. Allorché don Saverio Spina, in occasione d'un suo viaggio a Roma, fu incaricato dalla giunta comunale di Colle d'ordinare la montura della nuova guardia, con l'ammonimento di risparmiare il più possibile, egli acquistò per pochi baiocchi, da un mercante di stracci vecchi e accessori di teatro, un'uniforme che a lui piacque molto, ma ai notabili di Colle un po' meno a causa dell'eccessiva autorità che avrebbe conferito a una semplice guardia municipale. A causa del prezzo modicissimo, e anche per il decoro che ne sarebbe derivato al comune, dopo infinite discussioni l'acquisto infine fu accettato. Don Tito l'ebbe appena indosso che cominciò a trovare insopportabile la sproporzione tra la banalità del suo rango e lo splendore di quella divisa e pretese che il comune affrontasse la spesa di comprargliene un'altra, più adeguata. Ma poiché elevarlo di titolo costava di meno, egli fu nominato capoguardia col soldo di guardia semplice. Altri ricatti seguirono, e per un certo tempo l'esorbitante uniforme di don Tito divenne l'incubo della popolazione di Colle. Oltre alle sue legittime mansioni di guardia municipale, egli ne ha usurpate col tempo una quantità d'altre del tutto stravaganti; ma le stesse umili incombenze di guardia municipale, eseguite da un uomo rivestito di quell'uniforme, hanno assunto una tutt'altra portata. Né l'autorità dei carabinieri può servire d'argine o di freno agli abusi di potere di don Tito, perché, essendo forestieri, essi hanno bisogno di lui per consigli e informazioni.

La gravità del consenso di don Tito ai sospetti del pretore nei riguardi del quaresimalista deriva dal fatto ch'egli è il responsabile, per tutto il territorio del comune, dell'ufficio "Denunzie Calunnie e Dicerie" di sua invenzione.

Da un vicoletto laterale, come da una quinta di teatro, fa la sua improvvisa apparizione sul proscenio della piazzetta Simone-la-faina, sbarbato di fresco, a capo scoperto e con una mantellina militare che gli arriva appena ai ginocchi. Egli annusa incuriosito il gruppo dei dignitari governativi e vi gira attorno con un'andatura leggera saltellante ritmica del tutto insolita.

« Da dove ti viene codesta allegria, Faina? » gli grida don Tito, sempre disposto, per ragioni d'ufficio, all'interrogare.

« È la primavera » quello risponde ridendo.

« Tu senti la primavera, con questo freddo cane? Ah ah ah, e con tutta questa neve? Ah ah ah, Simò, il vino t'ha bruciato il cervello. Bada, delle volte comincia così. »

« Voi non vedete niente laggiù? » chiede Simone indicando le colline e i campi lontani bianchi di neve.

"Vediamo le terre ricoperte di neve" rispondono in vari.

« Non vedete nulla sotto la neve? »

« Ah ah ah. Come si fa a vedere quello che c'è sotto la neve, finché c'è la neve? »

Il coro si diverte.

« Se voi vedeste quello ch'io vedo, non ridereste in modo così scemo » li avverte Simone impietosito.

« Be', Faina, bada come parli e con chi parli » l'ammonisce il capoguardia con severo cipiglio.

« Cavaliere, dovresti mostrare al Faina la croce della nuova eloquenza » propone don Nicolino dandosi l'aria di chi cerca un diversivo, ma con la segreta speranza d'uno spasso più perfido. « Avresti un primo assaggio dell'impressione che farà sul popolo. »

L'oratore mostra a Simone un foglio col bozzetto e, per evitare equivoci, glielo illustra.

« Questa qui, applicata alla sommità della croce, sarà una scure, ovvero un'accetta » egli spiega. « Sai, una grande accetta. »

« Una vera accetta? » domanda Simone subito fortemente interessato. « Di ferro? Di vero ferro? Be' non credo ch'essa sarà lasciata su quel palo, all'aria libera, un'intera notte. Una buona accetta, solida, di vero ferro? »

« Quest'è un altro problema e riguarda i carabinieri » specifica don Marcantonio. « A me interessano solo i sentimenti ch'essa susciterà, o meglio, ch'essa risusciterà nell'anima popolare. »

« Farà una grande impressione » ammette Simone sinceramente. « Ognuno si chiederà: sarà ferro autentico? Trattandosi d'uno strumento statale, non sarà, per caso, legno dipinto? Oppure legno rivestito di latta? Qualcuno correrà da mastro Eutimio per appurare la verità; qualche altro, simulando un improvviso fervore religioso, vorrà toccarla con mano, vi batterà su le nocche della dita. »

« Non hai capito niente » l'interrompe don Tito, il quale vuol soltanto cogliere l'occasione per ingraziarsi il nuovo oratore governativo. « Le tue previsioni, Faina, intendiamoci, purtroppo non sono false; ma la nuova eloquenza, non s'interessa di queste volgarità che stai raccontando. »

« In sostanza » aggiunge il pretore impaziente di testimoniare anche lui il suo accordo con la nuova eloquenza « si tratta di escogitare un simbolo capace di svegliare, assieme ai sentimenti religiosi, quelli patriottici. »

« Da questo punto di vista » osserva Simone con franchezza « l'ideale dell'accetta sulla croce, permettetemi di dirvelo, mi sembra sbagliata. Ah, ci vorrebbe ben altro, credete a me, ben altro per commuovère i buoni cristiani di questa contrada. Ecco, volete permettermi d'offrirvi gratuitamente, secondo la mia abitudine di signore, un'idea geniale? Be', sopprimete l'accetta, e al suo posto metteteci l'immagine a colori, magari su ferro smaltato, di un bel piatto di spaghetti al pomodoro. »

Egli fa appena in tempo, con un salto, a scansare una rabbiosa pedata di don Marcantonio, ma è afferrato a volo dal capoguardia, per un lembo del cappotto. Nel tira tira, una spilla che mantiene stretto attorno al collo il bavero rialzato della giacca cade, e per alcuni istanti la giacca, priva di bottoni, s'apre fino all'altezza dello stomaco, rivelando un corpo senza camicia, magro e nero come quello d'una mummia. A quella visione inaspettata il coro dei notabili ha un mormorio di stupore e di disgusto. Don Tito lo lascia partire e gli grida dietro:

« Va' va', disgraziato, ti si possono contare le ossa come a un vecchio asino. »

« Eh, Tito, conosci tu la risposta dell'asino? » gli rimanda Simone da lontano. « Disse un giorno l'asino al porco: tu sei più grasso, ma finirai scannato. »

« Che intendi dire? » gli grida don Tito. « Spiegati meglio. »

« Chi vuol capire, capisca. »

« Non so come fate a sopportare i continui lazzi di quel cafone » si lamenta don Marcantonio con i suoi colleghi. « Schiaffàtelo dentro. »

« Non sarebbe la prima volta » informa il cancelliere che s'è molto divertito a quella scena. « E poi? Bisogna pur rimetterlo fuori. »

« D'altronde, Simone non è un cafone » spiega don Sebastiano. « Non confondiamo, egli è un refrattario. S'è ridotto volontariamente peggio d'un cafone, è un vero scandalo; ma, in fine dei conti, è d'origine signorile, un Ortiga. Non si può trattarlo come un cafone. »

« Codesto vostro pietismo è assai sospetto » sentenzia freddamente don Marcantonio. « Noi viviamo in un'epoca spietata. »

Il cancelliere e il pretore impallidiscono.

« Non vorremmo essere fraintesi » essi si scusano quasi simultaneamente.

« Un giorno o l'altro, lo scandalo cesserà, lo metterò a posto io » assicura il capoguardia. « Ho un vecchio conto da regolare con quello stravagante; voi sapete a cosa alludo. »

« Avete notato poco fa » aggiunge il capoguardia « don Severino confabulare con mastro Eutimio e il cocchiere di casa Spina? »

Don Marcantonio s'interessa d'altro.

« Quale perdita » egli vuol sapere « ha subìto don Severino col licenziamento da organista della parrocchia di Colle? Quanto tempo potrà tirare innanzi, senza impiego? »

« Egli non ha mai ricevuto stipendio » dice don Tito. « La parrocchia è povera. »

Don Marcantonio ne è indignato.

« Don Severino dunque vive del suo? » egli nota con disgusto. « Ecco uno dei tanti casi in cui l'indipendenza economica fomenta il libertinaggio del pensiero. »

« Pietro Spina n'è la riprova » aggiunge il pretore per riabilitarsi.

« Non v'è autentico e sicuro civismo » sentenzia don Marcantonio « ove non è totale dipendenza, anche economica, dallo Stato. »

« Finiremo tutti impiegati? » chiede ansioso don Lazzaro.

« Tutti » annuisce l'oratore.

« Anche i proprietari? »

« Certo. »

« E i cafoni? »

« Naturalmente. »

« Tutti uguali? »

« No. Certuni riceveranno dallo Stato l'incarico di proprietari, altri di braccianti. Chi si ribella perde ogni incarico. »

« C'è il caso di don Bastiano » insinua don Lazzaro.

« Su questo particolare dobbiamo ancora riflettere » conclude don Marcantonio grave e autorevole.

Simone s'inoltra in un sudicio vicolo dietro la piazza e sparisce silenziosamente in un negozietto basso e buio di generi alimentari. Nell'oscurità densa del bugigattolo, egli non distingue subito la vecchia padrona vestita di nero, seduta in un angolo che prega, o forse piange, in silenzio, e perciò comincia a servirsi da sé.

« Be', Simò » gli chiede la padrona dopo averlo osservato un po' « ti credi a casa tua? »

« Oh, Maria Luisa » si scusa Simone « non volevo proprio disturbarti; sai, non per altro. Come stai, Maria Luisa? Hai ricevuto notizie dall'America, da tuo marito? »

« Quando me la pagherai, Simò, questa roba che adesso hai preso, posso saperlo? Che gusto ci prendi a rubare a una poveretta? »

« Prendi nota di questa roba nel tuo gran libro, Maria Luisa, e fammi il favore di non parlarmene più. A me non piace la monotonia, lo sai. Vuol dire che ti pagherò quando potrò. »

231

« Perché hai preso anche uno scartoccio di zucchero, Simò? Hai forse qualche festino in casa? »

« Alle donne come te, Maria Luisa, non si può tenere mai nulla nascosto. Non raccontarlo a nessuno, è un segreto, Cherubino ha oggi il compleanno. »

« Cherubino, chi è? Qualcuno dei tuoi figli illegittimi? »

« Sì, il mio asino, Maria Luisa. Anche per lui, poveretto, passano gli anni. »

« Simò, non metterai mai giudizio? » lo supplica Maria Luisa. « Vuoi proprio rimanere nella tua stranezza? »

Simone torna al suo pagliaio, con la sollecitudine d'una massaia attardatasi al mercato. Arrivato al viottolo che corre sul ciglio del canale, egli si guarda attorno per scrutare se qualcuno lo segua e se vi siano tracce di passi sospetti sulla neve, diffidente come una belva prima di rientrare nella tana. La neve gli arriva fino al ginocchio ed egli cammina a fatica. Il canale sembra gelato. Qua e là si vedono solo lievi rapide orme d'animali notturni. Davanti alla porta del pagliaio, al suo avvicinarsi, Leone scodinzola e mugola di piacere. Simone chiude la porta dietro di sé e grida nella direzione della botola che conduce al primo piano:

« Niente di nuovo? »

« Niente » risponde subito dall'altro una voce chiara. « E in paese? »

« In piazza, le solite cimici. » Poi aggiunge festoso: « Oggi a pranzo, baldoria, caffè con zucchero ».

Dalla botola scende un lungo infantile nitrito di piacere, e la domanda:

« Ma dove hai preso i soldi? Hai vinto nuovamente alla lotteria? »

« Per ora restate sopra » risponde Simone « vi chiamerò quando potete scendere. »

Pietro e Infante riprendono la loro scuola, alla quale si dedicano durante le assenze di Simone. Essi sono seduti di fronte, su due sacconi di paglia che durante la notte servono da giaciglio; entrambi sono infagottati di stracci per difendersi dal freddo e così vicini che i ginocchi quasi si toccano. La lezione riprende. Pietro guarda l'amico negli occhi con uno sguardo dolce e insieme imperioso, gli mostra un fiasco pieno di vino, e dice: Vi-no, sillabando distintamente. Ripete la parola tre quattro volte, finché Infante con molta pena ripete:

I-no. Pietro torna a ripetere pazientemente: Vi-no, strascinando la v; e dopo altri tentativi difettosi anche Infante riesce ad articolare la labiale iniziale, ma con un suono più vicino alla f che alla v. Fi-no, egli dice. Pietro approva e ride.

« Vergognati » gli rinfaccia però « pronunzi l'italiano come un teutone. »

Infante, che dall'intera frase non può aver capito una sola parola, ride anche lui. I due, l'uno dirimpetto all'altro, sembrano press'a poco della stessa altezza, ma il sordo è più massiccio. Entrambi hanno la testa rapata a macchina, a fior di pelle, per opera di Simone, tra l'altre cose anche ex-tosatore di pecore. Quella tosatura radicale, la luce livida d'inverno e l'immobilità dei corpi sovraccarichi di cenci, accentuano nei due l'espressione d'uno stato preoccupante, d'una sensibilità tesa all'estremo, contenuta a stento, e prossima a esplodere in grida, in gesti. L'emozione degli occhi di Pietro è quella del risuscitato al quale è capitato di trovare qualcosa invano cercata nella vita anteriore; la sua emozione assume un aspetto d'insolita esperienza, quasi inumana, dal colorito terreo, di statua dissepolta, e dalle labbra grigie, sottili, di chi ha mangiato terra, e glien'è rimasto il gusto tra i denti. Anche sulla faccia d'Infante, benché per altra causa, gli occhi sono la parte preponderante. La sordità ha ingrandito i suoi occhi, vi ha accumulato anche l'energia defraudata alle orecchie, tutto l'universo passa per essi; e l'universo d'Infante s'è trovato negli ultimi giorni bruscamente allargato e arricchito dall'insegnamento di Pietro, dall'acquisto di nuove parole, ognuna corrispondente a un determinato oggetto, di nuovi rapporti tra le parole, di nuovi concetti impensati; e, quel ch'è più grave, il suo povero rudimentale vecchio universo s'è trovato addirittura sconvolto dall'ospitalità offertagli da Simone e dall'improvvisa inesplicabile ingiustificabile riapparizione di Pietro, di quello strano signore perseguitato dagli sbirri. Infante dev'essere molto proclive ad ammettere i miracoli, altrimenti la riapparizione di Pietro avrebbe dovuto sembrargli pazzesca, tanto essa è in contrasto col mondo a lui già noto. Fatto sta che Infante sembra commosso ma per nulla sorpreso. Accanto all'universo antico duro ostile di Pietrasecca, egli ne ha scoperto, per caso, un altro, assurdo meraviglioso amichevole, anch'esso naturale, poiché pur esso esiste, benché d'altra e diversa natura; un universo, un modo di vivere strano, non fondato, come l'altro, sul denaro sul tornaconto sulla violenza sulla paura sui servizi ricevuti e da rendere; ma, a quel che i suoi occhi vedono, sulla simpatia, e su un genere di simpatia mai vista, del tutto gratuita, nient'affatto interessata; un mondo nuovo, simile esteriormente all'altro già conosciuto, però capovolto. Poiché esso esiste, Infante non sembra meravigliarsene; e siccome gli piace, se lo contempla e gode. Tutta la sua testa esprime quel forte interno godimento. La sua testa è un povero zuccone scarnificato dalla fame, con le inutili grandi orecchie divaricate, la faccia abbrustolita, screpolata da numerose vecchie cicatrici calcificate dal fango, e sul mento sulle mascelle sulla fronte ammaccature escoriazioni tumefazioni più recenti; non è una faccia che sappia ridere, e dovendo esprimere quella nuova inattesa contentezza vi riesce solo con smorfie grottesche. Pietro lo osserva grave e intenerito come se avesse in custodia un neonato. Seduti sui loro due giacigli essi si trovano nell'angolo più riparato del pagliaio, senonché la neve e il vento vi entrano liberamente attraverso due grandi finestroni senza imposte. Il freddo è intenso come per strada. Nel buio e mentre infuria la bufera, il giaciglio su cui essi passano la notte, cessa d'essere un letto, è un cespuglio spinoso, un fosso, una collina, una montagna rocciosa, una zattera in balìa delle onde. Al mattino le punte dei capelli, risorti dopo la tosatura, sono irte come gli aculei del riccio, le giunture indolenzite, i piedi gonfi.

« Siccome le finestre sono senza imposte » spiega Simone « naturalmente entra il maltempo. Però siccome le finestre sono senza imposte, allo stesso modo che entra, così il maltempo se ne va. In primavera, Pietro, t'accorgerai come ho ragione. »

XVI

Il pagliaio è vasto e spazioso, si vede che fu costituito dagli Spina per custodire fieno e paglia per molte bestie: ora contiene solo un po' di paglia per l'unico asino. Le strutture del tetto gemono e scricchiolano per il vento come la chiglia d'una nave sotto la tempesta. Innumerevoli ragnatele, ampie come lenzuoli, si gonfiano e resistono ai colpi di vento. Sui muri di nuda pietra sono rimaste alcune buche che dovettero servire d'appoggio alle travi all'epoca della costruzione e ora ne accentuano il carattere d'abbandono. Si scende al pianterreno per una scaletta a piuoli, attraverso la stessa botola dalla quale viene tirata giù la paglia per il letto e la mangiatoia dell'asino.

Al pianterreno non entra vento, però l'impiantito dei ciottoli è umido e anche nella parete non occupata dall'asino è ricoperto d'una poltiglia bruna fangosa. I tre uomini sono costretti a trascorrervi la giornata incappottati come per strada. Il fuoco viene acceso in un angolo della stanza tra alcune grosse pietre annerite; c'è anche un treppiede sul quale, per scaldare l'acqua e cucinare, si possono appoggiare un paiuolo e una casseruola. A Pietro gli piace accendere il fuoco, aiutare a fare da mangiare, mondare le patate, spogliare tagliare tritare la cipolla, ammollare friggere il baccalà. Ma i cibi ch'egli preferisce sono quelli che da bambino invidiava ai ragazzi poveri; per esempio, la "panunta": il pane viene tagliato a grosse fette e messo ad abbrustolire, poi le fette vengono strusciate con spicchi d'aglio e copiosamente condite d'olio d'oliva. Sul pane tostato l'acredine dell'aglio si sposa a perfezione con la blandizia dell'olio. Ogni volta Pietro si sente salire la lagrime agli occhi e, per non sembrare ridicolo, ne incolpa l'aglio.

«Da bambino ero certo che i beati, in Paradiso, si cibassero di panunta» confessa a Simone arrossendo.

Per variare, c'è la "panzanella". Sulle fette di pane in molle bastano allora alcune gocce d'olio, un po' di sale, qualche fogliolina tritata di basilico. L'olio che Simone acquista a "credito" da Maria Luisa, ha un colore giallo-verdolino e un fondo amarognolo; d'altronde, come il latte l'acqua il vino la frutta il pane e tutto il resto della regione.

«Bisogna però, per apprezzarlo, non avere cuore depravato» osserva Simone.

«L'anno scorso, venendo da Roma col treno di notte» conferma Pietro «m'accorsi che m'avvicinavo a queste nostre parti dal sapore amarognolo dell'aria.»

A mensa, assieme ai tre uomini, per completare la compagnia, "siedono", se si può dire, anche l'asino e il cane. Cherubino col suo testone pesante pensieroso vi apporta la sua calma la sua pazienza la sua dignità; senza ostentazione ma anche senza vergogna esso se ne sta sdraiato accanto al tavolino con i suoi malanni, il ventre gonfio, le spalle logore dal basto, i ginocchi scorticati dalle cadute. Sul dorso ha la riga scura a forma di croce, frequente negli asini, e che dà ad essi l'aspetto di poveri cristi.

«Ah, i tempi che portavi tre quintali, Cherubì, non tornano più» gli dice Simone. «Non è un rimprovero, non ti rinfaccio mica la poca paglia che mangi. Ne hai portati di carichi.»

Cherubino lascia dire. Anche Leone soffre per la fredda stagione, starnutisce tossisce ha lo scolo al naso agli occhi; ma neppure lui si lamenta. Quando Simone e il cane si guardano negli occhi, la simpatia, il movimento interno che li riavvicina, diventa quasi visibile.

«Egli sa tutto» confida sottovoce Simone a Pietro.

«Che cosa, tutto?»

«Di noi. Ha indovinato tutto a puntino. Dalla notte che sei venuto, ha un certo modo di guardarmi che non lascia dubbi. D'altronde, ci si può fidare. Bada, in lui non è la solita servile fedeltà del cane verso il padrone; se così fosse, lo disprezzerei; ma Leone e io ne abbiamo fatte assieme di tutti i colori, e abbiamo finito per capirci e stimarci.»

Leone, quando gli piace, tra l'altro sa anche ridere, solleva il labbro superiore e mostra i denti. Simone è allora preso d'allegria, lo chiama "bastardo, porco, figlio d'una vacca", per tenerezza. Con l'asino però mai oserebbe.

« Anche lui è di buon umore, certo, però serio e forse permaloso » spiega Simone. « È rimasto un cafone, manca d'umore. Poverino, ne ha portati di carichi. »

Neppure Infante ha sangue allegro nelle vene, e in più della tristezza nativa dei cafoni, è dominato dalla melanconia e diffidenza dei sordi, dall'impossibilità di capire gli scherzi i giuochi di parole degli altri; per fortuna la presenza di Pietro lo rassicura che gli scherzi non sono a suo carico. Tuttavia Infante, a modo suo, cerca anche lui di contribuire al buon umore della compagnia; egli sa muovere gli orecchi, come una lepre, e poiché la prima volta che li mosse Pietro scoppiò a ridere, ogni volta che adesso egli vede i compagni sovrappensiero, torna a muoverli. E quelli, per non offenderlo, ridono. Così i suoi poveri grandi orecchi gli servono almeno a qualche cosa. Altra e diversa fonte d'allegria, è la botticella di vino che troneggia, quasi in mezzo alla stanza, su due bassi cavalletti di legno. Essa dà un vinetto chiaro saporito odoroso leggero, propizio al lungo amichevole conversare. Benché Simone sia il contrario d'un astemio, all'arrivo di Pietro la botticella era ancora quasi piena, e questi non mancò di stupirsene.

« Per bere ci vuole compagnia » si scusò Simone. « Preferiscono bere di nascosto, com'è noto, i traditori e i figli di preti. Il vino delle osterie di solito vale poco; ma chi ci va a causa del vino? Nelle osterie non s'è mai soli, quest'è il vantaggio. E anche se vi abbondano uomini vili tirapiedi imbecilli, la loro presenza è pur sempre meglio di niente. »

Adesso però Simone ha la compagnia in casa, e in suo onore egli comincia a bere di buon mattino, a sciacquadenti, come dice, per schiarire la vista e la voce e poter dire agli amici buon giorno con l'anima pulita. E vuota l'ultimo boccale la sera, prima di allungarsi sul pagliericcio, dopo aver augurato agli ospiti buona notte e felicissimi sogni, a sciacquapensieri, com'egli dice, per scacciare dal corpo i sospetti i rumori e sentimenti vili che per caso vi si fossero introdotti di sotterfugio durante la giornata. Ma col passare dei giorni quelle diventano, più che altro, bevute di cerimonia, semplici atti propiziatori. Al bere egli finisce col preferire il parlare con Pietro, l'interrogarlo, l'ascoltarlo sui paesi da lui visti, sul modo di vivere d'altra gente;

e a mano a mano che i giorni passano, il raccontarsi, il confidarsi reciproco, spesso dura fino alle ore piccole della notte. Ma anche durante i pasti Simone finisce col bere di meno, dopo che lui stesso ha proposto il sistema rotatorio, come l'unico decente in buona compagnia. Il sistema gli costa un permanente sforzo d'eloquenza.

« Rinfrescati il cuore, sordo, è il tuo turno. Rinfrescati l'animo, Pietro, è vino sincero. La tua lentezza, Pietro, adesso mi fa specie. Passate qua il boccale, guardate, gioventù decadente, imparate da un vecchio come si beve. »

Per divertirli, egli beve in modo spettacolare, a doccia, a garganella, a trombetta, a bombardino, all'oratore patriottico, all'oratore sacro, a poppante neonato, alla gallina, alla vacca, al pellegrino, e in altri svariati modi, con grande spasso della compagnia. Ma sono più tuoni che pioggia, e ogni giorno che passa egli fa maggiore attenzione a conservare la mente lucida, perché sempre più gli piace di parlare con Pietro, di raccontargli, di udirlo raccontare. Peccato che un'intera serata passi allora in pochi minuti. Tra una bevuta e l'altra Simone fuma in una pipa di coccio nero bituminosa, con la cannuccia rotta legata da uno spago; per parlare l'allontana un po' dalla bocca e sputa per terra. Pietro si preoccupa di non offendere Infante, di non lasciarlo da parte, di non fargli sentire la sua inferiorità di sordo, ed è non poco sollevato quando osserva che, come un uccello che fa il suo nido nella paglia, Infante s'ambienta meglio col resto della compagnia, s'occupa dell'asino, del cane, della legna per il fuoco, va col secchio ad attingere acqua nel ruscello, lava e mette ad asciugare appeso a una corda quel po' di biancheria di cui Simone l'ha fornito.

« Infante deve ancora avere in tasca, se non mi sbaglio, le cinquanta lire ricevute da Venanzio » osserva un giorno Pietro a Simone. « Forse, con quei soldi, gli potresti comprare qualche cosa di cui ha più bisogno. »

Non l'avesse mai detto.

« Gli manca qualche cosa? » chiede Simone interdetto e offeso.

« Anche quando si ha il necessario » spiega Pietro « si può sempre comprare qualche cosa di utile. »

« Insomma, che gli manca? » ripete Simone impermalito. « Mi dispiace di non essermene accorto; dimmi tu, che gli manca? »

« Veramente, Simone, non volevo offenderti » si scusa Pietro. « Non gli manca nulla, parliamo d'altro. »

« Se devo parlarti con sincerità, Pietro, da te non mi sarei aspettato una simile proposta » gli dichiara Simone amareggiato. « Hai una tale stima di me? Certo, sono povero, ma ai miei ospiti ci penso io. Se non ho soldi, m'arrangio, è affare che mi riguarda. »

« Simone, ti chiedo scusa » ripete Pietro. « A rifletterci bene, infatti a Infante non manca proprio nulla. »

« Naturalmente i soldi ci sono per essere spesi, ma tu avevi dimenticato che questo non è un albergo, è una abitazione privata » aggiunge Simone irritato. « La differenza è tutta lì. Avevi dimenticato che non vi ho preso a pensione. Certo, mi dispiace, la comodità qui non è eccessiva. »

« Se ci tenessi tanto alle comodità, Simone, me ne sarei rimasto, o tornerei, dov'ero » interrompe Pietro. « Sai bene che non pensavo a questo. »

« Be', ti sei espresso male » conclude Simone conciliante. « Se nell'avvenire ti mancasse qualche cosa, o se t'accorgessi che manca a Infante, me lo dirai? »

« Per il momento non ci manca nulla » insiste Pietro convinto. « Meglio di così, veramente, non potremmo trovarci. »

Pietro non è un ospite molto esigente. Al suo arrivo Simone l'aveva messo subito alla prova.

« Si mangia quello che c'è » gli spiegò. « Spesso non c'è nulla, allora non si mangia nulla. »

« Il digiuno aiuta a conservare una linea sottile » rispose Pietro ridendo.

A tavola non vi erano bicchieri, bisognava bere direttamente dal boccale. Come si sarebbe comportato Pietro?

« Da tua nonna avrai avuto un calice per ogni sorta di vino e un bicchierino per ogni specie di liquore » gli osservò Simone: « qui devi arrangiarti. »

« Giacché ci siamo » propose Pietro entusiasta « perché non rinunziamo anche al boccale? Potremmo bere a cannella. »

« Non esageriamo » dovette dirgli Simone.

Simone ogni mattina fa il bagno, d'estate nel canale, d'inverno nella neve ch'egli ammucchia appositamente dietro il pagliaio. Quest'usanza è ormai conosciuta da tutti gli abitanti di Orta e costituisce il particolare più stravagante della sua fama d'uomo selvatico e dissennato. Alcune pie donne, a riprova della sua natura diabolica, citano il particolare d'aver visto uscire fiamme e fumo dal mucchio di neve, appena vi si stende sopra il corpo nudo magrissimo e nero di Simone.

Ma agli ospiti, malgrado le buone disposizioni di Pietro, egli non osa offrire un sistema di bagno così rozzo e altri la stalla non ne offre. Anche nella meglio organizzata delle abitazioni si possono però sempre apportare perfezionamenti; e così Simone, per mezzo d'una latta vuota di benzina, di cui, con un chiodo, fora il fondo a modo d'una grattugia e che poi sospende a una corda, crea una doccia pratica ed economica. A un'altra corda egli appende un campano di vacca che giaceva inoperoso in una cassa di vecchi finimenti, e lo rimette in servizio per interrompere le lezioni di vocabolario di Pietro a Infante e chiamare la compagnia a tavola. L'asino Cherubino è il solo tra gli ospiti che resti indifferente a quelle novità.

« È indifferenza o snobismo? » non la smette di chiedere Pietro.

« L'osservo da una quindicina d'anni e ancora non lo capisco » dice Simone.

« Forse è antica innata superiorità » azzarda Pietro. « Se fosse posa, in qualche modo, sia pure per un istante, si tradirebbe. »

« In questo caso è bene » ammette Simone « che vi sia tra noi qualcuno che, in modo così radicale e coerente, ci ricordi il disprezzo del mondo, delle sue pompe e illusioni. »

Per la seconda volta, da quando Pietro si trova nel pagliaio, egli trova sul tavolo una gallina, una bestia magnifica, della razza detta padovana, grossa, con le gambe lunghe e un ciuffetto di piume in testa. Pietro osserva stupito quella vittima "borghese" sulla povera mensa. La gallina ha il collo allungato, e le piume rabbuffate e agglutinate, i bargigli flaccidi pendenti sotto il becco e le palpebre chiuse, di chi ha orrore del proprio misero destino, essere mangiata in una stalla.

« Nuovamente gallina? » chiede insospettito Pietro.

« Oggi è domenica » Simone risponde. « Bisogna in qualche modo santificare le feste. »

« Se non sono indiscreto » aggiunge Pietro timidamente « dove ce l'hai il tuo pollaio, si può sapere? »

« Qui, dietro la casa » assicura Simone fortemente convinto. « C'è l'orto col pollaio. Non hai mai udito il rumore delle galline? »

Simone esce fuori per buttare le piume nella fossa delle immondizie, e s'ode, da dietro la casa, un prolungato rauco gutturale coccodè, però troppo ben fatto per sembrare naturale. Solo il complice Leone fa finta di prenderlo per autentico, e abbaia guaisce raspa contro la porta.

« A proposito » chiede Pietro durante il pranzo « se è lecito, perché t'hanno soprannominato faina? »

« La solita calunnia » risponde Simone evasivo. « D'altronde qui tutti abbiamo un soprannome (gli Spina, lo saprai, vengono chiamati testedure) e ho finito col preferire questo nome animalesco a quello dello stato civile. »

« Quale sarebbe? » insiste Pietro.

« Ortiga, se ben ricordo. »

« Ortiga? Al mio primo anno di collegio c'era nella mia stessa camerata un ragazzetto di nome Remo Ortiga; egli poi morì al terremoto, come pure sua madre, se non sbaglio. Aveva una bella voce, era il primo nel canto gregoriano. »

Simone ha una brusca reazione che sfugge a Pietro.

« Ah, tu hai conosciuto Remo? »

« Naturale » dice Pietro « il collegio era piccolo e noi due venivamo se non dallo stesso comune, dalla stessa contrada. Era tuo parente? »

« Mio figlio. » Ma forse il ricordo gli dà fastidio, perché subito aggiunge: « Bevi, Pietro, da mezz'ora è il tuo turno, rinfrescati il cuore. La tua lentezza nel bere, comincia a disgustarmi. Adesso bevi tu, sordo, rinfrescati i visceri, ti prego. Ecco, guardate come si beve, imparate da un povero padre. »

Per arrivare all'abitazione di Simone d'inverno c'è un solo sentiero praticabile e passa sull'argine tra il canale e i campi; se si avvicina qualcuno, Leone dà l'allarme, e si vede da lontano chi arriva. Per la notte Simone prende precauzioni speciali, al fine di evitare sorprese. Siccome l'argine è rotto in vari punti da sportelli che d'estate regolano la ripartizione dell'acqua per l'irrigazione dei campi, e in quelle interruzioni il viottolo continua sopra passerelle di legno, Simone ogni sera, con l'aiuto del sordo, rimuove i tavoloni, tagliando così il cammino. La fatica non è piccola, ma dà soddisfazione.

« Di notte, siamo come in un castello » spiega Simone a Pietro con evidente orgoglio. « Siamo difesi da vari ponti levatoi. »

Una mattina, rimettendo a posto le pesanti tavole, Simone

scopre sul ciglio nevoso recenti tracce di passi. Qualcuno durante la notte era stato lì e aveva dovuto arrestarsi al primo fosso, a causa dell'interruzione del sentiero; dalle orme lasciate sulla neve Simone può anche indovinare come lo sconosciuto, dopo aver tastato il terreno, era sceso nel campo, ma arrivato alla prima siepe, s'era persuaso dell'impossibilità di procedere ed era tornato indietro. Benché di malavoglia, Simone mette al corrente Pietro della scoperta e stabilisce con lui alcune precauzioni.

« Se è un cosiddetto amico » egli conclude « probabilmente tornerà in giornata. Ma chiunque sia, e i peggiori sono i falsi amici, al primo allarme tu e Infante salirete sul pagliaio, tirerete su la scala dietro di voi e chiuderete lo sportello della botola. Qui non c'è altra scala, non sarà perciò facile arrampicarsi sul muro con le unghie e i denti, e cercare altrove un'altra scala richiederà tempo. E poi, Leone e io, puoi esserne certo, non staremo ad ammirare, ad applaudire. »

Ma durante tutto il giorno nessuno s'è fatto vedere; a ogni colpo di vento un po' più forte o latrato di cane, invano Simone è corso alla porta per scrutare il sentiero. Verso sera, forse snervato dall'incertezza egli ha ripetuto a Pietro i suoi avvertimenti, ha indossato la mantellina militare ed è salito al paese, annusando qua e là, con finta aria distratta. Fuori dell'Osteria della Bandiera lo scarparo Nazzareno lo zoppo, mezzo ubbriaco, lo chiama e sfida a una partita.

« Ho udito raccontare, Faina, che come San Camillo ti sei giocato il cappotto e la camicia » gli grida lo zoppo con voce di scherno. « Ma vedo con piacere che ti restano ancora i calzoni. Vieni, per Cristo, li giochiamo a carte. »

« Zoppo, e se perdi » gli risponde Simone impietosito « come farai senza calzoni? La tua gamba di legno prenderebbe i reumatismi. »

Dall'antro oscuro e fumoso dell'osteria escono voci avvinazzate d'altri bevitori.

« Eh, Faina, che ti succede? Perché non ti si vede più? Faina, sei di nuovo innamorato. Dove passi adesso le sere, si può sapere? »

« In chiesa, dilettissimi fratelli e sorelle » risponde Simone da mezza strada contraffacendo la voce d'un oratore sacro. « In chiesa, a far penitenza. »

Risate e lazzi di scherno, ah ah ah.

« Be' conserva il tuo segreto, ma ora entra. Faina, se non hai più cappotto e camicia e non vuoi giocarti i calzoni, giocati con me l'asino » gli grida un'altra voce. « Tanto a cosa serve a te quella bestia? »

« Ah, Damià » gli risponde Simone da mezza strada « Cherubino è il solo mio amico fidato. »

« Be' vattene, Faina » gl'intima con disprezzo lo zoppo reggendosi allo stipite della porta per non cadere. « Da qualche tempo con te non c'è proprio nulla da concludere. »

« Lascialo andare » implora una voce chioccia di donna dall'interno dell'osteria. « Un diavolo non può mai sedurne un altro, già si sa. »

« Ben detto, Matalè » approva Simone ridendo mentre si allontana. « Quando i vostri diavoli vagivano ancora in fasce, il mio era già canonico. »

Un gruppo di giovani cafoni avvolti in vecchi cappotti malandati fanno cerchio in mezzo alla piazza e fumano in attesa dell'uscita delle donne dalla chiesa, hanno comprato assieme una sigaretta e adesso se la stanno fumando a turno, una boccata ciascuno; l'ultimo a fumare ripone accuratamente il mozzicone nella tesa del cappello, perché potrà servire ancora. Alla vista di Simone vari d'essi imitano il verso della gallina.

« Se avete bisogno di qualcuno che vi tasti l'ovo » dice Simone al loro indirizzo « per favore, giovanotti belli, rivolgetevi a vostra madre, perché io mi sono lavato le mani proprio stamattina. »

Un buon odore di montone allo spiedo fa deviare Simone dal suo itinerario. Mentr'egli cerca col naso in aria la provenienza del piacevole odore, incontra per caso Venanzio che risale lentamente la collina. Il garzone della signora Spina gli fa cenno di volergli parlare, ma non qui, per non destare sospetti. I due camminano in silenzio fin dove il vicolo sbocca tra le vigne.

« Per venire adesso da te, di notte, bisogna mettere le ali » gli rinfaccia infine Venanzio.

« Ah, eri tu? » risponde Simone rassicurato. « E che cercavi di notte, puoi dirmelo? »

« Ti portavo un canestro pieno di buone cose » aggiunse Venanzio osservandolo in faccia per vedervi apparire la cupidigia. « Non per te, naturalmente, voglio dire, non solo per te, mi capisci. »

« Non ti capisco. »

« Ero stato incaricato dalla signora di portare in casa tua, senza essere visto da altri, un canestro pieno di vettovaglie, per te e i tuoi ospiti. Adesso m'avrai capito. »

« Non ancora. »

« Mi dispiace, ma non so spiegarmi più chiaramente. »

« Chi ha avuto l'idea del canestro? La signora? Mi sembra quasi impossibile. Ella è ricca, certo, ma, ad onta di ciò, è una signora e m'ha sempre ricambiato il rispetto che le porto e che entrambi meritiamo. Come ha potuto supporre ch'io accetterei in casa mia degli ospiti e farei mancare il necessario? »

« Adesso esageri. La signora non dubita della tua generosità, ma sa anche che sei povero. Ora, tenere in casa due ospiti, alla lunga... »

« Posso essere privo di mezzi, ma non d'idee » interrompe Simone con alterigia.

Ciò detto, egli prova subito la sua massima soffiandosi pulitamente il naso con due dita: quindi gira le spalle a Venanzio e torna sui suoi passi. Il suo modo di camminare un po' curvo e quasi saltellante, le gambe lunghe e magre, la mantellina grigioverde che non gli arriva neppure ai ginocchi gli dànno l'aspetto d'una gigantesca cavalletta. In pochi salti egli è di ritorno al pagliaio. Vi trova Pietro raggiante: il sordo ha imparato a dire l'utile e onesta parola letame e, assieme a letame, la bella parola che ne deriva, letizia. Quest'è il primo termine astratto capito e imparato da Infante; e prima d'insegnarglielo Pietro ha esitato a lungo, nel timore che quella prima astrazione introducesse nel suo spirito un germe pernicioso. Ma egli ha subito il piacere di poter constatare che Infante capisce e usa la parola letizia nel suo significato strettamente limitato agli effetti del letame, come d'altronde, Pietro gli ha insegnato. Letizia vuol dire anzitutto campo stabbiato; letizia è l'odore, e anche il vapore, che si eleva da un mucchio di letame; letizia è anche l'atto naturale umile e, di certo, letificante dell'asino che si libera dalle feci. Durante il pasto della sera, dopo aver osservato le scarpe di Simone insudiciate di letame, come gli zoccoli e gli stinchi di Cherubino, il sordo riflette un po' e quindi dice, ridendo a suo modo:

« Cumpagnia letizia. »

Pietro n'è commosso. La pronuncia d'Infante è penosa gutturale stridula ma distintamente articolata. Pietro ne è ogni volta intenerito, come se avesse messo tutta la propria vita in quel balbettare. Più tardi Infante si assenta durante alcuni minuti; quando torna, ride e annunzia: Letizia. Simone non nasconde la sua preoccupazione.

« Di questo passo finirà oratore » osserva corrugando la fronte.

Sui due battenti della pesante porta d'entrata, nella faccia interna, spolverando e togliendo ragnatele Pietro ha scoperto per caso molti nomi, scritti col lapis, col gesso, e alcuni perfino incisi con la punta del coltello, seguiti da epigrafi frasi cifre e segni convenzionali.

« È una parte della contabilità della mia piccola industria » spiega Simone modesto e impacciato. « Ah, non te ne ho ancora parlato? Veramente, se non ne parlo è per discrezione; ma con te non ho segreti. Non hai mai udito raccontare della pillola perpetua? Capisco, nelle buone famiglie c'è sempre stata contro di essa la congiura del silenzio. Be', insomma non immaginarti chi sa che, e se nei prossimi giorni sarà disponibile, te la mostrerò. In apparenza è una coserella da niente, una pallina bianca, della grandezza d'un ovo di piccione; ma ingoiata, agisce come corpo estraneo e provoca forti contrazioni intestinali, e quindi, per parlarne senza nominarlo, il risultato che si vuole ottenere. È una pallina di non so che materia, un chimico mi disse una volta che dev'essere antimonio; ma sai tu cos'è? La pallina viene emessa intatta, quest'è il suo massimo pregio. Lavata nell'acqua fresca, si può adoperare subito di nuovo. Insomma, il vero ovo di Colombo. Adesso, senza esagerare, essa è già in esercizio da un centinaio d'anni, e probabilmente nessuno di noi ne vedrà la fine. Quando si evoca l'eternità, si diventa sentimentali, si cade facilmente nell'enfasi, devi scusarmi. Ma credimi pure, la mia soddisfazione non è meschina se penso: quanti governi sono cambiati in un centinaio d'anni? La pillola perpetua, ad ogni modo, è il solo bene dell'eredità paterna che ancora mi resti. Il solo al quale non rinunzierei per nessuna somma. Non dico questo per vantarmi; ma se c'è una parte della popolazione di Colle che m'è devota ed esposta, almeno saltuariamente, alla mia influenza, non è tanto merito mio quanto di quella pillola. Non manca il tornaconto; la magra rendita (come puoi immaginare, l'uso della pillola è a buon mercato, ma non gratuito), non mi ha mai permesso d'andare ai bagni di mare, tuttavia m'ha aiutato a superare squallidi e disperati quarti d'ora. Inoltre mi procura credito e il credito è l'anima del commercio. Ma forse il più forte attaccamento a quella pallina mi viene, ahimé, dalle acerbe contrarietà da essa procuratemi. Come forse anche tu ricorderai, c'era qui una volta un farmacista; dopo una decina d'anni dovette chiudere per scarsità di clienti. Non che la gente di Colle godesse di perfetta salute; ma per le malattie gravi questi buoni cristiani preferiscono ricorrere ai santi; per le altre, si servono delle sanguisughe di Aristodemo il barbiere; e per purgarsi la maggioranza s'è sempre servita della mia pillola, economica antica e paesana. Io non sono un cieco lodatore dei tempi passati, però, non si può negarlo, una volta c'era più tolleranza. La vecchia eloquenza era falsa come tutte le eloquenze, ma lasciava vivere. Un processo memorabile intentatomi dai farmacisti del mandamento per esercizio abusivo della medicina, mi costò un occhio della testa per l'avvocato Zabaglione, fu però da me vinto. Ne seguì un'epoca d'oro per la mia pallina. Ma pochi anni fa, che è che non è? il nuovo oratore, don Coriolano, aizzato e corrotto dai farmacisti dei paesi vicini, senza neppure la formalità d'un nuovo processo, annunziò in piazza che la funzione di purgare i cittadini è uno degli attributi fondamentali dello Stato, se non addirittura il fondamentale, e ad esso il governo non può a nessun costo rinunziare, e che la mia pillola, oltre a violare i principi sacrosanti dell'igiene della morale e della religione, minava l'ordine pubblico. Mi fu perciò intimato di consegnare in ventiquattro ore a don Tito, il capoguardia, la pallina d'antimonio. Come puoi bene immaginare, rifiutai, invocando lo Statuto e il liberalismo. Fui messo dentro per alcuni giorni e in mia assenza il capoguardia cominciò la caccia alla pillola. Ma come sequestrare una pallina per la maggior parte del tempo nascosta negli intestini della gente? Come coglierla nel momento preciso in cui esce fuori? Don Tito ebbe il torto di non prevederlo, e si coprì di ridicolo. Fuorviato da false denunzie, egli fu visto, nella sua pomposa uniforme da generale, aggirarsi per i vicoli del paese, il più spesso di buon mattino e dopo i pasti, e irrompere come il fulmine in seno alle famiglie sospette, alla ricerca del *corpus delicti*. Puoi immaginarti come venisse accolto. Né mancarono episodi scurrili che, per rispetto alla decenza, ora non voglio ricordare. Il paese intero, l'intera cafonaglia, interrompendo la sua secolare apatìa, era scossa da profonde ondate di allegrezza, la cui eco arrivava sino nel fetido sotterraneo, nel quale, modesto martire della libertà del commercio, io giacevo prigioniero. Lo scandalo naturalmente non poteva durare a lungo, e infatti si chiuse in modo degno e corretto, consono alla tradizione. Per salvare il prestigio dell'uniforme, un mattino don Tito annunziò in piazza il sequestro della pallina e mostrò ai curiosi qualche cosa che le somigliava, forse un uovo di colomba o una pallina di biliardo. Ma la pillola perpetua, l'avrei indovinato, non era stata affatto sequestrata. Ognuno nel paese lo sapeva con certezza; e lo stesso don Tito non poteva non esserne persuaso. Al capoguardia però non gl'importava tanto la distruzione pratica della pallina, quanto il prestigio dell'uniforme e per questo, in mancanza della pillola introvabile, era più che bastevole l'annunzio formale del suo sequestro, col relativo verbale, da me firmato senza batter ciglio, e deposto in Archivio. Da allora una mutua convenzione s'è stabilita tra me e le autorità a riguardo dell'inafferrabile pillola; questa può continuare il suo servizio, ma ufficialmente non esiste più e nessuno deve parlarne. »

Infante è seduto intanto sulla paglia, vicino all'asino, e cerca d'insegnargli le parole letame e letizia; egli ripete le due parole lentamente, sillabando, e tiene lo sguardo fisso negli occhi dell'asino. Cherubino lo sta ad ascoltare con interesse ben visibile; ma non ripete le due importanti parole; forse egli trova superfluo di ripeterle, forse stima che il parlare in generale non serva proprio a niente. Infante ritiene eccessivo quell'assoluto mutismo e si spazientisce e chiama Pietro in aiuto; ma Pietro non gli fa caso, affascinato dalla rivelazione di Simone.

« A mio onore devo confessarti d'aver finora rispettato il patto » continua Simone. « Ma don Tito, malgrado l'uniforme, è rimasto un paesano, ha sangue caldo torbido eccitabile; egli deve fingere, si sforza di fingere, ma ci soffre. Così, ogni tanto, specialmente se m'incontra quando è brillo, mastica amaro, mi molesta, mi provoca, mi minaccia. La pallina, si direbbe, gli è rimasta nel gozzo e non riesce né a sputarla né a inghiottirla. Il mio vantaggio è insormontabile, avendo dalla mia la finzione legale e la realtà. Anche per questo non mi lascio intimidire; al contrario, mi diverto a punzecchiare il ridicolo personaggio. M'inchino rispettosamente ed elogio l'astuzia insuperabile, il fiuto poliziesco, lo sguardo di lince di cui egli diede prova in quell'ormai famoso sequestro e compiango la crudele sorte che m'ha privato, quando più n'avevo bisogno, di quel bastone della vecchiaia. Se altra gente assiste alle nostre schermaglie, non è raro il caso di volonterosi che, imitando il tono serio dei miei gesti e della mia voce, si associano ai miei complimenti. Don Tito in quei casi ride verde, non può fare altrimenti, dà in ismanie, la bocca gli schiuma come quella d'un cane rabbioso, ma non può parlare. Vari indizi mi lasciano però arguire una sua persistente speranza di sequestrare la pillola. Per lui è una questione di fede. Quella pillola umile inafferrabile, che continua a uscire da un intestino ed entrare in un altro, prova i limiti della sua autorità. Le consolazioni illusionistiche dell'uniforme, sembrano agire su lui solo a digiuno, cioè al mattino, quando se ne sta a lungo a godersi la propria immagine in un grande specchio da parrucchiere che copre mezza parete del suo ufficio "Denunzie Sospetti e Dicerie". Ma appena beve, e beve ogni sera, è un disastro, egli riprende contatto con la nuda realtà. Naturalmente, se don Tito vorrà di nuovo tentare di impadronirsi della pillola, dovrà farlo a colpo sicuro, non può rischiare uno smacco. »

Pietro rimane assorto, pieno d'ammirazione.

« Ecco, si può nascere in un paese » egli confessa mortificato « rimanervi una ventina di anni, percorrerlo in tutti i sensi, credere di conoscerlo, eppure ignorarne le realtà essenziali. Se il caso non mi avesse condotto qui da te, probabilmente non avrei mai conosciuto questa storia commovente. »

« Non credo che sia stato il caso, Pietro, a farci incontrare » corregge Simone pensieroso. « Forse è stato il destino, o forse Dio. Non so, di certe cose non me ne intendo. Se tu non fossi arrivato, la mia vita non avrebbe avuto senso. Adesso però smettiamola di chiacchierare come due femminucce. Bevi, Pietro, rinfrescati l'anima, è il tuo turno, per favore, non farmi arrabbiare. E adesso bevi anche tu, sordo, è il tuo turno, riscaldati le orecchie. Ecco, giovani inesperti, guardate attentamente come si beve, imparate da un vecchio affarista. »

Le giornate passano presto. In vita sua Simone non è mai restato tante ore tappato in casa, nemmeno prima del terremoto, quando aveva una comoda casa e famiglia; ma sono tempi d'un'altra vita ch'egli non ama rievocare, è penoso riaprire le piaghe. Gli anni lontani sono come pietre sul cuore; a smuoverle è più il dolore che il sollievo. « A proposito » egli interrompe se il discorso cade su quell'epoca, come se volesse aggiungere un particolare importante, e invece porta il discorso altrove. «Sto diventando una bestia domestica» egli ama ripetere ridendo. «Divento uno zitellone.» Una sera Simone porta nel pagliaio e appende in mezzo alla stanza del pianterreno un vecchio lampione a vapori di petrolio che dà una luce verdognola e soffia come un gatto quando inarca la groppa per impaurire l'avversario. Il lampione aggiunge alla semplicità rudimentale del pagliaio un elemento spettacolare che entusiasma Leone e Infante, mentre ancora una volta, Cherubino non si dà alcuna pena di nascondere la sua indifferenza.

«Dove hai comperato quell'ordigno da museo?» domanda Pietro incuriosito.

«L'ho vinto alla lotteria» spiega Simone modesto ed evasivo. «Ti servirà se vuoi leggere o scrivere anche di sera. Scusami se non ho trovato di meglio.»

Dal pagliaio di Simone, Pietro vede l'intero abitato di Colle esposto sulla collina; vista dal piano la comunità ripudiata pare un tutt'altro paese, una catasta di case nere, l'una sull'altra, senza separazioni.

«C'è da chiedersi come facciano a respirare» dice Pietro.

«Chi ci sta dentro non se lo domanda» risponde Simone. «Ma chi se ne allontana, non riesce più a sopportarlo.»

«Non sarà peggiore di altri luoghi» ammette Pietro.

«Non peggiore, forse solo più disgraziato» dice Simone. «Il terremoto, nello scoperchiare le abitazioni, ha messo in luce cose che di solito rimangono nascoste. Chi ha potuto, è fuggito.»

«I rimasti non saranno tutti depravati.»

«Sì, le vere canaglie sono poche» dice Simone. «I più sono mezze coscienze. Il caso più pietoso è quello degli onesti che, per difendersi, devono fingere di essere volgari. Solo donna Maria Vincenza non è tenuta a fingere.»

«Non è a causa dell'agiatezza. Anche povera, penso che mia nonna non sarebbe diversa.»

«Se fosse povera» dice Simone «donna Maria Vincenza sarebbe adesso qui con noi.»

«Sarebbe meraviglioso» esclama Pietro. Poi aggiunge: «Mia nonna ha la fede. Chi conversa ogni giorno con Dio e i santi non dà più importanza ai fastidi dell'esistenza.»

«Scusami se sono indiscreto» dice Simone. «A che età tu hai cessato di credere in Dio?»

Pietro resta alquanto pensieroso.

« Non so » risponde. « Non so se ho veramente cessato di credere in Dio. »

« Scusami » egli chiede a sua volta « e tu? »

« Gli ho definitivamente voltato le spalle dopo il terremoto » dichiara subito Simone. Poi aggiunge ridendo: « Delle volte però ho l'impressione che Lui mi corra dietro. In mancanza d'altre certezze, credo nell'amicizia. »

La presenza degli ospiti risuscita in Simone il ricordo d'amici lontani e dimenticati, il più sovente amici compagni della prima gioventù, o dell'epoca della sua emigrazione nel Brasile e in Argentina. Dove saranno adesso? Sono ancora vivi? Si saranno avviliti adattati sottomessi? Simone stesso si stupisce della lucidità precisione freschezza di certi improvvisi rcordi, della facilità con la quale gli tornano a mente visi modi di parlare nomi di persone di località circostanze anche futili, cose per tanti anni sepolte dimenticate.

« Dev'essere il vino » egli si scusa. « Vi sono vini che fanno dimenticare e intorpidiscono, altri che fanno ricordare e rinfrescano. »

La sera, allorché Infante s'allunga per dormire, Pietro va a sedersi accanto a Simone. La conversazione invariabilmente finisce col cadere su qualche amico dimenticato.

« Ah, Pietro, se tu avessi conosciuto Bartolomeo, il tintore di Celano; o meglio, se lui t'avesse conosciuto. La sua disgrazia, scusami, Pietro, se ti parlo in questo modo, fu di non aver conosciuto un uomo come te. Quando morì a Santa Fe, in Argentina, abitava con una famiglia andalusa, una famiglia immensa, una vera tribù. Il medico, poiché sull'atto di morte doveva pur scrivere qualche cosa, mise morto di tifo; ma io solo sapevo ch'egli s'era consunto di disperazione. Tu potevi avere allora, suppongo, tre o quattro anni. »

« Disperazione di che? » domanda Pietro.

« Alcuni suoi paesani mi raccontano che da ragazzo era scappato da una frateria. »

« Non aveva famiglia? »

« Aveva lasciato a Celano moglie e sette figli. »

Benché Simone e Pietro mostrino ogni cura d'evitarlo, tra i ricordi affiora una volta anche il nome di don Bastiano Spina, a proposito dell'acquisto del pagliaio dove da vari anni Simone s'è ridotto ad abitare.

« So che un tempo eravate inseparabili » dice Pietro.

« Non so » risponde Simone impacciato. Poi aggiunge a stento e contro voglia: « Egli è stato la maggiore delusione della mia vita. Bevi, Pietro, è il tuo turno, bando alle tristezze, adesso non ho più motivo di lagnarmi. »

« Secondo la nonna » aggiunge Pietro « la rovina dello zio Bastiano cominciò dal giorno che voi due litigaste. »

« Non fu una lite » corregge Simone con visibile pena. « A un certo momento Bastiano scoprì le femmine. E qualche tempo dopo scoprì il denaro. Fu per lui una vera malattia, un tifo, una meningite. Divenne prepotente, rozzo, anche falso; ebbe contrasti violenti con i fratelli e la madre. Cercai di non perderlo di vista, anche dopo una sua grave scorrettezza, un suo inganno, verso di me; ero disposto a perdonargli, perché gli volevo bene. Andai perciò da lui, lo cercai, lo feci chiamare; egli evitò d'incontrarmi. Quando finalmente seppe che m'ero accorto di una sua truffa, mi mandò una lettera. Capisci a che punto era ridotto? Invece di venirmi a parlare, mi mandò una lettera. Naturalmente neppure la toccai. Venne Salvatore il postino e mi disse: Scusami tanto, ma Bastiano ti manda questa lettera. Da quel momento per me Bastiano fu come morto. Indicai al postino la fossa dei rifiuti dietro la casa dove allora abitavo, gli dissi di buttarla lì. Da allora, devo aggiungere, non ho più aperto lettere. »

« E se ti scrive un vero amico? »

« Chi ha qualcosa da dirmi, venga a trovarmi. Dalla voce posso capire se dice la verità. Salvatore il postino ha capito il mio ragionamento e, da allora, se ha una lettera per me, neppure mi chiama, ma la depone senz'altro nella fossa dei rifiuti, dietro la casa. »

« Se l'amico che ti scrive è lontano? Se ti scrive un amico dall'America? »

« Può venirmi a trovare, e come amico sarà sempre il benvenuto. Se quello che ha da dirmi non è importante, può anche fare a meno di scrivermi. »

« Hai ragione, anche dall'America, ti prego di credermi io verrei a trovarti. Si capisce, se avessi da dirti qualcosa d'importante. »

« Come faresti a sapere quello che per me è importante? In ogni caso » insiste Simone « dovresti venire. »

« In ogni caso verrei. »

« E perché hai parlato dell'America? Pensi di partire di qui? Ti manca qualche cosa? »

« Non mi manca nulla, questa è una vera vita da pascià. »

Infante dorme accanto, raggomitolato sul suo pagliericcio come una bestia nella tana, coperto dalla mantellina militare di Simone e da altri stracci; a un certo momento, nel girarsi, gli si scoprono le gambe, due gambe forti pelose, due piedi enormi con vecchie cicatrici nere profonde. Pietro s'alza per coprirlo.

« Perché non mi parli dei tuoi amici del partito? » gli chiede bruscamente Simone. « Non riesco a capire come tu abbia potuto lasciarli, o come essi t'abbiano lasciato partire, per finire in questo deserto. Un altro discorso sarebbe se, stanco e avvilito di pascere i porci, tu fossi tornato nella casa paterna. »

« Nel partito non ho lasciato veri amici » risponde Pietro impacciato. « I rapporti tra compagni somigliano a quelli della vita militare. Ci s'incontra con ogni sorta di persone, più per caso che per scelta. Nel partito avrò conosciuto, vagamente, alcune migliaia di persone; un po' più da vicino, forse alcune decine; ma, in quindici anni, a fondo e bene come ora conosco te e Infante, nessuno. Delle volte pensavo che fosse colpa mia; ma agli altri succedeva lo stesso. A dir la verità, anzi, nel partito l'amicizia è addirittura malvista, direi quasi sospetta; e poiché vi è sinonimo di cricca e camorra, devo aggiungere, a giusta ragione. Nel senso vero l'amicizia pochi la concepiscono, i più la disprezzano come nostalgia di vita privata, piccolo-borghese, essi dicono. »

« Ma come si può lottare assieme, affrontare rischi, se l'uomo che si ha al fianco non è un amico? » chiede Simone incredulo.

« E in guerra? » risponde Pietro.

Ma nella sua voce c'è una tristezza evidente.

Dopo un lungo silenzio Simone s'alza per preparare il suo giaciglio, e mormora:

« Non credevo che la cancrena arrivasse fin lì. »

I sacconi dei "letti", ripieni di foglie di granoturco, sono distesi per terra su uno strato di paglia di grano e di sterpi secchi, e ricoperti d'una coltre di lana; siccome però questo non è abbastanza pesante per proteggere contro il freddo, i tre uomini vi aggiungono sopra gli indumenti che durante il giorno portano addosso. Pietro è sempre l'ultimo ad addormentarsi;

supino, poggiando la nuca sopra le palme delle mani intrecciate, egli resta a lungo ad ascoltare le voci lontane degli animali i venti la terra la notte. E ogni tanto, a quelle voci, subentrano vuoti, lunghi silenzi, pause di calma assoluta. Anche i cani da pastore allora tacciono. I poveri asini, atterrati dalla fatica, dormono nelle stalle. Le pecore negli ovili. Le galline nei pollai. Le lepri nelle tane. Le rane negli stagni. Ma dentro una trave, proprio dietro la testa di Pietro, c'è un piccolo tarlo che non dorme, che non riposa, che rode in fondo al buco, e dal buco ogni tanto cade sulla fronte di Pietro un granellino di segatura. Pietro ode distintamente il segare dell'insetto, per finire non ode altro. La notte, l'oscura immensa notte n'è piena; la terra in letargo n'è interamente dominata. Sembra il ticchettìo segreto d'una macchina infernale a orologeria. È difficile indovinare quando scoppierà; in quello scricchiolìo c'è tanta pazienza. Pietro s'alza in fretta, si veste, e per difendersi dal freddo pungente mette sulle spalle la coltre di lana del giaciglio. Poi si dirige verso un angolo della stanza, tira fuori da un ripostiglio alcune carte, in punta di piedi s'avvicina al tavolo, accende la vecchia lanterna a olio e comincia a scrivere. Affinché la luce non svegli i compagni, egli copre la lanterna con uno straccio e la ripara col suo corpo. Dapprima incerto, poi più regolare minuto intenso egli scrive, sembra dimenticare l'ora il luogo. Egli scrive una linea, la cancella, la riscrive, la ricancella, ne scrive un'altra. La penna ha sul foglio giallo uno scricchiolìo somigliante a quello d'un roditore. Curvo e rannicchiato sul piccolo tavolo cosparso dei fogli della sua scrittura, egli stesso avvolto nella coperta verde, somiglia a un topo solitario che rosicchi piccoli pezzi di carta.

« A chi scrivi con tanta foga, alla sposa? » gli mormora Simone ridendo.

Pietro si gira di soprassalto. Simone è dietro di lui, col lungo corpo magro protetto fino ai ginocchi da una coperta di lana rossa e i piedi nudi nodosi sul pavimento viscido. Pietro gli mostra l'indirizzo scritto sulla prima pagina delle sue carte:

Lettera a un giovane europeo del XXII secolo...

Simone si siede su uno sgabello di fronte a Pietro.

« Credi che una lettera possa durare duecento anni? » chiede Simone preoccupato.

« Anche di più. Naturalmente non dipende dalla carta, né dall'inchiostro, ma dalle parole. Bisogna trovare parole pure, sincere. Quelle sono incorruttibili. »

« Ma se vengono gli sbirri e stracciano la lettera? »

« Vi sono parole che furono pronunziate sottovoce alcune migliaia d'anni fa, e benché gli sbirri non le amino, durano ancora. »

Simone tuttavia è per la prudenza, e ha un'idea.

« Quando avrai finito di scrivere » egli propone « chiuderemo la lettera in una scatoletta o tubo di ferro e la metteremo in qualche casa in costruzione. Conosco un muratore che certamente lo farà, se glielo domando. Tra cento e duecento anni senza dubbio ripasserà da queste parti qualche terremoto, e tra le macerie sarà trovato il tuo messaggio. »

« Il "nostro" messaggio » corregge Pietro e gli mostra l'ultima pagina ancora fresca d'inchiostro. La quale comincia con queste parole: *In quel tempo Simone detto la Faina amava ripetere: Si potrebbe vivere così bene, tra amici*.

Simone non riesce a nascondere la sua commozione.

« Sono vecchio, Pietro, vecchio d'età e di corpo » egli dice. « Eppure in certi momenti sento di non aver vissuto la mia vita. Se morissi adesso, Pietro, bisognerebbe portarmi al camposanto in una bara bianca, come qui si usa per i ragazzini d'età inferiore ai sette anni. »

Si è levato un vento gelido potente, che scuote le imposte e sbatte un pezzo di grondaia contro il tetto.

« Una fortuna che Infante non sente » dice Pietro.

Leone si è avvicinato ai due amici. Seduto sulle gambe di dietro, col naso umido e nero, esso li ascolta e ne sembra commosso.

« Vi sono momenti di pace che fanno dimenticare anni d'angustie e d'aridità » dice Pietro. « Adesso però torniamo a dormire, coi piedi nudi per terra tu rischi di prendere un malanno. »

« Restiamo svegli » supplica Simone scosso da brividi. « Forse non avremo più la nostra anima di questa notte. »

Pietro comincia a leggergli il capitolo del suo scritto indirizzato *Ai giovanotti dell'ex-Nazione Italiana*:

In quel tempo Simone detto la Faina amava ripetere: si potrebbe vivere così bene, tra amici, senza sbirri.

XVII

Infante è uscito dal pagliaio per andare a riempire un secchio d'acqua, ma poco dopo rientra di corsa, col secchio vuoto, ansimante scombuiato sgomento. In un mugolio concitato egli accenna con la mano, nella direzione della strada carrozzabile, a un'apparizione odiosa, a un pericolo prossimo, ben preciso, e ripete: taap taap taap. Simone spranga subito la porta e le finestre del pianterreno, mentre Pietro, come si fa per calmare i bambini spaventati, porge a Infante un bicchiere d'acqua ch'egli rovescia metà per terra, e gli fa cenno di salire in fretta al piano superiore e di restarvi quieto. Infante sparisce con la rapidità di una scimmia impaurita.

« Va' su anche tu, Pietro » dice Simone mentre lavora a barricare la porta con puntelli di ferro. « Va' su anche tu, per Cristo » ripete. « Che aspetti? »

« È meglio ch'io resti quaggiù con te » cerca di spiegargli Pietro seguendolo nei suoi movimenti. « Ascoltami, non credi che sarebbe più intelligente di non ostruire in quel modo l'entrata? Se gli sbirri cercano me e mi trovano noi potremmo dire che ero appena arrivato, che sono entrato qui poco fa, per caso, che so io? per scaldarmi o chiederti un pezzo di pane. Potremmo dire che tu non sapevi chi fossi, e che prima d'oggi non m'avevi mai visto. È meglio non chiudere, ascoltami. »

« Non serve a nulla, Pietro » interrompe Simone irritato « non serve a nulla prendere accordi e poi, al momento critico, dimenticarli, come tu fai. Va' su anche tu, Pietro, ti prego. »

« Ma perché farci prendere tutti tre, se cercano me solo? Perché rendere loro questo favore? »

« L'uomo ricercato potrei essere io. Modestia a parte e senza volermi vantare, Pietro, anch'io sono degno d'una certa attenzione. Se anche tu sali su, forse mi porteranno via solo e non s'accorgeranno che c'è altra gente in casa. Va' su, va', non farmi arrabbiare. »

« E se invece, com'è più probabile, cercano me? Se mi trovano nascosto, non sarà evidente la tua complicità? E la complicità d'Infante? »

Simone ha un gesto di stizza e stanchezza. La porta è barricata, le finestre sono chiuse, nel buio i due tacciono e restano in ascolto. Il silenzio è assoluto.

« Potrebbe anche darsi » s'azzarda a dire Pietro dopo una lunga pausa « che Infante abbia avuto una visione, sai com'è. »

Essi salgono sul pagliaio per tentare d'interrogarlo, cercano di appurare da lui, più coi gesti che con le parole, se si trattava di carabinieri, di gente con uniforme e fucile, se erano due, quattro, sei uomini, se venivano verso il pagliaio, lungo il canale, se erano fermi, appostati, nascosti in un fosso; oppure, se era una bestia, un lupo, un orso, un mostro, un diavolo. Infante risponde ogni volta con energici segni di diniego; infine ripete a Pietro, come se almeno lui dovesse capire: taap taap taap, e fa anche il gesto d'un uomo che si dondola a cavallo: ma i due non si raccapezzano. Infante s'avvicina cautamente a uno dei finestroni e indica, in lontananza, con gesti concitati, la montagna dietro la quale si trova Pietrasecca, un gran mammellone nevoso con un orlo giallo contro il cielo grigio. Pietro e Simone guardano la montagna, riflettono, stentano a capire. Il vento traina sulla valle di Pietrasecca pesanti carri di nuvole, li ammucchia sulla montagna, alcuni sembrano pieni di letame, altri di paglia.

« Ah, Sciatàp? » indovina Pietro bruscamente.

Infante risponde subito e ripetute volte di sì, naturalmente non ci voleva poi tanto a indovinarlo, taap taap taap non poteva essere un altro. Egli ha visto o incontrato dunque Sciatàp, il padrone della stalla in cui Pietro rimase nascosto alcune settimane prima d'essere consegnato a sua nonna.

« In questo caso perché tutta quella paura? » osserva Simone.

Pietro suppone che Infante sia stato preso dal terrore di dover tornare a Pietrasecca, e non sarebbe una paura infondata.

Ogni cafone, lassù, era abituato a trattarlo come sua proprietà, come una specie d'asino comunale. Ma, a parte ciò, la nuova venuta di Sciatàp a Colle appare sospetta anche a Simone. Benché Pietrasecca sia distante da Colle appena una ventina di chilometri, i due villaggi appartengono a due contrade diverse: tra le popolazioni dei due paesetti non vi sono mai stati diretti legami amministrativi, né matrimoni, o altri rapporti di persone. Nel piccolo mercato settimanale di Colle non viene mai gente di Pietrasecca, neppure nelle feste religiose estive; e oggi, per di più, non è giorno di mercato o di festa, ma un qualsiasi giorno di quaresima. Lo stesso Sciatàp a Colle non conosce nessuno. Forse egli era stato per la prima e unica volta a Colle in occasione della sua visita in casa Spina, verso la metà dello scorso gennaio, quando aveva portato a donna Maria Vincenza la notizia che il nipote viveva, e pagando una certa somma poteva riscattarlo. Per Sciatàp fu un buon affare. A dir la verità, egli s'era già impadronito del denaro che Pietro aveva indosso; ma donna Maria Vincenza allora non lo sapeva, e anche se l'avesse saputo, pur di riavere il nipote, avrebbe pagato ugualmente. Che cerca ancora quell'uomo? Perché è tornato a Colle? Simone mette in fretta il cappello e la mantellina, nasconde in tasca qualche altra cosa e corre alla sua ricerca.

« Damià » domanda Simone al primo conoscente che incontra « hai visto per caso passare poco fa un forestiero, press'a poco della mia età, un uomo della montagna, su un cavallo o un asino? »

« Un cafone a cavallo vuoi dire? È salito verso la collina, una mezz'ora fa. »

Simone riprende la sua corsa e s'arresta trafelato davanti alla bottega di mastro Eutimio.

« Hai visto per caso passare qui davanti, poco fa, un forestiero su un cavallo, un forestiero dall'aria di montanaro? »

« Egli è passato poco fa qui davanti, è andato, suppongo, in casa Spina. Ma ecco, già torna. Di che paese sarà? »

A cavalcioni su un cavallotto mezzano, dal pelame baio ciliegia, scende dalla collina un uomo avvolto in un vecchio mantello scolorito e sdrucito, con la faccia nascosta da una barbaccia negletta nera ispida e due occhi biechi, a stracciasacco, sotto un cappelluccio inclinato su un orecchio, alla maniera di quelli che hanno bisogno di far sapere di non aver paura di nessuno.

«Tu monti il cavallo come se fosse un asino» gli grida Simone andandogli incontro con decisa aria di sfida. «Si vede subito che sei un cafone, e se il cavallo non l'hai vinto alla lotteria, di certo l'hai comprato con denaro frodato.»

Sciatàp arresta il cavallo, interdetto e diffidente, e osserva con occhi sgranati, che da vicino appaiono rossicci, lo strano sconosciuto vestito come l'ultimo dei pezzenti ma con la voce la sicurezza l'arroganza d'un signore.

«Se vuoi questionare, Simone, e se proprio non ne puoi fare a meno, perché vieni davanti alla mia bottega?» supplica mastro Eutimio.

«Non t'accorgi che il tuo cavallo beve le briglie?» riprende a gridare Simone a Sciatàp sullo stesso tono di sfida. «Se tiri in quel modo, tanghero, tu gli confondi le idee a quella povera bestia. Ma da quanto tempo l'hai quel cavallo, si può sapere? Con quali quattrini l'hai comprato?»

Sciatàp prende il partito di considerare lo sconosciuto come un pazzo e gli rivolge un forzato esagerato riso di pietà, ah ah ah. Per provare la sua indifferenza e aver tempo di riflettere, egli tira da sotto il cappotto una pipa di coccio, nera aggrumata dal lungo uso, la carica lentamente e l'accende con due zolfanelli.

«Mastro falegname» egli domanda poi rivolto a mastro Eutimio tra una fumata e l'altra «per favore potresti indicarmi dove abita in questo comune l'oratore governativo? Certamente, suppongo, ne avete almeno uno.»

«Qui siamo tutti oratori» s'intromette Simone sempre più provocante. «In collina non è come in montagna, credimi pure. E non abbiamo bisogno di spie forestiere, sai, non per vantarci, ma grazie a Dio, di spie ne abbiamo da vendere.»

«Delle tue chiacchiere incomprensibili, t'assicuro, non so che farmene» interrompe seccato Sciatàp.

«Faresti meglio a continuare per la tua strada, forestiero» gli consiglia mastro Eutimio garbatamente e col tono il più persuasivo. «Non capisco come ti sia venuta l'idea di fermarti proprio davanti alla mia bottega. Buon viaggio.»

Sciatàp scrolla le spalle, mette al trotto il cavallo e s'allontana in direzione della piazza. Vari curiosi accorrono per osservare il forestiero, i soliti ragazzi gli artigiani delle botteghe vicine.

"Eh, zio, che vendi? che compri?" gli gridano da varie parti.

Sciatàp ha perduto la sua disinvoltura e non sa più a chi rivolgersi per informarsi. C'è lì, di fronte alla chiesa, una casa nuova bianca, con balcone oratorio al primo piano, nel nuovo stile degli uffici pubblici; ma se non fosse? Per guadagnare tempo e riflettere, egli scende e lega il cavallo a un anello di ferro inchiodato contro il muro della sacrestia, con una cordicella gli applica attorno alla testa, a modo di museruola, un sacchetto pieno di semola, e sta a osservarlo mentre mangia, con ostentata affettuosità gli ravvia la criniera, gli batte la mano sulla groppa, forse per mostrare, a quelli che l'osservano, di sapere come si trattano i cavalli. Il suo cavallo ha una testa che somiglia a quella d'un montone, una folta criniera, spalle carnose e sporgenti, la groppa arcuata a ventre di lepre, e la parte posteriore, nell'insieme, piuttosto debole. Appiedato, Sciatàp riacquista il suo tozzo aspetto di cafone e una strana rassomiglianza col suo cavallo, corto di gambe, largo di torace e di spalle e, in più, incerto sospettoso spaccone e timido. A un certo momento attraversa la piazza, diretta in chiesa, per le preghiere del vespro, la zia Eufemia, compunta e tetra, col viso coperto da una veletta nera. Una persona dall'aspetto più fidato per avere un'informazione, Sciatàp non avrebbe potuto augurarsela.

« Signora, scusate » egli dice andandole incontro e togliendosi goffamente il cappello « scusate, potreste indicarmi, per favore, la casa o l'ufficio dell'oratore governativo? Certamente, suppongo, qui ne avete almeno uno. »

« Posso indicarvelo con molta precisione » gli risponde premurosa la zia Eufemia. « Andate all'inferno, voi ne conoscete certamente la strada, andatevi diritto, e non vi sbaglierete. »

Sciatàp rimane intontito, a bocca aperta, e col cappello in mano, a guardare la pia signora entrare e sparire in chiesa.

« Che paese, che gente » egli mormora avvilito. « Dove sono capitato? »

Egli muove alcuni passi verso l'edificio governativo, quando qualcuno lo chiama per nome, da lontano, ad alta voce.

« Aspetta, Sciatàp, voglio parlarti, voglio farti l'onore di bere assieme un bicchierino. »

È di nuovo lo strano individuo che poco fa, senza motivo apparente, l'ha provocato davanti alla falegnameria. Egli sa dunque anche il suo nome. Quando Sciatàp ha messo al trotto il cavallo, Simone voleva subito correrli dietro per non perderlo di vista, ma s'era sentito chiamare da Venanzio che in grande affanno e spaurito eccitato più del solito scendeva dalla collina. Il garzone di donna Maria Vincenza, in fretta e confusamente, l'ha informato della nuova visita di Sciatàp in casa Spina, del rifiuto della signora di cedere al suo ricatto e di consegnargli la nuova somma da lui richiesta (una somma pazzesca, ha specificato Venanzio), infine della sua minaccia d'andare a denunziare tutto alle autorità per farsi pagare la ragguardevole taglia che secondo lui penderebbe sulla testa di Pietro.

Lasciato in fretta Venanzio, Simone ha rincorso l'uomo di Pietrasecca.

« Vieni, Sciatàp, seguimi » gli dice Simone con voce imperiosa e secca.

A un certo momento l'altro crede di riconoscerlo.

« Sbaglio o sei quel sedicente cacciatore di lupi che i militi arrestarono a Pietrasecca tempo fa? »

« Hai buona memoria » gli risponde Simone.

Sciatàp lo segue diffidente e incuriosito in un vicolo scosceso ed entra dietro di lui per una porticciuola sormontata da una frasca di vischio, guardandosi bene attorno come se temesse un'imboscata. La stanza, di cinque o sei gradini più bassa del vicolo, è oscura umida fetida con alcuni rozzi tavolini per i bevitori e in un angolo un letto disfatto coi materassi arrotolati. Vicino al camino è accoccolata la padrona, una vecchia cenciosa, con un bambino di due o tre anni sulle ginocchia, bruno e sottile come un filoncino di pane. I due uomini si siedono a un tavolo, senza togliersi i cappotti. Data l'ora la cantina è deserta. La vecchia serve un boccale pieno di vino con due bicchieri. Simone le fa un energico cenno di allontanarsi, ma la vecchia esita.

« Se vuoi questionare, Simò, perché sei venuto proprio qui? » piagnucola la vecchia. « Non ci sono altre cantine a Colle? Mi raccomando, sai che cosa costano adesso i bicchieri, mi raccomando. »

« Va' a prendere aria » le ordina Simone. « Non senti come puzza questo mio amico? »

La vecchia prende uno sgabello e va a sedersi fuori, per strada, col bambino sul braccio che comincia a piangere, forse a causa del freddo. Simone riempie il proprio bicchiere e lo vuota d'un fiato. Il bicchiere di Sciatàp resta vuoto. Sciatàp si guarda attorno indeciso e sospettoso. La cantina è bassa, opprimente come una spelonca. La poca luce vi scende dalla porta. Un'immagine di San Rocco, protettore contro la peste, con la zazzera bionda le brache bianche la palandrana gialla è appesa a una parete. I tavoli sono vecchi smozzicati traballanti; sui tavoli sono impressi numerosi cerchi scuri, indelebili, lasciati da bicchieri di varie generazioni di bevitori. Simone si serve da bere e ride. Sul boccale è dipinto un gallo nero con la cresta rossa.

« Ma insomma, che vuoi? » gli chiede Sciatàp stizzito. « Perché mi fai perdere tempo? Chi sei, si può sapere? »

« Non si tratta di me, Sciatàp, lo sai » risponde sottovoce. E guardandolo fisso negli occhi aggiunge: « L'uomo che vorresti denunziare è un altro ».

« Che ne sai tu? E se anche fosse, che c'entri? Sono affari tuoi? »

« Se non c'entro io, chi allora? » risponde Simone fortemente stupito.

« Sei dunque del suo partito? »

« Molto di più » gli spiega Simone. « Colle è come Pietrasecca, non abbiamo partiti. »

« Sei un suo parente? Benché, a guardarti, mi sembra impossibile. »

« Molto di più, ti ripeto. Per nessun parente sarei disposto a giuocarmi la vita o la libertà come per difendere quel ragazzo. Nel tuo interesse fai bene a credermi. »

« Mio bello » gli dice Sciatàp con una grottesca smorfia di scherno « tu abbai alla luna, lasciami andare. »

Simone diventa bruscamente torvo e minaccioso.

« Non fare lo spiritoso, pidocchio ingrassato » gli dice « se non vuoi offrire del baccalà a chi ha già sete. »

Sciatàp caccia fuori la pipa e comincia a sfruconare la cannuccia con uno stelo di saggina, con attenzione e indifferenza esagerate. Con i gomiti poggiati sul tavolo e la testa su una mano Simone sta un po' a studiarlo, quindi riempie il proprio bicchiere e ribeve. Fuori della porta il cìtolo ha freddo e non la smette di piangere, riempie il vicolo dei suoi lamenti.

« La tua canzone è bella, non c'è che dire » ammette dopo un po' Sciatàp rivolto a Simone ammiccando con un occhio. « Ma dovresti almeno dirmi quanto t'ha dato la vecchia per venirmela a cantare. »

Simone scoppia a ridere come se avesse udito una gran buffonata e per l'improvvisa ilarità spruzza in faccia a Sciatàp il vino che ha ancora in bocca. La sua risata è così sincera aperta persuasiva che l'altro non insiste.

« Ma insomma chi sei? » gli ripete Sciatàp spazientito. « Perché mi fai perdere tempo? Perché t'impicci nei fatti degli altri, si può sapere? »

« Per amicizia » risponde Simone francamente.

Adesso è Sciatàp che si sbellica dal ridere, ed è una sganasciata grassa interminabile che lo fa lacrimare e gli toglie quasi il respiro; due o tre volte la risata sembra esaurita, ma forse perché Sciatàp ripensa a quella stravagante risposta egli riprende di nuovo a sghignazzare, a bocca aperta. Simone lo sta un po' a guardare stupidito, ma lo spettacolo di quel povero triste lazzarone agitato dal riso è così buffo che gli viene da ridere anche a lui. Dalla strada scende la voce stridula della cantiniera.

« Simò » strilla la vecchia « hai raccontato qualcuna delle tue fesserie? »

I due uomini sono seduti di fronte. Entrambi sembrano della stessa età, sulla cinquantina, ma Sciatàp è più piccolo e tozzo, con un testone pesante incavato terroso torbido deteriorato e la faccia contratta in una smorfia che a prima vista sembra bieca subdola quasi bestiale, ma troppo voluta per non lasciare trapelare una forte dose di nascosta vigliaccheria; egli respira a fatica e il suo fiato è acido di vino e aglio non digerito e di residui di cicche rimasti tra le gengive. Egli tira fuori da una tasca una meluccia aggrinzita e si mette lentamente a mondarla con un coltellaccio a cricchio, dal manico d'osso e dalla lama ben acuminata, dalla lunghezza d'una quindicina di centimetri.

« Bel coltello che ci hai » gli dice Simone complimentoso.

« In terra di lupi, già si sa, ogni cane ha il collare chiodato » gli rispose Sciatàp.

Con una finta mossa diretta contro il viso e un pugno rapido e preciso alla mano, Simone gli fa saltare il coltello sul tavolo, l'afferra a volo e lo getta in fondo alla stanza, sotto il letto. D'un salto Sciatàp gli si avventa addosso, furente e massiccio, ma Simone, in guardia, lo riceve con una testata allo stomaco che lo scaraventa indietro, duramente, schiena e testa contro il muro. Sciatàp resta un po' stordito e Simone aspetta che si rimetta, con l'indulgenza del domatore verso la bestia ribelle.

« Mi raccomando i cocci » strilla la vecchia dalla strada. « Simò, che t'avevo detto? Non ci sono altre cantine a Colle? Se volevi questionare, perché non sei andato in un altro posto? Ah, Simò, tu sei la mia rovina. »

« La vuoi finire? » le ordina Simone. « Se vi saranno dei cocci, li pagherà questo mio amico, non ti preoccupare. »

La vecchia si calma; anche il bambino ha cessato di piangere e sorridente osserva la scena dalla porta. I due si liberano del cappotto che gettano sul materasso, e Simone spinge da parte sedie e tavolo e mette in salvo, sulla mensola del camino, boccale e bicchieri. La lotta ricomincia. Nel buio è come un urto tra due bestie. Sciatàp è furente torbido nero, mena colpi da cieco, con movimenti lenti duri pesanti, il testone curvo innanzi e il respiro corto affannoso, molestato da Simone che salta sui tavoli e sulle sedie come uno scimmione frenetico, lo aizza lo incita lo ingiuria, badando a schivare i colpi e a disorientarlo con finti attacchi. A Simone non riesce tuttavia d'evitare tra capo e collo una poderosa sediata, e questa lo convince a cambiare tattica. Molti altri colpi dell'una e dell'altra parte vanno a vuoto o colpiscono solo di sbieco, finché Simone, d'un salto, può raccorciare la distanza e giungere al corpo a corpo. Con vari pugni in testa, duri come mazzate, egli allora stordisce l'avversario, e senza più lasciargli tempo di riaversi l'afferra per il petto, lo scuote come un sacco d'ossa contro il tavolo, lo sbatte varie volte fortemente contro lo stipite della porta e poi lo butta a sedere sul baule. Egli si siede di fronte a lui. Si tasta le ossa. Ogni cosa sembra a posto, o quasi. Il colpo più doloroso l'ha ricevuto a un orecchio. La faccia di Sciatàp mostra alcune ecchimosi e lividure, e forse ha perduto anche qualche dente perché sputacchia rosso, ma gli occhi sembrano salvi. Simone s'alza e riporta sul tavolo boccale e bicchieri. Vuol essere un segno che la lotta per lui è finita. Versa da bere prima a Sciatàp e poi per sé, e aspetta che all'altro, col fiato, torni la voglia di riallacciare discorso. Ma deve aspettare parecchio.

« Bevi, Sciatàp » gli dice infine Simone sforzandosi di sorridere. « E ascoltami, devo parlarti seriamente. »

Sciatàp sputa per terra e alza il bicchiere per bere. Simone glielo tocca col proprio: « Alla salute » dice ridendo. Ma Sciatàp lo guarda ancora torvo e indolenzito. I due bevono. Simone gli riempie varie volte il bicchiere.

« Questo vino non è cattivo, ma a Colle ne abbiamo di meglio » l'assicura Simone in confidenza. « Se torni a Colle un'altra volta, devi promettermi di visitarmi, te ne regalerò un fiasco del mio, ha un odorino di garofano da farti arricciare i baffi. »

Simone riempie anche il proprio bicchiere, la vecchia porta un altro boccale, e i due bevono.

« Scusami » dice Simone « se non mi sono ancora presentato. Mi chiamano Simone-la-faina. »

Sciatàp l'osserva un po', se lo studia, punto da una timorosa curiosità.

« Ah, ti piacciono le galline? » dice.

« La solita calunnia » risponde Simone modesto. « La solita invidia. D'altronde, siamo sinceri, a chi non piacciono? »

« Alla salute » dice infine Sciatàp stordito e rappacificato.

« Io non capisco una cosa » comincia a dire Simone appena ritiene l'altro in grado di ragionare. « In quest'ultimo mese tu ti sei comperato il cavallo le scarpe l'orologio con la catena d'oro, forse anche altro. Permettimi di domandarti: non ti basta? Potresti adesso vivere in pace, goderti quella manna inaspettata, perché, per ingordigia, vuoi rischiare di perdere tutto? Sinceramente, Sciatàp, non ti capisco. Che diamine, un uomo come te, un uomo pratico, dovresti cercare di ragionare. Perché ti faccio questo discorso? Se non cambi idea, vedi Sciatàp, mi dispiace moltissimo, ma tra noi due la situazione purtroppo è questa: o io ti faccio la pelle o tu la fai a me. Una terza uscita, mi addolora infinitamente, proprio non esiste. Ma perfino nel caso, piuttosto improbabile, che la peggio toccasse a me, come puoi bene immaginarti, tu andresti in galera. Ah io so per amara esperienza, Sciatàp, che significa, a una certa età, contemplare il mondo attraverso le inferriate. A ogni modo, il cavallo le scarpe l'orologio con la catena d'oro, e il resto, non potresti più goderli. Mi meraviglia molto, Sciatàp, che un uomo come te, un uomo pratico, non capisca queste cose così semplici. »

« Io invece non arrivo a capire un'altra cosa » gli ribatte Sciatàp con uno sforzo ben visibile per ragionare. « Forse, a giudicare dalle tue riflessioni, dalle tue maniere, dalla tua stessa parlata, tu non sei un vero cafone, ma m'è anche evidente che neppure ti godi il papato nelle dolcezze. Basta guardarti e si capisce di colpo che sei un disgraziato ridotto alla macina. Perché te la prendi così a caldo per dei signori? »

« Non è per moneta, Sciatàp; credimi pure. »

« Anche dalla parte mia ti posso assicurare che non c'è soltanto avidità di moneta, o ingordigia, come tu dici. Certo, salvo il rispetto dovuto a San Francesco di Assisi, il denaro piace a ogni cristiano. A te, Simone, per esempio, non ti piace? A me, te lo confesso francamente, mi piace, perfino molto, e trovo ch'è una cosa assai comoda. Ma, a parte il denaro, può esserci altro anche per un cafone, altro meno utile, ma più saporito. Perché tu non capisci quale godimento di paradiso sia per me, povero cafone, l'occasione più unica che rara, di far paura a dei signori, di dominarli, di vederli impallidire, senza ch'essi possano chiamare i carabinieri, difendersi, farmi arrestare? »

« La vita dura la conosco pure io, Sciatàp, ma la tua non è una ragione. »

« Forse non hai provato quello che ho provato io. Nella mia misera vita, m'è sempre mancato nove per far dieci, sono invecchiato mangiando il pane del dolore, ho raccolto il concio dietro i cavalli; ma queste sono cose che si possono dire, ho fatto anche altro. Quando m'è mancato il fiato per penare da solo, ho lavorato sotto padrone, ho mangiato il pane condito di disprezzo. Non ne ho cambiati molti di padroni, perché fin da giovane capii che non ne valeva la pena. A Pietrasecca si chiama Colamartini; a New York si chiamava don Carlo Campanella, poi si chiamò Mr. Charles Littlebell ma era lo stesso; a Rosario si chiamava don Edmundo Esposito y Rodriguez y Albarez. Esposito, a causa dei suoi nobili ma ignoti genitori, Rodriguez a causa della moglie, Alvarez a ricordo del primo marito della medesima. Come? L'hai conosciuto anche tu quel sanguisuga? Sei stato anche tu a Rosario? Posso risparmiarti dunque i particolari. Be', poiché sai che mi chiamano Sciatàp, t'hanno anche spiegato il significato di questa parola in americano? Sta' zitto, vuol dire, proprio così, sta zitto. Mr. Charles Littlebell me la ripeteva in ogni occasione, appena accennavo ad aprir bocca, e devo confessarti che sciatàp è la parola americana rimastami nel cervello. E poiché quella parola m'è stata affibbiata come soprannome, essa m'ha accompagnato per tutto il resto della vita, e ognuno, interrogandomi, prima ancora ch'io apra bocca, in un certo senso m'invita a tacere. Don Edmundo mi diceva invece: *Cállate, hombre*, che in argentino vuol dire lo stesso. Lo riconosco, non tutti i padroni, in questo sono uguali. La buon'anima di don Camillo Colamartini, il padrone di Pietrasecca, per esempio, da vero gentiluomo, non m'ha mai sgarbatamente imposto di tacere, ma se andavo da lui, prima ancora ch'io aprissi la bocca, mi chiedeva, col suo sorriso più benevolo: Sei venuto nuovamente per lamentarti? E io tacevo. (Grazie, Simone, devi bere però anche tu.) Bada, io non sono un geremia un buco storto un pigolone, so bene ch'è stato Dio a creare le differenze, i vermi e le cicale, gli asini e i cavalli, e nemmeno in sogno ho mai pensato che il mondo possa essere diverso da quello che è. Ma un padrone che mi chiamasse per il mio vero nome e mi dicesse: Vieni qui, per Cristo, sfogati, apri il cuore al tuo padrone, parla quanto ti pare, questo, te lo confesso, m'è venuto spesso in sogno e i sogni servono a far dormire. Che però una sera avrei trovato nella mia stalla un signore, un signore fuorilegge, perseguitato dagli sbirri, ma pur sempre un signore, uno della razza maledetta che scia sui dolori della povera gente, un signore ridotto al punto da implorare la mia ospitalità, e neppure in casa ma nella mia stalla, accanto alla mia vecchia asina, questo sorpassava di molto le mie capacità d'immaginazione. E a ripensarci ora, freddamente, è chiaro che in quell'avvenimento c'è stato il dito di Dio. Tu non ci credi a Dio? Ah, Simone, hai torto. Solo il Padre Eterno, nella sua infinita furberia, per compensarmi delle innumerevoli umiliazioni sofferte, poteva annodare tra loro tutte quelle minute circostanze che dovevano condurre un signore nella mia stalla, come un sorcio nella trappola. Potevo fare di lui quello che più mi piaceva, denudarlo, metterlo in un sacco e buttarlo nel ruscello, venderlo a peso, tanto il chilo, punzecchiarlo, pelarlo, fargli bere dell'olio di ricino, tagliargli le orecchie, potevo, quel che più conta, imporgli di tacere, costringerlo ad ascoltare me, Sciatàp. Non so se puoi immaginarti una situazione più imprevedibile, più miracolosa. Tu non credi ai miracoli? Hai torto. Stentavo a credere ai miei occhi e alle mie orecchie. Di notte mi svegliavo e, a ripensarci, mi veniva il dubbio: Devo aver sognato, mi dicevo. M'alzavo in fretta e correvo alla stalla per verificare se quell'uomo, il signorino don Pietro Spina, fosse veramente lì, sulla paglia, accanto all'asina. Ah, egli era proprio lì, a mia discrezione. Tornando a casa, varie volte mi gettai in ginocchio davanti al Crocifisso e Gli dissi: Ti ringrazio, Signore, a faccia a terra ti ringrazio, di avermi voluto dare questa immensa gioia alla fine della mia vita derelitta. Come tu m'hai già rinfacciato, io alleggerii il mio prigioniero del denaro che aveva indosso. Quel denaro mi faceva proprio comodo; e, d'altronde, a chi non avrebbe fatto comodo? Ma il colmo della soddisfazione per me fu di prenderglielo senza che egli potesse dirmi di no. T'immagini una situazione più meravigliosa? Un signore ti cade sotto mano, ha del denaro in tasca, tu glielo prendi e lui non s'oppone. Gli sbirri intanto lo cercavano in tutta la valle, frugavano, annusavano dietro ogni cespuglio, promettendo una bella somma a chiunque l'avesse consegnato vivo o morto; ma io non lo feci, perché, consegnandolo alle autorità, l'avrei perduto per sempre, non l'avrei più avuto alla mia privata mercé. Cercai dunque gelosamente di proteggerlo con mille arti prudenti contro il pericolo degli sbirri. Se infine decisi di rivolgermi ai suoi parenti, a suo zio, a sua nonna, non fu soltanto per avere altro denaro, benché mi facesse comodo (e a chi non fa comodo?) ma perché, a dirti la verità, la soddisfazione che mi dava il mio prigioniero, il signorino don Pietro Spina, alla lunga, era piuttosto magra. Non so se quel signorino sia scemo o pazzo di nascita, ma fatto sta ch'egli aveva trovato il modo, perfino nelle misere condizioni in cui era ridotto, di fare, con me, il signore. Egli era lì, tra il letame, come un piccolo re. La perdita del denaro, ad esempio, lo lasciò indifferente, egli s'occupava più dell'asina e d'un sordastro del vicinato, suo assiduo visitatore, che di me, non mi ascoltava, quel ch'era peggio, non mi dava mai occasione d'imporgli silenzio: sciatàp, perché nemmeno mi parlava, e spesso lo sorprendevo mentre rideva agli angeli, come da noi si dice di quelli che sorridono a mezz'aria, con interlocutori invisibili. Mi fu detto (prima di far le visite presi le mie informazioni) che sua nonna, donna Maria Vincenza Spina, fosse una eccellente signora, e ciò mi fece doppiamente piacere. Fosse stata cattiva avara arrogante, il mio modo d'agire sarebbe potuto apparire diretto contro quelle pessime qualità; invece io avevo bisogno di sfogarmi contro i signori come razza, avevo bisogno di vedere una signora trepidare, dare in angustie, pregarmi, supplicarmi, soffrire per quel suo nipote, davanti a me, Sciatàp. Donna Maria Vincenza mi diede del denaro, questo già lo sai, ed io lo presi perché mi faceva comodo (e a chi non fa comodo?) ma a nessun prezzo pensai di rinunciare al potere che la Provvidenza mi aveva elargito sul giovane Spina. E se infine facilitai il trasloco del signorino dalla mia stalla alla sua casa paterna lo feci perché, per quella via, supposi d'allargare il mio potere su tutto il casato, legandolo a me, a Sciatàp, con un grave e duraturo segreto. »

« Certo, Sciatàp, hai ragione » dice Simone « vi sono, quasi come due razze, i ricchi e i poveri, bisognerebbe essere ciechi per non vederlo. Ma vi sono anche uomini ai quali personalmente non manca affatto da mangiare eppure non possono sopportare che altri soffrano la fame; uomini che si vergognano di star bene poiché i più stanno male; e non possono rassegnarsi all'oppressione alle sofferenze all'umiliazione d'altri uomini. »

« Già vedo dove mi vuoi condurre; ma, come si dice? aspetta cavallo. »

« Adesso non voglio dire, Sciatàp, che basti qualche buon uomo assetato di giustizia per instaurare in questa valle di lagrime il Regno di Dio. Se non ne furono capaci i santi, se non ne furono capaci San Gioacchino, San Francesco, San Celestino. No, Sciatàp, voglio dirti altro. Intanto bevi, rischiarati la mente. Quegli uomini dunque la buona società li rinnega, la Chiesa li scomunica, ed è ben comprensibile. La forza pubblica li perseguita come nemici dell'ordine, ed è nella regola. Ma che anche dei cafoni, Sciatàp, dei pezzenti, dei poveri, li disprezzino, li odiino, li maltrattino, li tradiscano, sfoghino proprio su di essi i risentimenti per le umiliazioni subìte, aiutino, completino l'azione degli sbirri, ti sembra giusto? »

« Tu pretenderesti insomma che, per rispetto alle loro fantasie, non si confondano quei signori con gli altri. Ma, dimmi, bastano forse le idee per cambiare lo stato d'una persona? Le idee, qualunque esse siano, non sono esse stesse un lusso? Certo, esse sono, mi meraviglia che tu non te ne accorga, un vero lusso da signori. »

« Anche le idee, Sciatàp, contro i privilegi dei signori? »

« Anche quelle, a me sembra evidente. Esse sono un lusso un ornamento un passatempo da signori. »

« Ma se è così, Sciatàp, e forse è come tu dici, anche noi, anche tu, anch'io, possiamo diventare signori; e quando ci pare, anche al più presto, non dipende che da noi, è evidente. »

« In che modo? Scusami se mi fai ridere. »

« Adottando quelle idee, quel lusso, cioè quel passatempo, quell'ornamento, quel superfluo che, come tu dici, rendono veramente signori, e servono a distinguere un signore, non solo dai cafoni, ma anche dagli altri ricchi. »

« Ma come possiamo noi occuparci del superfluo, procurarcelo, goderlo a cuor contento, se ci manca il necessario? »

« A te, non t'è mai capitato, Sciatàp, d'incontrare, per i sentieri di montagna, oppure nei pellegrinaggi, oppure tra i campi, uomini strani, ricoperti di cenci di polvere di sudore, evidentemente anche affamati, insomma, privi del necessario, e dal portamento dallo sguardo dal sorriso dalla tristezza di veri re? »

« Forse, forse » risponde Sciatàp incerto « ma tu credi... »

Nell'osteria scendono altre persone che salutano, prendono posto attorno ai tavoli, comandano da bere. Simone e Sciatàp escono.

« D'altronde » dice Simone per strada « quel tuo ex-prigioniero, quel Pietro Spina, ho udito raccontare, adesso è di nuovo uccel di bosco, in Francia, e non vale la pena d'occuparsene. »

« E il sordo è andato anche lui all'estero? » risponde Sciatàp ammiccando con un occhio.

« Quale sordo? »

In piazza l'attenzione di Sciatàp è subito colpita da uno spiacevole particolare.

« Chi ha preso la coperta? » egli grida minaccioso.

Addosso al cavallo egli aveva lasciato una coperta nuova di lana.

« Dov'è la coperta? » ripete Sciatàp. « In mezzo alla piazza, in pieno giorno » continua Sciatàp a sbraitare « è possibile che il ladro non sia stato visto da nessuno? »

Egli si guarda attorno per interrogare i pochi sfaccendati che stazionano in piazza e che sembrano occupatissimi a osservare gli uccelli vaganti nel cielo.

« Sciatàp » l'ammonisce Simone « cerca di non stupirti, cerca di non aggiungere al danno il ridicolo, ringrazia Sant'Antonio di aver ritrovato il cavallo. In fin dei conti » egli aggiunge seccato « tu non l'hai ereditato da tuo padre. »

E poiché Sciatàp persiste a vociare, Simone s'allontana, bruscamente disgustato d'aver fatto conoscenza d'un uomo così volgare.

« I soli ladri degni di rispetto » gli dichiara congedandosi « sono quelli che sanno anche farsi derubare. »

Nel vicolo dell'Osteria della Bandiera egli si scontra con don Tito il capoguardia che rincorre affannoso un mendicante monco. Simone si tira da parte.

« Eh, eh, uomo, dove vai? » grida don Tito al monco. « T'ho appena fatto l'elemosina e già vai a gozzovigliare in osteria? »

Il monco è sulla soglia dell'osteria, sotto la frasca di vischio, e aspetta, per rispondergli senza gridare, che il capoguardia s'avvicini.

« Quanto m'hai dato? » gli chiede.

« Non l'ho detto per la somma » vuole spiegare don Tito.

« Quanto m'hai dato? » l'altro ripete seccamente.

« Venti centesimi. Ma ti dico, non è per il denaro. »

Il mendicante ha ancora la monetina stretta in mano, e gliela restituisce.

« Credevi forse » gli chiede « con venti centesimi, d'aver comprato la mia anima? »

Don Tito riprende la moneta e s'allontana borbottando. Simone ha assistito a tutta la scena col fiato sospeso; egli s'avvicina al mendicante con gli occhi lucidi di commozione.

« Tu non sai, o sconosciuto signore » gli dice con voce intenerita « tu non puoi immaginare, quanto mi piaci. »

Il mendicante che stava per entrare nell'osteria si gira e sorride.

« Oh, così presto? Un colpo di fulmine dunque. »

Simone arrossisce.

« Se avessi una figlia » aggiunge Simone « te la offrirei per moglie. »

« Non potresti » propone l'altro ridendo « farmi la carità d'uno zolfanello? »

« Non ne ho in tasca » si scusa Simone con visibile rincrescimento. « Ma per te ho di meglio. »

E gli porge il coltellaccio dimenticato da Sciatàp: premendo un bottone scatta fuori una lama che resta fissa, è un coltello molto pratico per un monco.

« In altri tempi » Simone si scusa « in un altro secolo, t'avrei regalato una spada. »

« Un coltello dà meno all'occhio » risponde il mendicante « e taglia meglio il pane. Non bisogna dare troppo nell'occhio. »

Egli estrae da una tasca interna della giacca un mezzo filone di pane e tenendolo stretto tra il petto e il moncherino ne taglia una bella fetta che offre a Simone.

« Me l'hanno regalato poco fa le donne del forno » egli dice, « è ben ricresciuto, ancora caldo, senti come odora? »

« Non potresti regalarmene altre due fettine? » implora Simone sottovoce. « Sarebbe per due amici miei, due degni compagni. »

« Se sono poveri » dice il mendicante « te lo do tutto, oggi io ho già mangiato. »

« Non sono poveri » spiega Simone sottovoce « anzi uno d'essi è addirittura ricco; ma, ecco, come spiegarti? anche lui preferisce vivere di carità. »

Simone dunque torna nel pagliaio con tre fette di pane, e non si direbbe che cammini ma voli, sfiorando appena la neve con un leggero ritmo di danza.

« Prendete e mangiate » egli dice raggiante ai due amici « un mendicante meraviglioso ha voluto farci oggi questa carità. »

Le tre fette diventano cinque affinché anche l'asino e il cane abbiano la loro giusta parte.

« Non potremmo invitarlo a stabilirsi qui, con noi? » propone Pietro.

Ma Simone segue un altro pensiero.

« Quel mendicante m'ha ricordato un po', per il suo modo di ridere e il parlare, mastro Raffaele di Goriano » egli racconta. « Non sei mai stato a Goriano? Appena farà bel tempo, e il salire per Forca non ti costerà fatica, dovremo assolutamente andarci a trovare mastro Raffaele. Egli sarà un po' meravigliato di riceverci, ma certo si rallegrerà. Una volta abitava all'entrata del paese, a mano diritta. Non t'ho mai parlato di lui? Mi sembra quasi impossibile. È un uomo che ti piacerà molto, un muratore, un capomastro, un gentiluomo, un uomo onesto fermo limpido. Cerca d'immaginarti, Pietro, nella stessa persona un uomo antico e un bambino, un adolescente antico, incorruttibile. Prima di sedersi a tavola e prima di alzarsi, prima di mettersi al lavoro e al momento di staccare, mastro Raffaele usa farsi il segno della croce, e quel gesto che praticato dai bigotti mi dà ai nervi e fa urlare, da lui, dovresti vederlo, è semplice naturale stupendo. Questa razza sta diventando sempre più rara, e quando sarà del tutto sparita che aspetto avrà il mondo già così triste? »

« Non può sparire » risponde Pietro fiducioso. « Distrutta in un posto, rinascerà altrove, vedrai. »

Simone sorride, acconsente.

« Non può sparire » ripete.

« Mastro Raffaele non t'ha mai scritto? » domanda Pietro.

« Scritto? » grida Simone indignato.

Pietro allora si vergogna e chiede scusa.

« A vent'anni » racconta Simone « avrei dovuto sposare una sua sorella; ma si può sposare una donna solo perché si vuole bene al fratello? »

Infante è rimasto di scorta presso uno dei finestroni del primo piano, seminascosto tra la paglia. A un certo momento la sua voce stridula gutturale irosa segnala la riapparizione di Sciatàp.

« Taap taap taap » egli grida. Simone e Pietro accorrono e vedono Sciatàp allontanarsi a cavallo sul pendìo della collina che scende lentamente verso Orta. Il sentiero s'aggira tra vigneti ed è fiancheggiato da esili alberi da frutta.

« Egli non deve capire nulla dell'avventura che l'ha sfiorato » dice Pietro. « Ma perché adesso Sciatàp ha preso la via d'Orta? Per tornare a Pietrasecca egli allunga di cinque o sei chilometri. »

« Avrà chiesto a qualcuno consiglio per un'accorciatoia » suppone Simone « e naturalmente avranno fatto a gara per indicargli la via più lunga. »

Infante non perde d'occhio Sciatàp e nel momento in cui quello sparisce dietro la collina ha un gesto puerile, imprevedibile e divertente: allunga il collo fuori del finestrone e sputa, aggiungendo, con la smorfia odiosa di chi pronuncia una maledizione, una parola imparata in giornata: "Simonìa, simonìa". Simonìa gli ha insegnato oggi Pietro, è l'esatto contrario di Simone. Seguendo lo stesso criterio, e con poco riguardo al senso volgare delle parole, ieri gli ha insegnato che fante è il contrario d'Infante. La serie dei contrasti è stata inaugurata tre giorni fa da Simone il quale volle insegnare al sordo a dire correttamente Pietro. Da Pietro il sordo, forse senza volerlo, estrasse "pietra", e Simone l'approvò: ma per mezzo d'un sasso, gli dimostrò che pietra è cosa ben diversa, dura sporca fredda contundente sterile inanimata, insomma proprio il contrario. Quelle spiegazioni dovettero stimolare la fantasia d'Infante e incoraggiare la sua naturale inclinazione a intendere le parole nel senso più lato, perché, poco dopo, egli fu udito mormorare "Pietro" al cane e all'asino, a modo di vezzeggiativo, e si capiva che per lui quel nome, oltre a indicare la persona dell'amico, voleva dire molte altre inesprimibili cose. Ma quali terribili conseguenze dipendono dal più lieve cambiamento nel modo d'atteggiare le labbra. Una semplice "a" basta a capovolgere il senso in apparenza forte e immutabile della parola Pietro, a sostituirgli un oggetto avverso ostile rozzo insensibile, la pietra i sassi le sassate le frane della montagna e la stessa per lui odiosa Pietrasecca. Le due parole Pietro e pietra, così somiglianti e così inconciliabili, continuarono a occupare il sordo anche il giorno dopo. A ogni occasione, ma di preferenza col cane e con l'asino, egli le ripeteva, atteggiando il viso secondo il loro senso contrastante. Leone dimenava la coda e abbaiava con piacere, ma Cherubino restava irremovibile; a giudicare dal suo sguardo esso non sembrava attribuire eccessiva importanza alle rivelazioni del sordo. Malgrado ciò Pietro si convinse della superiorità dell'insegnamento per contrari su quello per sinonimi. Vi rifletté sopra e ne discusse con Simone. Appena Infante gli fece l'impressione d'essersi riavuto dall'emozione della somiglianza-avversione tra Pietro e pietra, gl'insegnò un'altra coppia di contrasti: Infante e fante. Chi e cosa fosse Infante, il sordo sapeva di già; ma che quella parola ben nota, tutta sua, sua dalla nascita, e, fra tutti i suoi conoscenti, di nessun altro, con la semplice privazione della sillaba iniziale, rivelerebbe in sé stessa il suo nemico mortale, il fante (l'uomo in uniforme, il milite, il carabiniere, l'uomo delle manette e del carcere) se non fosse stato Pietro a ripeterglielo, forse il sordo non l'avrebbe mai creduto. Infatti, prima di mostrarsene persuaso e di ripetere la parola, esitò a lungo. Un primo inconveniente nacque dall'impossibilità per Pietro di presentargli un fante allo stesso modo come due giorni prima Simone gli aveva mostrato un sasso, Pietro fu costretto a rimediarvi recitando davanti al sordo un po' di teatro, accomodandosi la giacca come un'uniforme, il cappello come una lanterna o un fez, simulando con pezzi di legno il fucile e la sciabola, e marciando impettito come usano i militi, ripetendo fante fa-n-te fa-n-te. Infante finalmente mostrò di aver capito. Una difficoltà maggiore sorse però dalla pessima abitudine d'Infante di pronunziare il proprio nome spesso tacendo la vocale iniziale. Pietro ricorse ai gesti e alle smorfie più preoccupanti per fargli ammettere l'estrema urgenza di non creare più confusione tra fante e Infante, due cose a fior di labbra quasi somiglianti ma in sostanza diverse e contrarie. Il sordo sembrò rimanere sconvolto da quella scoperta. Quante volte, per indicare se stesso, egli aveva detto fante o 'nfante invece d'Infante.

Durante tutto il resto della giornata egli dimentica i servizi domestici, spiega e ripete al cane e all'asino la differenza essenziale e inconciliabile tra Infante e fante, la spiega a modo suo, con gesti e mugolii gravi e divertenti. A udire quelle cose Leone abbaia e dimena la coda per il piacere, ma Cherubino in nessun momento si scosta dalla sua profonda apatia. A dire la verità, esso ascolta Infante con infinita pazienza e senza la minima ironia, dà anche l'impressione di prendere sul serio e di non mettere in dubbio il racconto del sordo, ma in nessun momento crede opportuno di esprimergli il minimo consenso, il più lieve incoraggiamento. Quando non ne può più, Infante non gli nasconde il suo dispetto per quella freddezza.

« Pietra » gli grida e gli mostra la lingua.

La parola e il gesto non sfuggono a Simone, cui sta molto a cuore la buona armonia tra i suoi ospiti; e poiché gli sembra che Pietro condivida in qualche maniera l'indignazione e il dispetto d'Infante, lo prende a parte per parlargli.

« Non devi credere, Pietro » gli dice « che quella dell'asino sia ostilità verso il nostro amico. Mi dispiacerebbe molto se tu sospettassi una bassezza simile. Forse in Cherubino è una specie di radicale stoicismo, la negazione, il rifiuto d'ogni specie d'eloquenza, chi sa, non bisogna escluderlo. »

« Condivido il tuo modo di vedere » gli risponde Pietro seriamente preoccupato, « e puoi essere sicuro ch'io non mi lagnerei mai del silenzio d'un asino, anche per l'amore e l'ammirazione che ho sempre professato verso di essi e verso il tacere in generale. Ma adesso si tratta d'Infante. Egli è, tu lo sai, ancora un bambino, e gli piace di vedersi approvato, gli fa tanto piacere. In fin dei conti, anche Leone è una bestia, eppure si dà la pena. Non credi che potremmo provare a farlo capire all'asino? Forse basterebbe insegnargli qualche gesto semplice delle orecchie o delle labbra, per esprimere il suo sentimento. »

« Non credo » dice Simone con visibile rincrescimento « non credo che valga la pena di tentare con Cherubino qualche cosa del genere. Lo conosco da molti anni, e mi dispiace assai, ma non credo che ci sia un qualche mezzo per indurlo a una maggiore espansività verso il sordo, o verso altri. A dirti la verità, non saprei nemmeno come dirglielo, e da dove cominciare. »

« Credi, scusami la parola brutale, ch'esso sia del tutto stupido? »

« Se devo dirti la verità nuda e cruda, a Cherubino tanto vale suonargli una pignatta quanto un violino. Mi dispiace infinitamente, ma è così. Però è di buon cuore, questo sì; altrimenti sarebbe rimasto con me? »

« Ed è l'essenziale, Simò. A pensarci bene, d'intelligenza ce n'è fin troppa nel mondo, e non per questo il mondo è migliore. Cercherò dunque, se tu permetti, di spiegare a Infante che quella di Cherubino non è indifferenza ma piuttosto riservatezza. »

« È la parola esatta » conferma Simone.

Egli è felice d'essere riuscito a dissipare quel penoso malinteso tra i suoi ospiti.

« Beviamo » egli dice. « Sordo, comincia tu il giro, rallegrati il cuore. Adesso tu, Pietro, rinfrescati gli occhi. Hai già finito? Ah, gioventù degenere, ecco, guardate a me, imparate da un povero vecchio. »

Oggi Pietro ha insegnato a Infante una nuova importante coppia di contrasti: Simone a simonìa. La pronunzia di "Simone" gli è riuscita abbastanza facile, e chi fosse Simone il sordo già sapeva. Per rappresentare il suo contrasto, l'odiosa e spregevole "simonìa", Pietro ha dovuto ricorrere a gesti e raffigurazioni della cattiveria avarizia tradimento crudeltà verso gli animali e gli uomini, e Infante ha dato segni di capire con abbastanza rapidità. Così in pochi giorni, il doppio mondo del sordo, nel suo emisfero amichevole e in quello ostile, s'è immensamente arricchito. Più tardi, mentre Simone e Infante ritirano i tavoloni per interrompere durante la notte il sentiero che costeggia il canale, sopraggiunge Venanzio in uno stato d'orgasmo come da qualche tempo troppo spesso gli capita. Il povero garzone sembra molto invecchiato.

« Quel birbante, sai, Simone, quel barabba di Sciatàp, di qui è andato a Orta » egli racconta. « Il manigoldo non ha ancora fatto la denunzia, sembra che l'abbia riservata al nuovo oratore governativo, a don Marcantonio, atteso stasera a Orta per un banchetto. Ma quell'animaccia da capestro, quel cane svergognato, non contento del ricevuto, è stato da don Bastiano, per tentare anche lì il ricatto, e poi, non so come, è caduto su quell'altro tizzone d'inferno che si chiama Calabasce. Don Severino (ah, Simò, la razza dei gentiluomini in questa terra non è ancora del tutto spenta) è venuto, è anzi accorso dalla signora per dare l'allarme, temendo che don Pietro abitasse ancora da noi. Certo, subito dopo la denunzia, questa stessa notte, la sbirraglia sarà sguinzagliata. La signora ti manda a dire: credi ch'egli sia sicuro in casa tua? »

« Che la signora non si preoccupi, per ora non posso dirti altro. E tu non piangere, Venanzio, in fin dei conti sei un uomo. »

« Tu sai com'è la signora; non m'incarchi di dirle niente di più preciso? »

« Dille che non stia in pensieri. La signora mi conosce, abbia fiducia in me. »

Con l'aiuto d'Infante, Simone ritira in fretta i tavoloni e corre da Pietro per esaminare il da farsi, subito, senza perdere tempo.

« Il tuo sconturbo adesso mi fa proprio ridere » gli dice Pietro scherzando. « Calmati, se puoi, e stammi ad ascoltare. Tu sai bene che, qualunque cosa succeda, essi non mi avranno mai, non potranno mai avermi. Anche se mi prendono e mi mettono dentro, per esempio, anche se mi trattano con la loro abituale brutalità, tu sai bene, che essi non potranno avermi. Perché dunque agitarsi? Via, non cadiamo nel ridicolo. »

« Scusa, Pietro, se mi parli su questo tono, certo, non avrai da me una risposta da femminuccia. Dunque non ti parlerò di me; ma, e Infante? Non ci hai pensato? »

« Credi che se ci arrestano insieme, ci separeranno? »

« Adesso, Pietro, sei tu che mi fai ridere. Tu ignori, mi sembra, la differenza tra il cellulare e un albergo per famiglia con prole. Non sei mai stato arrestato? Non voglio offenderti, ma si direbbe, scusami. »

« Ti posso dire solo una cosa: sono stanco di contendere con gli sbirri sul loro stesso piano. Nulla eguaglia in me l'orrore di diventare un personaggio da romanzo poliziesco. »

« Forse hai ragione. Ma ti prego di rispettare il mio punto di vista se ti dico che, ad ogni modo, Pietro, la nostra pelle non può essere regalata. Si tratta solo di questo. »

Simone aggiusta la cavezza attorno alla testa dell'asino e una coperta sulla sua groppa a modo di sella.

« Esci? » gli domanda Pietro sorpreso. « Dove vai? »

« A Orta. »

« Ascolta, non vale la pena che ti sporchi le mani su quel misero cafone di Pietrasecca. Ascolta, voglio dirti una cosa. »

Ma Simone è già fuori, monta sull'asino e lo mette al trotto. È già scesa la notte, buia e fredda. Pietro resta nel vano della porta a guardare Simone allontanarsi. Nell'indistinto biancheggiamento, tra gli alberi spogli scheletrici contorti, Simone e l'asino appaiono e scompaiono neri e spettrali. Sulla strada di Orta stretta fangosa accidentata non s'incontra anima viva. Più che una strada è una carraia. Da lontano, alle spalle di Simone, s'annunzia all'improvviso, con fragore di petardi e di ferraglia e luci potenti, una motocicletta. Simone salta giù dall'asino, lo mette di traverso in mezzo alla strada e fa un segno energico al motociclista di fermarsi.

« Siete voi il nostro oratore governativo? » egli grida allo sconosciuto rivestito d'un giacchettone di cuoio e col viso mezzo nascosto da grandi occhiali. « Scendete, devo parlarvi. »

Simone sembra deciso a regolare subito il conto.

« Io sono il segretario sindacale » l'altro gli risponde mettendo i piedi a terra. « Sono De Paolis, il rappresentante dei lavoratori. Don Marcantonio ha dovuto trattenersi a Fossa, passerà di qui tra mezz'ora. Tu che vuoi? Chi sei? »

« Il sacrestano della parrocchia di Orta » dice Simone « ognuno lo sa. »

« Be', potrai parlare con don Marcantonio in casa di Calabasce, a Orta stessa » aggiunge l'altro ridando l'avvio al motore. « Stasera egli dovrà presiedervi un banchetto. »

XVIII

Il rumoroso arrivo della motocicletta davanti alla casa di Calabasce, dove gli altri ospiti davano già segni di impazienza, fa credere alla venuta di don Marcantonio. I padroni di casa accorrono per le scale premurosi e ossequienti.

« Oh, cavaliere, che piacere, che onore, venite avanti, siete aspettato come il Santo Spirito. »

Ma l'equivoco è presto chiarito.

« Come, non è con voi? Allora gli è successo qualche accidente? » domanda la signora Maria Peppina spaventata. « Perché questo ritardo? I cibi si raffreddano. »

« Don Marcantonio si lascia scusare » dice De Paolis spogliandosi della giacca di cuoio. « Verrà più tardi, per il caffè e i liquori. L'hanno trattenuto a Fossa; capirete, affari di Stato. »

Calabasce, benché a malincuore, si rassegna; dice:

« Va bene, va bene, purché venga. »

Ma la moglie pesta i piedi e non intende ragione; se l'avesse saputo al mattino non avrebbe fatto tante spese, quest'è la rabbia, mica altro. Calabasce è un tanghero tarchiato bassotto violento e sarebbe del tutto ordinario, genere grossa patata, se le narici e le mascelle non lo rendessero in qualche modo notevole. Le sue narici hanno l'ampiezza di quelle d'un bue, e in una gara diocesana, da giovane, esse furono riconosciute le più importanti della contrada, per cui ricevette un premio e il titolo di Sfrosciato. Da quando però ha fatto i soldi, ha rinunziato al titolo.

« Come al solito, la vittima sarò io » si lamenta De Paolis. « Mi toccherà di mangiare per due. D'altronde, non sono il rappresentante delle masse affamate? »

Così dicendo, egli dà un pizzico alla padrona di casa, ma siccome il marito se n'accorge, subito si scusa: « La solita distrazione » dice. Maria Peppina ride e scompare in cucina. La signora Calabasce è una campagnuola bianca rossa rotondetta, d'età molto più giovane del marito, ha la vita a chitarra, le ciglie nere arcuate, gli occhi lucenti, attorno al collo un vezzo di coralli, sui capelli folti corvini una pettinessa di tartaruga e agli orecchi dei cerchioni d'oro; il tipo stesso della venere paesana; e malgrado ciò, nemmeno del tutto stupida. Calabasce n'è così fiero come delle sue vacche, che gli sono però costate di più.

« Entra nella sala da pranzo, non restare qui tra due porte » dice Calabasce a De Paolis, allontanandolo a urti e spintoni dalla porta della cucina.

Calabasce è vestito a festa, all'americana, porta i pantaloni larghi, la giacca a quadretti con le spalle rimbottite a doppio petto e la spaccatura di dietro, le scarpe con lo scrocchio.

Dopo molte snervanti tergiversazioni le autorità gli hanno finalmente attribuito l'appalto per la costruzione del nuovo ponte, rifiutandolo a don Bastiano Spina, malgrado la feroce difesa di lui e le umiliazioni senza nome cui si era abbassato. Di conseguenza nei prossimi mesi la mano d'opera locale passerà alle dipendenze dello Sfrociato, che per finire intascherà qualche decina di milioni. Ma l'importanza morale dell'evento supera di gran lunga il guadagno pure cospicuo; per gli Spina è ormai l'inizio della fine. In tutta la contrada la notizia ha suscitato una profonda impressione; e benché il disprezzo verso Calabasce sia generale, nessuno degli invitati ha osato rifiutare l'invito al banchetto che deve festeggiare la sua vittoria. Nella sala da pranzo la tavola è già imbandita per una quindicina di persone, e da più di un'ora gli ospiti aspettano il momento che la cena sia servita: aspettano in piedi, nel poco spazio disponibile tra la tavola e il muro, sbadiglianti pallidi estenuati, chi appoggiato a un mobile e chi alle finestre. Calabasce aveva ripetuto e raccomandato d'essere puntuali, e adesso? che vigliaccheria.

« Se avessi previsto quest'infamia » mormora con un fil di voce don Michele il farmacista « avrei mangiato a mezzogiorno. »

Le signore a una a una sono finite in cucina, oh che bel caldo e che buon odore. Siccome non ci sono i mariti, la conversazione è ricaduta sui purganti; come al solito alcune parteggiano per le magnesie, altre per lo sciroppo Pagliano. Ognuna vuol convincere le altre, ognuna alza la voce, ognuna ha le sue prove, le sue referenze, e a un certo punto non ci si capisce più niente. È un contrasto insanabile; ragionarci su non serve a nulla, è più che altro questione di sentimento, già le nonne su questo tema erano divise in due partiti. Maria Peppina, con l'ottimismo affettuoso della campagnuola di buona salute, s'illude di suggerire un compromesso per riportare pace e armonia tra le ospiti, vantando le virtù discrete e tuttavia efficaci delle prugne cotte; veramente non si direbbe, eppure. Ma raccoglie solo sorrisi di compassione; le prugne tutt'al più servono per le bambine, ah, santa innocenza. Nella sala da pranzo le sciocchezze funebri di De Paolis sono accolte con sbadigli e freddezza. Prima del suo arrivo c'è stata tra gli ospiti una discussione piuttosto acida se bisognasse o no aprire le finestre per rinnovare l'aria viziata da due bracieri e dai toscani. La discussione non ha approdato a nulla, ognuno ha detto la sua per sfogare il fiele che l'amareggiava, e alla fine non ci si è capito un'acca. Don Michele il farmacista ha dichiarato:

« Io preferisco morire d'asfissia piuttosto che di freddo. »

« Allora potevi rimanere a casa tua » gli è stato consigliato da vari.

« Che cosa intendete dire? » egli ha replicato.

Intanto le finestre sono rimaste chiuse. Il pretore don Achille Verdura è venuto al banchetto benché malato; ma che cosa non si farebbe per l'amicizia? A dire la verità la sua posizione è piuttosto delicata perché egli arrivò al posto grazie alla protezione di don Bastiano e di don Coriolano. Egli è padre di famiglia e ha bisogno d'allontanare ogni sospetto; in fin dei conti, così vuole il destino, *mors tua vita mea*. Egli sarebbe venuto al banchetto anche agonizzante; il dovere innanzi tutto. Il povero don Achille attraversa una crisi acuta d'itterizia: è giallo come nessun cinese fu mai, giallo-zafferano; la sua barbetta d'ebano, a coda di rondine, e i capelli alla Mascagni, nerissimi e lucidi di pomata, fanno un contrasto meraviglioso su quell'oro massiccio. Egli fa l'impressione d'un idolo d'una religione di parrucchieri. Il medico gli ha prescritto, per guarire dall'itterizia ed evitare ogni complicazione, di tenere almeno un discorso alla settimana, e don Achille non ne sarebbe affatto alieno, perché non è la parola che gli manca, anzi. Ma la sua posizione politica, a causa dei trascorsi, è piuttosto delicata. « Parla il meno possibile » gli ha controindicato un vecchio amico, un gerarca della capitale, al quale segretamente s'è rivolto per consiglio e protezione. « Meno parli e meno ti comprometti. » Ah, quanto preferibile sarebbe la morte. Don Michele, che si è subito messo al corrente della lista delle vivande in preparazione in cucina, ha chiesto a don Achille, con un'evidente punta di sarcasmo:

« Non credi che ti farà male d'interrompere la dieta? »

« Ho il permesso scritto del medico » assicura il pretore.

E per la prima volta in tutta la serata egli ride, mettendo in mostra due file di denti che sembrano anch'essi affetti d'itterizia, d'un bel giallo carico tendente verso l'oro come il granoturco maturo.

Gli altri invitati, d'altronde, non sono in una posizione più comoda di don Achille. Più o meno, anch'essi sono stati protetti aiutati messi a posto da don Bastiano e da don Coriolano, e adesso, più o meno, sono dunque tutti un po' sospetti. La sorte di don Coriolano, in apparenza è la più penosa, poiché nessuno l'invita più a pranzo. Nella sua esistenza è stato come cambiare posto a teatro, dalla scena alla piccionaia. Le sole soddisfazioni che gli restano sono segrete. Come una giovane madre che abbia perduto il figlio neonato e, nell'interesse della sua salute, sia costretta a nutrire del frutto dei suoi seni qualche bambino estraneo, così don Coriolano, un po' per guadagnarsi da vivere, ma ancor più per dare sfogo al suo incoercibile bisogno retorico, adesso s'è dato alla logografia, scrive discorsi che altri leggono o imparano a memoria e declamano. I suoi clienti sono per lo più podestà, funzionari governativi, parroci e, sembra, anche qualche imbonitore da fiera. La sua vanità ne soffre; ma la necessità di spogliarsi della propria personalità per immedesimarsi con quella dei clienti gli procura un genere di soddisfazioni prima sconosciute. Egli è diventato insomma il drammaturgo segreto della contrada. Disgraziatamente, gli stessi che ricorrono a lui per averne discorsi orazioni fervorini omelie panegirici e si pavoneggiano con le sue piume, se lo incontrano in pubblico, scantonano, cambiano strada, fanno finta di non riconoscerlo, per non compromettersi. Così, non gli è ancora riuscito di trovare un locale adatto per una "Scuola del Bel Dire negli

Eventi Solenni della Vita" ch'egli vagheggia di fondare a uso della gioventù ambiziosa.

Ma per Calabasce nulla è paragonabile al duro colpo inflitto a don Bastiano, l'allegria gli trasuda da ogni poro della pelle. Adesso gli conviene non riposare sugli allori, poiché l'avversario è battuto ma non vinto, bisogna non dargli respiro isolarlo mortificarlo provocarlo esasperarlo e approfittare di ogni sua imprudenza per buttarlo definitivamente a terra. Il banchetto è un primo avvertimento all'opinione paesana. Tra Orta e dintorni egli ha messo assieme quel poco che conta, il pretore il farmacista il segretario comunale un prete alcuni impiegati di opere assistenziali un paio di maestri, dando la priorità a quelli che, fino al giorno prima, figuravano come amici di don Bastiano. In ragione delle circostanze hanno dovuto accettare l'invito anche alcuni di essi che altrimenti si sarebbero vergognati di salire le scale di quella casa. L'annunziato ritardo di don Marcantonio è una doccia fredda; e se non venisse? Il trovarsi riuniti a banchetto, senza che tra gli invitati corra altro legame all'infuori di trovarsi sotto l'ombra dello stesso sospetto, non è una situazione allegra. Ognuno guarda il vicino con disprezzo, come se la sua presenza aggravi il proprio caso. Ognuno sembra dire: tra che gente, mio Dio, sono caduto.

La padrona di casa non ci si raccapezza, che cos'è questo mortorio? La fame vi avvilisce a questo punto? Gli ospiti appartengono alle varie categorie dei notabili di villaggio; sono abituati a rappresentare gli spacconi gli autorevoli i protettori davanti ai cafoni; adesso però sembrano un gruppo di comparse dietro le quinte, un gruppo di guitti minacciati di licenziamento. Se almeno si mangiasse; a tavola si dimenticano tante cose. Il prete don Piccirilli passeggia su e giù, fa il giro della tavola, con un'andatura stanca e dinoccolata di pinguino panciuto, dai piedi piatti; la sua protettrice, santa Teresa de Avila, ha scritto: "Soffrire, soffrire e non morire" e ora esperimenta la verità del motto. Un maestro di scuola smilzo graticcio occhialuto, con una faccetta tutta occhi e bocca, ha messo il vestito nero che dovette servirgli per la prima comunione; nessuno gli parla, nessuno lo guarda, egli è presso una finestra, e passa il suo tempo ad accendere e spegnere un accendisigaro a benzina. Il più vecchio tra i presenti, don Filippino, uomo modesto scialbo insignificante ma notevole per la sua scrittura, e detto anche lo Svolazzo a causa della sua maniera artistica di firmare, è afflitto da un singulto tenace. Il singulto l'ha colto per strada, venendo, e da quando è arrivato ha chiesto una bottiglia d'acqua, s'è messo in un canto e sta bevendo a sorsetti per reprimerlo; invano. A intervalli regolari il singulto lo fa sobbalzare, come se una mano invisibile gli assestasse un pugno sotto il mento. Quel ch'è peggio, ogni singulto scuote i presenti come per un simultaneo contatto elettrico. È un disturbo volgare ridicolo e alla lunga penoso. D'acqua il povero don Filippino ne ha già bevuto un litro, senza risultato; egli è livido cinereo, suda angoscia, gli occhi gli escono dalle orbite per lo sforzo. Ognuno lo commisera per quell'acquaccia inutile che nel suo stomaco vuoto va a usurpare il posto degli alimenti. Meno male che l'oratore non è ancora arrivato, altrimenti che figura meschina ci farebbe. Maria Peppina cerca d'aiutarlo, gli dà dei colpettini leggeri sulla schiena, come le mamme fanno coi cìtoli, gli raccomanda di alzare la testa, di guardare il soffitto, s'è possibile di distrarsi, di pensare a tutt'altro, è l'unico rimedio.

« Non vi scoraggiate, don Filippì » gli ripete familiarmente. « Non vi snervate e vi passerà da sé. »

« Non è mica detto » corregge don Michele gravemente. « Ah, no, salvo ognuno, si conoscono anche casi letali. »

« Sono disturbi che capitano tutti i giorni » protesta Maria Peppina asciugando maternamente con una salvietta del tavolo il sudore della fronte di don Filippino. « L'importante è di pensare ad altro. »

« Certo » ammette don Michele. « Ma ogni tanto vi è un caso letale; se l'affermo io, potete credermi. Bada, Filippì, non lo dico mica per spaventarti, ma tu non sei più un ragazzo e ti si può dire la verità. »

L'attesa si prolunga. Un paio di ospiti, per darsi un contegno, e tentare di sfuggire al singulto di don Filippino, leggono il giornale, o fingono di leggere, e sembrano conigli che brucano un cavolo. Su una parete è appeso il ritratto d'un uomo a cavallo e davanti al quadro, su una piccola mensola, Calabasce ha posto per l'occasione una lampada a olio; qualcuno ogni tanto vi alza lo sguardo come per propiziarsi la misericordia divina. De Paolis invece, la fa da padrone, entra ed esce dalla cucina e annunzia, lanciando boccate di fumo in alto:

« Ancora un po' di coraggio, amici, e presto ci sarà da rosicchiare. »

« Da dove viene tanta sicurezza a questo tanghero? » domanda il farmacista all'orecchio del pretore. « Non ha anche lui da temere? Non stava anche lui con l'uomo in disgrazia come fico e prosciutto? »

« Oh, lui è a posto, ha le spalle protette, beato lui » risponde don Achille all'orecchio di don Michele con un gesto d'invidia rassegnata e impotente. « Una decina d'anni fa, a Bussi, in una rissa, ammazzò un operaio socialista; dunque, capirai. »

« Se invece di sprecare i soldi di casa e di sgobbare all'università per quello straccio di laurea, avessimo anche noi ammazzato un socialista » sospira don Michele. « Ma non ci pensammo. »

« Fu un'imprevidenza grave » ammette don Achille. « Adesso purtroppo è tardi e siamo vecchi. »

« Non sarebbe mica tardi » corregge don Michele. « Per l'eroismo non è mai tardi. Ma, francamente, a chi sparare? Qui non c'è lotta politica, siamo in un paese ridicolmente arretrato. Avevamo un pazzo e ce lo siamo lasciato scappare. »

« Tu saresti stato capace di tirargli? »

Sulla porta della sala da pranzo appare Sciatàp sporco torvo impacciato.

« È arrivato l'oratore? Quanto tempo devo ancora aspettare? » egli domanda a Calabasce con la voce di chi ha esaurito la sua pazienza.

L'apparizione del cafone sconosciuto suscita stupore e disgusto tra gli ospiti.

« Abbi pazienza, don Marcantonio non è ancora arrivato, non lo vedi anche tu? » gli dice il padrone di casa cercando di ricondurlo per le scale. « Appena arriva, ti chiamo, adesso torna per strada. »

« Ma sapete che per rientrare a casa mi ci vorranno alcune ore di cavallo? » insiste Sciatàp ad alta voce. « Un po' di riguardo, per Cristo. »

« Che c'è? Di che si tratta? » interviene De Paolis con piglio autorevole.

« Si tratterebbe di una denunzia » spiega Sciatàp esitante e intimidito.

« A carico di chi? Spiegati. »

« Si tratterebbe di mettere la giustizia sulle tracce d'un

nemico del governo, d'un avversario d'una certa importanza. Ma, intendiamoci, patti chiari. »

« Come si chiama? Parla. »

« Vorrei prima sapere con precisione, se c'è una taglia sulla testa di quell'uomo, e quale sarebbe la somma, se viene pagata in contanti o come. Capirete, ognuno fa il suo interesse. »

« Di chi si tratta? Come faccio a risponderti se c'è una taglia, senza sapere il nome? Fatti uscire il fiato. »

« Parlerò solo alla persona competente. Chi siete voi? Patti chiari, amicizia lunga. Nemmeno il prete dice la messa per niente. »

« Se vuoi parlare con don Marcantonio, devi aspettarlo » dice De Paolis infastidito. « Io sono il segretario sindacale, ma se non ti fidi. »

Calabasce riaccompagna Sciatàp per le scale, e poiché questo si lagna del freddo che fa per strada, e non tanto per sé, egli è abituato al peggio, quanto per il cavallo al quale è stata rubata la coperta, li conduce entrambi nella propria stalla, a pochi passi, e gli offre perfino della biada per il cavallo.

« Quando arriverà l'oratore, verrò a chiamarti, adesso non può tardare molto » gli dice. « Hai fatto bene a non parlare in pubblico, bravo. »

Risalito in casa. Calabasce trova gli ospiti già a tavola. Ognuno ha davanti a sé una tazzina di brodo in cui galleggiano stelline e lettere dell'alfabeto. È stata una pensata di Maria Peppina, un gentile omaggio alla cultura.

« La cultura va bene » dice don Piccirilli « solo se accompagnata al timore di Dio. »

Il discorso ricade così sul solito argomento e ognuno dice la sua, oppure approva quello che gli altri dicono, per non essere sospettato di reticenza.

« Pare che don Pietruccio Spina, da studente, fosse il primo della classe » dice don Filippino. « A che cosa gli è servito? »

« C'è una cosa che non capisco » aggiunge donna Sarafina. « Se non aveva voglia di far carriera, perché lasciò che la famiglia sopportasse tanti sacrifici per mantenerlo agli studi? Poteva almeno risparmiare i soldi. »

« Gli Spina si sono sempre creduti più degli altri » afferma risentita Maria Peppina « quest'è la verità. Sono stati sempre superbi. »

«Insomma a don Pietruccio Spina l'arrosto non gli bastava» conclude Calabasce. «Ci voleva aggiungere l'erbetta odorosa e invece ci ha messo la cicuta, ah ah ah.»

Calabasce ride per la propria spiritosaggine e guardandoli a uno a uno costringe gli ospiti a ridere anche loro.

«Non vorrei trovarmi nei panni di don Bastiano» egli aggiunge sghignazzando.

Egli fa il giro della tavolata per servire il vino con un gran boccale di quattro o cinque litri.

«Ad assaggiarlo questo vinetto ha l'aria di poco» spiega agli ospiti «ma ubriaca lo stesso, non vi preoccupate, ve ne accorgerete più tardi.»

Alla destra del padrone di casa è seduta la moglie del pretore, donna Teodolinda, una signora disinvolta e gentile, bella rosea grassa e rasata di fresco che sembra un tonno. Alla sinistra c'è donna Sarafina, la moglie del farmacista, che fa la dama del biscottino, e sorride manierosa sorniona allusiva; sotto il mento le pende una pappagorgia che somiglia ai bargigli del tacchino. Oltre a queste vi sono, nei posti di mezzo, altre due signore, mogli d'impiegati presenti, una bionda scialba affettata, assorta in una posa di profonda tristezza e incomprensione, e una brunetta dall'aspetto ancora fanciullesco, con una testa ricciutella, le labbra grosse rosse carnose, le guance piene, gli occhietti vivaci di scoiattolo, la sola persona che sembra intendersela con Maria Peppina. Malgrado la buona volontà la conversazione langue. A don Filippino gli è passato il singulto all'apparizione di Sciatàp; gli altri non vi hanno fatto caso. Il silenzio diventa penoso. Non solo gli uomini, ma perfino le signore tacciono. Alle continue provocazioni e domande equivoche di De Paolis esse rispondono con pigolii e risate, senza cadere nel tranello. Evidentemente a casa, prima d'uscire, i mariti devono aver fatto loro giurare sulla testa dei figli innocenti di non aprire bocca durante tutta la serata, l'avvenire della famiglia ne dipende. A De Paolis è facile scherzare, beato lui, il suo passato d'omicida lo protegge.

Viene servito un bel pesce con salsa maionese. Calabasce attira l'attenzione dei commensali sulla eccezionale finezza della salsa; ma Maria Peppina non vuole ornarsi delle penne del pavone e rivela l'arcano: «Capirete, è del paralitico». Gl'invitati di Orta sanno subito di che si tratta, ma agli altri dev'essere spiegato e raccontato. Nel paese c'è un vecchio scalpellino da molti anni afflitto da paralisi alle gambe e da un forte tremore in un braccio; il poveretto vive di carità, e in cambio, le buone famiglie, quando hanno invitati di riguardo, profittano del parletico della sua mano per fargli frullare le uova delle maionesi e degli zabaglioni. A Natale e a Pasqua ne frulla di uova quel povero braccio; ormai esso è, si può dire, un braccio comunale. Viene anche raccontato che l'ex scalpellino abita in un tugurio infetto, una specie di porcile; per fargli respirare aria più salubre don Michele in primavera lo fa trasportare su una sedia nel proprio orto; il paralitico ne è contento, e il movimento del suo braccio salva gli ortaggi dal piccottìo dei passeri.

«Il male non viene solo per nuocere» commenta don Piccirilli che non conosceva questa storia.

«Naturalmente, il male degli altri» aggiunge De Paolis scoppiando in una risata.

Ma solo Calabasce gli fa eco. Don Achille è scosso da brividi, e la moglie affettuosamente gli asciuga il sudore dalla fronte, gli mormora all'orecchio parole di speranza. Dopo di che si ristabilisce il silenzio. De Paolis si guarda attorno infastidito. Vicino a lui l'Incompresa bezzica svogliata e distratta, lo Scoiattolo spilluzzica e occhieggia con la padrona, più in là il Pinguino ingurgita, i Conigli brucano, l'Idolo d'oro rumina come un becco, il Tonno boccheggia. Calabasce guarda ogni momento l'orologio e borbotta sottovoce come in un sogno: «Se tutto va bene, domani don Bastiano si sveglierà in gattabuia».

«Mi meraviglia non poco» grida finalmente De Paolis rivolgendosi in tono di sfida a tutti gl'invitati, «mi stupisce infinitamente che un episodio d'una certa importanza, come la vittoria dell'amico Calabasce, vi trovi tutti a tal punto reticenti e depressi.»

«E se fosse commozione?» lo rimbecca don Achille con uno scatto repentino.

Tutti gli sguardi, dopo un istante di panico, si fissano ansiosi sul pretore. Unico tra i presenti, a causa della provvidenziale itterizia, don Achille può dire quello che gli pare senza correre il rischio d'arrossire o impallidire. I suoi occhioni giallastri adesso gli sfavillano nelle occhiaie profonde come due belle uova all'ostrica. De Paolis ha un passato che nessuno gli vuole negare, non ci mancherebbe altro; però non può misurarsi in dialettica con don Achille Verdura. Ah, no, l'omicidio e l'eloquenza sono due cose ben diverse. Se don Achille non avesse dei trascorsi giovanili piuttosto loschi come oratore pacifista e umanitario, a quest'ora egli sarebbe molto di più che un modesto pretore di mandamento rurale; non è la parola che gli manca.

Il brusìo di consensi suscitato dalla felice trovata di don Achille è sommerso dagli applausi per l'apparizione della cuoca con un grande vassoio fumante. Sul vassoio sono adagiate due magnifiche schidionate di passerotti arrostiti. I commensali spensierati braccheggiano quella fragranza, nasi in aria, con irrequieta bramosia; oh celeste apparizione. Gli uccelletti hanno il petto magrolino fasciato di rosee fettine di ventresca e il beccuccio nero confitto nello sterno, le ali rovesciate sul dorso tengono ferma una foglia di salvia, e un'altra ciocchettina di salvia è stretta tra le zampette tagliate all'estremità e tra loro incrociate come se pregassero. Oh saporita innocenza. Tra un passero e l'altro, a modo di soffice cuscinetto, è un crostino. I passerotti sono appena sul tavolo e già, come se fossero vivi, svolazzano da un piatto all'altro e saltellano dai piatti nelle avide bocche ch'è una delizia vederli. I palati confermano i presentimenti dei nasi e degli occhi. S'invoca d'urgenza vino chiaro frizzante, presto, gli uccelletti hanno sete; ma la serva tarda a venire, è rimasta in cantina. Dov'è la vecchia? Da un'eternità è andata giù e ancora non torna?

« Chi va alla cantina e non beve, è pazzo chi gli crede » dice sospettosa Maria Peppina che prima di sposarsi è stata a servizio.

Appena riappare la vecchia col boccale, la padrona le ordina di avvicinarsi, le impone di respirare con la bocca bene aperta, di respirare forte, a pieni polmoni. Poi le ordina minacciosa:

« Fai l'angelo. »

« Davanti a tutti questi signori? » si lamenta la vecchia.

« Sbrigati, fai l'angelo. »

« Sono tanto stanca » si lamenta la serva. « Con tutte queste scale, dalla mattina alla sera. »

« Vuoi sbrigarti? » strilla la padrona.

Fare l'angelo vuol dire tenere una gamba alzata e rimanere

in equilibrio senza appoggiarsi, nella posizione in cui sono appunto raffigurati gli angeli delle chiese; ed è un vecchio espediente in uso nelle buone famiglie per verificare se i servi bevono di nascosto. La serva di Maria Peppina, purtroppo, appena alzata la gamba perde l'equilibrio. Ah, non è facile imitare gli angeli. Il primo stormo di passerotti s'è intanto involato e un secondo, caldo e fragrante, si posa sul tavolo.

Dalla strada una voce imperiosa, resa fioca dalle finestre chiuse, grida ripetute volte:

"Sciatàp, vieni fuori; Sciatàp, scendi; devo parlarti."

Nello stesso tempo rimbombano per le scale colpi potenti assestati contro la porta.

Calabasce corre preoccupato alla finestra e vede davanti alla sua porta delle ombre, gli sembra di distinguere un uomo e un asino. Dopo una breve pausa l'uomo della strada grida di nuovo minaccioso verso la finestra aperta:

"Sciatàp, vieni fuori, scendi giù."

Calabasce cerca una lanterna e scende in fretta per le scale.

« Chi sei? » chiede diffidente e rabbioso allo sconosciuto, aprendo solo un quarto della porta di casa. « Perché gridi in questo modo sotto casa mia? »

« Di' al tuo amico di Pietrasecca di scendere » gli ordina quello con voce brusca. « Ho qualche cosa d'interessante da confidargli all'orecchio. »

« Ah, sei tu Simone di Colle? » gli risponde Calabasce sorpreso, facendosi avanti e alzando la lanterna verso la sua faccia. « Buona sera. A quest'ora che vai cercando lontano da casa tua? »

« Cerco Sciatàp di Pietrasecca » ripete Simone torvo. « Ho un piccolo conto da regolare con quel tuo amicone, mandalo giù. »

« Non è amico mio » risponde Calabasce « mi meraviglia che tu mi parli in questo modo, lo conosco appena quell'uomo. Egli è passato qui un momento, poco fa, e a quest'ora suppongo, cavalca tra i monti. Mi dispiace, ma per parlargli sei arrivato un po' tardi. Buona notte, arrivederci. Ti prego di scusarmi se non t'invito, ma ci ho in casa una festicciola di famiglia, sai, i soliti parenti noiosi. »

Calabasce riaccompagna Simone, che si trascina dietro l'asino, per un tratto del vicolo, fino alla piazza, e poi torna in casa fregandosi le mani per la contentezza.

Il secondo stormo di passeri, coi panciotti caldi di ventresca e i mordibi dorati cuscinetti di crostini, intanto s'è anch'esso involato, lasciando dietro di sé un odore amarognolo d'arbusti ed erbe montane, e ai commensali viene servita una insalatina verde.

Don Filippino s'è chinato verso don Achille per esprimergli la propria ammirazione.

« Don Achì » gli mormora a un orecchio « dovresti togliermi una curiosità. Scusami, a quello che hai detto poc'anzi, tu ci credi? »

« Che intendi per credere? »

« Se non sono indiscreto, vorrei sapere se tu ci credi veramente. »

« Ma adesso mi fai arrabbiare. Che c'entrano il credo e le convinzioni? Ho forse detto male? »

Per le scale si sentono salire passi affrettati e nella sala da pranzo appare don Marcantonio, ma così malconcio da essere quasi irriconoscibile. Egli è senza cappello e infangato da capo a piedi come se uscisse da un fosso di melma; il colore delle scarpe e dei pantaloni è interamente nascosto da quello grigio del fango; sulle mani su una parte della testa e su un orecchio il grigio sembra impastato di rosso. La sua faccia non accusa però alcuna sofferenza, ed egli si tiene diritto, presso l'uscio, in un portamento che esclude che possa essere ferito; ma sulle labbra ha un ghigno preoccupante che getta il freddo tra i commensali.

« Chi t'ha conciato in questo modo? » gli domanda Calabasce allibito muovendogli incontro.

« Nessuno di noi ha udito l'arrivo della tua motocicletta » gli dice De Paolis. « Come sei arrivato? »

« La moto è rimasta alla voltata prima d'Orta » racconta il cavaliere riprendendo fiato. « L'ho lasciata là, in un fosso, e per ora può rimanerci, tanto, è dello Stato. Intanto, signore e signori, voi potete accendere un lume a Sant'Antonio se l'ho fatta franca. Don Achille Verdura, tu hai perduto l'occasione per un bel discorso funebre. Alla voltata prima d'Orta, dunque, qualcuno ha avuto il gentile pensiero di farmi ribaltare su un tronco d'albero messo di traverso alla strada. Quando poco fa, sei passato tu, De Paolis, il tronco non c'era? Non mi meraviglia. Ah, invece di cercare la pagliuzza nell'occhio del prossimo bisognerebbe badare alla trave che ci sta davanti.

Quel tronco d'albero, infatti, non aveva proprio l'aria d'esserci nato o d'esserci per diporto in mezzo alla strada. Era lì che m'aspettava, pazientemente. Muta amichevole pazienza degli alberi. Per farmi una sorpresa, m'aspettava proprio alla voltata. Potete accendere un lume a Sant'Antonio, signore e signori, che camminavo adagio, se no... Calabà, domani mattina andrai con l'accetta a staccarmi una bella schiappa di quello storico tronco; voglio conservarmela sullo scrittoio come ricordo portafortuna. Del tronco fatene quello che vi pare. Siccome il fatto mi riguarda, la modestia m'impedisce d'impartirvi ordini. Fate dunque quel che vi pare; ma, tanto per suggerirvi un'idea, quel legno fatale potreste portarlo in chiesa, come ex voto, o esporlo nel locale del partito in memoria di questo battesimo del fuoco della nuova eloquenza. Purtroppo, come vedete, è stato piuttosto un battesimo di fango, ma è un modo di dire; se ogni cosa fosse chiamata col suo nome, Dio mio, dove andremmo a finire? E perché c'è l'eloquenza? Adesso, signore e signori, vi sarò molto grato se mi risparmierete le vostre fraterne congratulazioni per lo scampato pericolo. Ancora più riconoscente sarei però alla bella Maria Peppina se mi conducesse nella sua camera e m'offrisse il mezzo di lavarmi e qualche indumento di ricambio finché i miei non saranno ben asciutti e decentemente ripuliti. Torno subito. »

I padroni di casa accompagnano premurosi don Marcantonio in una camera attigua. Nella sala da pranzo l'apparizione improvvisa del nuovo oratore governativo così malconcio, e quel suo modo cinico e beffardo d'esprimersi, lasciano un penoso malessere. L'avvenire è di nuovo fosco. Mogli e mariti si scambiano occhiate inquiete allarmanti. Alcuni, che ne hanno ancora il coraggio, continuano a mangiare. C'è sul tavolo formaggio e molta frutta non ancora toccata. Se il non mangiare servisse a qualche cosa, ah, allora; ma non servendo a niente, è meglio affrontare il destino a pancia piena. Altri si sono alzati e manifestano il proprio nervosismo camminando in lungo e in largo. In un angolo, il farmacista e De Paolis confabulano sottovoce.

« Credi che don Marcantonio abbia sospetti anche su di me? » domanda don Michele avvilito. « Sarebbe enorme. »

« Naturale » risponde De Paolis meravigliato, « e perché non dovrebbe averne? Non ci mancherebbe altro. »

« Ma io non gli ho dato motivo di sospettarmi. »

« Se tu gli avessi dato un motivo, non saresti più un uomo sospetto, ma colpevole. »

« Credi che anche gli altri siano sospetti? »

« Naturalmente, che domanda. Ogni cittadino, non dimenticarlo, è sospetto. Dove andrebbe a finire altrimenti l'eguaglianza di fronte alla legge? Mi meraviglio, don Michè, di udirti ragionare in modo così primitivo. »

La riapparizione di don Marcantonio, fiancheggiato dai padroni di casa, ricostituisce di colpo l'unità tra gli invitati, i quali riacquistano il contegno sorridente fiducioso e devoto richiesto dalle delicate circostanze.

« Presto sarà servito il caffè » annunzia Maria Peppina. « Ognuno è pregato di sedersi. »

Don Marcantonio, ripulito e lavato con saponetta all'odore di viola, ha indosso un costume da cacciatore di velluto bruno, largo di spalle e corto di gambe, che gli dà un'aria alquanto grottesca. Da uno speciale astuccio di cuoio egli estrae un pettinino e uno spazzolino coi quali si ravvia accuratamente la ciocca di capelli sulla fronte e il breve e folto mostaccino sotto il naso.

« Oggi ho fatto il giro di vari villaggi » comincia a raccontare don Marcantonio sedendosi anche lui e tavola. « Ho continuato la ricerca d'un falegname capace di fabbricare la nuova croce-littoria da me ideata, sapete, il simbolo della nuova eloquenza. Voi forse non mi crederete, be', un falegname adatto ancora non l'ho trovato. A dire la verità, nessuno finora ha criticato il mio progetto, non ci mancherebbe altro; anzi, devo riconoscerlo, ogni falegname ha avuto per esso parole d'elogio. Ma, all'atto pratico, tutti ricusano, tutti dichiarano di non sentirsi capaci, di non avere mai tentato un oggetto simile, insomma di non averlo imparato. D'altronde, adesso non è più così urgente. I quaresimali nella parrocchia di Colle sono stati sospesi dal vescovo "per indisposizione del padre predicatore" e anche la processione per l'impianto della nuova croce è quindi rinviata. »

Agli occhi di quelli che non hanno più visto don Marcantonio da alcuni mesi, egli è appena riconoscibile, a tal punto appare trasfigurato dalla nuova carica. La sua faccia è ora bianca gessosa come quella dei busti dei cimiteri, gli occhi spiritati, la mascella a ferro di cavallo, protesa e come smontabile; egli si tocca spesso, quasi per verificare se ancora a posto, il mostaccino sotto il naso, tagliato a forma di farfalla, una farfalletta nera tra la bocca e le narici, e la ciocca di' capelli sulla fronte, e ogni volta la sua soddisfazione è evidente.

« Non devi scoraggiarti » gli dice De Paolis battendogli una mano sulla spalla con gesto amichevole. « Dovresti saperlo, i grandi martiri, al principio della loro carriera, soffrirono sempre ogni sorta d'inciampi, ma poi finirono bene. »

Calabasce è smanioso di mettere al corrente don Marcantonio dell'attesa di Sciatàp. Un colpo definitivo alla famiglia Spina sarebbe, per la nuova eloquenza, come il cacio sui maccheroni, ma non osa disturbare l'oratore né mentre declama né mentre medita, e nemmeno sembra disposto a parlare alla presenza di tutti, perché fidarsi è bene, diffidare è meglio, Ma come si fa a prevedere che l'amico, autorevole e ottimista che oggi ti protegge e che tu nei comizi applaudi fino a spellarti le mani, domani sarà destituito? Il terribile è diventare complici senza saperlo. Anche le signore sembrano rendersi conto della delicatezza della situazione; sedute sulle sedie come dinanzi al fotografo nel momento angoscioso del "pronto? sorridete", esse guardano fissamente l'oratore, il taumaturgo del giorno, e gli sorridono, cercano di ammansirlo, di commuoverlo, d'intenerirlo, lo guardano con una intensità insieme seduttrice e materna, con civetteria e disperazione tigresca, consce che dai loro sorrisi può dipendere la felicità coniugale e l'avvenire della prole. Gli altri presenti, maestri e impiegati, si mantengono raggruppati in disparte, stanchi immobili accasciati, come naufraghi su una fragile scialuppa. Ogni movimento può essere pericoloso, e gridare non serve; chi ti ascolta? Se si salvano gli altri, mi salverò anch'io. Ma il nuovo oratore sembra deciso a tirare il supplizio per le lunghe, a non pronunciare una sola parola che possa togliere i presenti dalle spine, li osserva di sottecchi, a uno a uno, con uno sguardo vitreo impenetrabile di gufo imbalsamato.

« Ride bene chi ride l'ultimo » egli ammonisce beffardo.

L'osservazione sarcastica ristabilisce nella sala da pranzo un freddo glaciale. Con una grande caffettiera di rame Maria Peppina serve il caffè in minuscole chicchere di porcellana. Al padrone di casa riesce finalmente di cogliere il momento opportuno per attirare don Marcantonio in una stanza a parte e spiegargli l'importante denunzia che un cafone di Pietrasecca vuol fargli, un terno al lotto per la nuova eloquenza, bisogna afferrare la fortuna per i capelli. Ma proprio durante la loro breve assenza la porta delle scale si spalanca e vi appare Sciatàp su tutte le furie per il lungo aspettare. Tra i presenti pochi si spiegano l'ostinata insistenza di quello sporco cafone.

« Che vuole da noi questo tanghero? » esclama don Michele disgustato. « Buttiamolo giù per le scale. »

« L'oratore è già qui? » grida Sciatàp bieco e accigliato. « E a me mi lasciate giù nella stalla? »

Per rappacificarlo Maria Peppina sorridente vuole offrirgli un bicchiere di vino, ma De Paolis la precede, prende un fiasco e ne riempie un bicchiere che porge a Sciatàp augurandogli la buona salute. Il fiasco reca l'etichetta d'un noto vino toscano, etichetta che De Paolis mostra al cafone; in realtà contiene aceto, ed è rimasto sul tavolo dopo essere servito per condire l'insalata; un aceto fortissimo, un autentico torcibudella. Gli ospiti, come pure Calabasce che rientra assieme a don Marcantonio, se ne avvedono subito, ma tacciono per non compromettere la riuscita della burla, essendo curiosi di vedere come reagirà Sciatàp al primo sorso. Ignaro dello scherzo e forse per mostrare all'oratore che non serba rancore per la lunga attesa, e ch'egli sa stare in società, Sciatàp alza il bicchiere, augura la buona salute alla compagnia e assaggia il liquido. Dopo il primo sorso egli rimane incerto un istante. Poi senza battere ciglio, impassibile e lento, vuota l'intero bicchiere. Il giuoco non è riuscito, che peccato; i presenti si scambiano tra loro sguardi impacciati.

« T'è piaciuto? » domanda ridendo De Paolis a Sciatàp.

Ma questo, con incredibile calma e indifferenza, lo guarda in faccia senza rispondergli.

« Ne vuoi un altro bicchiere? » gli domanda ancora.

« Se me l'offri » gli risponde Sciatàp semplicemente. « Perché no? »

Egli beve anche il secondo bicchiere, colmo di aceto come il primo, imperturbabile e lento, senza aria di sfida, senza fare il bravaccio, semplicemente, come se fosse un bicchiere d'acqua. Le labbra gli diventano bianchicce, livide, ma i tratti del viso non tradiscono alcuna increspatura, nessuna sensazione spiacevole.

« Grazie » dice rendendo il bicchiere e pulendosi le labbra col dorso della mano.

« Ti sei offeso? » gli domanda De Paolis infastidito.

« Offeso » gli risponde Sciatàp. « Di che? »

« Ma rìdici su, per Cristo » gli grida infine Calabasce preoccupato. « Non sai dunque stare agli scherzi? »

Anche gli altri insorgono contro quella permalosità zotica triste testarda.

"È stato un gioco" gli dicono in vari, felici d'aver trovato un diversivo. "È stata una celia, via, una burla innocente, non c'è da fare lo scontroso. Bisogna saper stare in società. Non è la prima volta che si fa uno scherzo simile."

Per salvare la situazione Maria Peppina sorridente vuole offrire a Sciatàp una chicchera di caffè, lei stessa vi mette lo zucchero e glielo gira, come si fa coi bambini. Ma Sciatàp rifiuta, freddo e cortese. Egli è proprio irriconoscibile.

« Grazie » dice. « Sono stato già servito. »

« Be', se eri venuto per parlarmi, sbrigati » gli ordina don Marcantonio seccato di tutte quelle cerimonie.

I padroni di casa e gli ospiti per lasciarli indisturbati s'allontanano in fondo alla sala da pranzo. Quel diversivo non dispiace affatto agli ospiti. Potrebbe essere, non si sa mai, un provvidenziale parafulmine. Un cafone, come parafulmine, non c'è di meglio. Don Marcantonio borioso e autorevole comincia l'interrogatorio:

« Come hai fatto a scoprire il nascondiglio di Pietro Spina? » egli chiede. « Ti raccomando di dire la verità, e spicciati. »

Sciatàp è davanti a lui, massiccio e terroso, col cappotto rattoppato e sdrucito su un braccio e il cappelluccio in mano. Invece di rispondergli, egli sembra assorbito nella contemplazione della tavolata ancora imbandita e cosparsa di avanzi. Gli strapazzi e i disinganni della giornata lo hanno spogliato di ogni contraffazione prepotente e rapace, l'hanno ricondotto nella sua penosa dura umile realtà cafonesca. Sembra un mendicante.

« Come hai fatto a scoprire il rifugio di Pietro Spina? » ripete l'oratore stizzito e impaziente.

« M'è venuto in sogno » mormora Sciatàp avvicinandoglisi a un orecchio.

« Non me lo vuoi dire? » insiste il cavaliere. « Hai paura di compromettere qualcuno? Un complice? Be', per ora, nemmeno m'importa di sapere come hai fatto a scoprire il suo rifugio. Dimmi piuttosto, e sbrigati, dove si trova nascosto? »

« M'è venuto in sogno » gli ripete Sciatàp all'orecchio come chi confida un gran segreto. « E mi ha detto: Adesso mi trovo a Nuova York, non mi trovo mica male, abito alla Mulberristritto, sai, mi ha detto, ho messo su un bel negozietto di frutta e maccheroni, non va mica male. »

« Calabà » grida don Marcantonio furente « non ti sei accorto che questo cafone è uno scemo? Che razza d'incontri mi prepari? »

Sciatàp sparisce in fretta per le scale; ma Calabasce lo rincorre e raggiunge nel vicolo, mentre s'allontana tirando dietro di sé il cavallo restio. Il vicolo è buio stretto affossato letamoso. I tre corpi ne occupano l'intera larghezza e costituiscono una sola massa nera pesante che avanza a fatica. Calabasce si tiene afferrato a Sciatàp come un cane alla preda, e Sciatàp dà calci agli stinchi del cavallo che li trascina entrambi.

« Ah, tu credi, vigliacchissimo traditore, di svignartela così a buon mercato? » dice Calabasce con voce minacciosa tenendolo agguantato per un braccio. « Be', ascoltami, se adesso non vomiti quel rospo che ci hai nello stomaco, per Cristo, te lo caccio fuori io, con questo scannatoio che serve di solito per i porci. »

Sciatàp tira innanzi senza rispondergli e l'altro lo segue sbavando rabbia e intramezzando le più sanguinose minacce con lusinghe succulente.

« Sciatàp, fermati, ragiona un po', non capisci che voglio il tuo bene? Perché hai cambiato idea? Sei diventato pazzo? Hai già il cavallo, Sciatàp, ci potresti avere anche la carrozza. Propriamente non ti capisco. Bada, Sciatàp, se non torni indietro, com'è vero Iddio, ti scanno. Vedi questo coltellaccio, lo vedi? »

Alla voltata del vicolo un fanale giallastro illumina d'una luce spettrale un pezzo di vecchio muro scalcinato un uomo e un asino immobili.

« Calabà » dice Simone staccandosi dal muro e venendogli decisamente incontro « se non vuoi prendere un brutto raffreddore, ascolta il mio consiglio, lascia stare quest'uomo e torna difilato a casa tua. »

Sciatàp ne approfitta per liberarsi dalla stretta di Calabasce.

« Simone » dice Calabasce ammansito « ho un affare personale da regolare con questo cafone, un affare urgente. Va', continua per la tua strada, lasciaci discorrere. »

« Calabà, tanto se lo vuoi sapere » gli risponde Simone e l'afferra per il bavero della giacca e lo spinge contro il muro « tanto se lo vuoi sapere, il vostro affare interessa anche me. E quel temperino che ci hai in mano, tanto se lo vuoi sapere, non m'impressiona affatto, è anzi ridicolo. »

« Simò » dice Calabasce cercando di svincolarsi « con te non voglio avere nulla da spartire, te lo ripeto. Va', continua per la tua strada, torna a Colle, che ci stai a fare qui? »

« Calabà » l'avverte Simone minaccioso sbattendolo con forza due o tre volte contro il muro « tu mi conosci e saprai che a me non piace, se si dovesse venire alle mani, d'essere in due contro uno. Perciò, dico, tanto per incoraggiarti, adesso mando via questo povero Sciatàp, e noi continueremo la conversazione a quattr'occhi, a nostro agio, qui o altrove, come tu preferisci. Dico, tanto per incoraggiarti. »

Sciatàp allontana di alcuni passi il cavallo e l'asino per sgombrare il terreno della colluttazione. « Vacci, vacci, Simò » l'incoraggia Sciatàp « schiaccia la cimice. » E si mette in ascolto se si avvicina gente.

« Lasciami andare » supplica Calabasce con voce di rabbia impotente.

« Va', torna coi tuoi pari, torna al porcile » gli dice Simone staccandolo dal muro e dandogli una spinta verso casa sua, ma così forte da mandarlo ruzzoloni per terra.

Calabasce si rialza grondante fango e s'avvia verso casa proferendo incomprensibili minacce. Sciatàp intanto si disseta a un fontanile, lì vicino, tenendo un bel pezzo la bocca aperta sotto la cannella; si vede che quel maledetto aceto gli brucia lo stomaco. Poi salta sul cavallo, e s'allontana senza dire una parola. Simone monta sull'asino, accende la pipa e per il dedalo oscuro dei vicoli di Orta cerca la direzione di Colle. Passando accanto alla casa Spina egli riconosce sul verone della scala esterna don Bastiano solo, immobile, avvolto in un cappotto nero e, malgrado il freddo, a testa scoperta. Simone continua per la sua via senza fargli caso e neppure si volta o fa rallentare l'asino quando riconosce dietro di sé un pesante passo d'uomo.

« Simone, ferma, vorrei parlarti » dice dietro di lui una

voce. «Ferma, Simò» ripete la voce ansiosa «ferma, per Cristo.»

«Non perdere tempo, Bastià» gli risponde Simone senza voltarsi.

«Dovrei parlarti, non si tratta di te o di me.»

«Scrivimi una lettera, se hai qualcosa da dirmi.»

«Adesso leggi le lettere?»

«No» risponde Simone mettendo l'asino al trotto. «Mai, da allora.»

XIX

All'uscita del paese, passando davanti alla casa di don Severino, Simone si stupisce di vedere filtrare luce tra le stecche delle persiane. Don Severino non è rimasto a Colle presso donna Maria Vincenza? Egli si guarda attorno sospettoso, scende e lega l'asino a un anello infisso al muro; poi, avendoci ripensato, lo scioglie, fa il giro della casa e l'attacca a un albero dell'orto in modo che non possa essere visto dalla strada.

« Buona sera » dice Simone a bassa voce alla donna che gli apre la porta.

Ma nello stesso istante in cui egli fa un passo per entrare, la porta si richiude violentemente, come spinta da un colpo di vento, e gli batte quasi sulla faccia. Simone alza le spalle e si allontana; poi torna indietro e bussa di nuovo, più deciso. Si apre una finestra del pianterreno.

« Chi è? » grida una voce adirata di donna.

« Buona sera » ripete Simone rivolto alla finestra. « Se don Severino non dorme ancora, e se non disturbo, vorrei parlargli. Il mio nome è Simone » egli aggiunge sottovoce « mi chiamano Simone-la-faina. »

La porta si spalanca subito.

« Ah, siete voi Simone? » dice donna Faustina sorpresa e amichevole. « Venite avanti, scusate, come potevo supporre? »

Essa fa luce nel vestibolo.

« Don Severino non è ancora tornato da Colle » aggiunge donna Faustina cortese ansiosa, « ma può arrivare da un momento all'altro. È successo qualche cosa di grave? Per favore, Simone, non restate lì sulla soglia, venite avanti, potrebbero vedervi. »

Essa lo precede in una grande stanza del pianterreno di

cui accende tutte le luci. La metà della stanza è occupata da un pianoforte a coda; in un angolo c'è un camino col fuoco acceso e ai lati del camino due ampie poltrone molto basse. Una parete è coperta di scaffali carichi di libri; le altre pareti sono guarnite d'una vecchia tappezzeria rosea a fiorami di oro, con l'oro assai scolorito. L'intero pavimento è ricoperto da un soffice tappeto rosso e nero.

« Per favore, Simone, venite avanti » ripete donna Faustina sorridendogli con grande gentilezza. « Dovete scusarmi, come potevo supporre? Severino sarà felice di trovarvi qui, vi assicuro. In questi ultimi tempi egli mi ha spesso parlato di voi. Vi ammira assai; anzi, se devo dirvi la verità, vi invidia. »

Simone arrossisce.

« Veramente? » egli dice confuso. « Non capisco. »

Simone è rimasto immobile, alquanto impacciato, presso l'uscio; forse egli teme d'insudiciare il tappeto con i suoi scarponi infangati. Nella stanza illuminata e ben riscaldata egli fa proprio la figura d'un pezzente. Alla cintura una funicella legata molto stretta gli assicura sia i calzoni che la giacca priva di bottoni; le maniche della giacca sono corte e sfilacciate; il bavero è rialzato e chiuso al collo da una spilla di sicurezza. Simone si guarda attorno incuriosito.

« È abbastanza bello qui, donna Faustina » dice complimentoso « abbastanza caldo; ma da me, non lo dico per vantarmi, c'è più aria, tanto più aria. »

« Avete un grande casa? » gli chiede donna Faustina. « Da che parte abitate? Scusate, non si direbbe che siamo dello stesso villaggio. »

« Da me, in un certo senso, per accendere il fuoco non c'è bisogno di starci a soffiare sopra » spiega Simone con evidente orgoglio. « C'è il vento. Anzi, quando accendo il fuoco devo stare attento che il vento non lo propaghi a tutta la casa. »

« Oh » esclama donna Faustina con ammirazione « avete una casa così grande che ci abita perfino il vento? »

« Non solo il vento » rincara Simone perdendo ogni pudore. « Anche la pioggia e la neve nella cruda stagione. E d'estate, il sole durante il giorno; durante la notte la luna le stelle. »

« Deve essere magnifico » ripete donna Faustina presa dall'entusiasmo. « Dev'essere stupendo. »

« Però qui è più riparato » aggiunge Simone con garbo per non offendere l'ospitalità. « E per una ragazza certo è meglio. »

Donna Faustina esce da una porticina che dà nel giardino per andare a coprire l'asino con una coperta di lana, una coperta bellissima, di lana rossa e nera, tessuta a mano. Simone è profondamente sorpreso e intenerito da quel gesto inatteso.

« Sapete, donna Faustina, è una cosa che non si usa » egli ha appena il tempo di dire. « Si coprono i cavalli, non gli asini. Un asino ha la pelle dura. »

Ma donna Faustina è già nel giardino e Simone osserva la scena dal vano della porticina, eccitato e commosso, come chi stenta a credere ai propri occhi.

« Adesso sembra proprio un cardinale » egli dice con voce grave alla ragazza quando rientra. « Donna Faustina, non so se vi rendete conto di quello che avete fatto. »

« Me ne rendo conto ora, dal piacere che vi ho procurato » risponde la ragazza ridendo.

I due osservano l'asino così insolitamente e lussuosamente bardato. Esso però, a dir la verità, non sembra per nulla impressionato, e con la più grande indifferenza tiene il testone penzoloni accanto all'albero.

« Donna Faustina, vi prego di non offendervi » supplica Simone « vi prego di non fraintendere l'indifferenza del mio asino. Esso non è stupido, vi assicuro, e non è ingrato. Ma il lusso, non so se voi, essendo una ragazza, potete capirmi, il lusso non gli dice proprio niente, non ci ha mai tenuto, neppure da giovane. Ah, come spiegarvi? »

Donna Faustina sembra divertirsi un mondo.

« Certo, certo » ella si affretta a consentire « dal vostro asino, Simone non mi aspettavo altro. È da molto tempo che l'avete? »

« Donna Faustina » corregge Simone « non vorrei che vi formaste un'idea troppo grande di me, non vorrei ornarmi delle penne del pavone. Cherubino, così si chiama il mio asino, era così fin da ragazzo, e, a dir la verità, nei molti anni di vita in comune, non è lui che ha imparato da me, ma io da lui. Io spero, donna Faustina, che voi prendiate queste mie parole alla lettera e non crediate che scherzi. »

Donna Faustina diventa bruscamente seria.

« Simone » dice « non dovete pretendere da me che capisca di colpo e interamente le cose che mi dite. Una cosa sola posso assicurarvi: vi penserò sopra a lungo, e infine forse anch'io mi procurerò un asino. Oppure credete che sia troppo tardi? Vi prego, Simone, di rispondermi francamente. »

« Sarebbe tardi per ogni altra ragazza » risponde Simone dopo aver riflettuto. « Non per voi. Vi dico questo senza complimenti. »

« Vi ringrazio » risponde donna Faustina arrossendo. « Per favore, Simone » aggiunge con voce affettuosa « non rimanete qui tra uscio e finestra, venite a sedervi vicino al fuoco. Severino non tarderà a venire. Vedrete quanto si rallegrerà di trovarvi. »

Donna Faustina si curva davanti al cammino e aggiunge altra legna al fuoco; poi avvicina alla brace una piccola caffettiera di rame. Simone si diede e l'osserva, ormai interamente conquistato e disinvolto. I movimenti della ragazza hanno una snellezza una gentilezza un garbo che sembrano incantarlo. Deve avvicinarsi adesso ai trent'anni, l'età in cui le donne dei cafoni sono già vecchie, e anche gli asini a quell'età sono già vecchi; ma questa qui sembra ancora una fanciulla. La capigliatura, già acconciata per la notte, è magnifica folta rigogliosa; la carnagione è ancora fresca e morbida; anche i suoi grandi occhi, un po' accesi, un po' esaltati, quasi febbricitanti, e le labbra fortemente dipinte hanno qualcosa di acerbo. Donna Faustina spinge tra le due poltrone un tavolinetto con due tazzine e la zuccheriera e si siede per terra, su un cuscino, accanto all'ospite. Le scarpacce enormi slabbrate motose di Simone, allacciate con spago da imballaggio, stanno ora accanto alle scarpette in pelle di serpente di donna Faustina.

« Senza dubbio devo avervi incontrato per strada molte volte » ella dice dopo un lungo silenzio, « ma non sapevo che eravate voi. Certo, se non fossi stupida, avrei dovuto riconoscervi » conclude con un gesto di scusa.

« Siamo stati perfino un po' imparentati » aggiunge Simone sorridendo. « Il primo marito di vostra zia Lucia, che morì al terremoto, era mio fratello. Ma voi eravate allora appena nata, suppongo. »

« Don Enicandro? » esclama la ragazza.

« Vi ricordate di lui? »

« Un ricordo terrificante » ella dice fra sé.

Simone è tutt'assorto nella propria reminiscenza e non si accorge della sorpresa e dell'emozione della ragazza.

Donna Faustina si alza per accendere un candelabro posto sul pianoforte e spegnere le luci troppo chiare del soffitto. Nella penombra sparisce la povertà di Simone e si rivela la sua dissimulata qualità: il suo viso magro patito regolare, il naso puro affilato, gli occhi intelligenti, il sorriso garbato ironico. Donna Faustina lo considera piena di ammirazione.

« Certo, se non fossi così stupida avrei dovuto riconoscervi » ripete come per chiedere scusa.

« Non si direbbe che da tanti anni abitiamo nello stesso paesetto » egli commenta ridendo.

« Veramente » ella aggiunge per spiegare la situazione « da molto tempo io non faccio più parte di questa gente. Sono rimasta qui, ma al bando. »

« Anch'io, voi lo sapete, donna Faustina » si affretta a precisare Simone. « Anch'io, in un certo senso, sono un evaso dal novero dei benpensanti. Non ve lo dico per paragonarmi o per vantarmi, ma da vari anni anch'io sono al bando delle buone famiglie. »

« Entrambi ce la siamo svignata, è vero » ammette donna Faustina soddisfatta. « Ma voi in una direzione, io in un'altra, quest'è la differenza. Ecco perché, prima di oggi, non ci siamo mai incontrati. Quasi nemmeno si direbbe che siamo dello stesso villaggio, di un villaggio così piccolo. C'è voluto il caso di stasera per far conoscenza. »

« Non il caso » corregge Simone con gravità e cortesia. « Quando due banditi s'incontrano, donna Faustina, anche se sembra per caso, non è mai un caso. »

Donna Faustina gli dà subito ragione e ride d'allegrezza.

« È proprio così » ella ripete « quando due banditi si incontrano. Dovete scusarmi, Simone » aggiunge mortificata, « se sono così stupida. Come ho potuto parlare di caso a proposito di una persona come voi? »

Simone è preso allora d'improvvisa pietà.

« È difficile alle donne di evadere, di scappare » egli osserva tristemente. « Dico questo, donna Faustina, a causa delle gonne. Per scappare è molto più comodo avere i calzoni. »

« L'importante è salvarsi » risponde donna Faustina decisa. « In un modo o in un altro, non conta. »

« L'importante forse, al punto in cui è ridotto questo paese, è perdersi » corregge Simone. « Ma in fondo è lo stesso, è questione di parole. Volevo dire, donna Faustina, ahi ahi, è difficile alle donne di perdersi, è molto più penoso, per lo scandalo, per i pettegolezzi, e poi e poi. Il parroco di Cerchio, don Timoteo, per esempio, da ragazzo non era mica un vile, lo conoscevo benissimo, era un tipo in gamba; non so, donna Faustina, se voi abbiate avuto per caso a che fare con lui. Ma adesso è uno straccio come tanti, un cappone. Come? gli ho detto l'ultima volta che l'ho incontrato, a questo ti ha ridotto il Vangelo? Non il Vangelo, mi ha spiegato, ma la sottana. Con la sottana, capirai, Simone, devo stare attento, non posso mica parlare o agire come il cuore mi detta, lo scandalo sarebbe troppo grave. Forse don Timoteo ha ragione. Che si può pretendere da un uomo con la sottana? »

« Non bisogna avere il terrore degli scandali » dice donna Faustina.

Tutte le volte che nel passato Simone ha avuto occasione di osservare donna Faustina, gli è apparsa un essere superbo e irato, un essere fiero esaltato impaurito. Nessuno aveva mai visto dalle nostre parti una persona così vilipesa eppure così orgogliosa. Un giorno in cui ella era tornata a Colle per riprendere dalla casa Spina le sue valigie e altri oggetti personali, per poco non fu lapidata dalle donne del villaggio; la biga a due cavalli sulla quale la ragazza aveva caricato le sue cose, fu arrestata e circondata in piazza da una folla di donne scarmigliate urlanti minacciose e dovette farsi strada a colpi di frusta. Con una frustata colpì in faccia anche Simone, benché egli fosse accorso in suo aiuto. A una scena simile Simone assisté un'altra volta, all'entrata della chiesa in cui aveva luogo un ufficio funebre in suffragio dell'anima di don Saverio. Alcune beghine impedirono a donna Faustina di entrare in chiesa. Simone la vide allontanarsi col viso sconvolto, inondato di lagrime! e temendo in lei qualche insano sproposito, affrettò il passo per raggiungerla e riaccompagnarla a Orta. Ma appena donna Faustina si avvide di essere seguita, si mise a correre come una folle, presa dal panico, e Simone la lasciò andare.

Simone adesso l'osserva e non nasconde il suo stupore. Questa ragazza dal sorriso di bambina, dallo sguardo limpido franco leale, è la stessa di cui tutta la contrada racconta l'incredibile storia degli amori con don Saverio Spina? La stessa che vive in concubinato col vecchio don Severino? Simone l'osserva e sorride incredulo.

« Ognuno si salva come può » infine egli dice. « Siamo arrivati proprio a questo, si salvi chi può, e come può. »

« Non crede che tutto sia pregiudicato dal destino? » dice donna Faustina. « Al momento del terremoto, quando la casa cominciò a tremare io mi trovavo nel camerino da bagno. La casa crollò e, non so come, mi ritrovai nell'orto, in camicia da notte e con lo spazzolino per i denti in mano. »

« È veramente difficile renderci conto di come reagiamo nei momenti del pericolo, quando non c'è tempo di riflettere » dice Simone. « La scelta in quei casi è fulminea. Ma non vi siete mai chiesta, Faustina, perché in quei momenti non prendiamo tutti la stessa scala di sicurezza? »

« Scegliamo o siamo scelti? »

« Forse è la stessa cosa » dice Simone. « Forse la vera libertà consiste in un'assoluta fedeltà a noi stessi. »

« Come si fa a capire a tempo quel che siamo noi stessi? »

« È impossibile, e sarebbe anche assurdo saperlo in anticipo » dice Simone. « In certi casi si comincia a indovinarlo strada facendo. E potrebb'essere altrimenti? Come renderci conto del senso dei nostri atti prima di compierli? »

« Come assicurare dunque la fedeltà a noi stessi? Il destino è forse retroattivo? »

« Il destino a mio parere » dice Simone « si riduce a questo: i nostri atti più sinceri non possono essere che nostri. Il destino ci si rivela a mano a mano che sciogliamo i nodi della nostra matassa. Quanto più siamo leali, io penso, tanto più il nostro destino ci appare evidente. »

Dopo aver riflettuto Simone aggiunge:

« Invece di destino, forse sarebbe più esatto parlare di destinazione. »

« Ciò presuppone anche un destinatario? Chi può essere il nostro destinatario? »

« Per ora è illeggibile » dice Simone sorridendo. « E può anche darsi ch'esso sia sconosciuto alla posta. »

« Simone » dice donna Faustina « vi ringrazio per la pazienza nello spiegarmi i vostri pensieri su queste cose. Anch'io ho l'abitudine di riflettere, ma non arrivo mai molto lontano. Forse perché sono ancora alle prese con alcuni vecchi fattacci inesplicabili. »

« Per una donna, naturalmente, tutto è più complicato » conclude Simone.

« Questo disprezzo per la donna non è degno di voi » dice donna Faustina con una punta di irritazione nella voce. « Voi consigliereste a una donna di sacrificare la fedeltà al quieto vivere? La destinazione della donna, come quella dei gatti, sarebbero gli altri? Perché dunque battezzarci? »

« Scusate » dice Simone « non parlavo delle donne in generale, ma di voi. D'altronde, accecato dalla pietà, io sono sempre stato un pessimo consigliere degli altri. Mia cognata Lucia... »

« Preferirei che non se ne parlasse » interrompe donna Faustina.

« Perché? » chiede Simone sorpreso.

Donna Faustina non risponde.

« Come preferite » dice Simone.

Donna Faustina si alza per ritirare la caffettiera dal fuoco.

« Da un quarto d'ora sto riflettendo se devo raccontarvi un certo episodio » ella dice bruscamente. « È un avvenimento grave, di cui da bambina fui l'unico testimone, e che non ho mai raccontato ad anima viva. »

« Se per voi il racconto è penoso » dice Simone « non vorrei... »

« Fino a un quarto d'ora fa ignoravo che vi riguardasse » prosegue donna Faustina. « Non avete detto d'essere il fratello di don Enicandro Ortiga? Sapete com'egli morì? »

« Al terremoto, tutti lo sanno » dice Simone sorpreso.

« Vi ricordate in quali circostanze? » insiste donna Faustina. « Vi trovavate voi stesso a Colle? »

« Certamente » dice Simone. « Non m'occupai subito di Enicandro perché, un'ora appena dopo la scossa maggiore, incontrai mia cognata che vagava tra le macerie come impazzita dal terrore. Ella mi diede la notizia dell'intero crollo della sua casa e della sicura morte del marito. Ma cinque giorni più tardi, mentre tornavo dall'aver sepolto mia moglie e mio figlio, incontrai Bastiano che mi cercava per dirmi: Sembra che dalle macerie della casa di tuo fratello escano lamenti. Potrebb'essere Enicandro. Disse anche, a dire la verità: Ho ancora da disseppellire vari dei miei, ma se hai bisogno d'una mano, dàmmi una voce. »

« Da due giorni si sentivano i lamenti » interrompe donna

Faustina. «E non c'er· dubbio che fosse zio Enicandro. Io lo chiamavo ed egli mi rispondeva. Ma avevo allora sette anni e non sapevo far altro che piangere davanti alla montagna di macerie sotto cui era sepolto. Imploravo aiuto dai passanti, ma ognuno aveva le sue macerie.»

«Enicandro rispose anche a me, appena arrivai sul posto» prosegue Simone. «La sua voce era così debole come di chi sta per spegnersi. Pensai subito, ammaestrato da casi simili accaduti in quei giorni, che il più urgente non fosse di estrarlo dalle macerie, ma di creare anzitutto uno spiraglio per fargli arrivare un po' di luce, qualche ristoro, alimento o bevanda. Era già sera e non volli perdere tempo nella ricerca di aiuti. Benché stanco e ancora sanguinante per alcune ferite ricevute nel crollo della mia casa, mi posi al lavoro con disperata energia. Ne ho fatte di fatiche in vita mia; ma quella rimane forse la più dura. Non fu solo un lavoro delle mani e delle braccia, ma una lotta di tutto l'essere. Penetravo come un animale, direi come una belva, sotto le travi le lame di ferro i mobili i blocchi di muratura e con una tensione massima di tutto il corpo li sollevavo e spostavo. Mai mi sarei ritenuto capace di un tale sforzo. Non so come il cuore non mi scoppiasse e la spina dorsale la nuca i ginocchi non si rompessero. E m'era impossibile riprendere fiato. La voce d'Enicandro si faceva sempre più vicina e distinta. Coraggio, gli gridavo, ancora un po', ancora un po', ancora un po'.»

«A un certo punto ebbi l'impressione precisa che la voce d'Enicandro uscisse da una madia che si trovava tra altri rottami» prosegue Simone. «L'aprii ma vi trovai solo un po' di farina e del lievito; la spostai e m'apparve un pezzo di muro con la conduttura intatta d'un caminetto. Era un caminetto che mia cognata aveva fatto costruire in cantina per i grandi bucati. Mio fratello era dunque precipitato là sotto e aveva trovato un po' di spazio libero e d'aria sotto la cappa del caminetto. Benché non mi riuscisse di vederlo, potei parlare con lui liberamente. Mi disse d'essere ferito, ma non gravemente. Forse ho una gamba spezzata, mi·disse, forse anche una spalla. La gola del caminetto era troppo stretta per consentire il passaggio d'un corpo adulto. D'altra parte lo sgombero delle macerie, per tirare fuori Enicandro, anche continuato con l'aiuto di due o tre persone, avrebbe richiesto ancora varie ore; e sarebbe stato pericoloso tentarlo nel buio. Spiegai questo a Enicandro e lo pregai d'aver pazienza. Intanto sarei subito andato alla ricerca di cibo e di bevande che gli avrei fatto arrivare attraverso la conduttura del camino. Avrei anche immediatamente avvertito sua moglie e durante la notte ci saremmo dati il cambio per tenergli compagnia. Ho fiducia in te, mi rispose Enicandro. La sua voce era stanca, ma calma e fiduciosa. Ricordo anche che in quel momento aveva ripreso a nevicare. Potevano essere appena le cinque del pomeriggio, ma per la stagione faceva già buio. »

« Prima d'allontanarvi » chiede donna Faustina « non metteste una larga tavola a protezione dell'imboccatura del camino? »

« Sì, ora lo ricordo » conferma Simone. « Vi posi infatti, di sbieco, a tettoia, il coperchio della madia, in modo da riparare la conduttura senza impedire l'entrata dell'aria. Essendo in quei primi giorni la strada ancora irriconoscibile, le persone e le bestie camminavano sulle macerie, e volevo anche evitare che qualcuno inciampasse in quella buca. »

« Ricordate se sul posto vi fosse una bambina, una ragazzetta sui sette-otto anni? » chiede donna Faustina. « Ricordate se raccomandaste alla bambina di far la guardia al sito fino al vostro ritorno? »

« Certo, ora lo ricordo, c'era una graziosa creatura » conferma Simone. « Anzi, la trovai sul posto quando arrivai e fu lei a condurmi dove la voce di Enicandro si percepiva meglio. »

« Continuate » insiste donna Faustina. « Come credete ch'egli morisse? »

« Mentre cercavo gli alimenti adatti per lui » riprende Simone a raccontare « in seguito a una nuova scossa di terremoto alcuni sassi e pezzi di muratura caddero nella gola del camino e l'uccisero. Quando tornai, invano lo chiamai. »

Donna Faustina fa con la testa segni di diniego, ma esita a spiegarsi.

« Vi fu una nuova piccola scossa » infine si decide a dire « ma non spostò alcun sasso di quelle macerie. Per uccidere don Enicandro fu necessario che qualcuno sollevasse con intenzione il legno da voi messo a copertura della gola del camino e con le proprie mani vi lasciasse cadere dei grossi sassi. »

« Ma chi poteva concepire un delitto così vile? » grida Simone. «Uccidere un ferito, ucciderlo senza essere visto, ucciderlo mentre lui non poteva neppure muoversi.»

Donna Faustina esita a parlare, poi chiede:

«Avevate avvertito qualcuno del prossimo salvataggio di vostro fratello?»

«Varie persone m'avevano visto scavare, cercare tra le macerie» dice Simone. «Come ricordare i nomi, dopo tanti anni?»

«Non avevate avvisato la moglie?» insiste donna Faustina.

«Naturalmente» dice Simone. «La cercai subito e la misi al corrente.»

«Infatti, vi eravate allontanato da poco, quando la moglie arrivò» racconta donna Faustina. «Ella era già rassegnata alla vedovanza. Nei giorni precedenti aveva pianto senza interruzione. Il suo dolore appariva sincero inconsolabile esemplare. S'era anche vestita a lutto. Dove e come avesse trovato un vestito nero in quei giorni di vita raminga, è rimasto per me un mistero; ma l'aveva trovato. Devo aggiungere che il lutto le stava abbastanza bene. Avrebbe anche voluto far celebrare una messa di *requiem* in suffragio dell'anima del trapassato, ma il curato la consigliò di aspettare il ricupero della salma. Era circa un anno (dalla morte di mia madre), che abitavo con quella zia, e le volevo molto bene. Verso di me si era sempre dimostrata assai affettuosa e piena di premure. E i due zii andavano così bene d'accordo da rendere l'atmosfera della casa veramente piacevole. Dopo il terremoto, nella baracca provvisoria in cui trovammo rifugio, la zia mi teneva sempre accanto a sé e metteva grande attenzione a proteggermi da ogni prematura conoscenza dei fatti crudeli rozzi volgari che si svolgevano attorno a noi. Così, una mattina in cui donna Clorinda Tatò, che assieme alle figlie alloggiava nella nostra stessa baracca, fu presa dall'angoscia dell'imminente, anzi, a suo parere, della già iniziata fine del mondo, e cominciò a confessare ad alta voce i propri peccati, la zia m'allontanò subito col pretesto che avevo bisogno di prendere un po' d'aria. Fu appunto quella volta che mi recai tra le macerie della nostra casa e udii i lamenti di zio Enicandro. La zia non volle credermi. T'è venuto in sogno, mi spiegò, e immagini che sia vero. La mia insistenza l'irritò, né potei ottenere che mi accompagnasse sul luogo per verificare il fatto con le proprie orecchie. Quell'incredulità della zia m'offese e stupì, e ancor più che mi proibisse di parlarne ad altri col falso pretesto di "lasciare i morti in pace". Ciò nonostante, ogni volta che mi riusciva di sfuggire alla sua attenzione, mi rifugiavo tra quelle macerie per far sentire allo zio sepolto sotto le pietre almeno una voce amica e perché non morisse abbandonato da tutti. La mia assiduità tra quei rottami finì con l'attirare l'attenzione di varie persone e così si sparse la notizia di don Enicandro ancora vivo. Una sera, finalmente, arrivaste voi. Voi non eravate ancora Simone-la-faina, ma forse non frequentavate la casa di vostro fratello, perché non ricordavo d'avervi mai visto; oppure il vostro aspetto era stato fortemente alterato dagli strapazzi di quelle giornate. Ma i vostri sforzi disperati per crearvi una via tra i rottami delle macerie non dovevano più cancellarsi nella mia memoria. Sembravate un leone in lotta contro la morte. Quando la zia, avvertita da voi dell'imminente e sicuro salvataggio di suo marito, accorse sul posto e trovò me, senza neppure chiedermi giustificazione, mi diede due forti schiaffi e m'impose di tornare immediatamente nella baracca. Io m'allontanai piangendo, ma non andai lontano. Mi fermai a pochi passi di lì, sulla scalinata della chiesa e cominciai a riflettere sul modo come punire la zia; pensavo: se non mi ritrovasse nella baracca e durante la notte m'aspettasse invano, certamente ne avrebbe un grande spavento e si pentirebbe d'essere stata tanto cattiva contro di me. Dal punto dove m'ero fermata, mi voltai a osservare la zia. Così, per la sventura del resto della mia vita, assistei al più terrificante degli omicidi. Nessun particolare mi sfuggì... »

Donna Faustina non può proseguire. Appoggia la fronte su una spalla di Simone e scoppia in singhiozzi. Simone è scosso da brividi; poi avvicina una mano sulla testa reclinata di lei e le ravvia i capelli, come a una bambina. I due restano così in silenzio per qualche tempo.

« La tua fronte e le tue mani bruciano » dice infine Simone. « Povera ragazza, ancora, dopo tanti anni. »

« Che devo fare? » riprende a dire donna Faustina. « Avrei dovuto informare gli altri parenti? »

« Non sarebbe servito a niente. »

« Avrei dovuto denunziarla ai carabinieri? »

« Non sarebbe servito a niente. Vi sono dolori che non si estinguono col chiasso. »

« Vi sono dolori che non si estinguono in nessun modo »

conferma donna Faustina. « Ho fatto male a raccontarlo? »

« Oh, no » dice Simone. « Adesso hai creato tra noi una parentela di nuovo genere. E la morte di Enicandro non mi sembra più prematura. Pensa un po', se l'avessi salvato, egli sarebbe stato il marito della propria vedova. »

Donna Faustina si alza per servire il caffè.

« A Severino gli dispiace di non averti mai frequentato » ella dice porgendogli una tazza. « Sì, posso assicurartelo, non è un complimento, Simone; sono convinta che gli avrebbe molto giovato. »

« Io temo d'essere diventato troppo plebeo per lui, troppo manesco, troppo canaglia » si scusa Simone. « È difficile attaccare amicizia con me. E don Severino, per me, scusa, forse è troppo ricercato freddo ammanierato bene educato, che so io. »

« Hai ragione, ma queste sono solo le apparenze. In sostanza voi siete, noi siamo, ne sono convinta, della stessa specie. Che adesso tende a sparire. »

« Il tuo caffè è ottimo, mi congratulo, è un buon segno. Ah, Faustina, hai ragione, corrono brutti tempi per la nostra specie. Ma forse non bisogna disperare » egli aggiunge ridendo. « Pazzi ve ne saranno sempre. »

« Sempre? » chiede Faustina ansiosa.

« I pazzi » spiega Simone con pacato ottimismo « sono come gli uccelli dell'aria e i gigli delle valli. Nessuno li alleva e li coltiva, eppure. »

« Non t'illudi? » chiede Faustina diffidente e inquieta. « Non dici mica questo per consolarmi? A me queste cose me le spiega Severino: egli dice che adesso ogni giorno fanno una nuova invenzione per avvilire l'uomo. »

« Lo so, lo so » la rassicura Simone ridendo. « Ma non si può eliminare la pazzia tra gli uomini, quest'è l'essenziale. Se è scacciata dalle strade si rifugia nei conventi; se è scacciata dai conventi si rifugia nelle scuole; o nelle caserme, o che so io. Pazzi, credi a me » egli conclude ridendo « ve ne saranno sempre. »

Faustina sembra rassicurata e sorride.

« Da molti anni non udivo parole così piacevoli » ella confessa.

Dietro il pianoforte s'ode un sorcio correre e grattare. Nel camino la legna crolla e i tizzi fumigano. Simone si curva per riordinare il fuoco, si mette in ginocchio e afferra i tizzoni con le mani, senza bisogno delle molle.

« La casa è antica e perciò piena di sorci » si scusa donna Faustina. « Simone, non potresti regalarci un buon gatto? »

« Un gatto no » si scusa Simone « ma potrei regalarti altri sorci. A casa mia ve ne sono di varie razze interessanti. »

Faustina ride di gran cuore.

« Da qualche tempo i sorci si sono accaniti contro i manoscritti di Severino » si lamenta Faustina. « Non c'è mezzo di proteggerli. »

« Don Severino scrive? » chiede Simone. « Che cosa? »

« Da molti anni » racconta Faustina. « È un suo modo di sfogarsi. Tiene un diario che ha come titolo: *Storia della mia disperazione*. Per proteggerlo sarò costretta a comprare una trappola » essa conclude.

« Una trappola? » interrompe Simone allarmato. « Ti prego di rifletterci, Faustina; Pietro ne sarebbe triste. »

« Pietro? » ripete Faustina.

C'è una lunga pausa piena di quel nome, e Simone è quasi pentito di averlo pronunciato.

La voce di Faustina arriva ora da una tutt'altra vicinanza.

« Qualcuno mi ha raccontato » ella mormora guardando le fiamme del camino « che quando si sparse l'improvvisa notizia di lui, ricercato dagli sbirri nella contrada di Pietrasecca, tu accorresti subito in quei posti per portargli soccorso. »

« Da chi l'hai saputo? » interrompe Simone confuso.

« Ah, come avrei voluto accompagnarti » aggiunge Faustina arrossendo.

« Ecco, fu un'idea sciocca » racconta Simone imbarazzato. « Andai di notte e in certi sentieri la neve m'arrivava alla cintola. Andai alla cieca, troppo fiducioso nel mio istinto. Gli sbirri scambiarono le mie tracce per quelle di Pietro, e questo fu il solo risultato positivo della mia impresa. Poi mi presero e confessai di essere lì per la caccia ai lupi. »

« Come avrei voluto accompagnarti » ripete Faustina.

« Non avresti temuto le belve? » le domanda Simone in tono scherzoso.

Ma la ragazza prende quelle parole sul serio.

« Oh, meglio essere sbranata dai lupi » dice « che rosicchiata tutta la vita dai porci. »

A queste parole Simone ha un movimento come se, intenerito, volesse abbracciarla; ma si frena a tempo, e per dissimulare la sua emozione si alza e aggiunge un pezzo di legno sul fuoco.

Bruscamente Faustina gli chiede:

« Avevi mai conosciuto Cristina, la figlia dei Colamartini? Pare che fosse molto bella. Pietro te ne parla qualche volta? »

« Mai. È un genere di dolore difficile a comunicare. »

Segue un lungo silenzio.

« Simone, devo confessarti un altro segreto, ma esso è interamente mio » dice Faustina. « Non l'ho mai raccontato a nessuno, e Pietro, benché lo riguardi, non ne ha mai avuto il minimo sospetto. Egli è stato la grande fiamma della mia vita. Cominciò che avevo appena quindici anni. Prima ancora di sapere cosa fosse l'amore, ne fui totalmente presa per lui. L'avessi amato di meno, forse avrei potuto manifestarlo; ma era troppo forte e assoluto. Non mi riusciva di pensare ad altro, né potevo confidarmi con chicchessia. Fu quello l'inizio della mia lunga solitudine. »

« A quindici anni » commenta Simone con pietà.

« Non v'è solitudine più chiusa di quella creata dalla impossibilità di esprimere i propri sentimenti » aggiunge Faustina. « La rottura col mondo esterno diventa un abisso; non esiste conforto o distrazione. »

« Dall'età di quindici anni » ripete Simone. « La natura è spesso crudele con le creature che predilige. Una fanciulla graziosa come te. Per lo stesso motivo che è proibito cacciare i neonati della selvaggina, incapaci di difendersi, la passione dovrebbe risparmiare l'adolescenza, darle tempo. »

« Simone » interrompe Faustina « io non rimpiango nulla. Pietro aveva qualche anno più di me e gli si leggeva negli occhi che avrebbe avuto un destino singolare. Ben presto egli andò via, ma nessuno poteva impedirmi di pensare a lui. In questi anni di disperazione egli è stato la mia compagnia segreta. Non ho mai contato di rivederlo: dopo tanto tempo non so neanche immaginare cosa sia diventato; ma nei momenti di sconforto è stato lui, il suo esempio, a darmi forza. »

« Ti chiedo perdono, Faustina, per una domanda che oso rivolgerti » dice Simone. « In qualsiasi altra situazione o stato d'animo, suonerebbe come una stupida indiscrezione, ma, ora, dopo quello che ci siamo già detto, forse è nei miei obblighi. »

« Tutto quello che mi viene da te, Simone, non può essere che leale e amichevole. »

« Vuoi veramente bene a don Severino? »

« Certo, Simone. »

« Non avete mai riflettuto sull'opportunità di sposarvi? »

« Mai, Simone. Voglio bene a Severino come, d'ora innanzi, e se tu permetti, ne vorrò moltissimo a te; non altrimenti. »

« Oh, tu beata » dice Simone commosso. « Non immaginavo che il destino t'avesse a tal punto prediletta. »

Ma il pensiero della ragazza è già altrove.

« Non capisco nulla di politica » dice Faustina dopo un lungo silenzio. « E a dir la verità, neppure m'interessa. Comprendo che si possa rischiare la vita per una persona; ma per delle idee? Se fossi vissuta ai tempi delle catacombe, forse anch'io avrei sacrificato la vita per Gesù; ma per il cristianesimo? Che peccato, Simone » aggiunge abbassando la voce « che un uomo come Pietro si sia perduto nella politica. »

« Anch'io, Faustina, lo temevo, prima che la fortuna me lo portasse a casa » dice Simone sorridendo. « A raccontarlo sembra una leggenda, e se mi fosse accaduto la notte di Natale avrei potuto credere a una grazia del Cielo. Me lo trovai in casa, proprio come un regalo assurdo che un mattino si trova sotto la cappa del camino; in quelle circostanze la sola spiegazione ammissibile è il miracolo. Faustina, te l'assicuro, egli non ha nulla a che fare con la politica; voglio dire, con la lotta e la cospirazione o gl'intrighi per arrivare a comandare. Comandare è il segreto sogno dei servi ed egli è il contrario di un servo. Anch'egli è scappato, quest'è la verità, anch'egli ha voluto perdersi, o, come tu dici, salvarsi. Anch'egli ha dovuto svignarsela. Come te, come don Severino, se oso dire, come me e altri, ognuno a suo modo. Ma egli ha preso la via che mena più lontano, e ha scoperto i poveri, anzi, la materia prima con la quale si fanno i poveri, la terra, il letame. »

« Ah, è facile dire. I poveri chi non li conosce? » esclama donna Faustina. « La terra ne brulica, come di vermi. »

Ma Simone non è d'accordo.

« Io sto assieme a loro ogni giorno, per strada e all'osteria, ne conosco tanti, e nell'aspetto non mi distinguo in nulla da loro. Quando Pietro ha cominciato a parlarmi dei cafoni, non ho potuto evitare di sorridere, ho subito pensato agli abbagli dei signorini umanitari che vanno al popolo. Ma poi ho capito che era una cosa del tutto diversa. C'è, Faustina, che egli è stato sotto terra e di lì ha visto il mondo dal di dentro, questa maniera di vedere gli è rimasta. No, ti assicuro, Faustina, egli non è un intellettuale un ragionatore uno spaccatore di capelli in quattro; egli è rimasto un ragazzo di queste parti, un ragazzo di campagna, un po' distratto, un po' assurdo; neppure si direbbe che sia stato agli studi. Il destino ha voluto ch'egli scendesse sotto terra e vedesse ogni cosa dal di dentro, perciò l'apparenza non l'inganna. Le cose che il mondo venera e adora, egli vede che non valgono nulla e per ciò le disprezza; e quelle che il mondo deride e aborre, egli vede che sono le sole vere e reali. Ma come spiegarti, Faustina, come farmi capire, nel giusto senso? »

« Oh, racconta, racconta » implora Faustina con le lagrime agli occhi.

Simone sorride, carica la pipa e l'accende con un tizzo del camino. Faustina avvicina al fuoco un'altra caffettiera piena di caffè. Il resto della notte Simone lo passa a raccontare.

XX

« Hai l'aria un po' stanca » gli dice Faustina. « Vuoi cedermi le redini? E smettila di dirmi donna Faustina, se non vuoi essere chiamato don Pietro. »

« Non sono stanco, ma seccato » risponde Pietro. « Sempre scappare, capirai, Faustina. »

« Eppure questa volta proprio bisognava. Un po' di ritardo, e saresti caduto in trappola. »

« Perché bisognava? Non potrebbero una volta tanto scappare e nascondersi gli altri? »

« Chi gli altri? »

« Gli sbirri e i loro amici. »

« Essi sono più forti, tu lo dimentichi. »

« I più forti? Oh, Faustina, non bisogna lasciarsi impressionare dalle apparenze. In che senso intendi che sono i più forti? Forse perché hanno l'uniforme? »

« E poi, se essi scappassero e tu li inseguissi, saresti tu lo sbirro. Non vedo il vantaggio. »

« Chi t'ha detto ch'io li inseguirei? Come fai a supporre una cattiveria simile? Magari essi scappassero, t'assicuro, Faustina, ch'io non li inseguirei. »

« Se non tu, certo Simone o altri. È la regola, Pietro, bisogna avere pazienza, il giuoco non l'abbiamo inventato noi, o lepre o cane. »

« E se uno si rifiuta? »

Allora si mette fuori della regola e deve scappare, cioè, insomma, far la lepre. Attenzione, Pietro, fai ribaltare il calesse nella cunetta. »

« Non preoccuparti, quest'è un cavallo, come si dice, da medico condotto, e potrebbe guidarlo un bambino. Quello che hai detto poc'anzi, Faustina, non è mica stupido, ma è un dilemma ch'io non accetto. »

« Disgraziatamente la realtà non è fondata sui nostri gusti, è più vecchia. »

« La realtà? » domanda Pietro incuriosito. « Che diavoleria è? »

Faustina lo contraddice, ma si vede che in fin dei conti approva quella maniera di sragionare.

Il calesse a due posti, snello e leggero su due ruote alte e sottili, sembra il veicolo ideale per quella stradaccia motosa e accidentata; e il cavallo (Belisario, uno dei cavalli di donna Maria Vincenza) lo tira con accortezza, ubbidendo più all'istinto che alla mano inesperta di Pietro. I due viaggiatori indossano pesanti mantelli di pelliccia con i baveri rialzati fin sulle orecchie; questo li protegge contro il freddo pungente e li rende quasi irriconoscibili. La donna si distingue dall'uomo solo per una sciarpa verde che le cinge la testa a modo di turbante, mentre Pietro ha un berrettone di pelliccia calato sulla fronte. Pietro si guarda a destra e a sinistra, ogni cosa l'interessa ogni albero ogni casa ogni passante, e varie volte saluta cordialmente qualche sconosciuto, uomo o donna, con inchini e gesti della mano. Questo modo di comportarsi rende Faustina nervosa.

« Sai, Pietro » finalmente gli osserva « sarebbe meglio non attirare l'attenzione. »

« Credi tu che a salutare la gente si attiri l'attenzione? »

« Se un uomo in carrozza, vestito da signore e in compagnia di una signora, saluta per primo un cafone, che va a piedi, potresti capirlo da te, egli attira l'attenzione. »

« Strano, e perché? »

« Non si usa. Hai dimenticato gli usi di questo paese. »

« Ah, tu ci tieni tanto agli usi di questo paese? Scusa. »

La strada corre accanto al letto inaridito di un torrente, vasta fiumana di melma gialla con isolotti di sassi bianchi, lunghi e porosi come ossa di cani; sull'altro argine si allinea una fila serrata di alberi spogli, larici azzurri alternati a pioppi d'argento. Alcune donne vestite di nero, inginocchiate sull'argine dove scorre un filo di acqua, lavano panni, li sbattono, li ammucchiano accanto, si accompagnano con una canzone lenta, dalle lunghe cadenze, staccate, come di chiesa, dalle cadenze molto tristi, una canzone che sembra una litania.

« Quanto tempo credi che ci metteranno Simone e Infante a raggiungerci? » domanda Pietro dopo un lungo silenzio.

« Dipenderà dall'asino » risponde Faustina. « Domani in giornata, suppongo; io non ho mai fatto questa strada. »

« E come faranno a trovarci? »

« Acquaviva non dev'essere grande, e noi potremo aspettarli all'entrata del paese, andare loro incontro. »

La stradetta s'inoltra tra due colline piantate a vigna, e tra le viti rari alberi. Pietro riconosce gli alberi benché spogli e scheletrici, ciliegi rossastri, peri bruni, mandorli grigi, sa anche dire il sapore della frutta. Fin qui arrivano le terre degli Spina, il regno di donna Maria Vincenza.

In una delle vigne vi era una casina dove Pietro si recava qualche volta da ragazzo, con qualche suo coetaneo, per la merenda del lunedì *in albis*. La casina, che ordinariamente serviva di rimessa per gli attrezzi agricoli e di rifugio per la guardia campestre, era attorniata e quasi ricoperta da piante di rose.

« Una volta venisti anche tu » dice Pietro a Faustina. « Ci portò in carrozza lo zio Saverio. »

« Te lo ricordi ancora? »

« Avevi un bellissimo vestito celeste e nastri bianchi sulle trecce. »

« L'avevo messo in tuo onore. »

« Zio Saverio ti regalò una rosa bianca che appuntasti sul petto. »

« L'avevo chiesta a te. Ti avevo detto: Mi piacerebbe avere quella rosa. »

« Sì, lo zio fu più svelto. Ne soffrii non poco. »

« Durante tutta la gita non m'avevi rivolto mai la parola. Parlasti in continuazione di libri con gli altri ragazzi. »

« Ero abbastanza stupido » ammette Pietro.

Adesso non v'è più traccia della casina; anche molti alberi sono stati abbattuti e la contrada è più triste, come a lutto. Ma il calesse attraversa un villaggio al momento della sfornatura e l'odore di pane fresco intenerisce Pietro.

« Stare sempre rinchiuso nemmeno fa bene » egli ammette riconciliato. « Vogliamo comprare una pagnotta? »

« Se hai fame, abbiamo le provviste di tua nonna nella borsa » dice Faustina.

Ma non è di quelle che Pietro ha fame. Sulle porte delle

case donne in piedi chiacchierano e girano il fuso; in piazza uomini immobili aspettano.

« Chi sa che aspettano? » dice Pietro.

Gli sembra che aspettino dall'infanzia; già da bambino egli li vedeva che aspettavano. Quanto tempo, poverini, aspetteranno ancora? In mezzo alla piazza, su un alto piedistallo, è piantata una croce di legno con un gallo di ferro in cima; il gallo ha il becco ben aperto e sembra che stia per cantare; ma quanto tempo dovrà ancora aspettare?

« Forse ha tanto cantato da diventare rauco e non ha più voce » dice Faustina.

All'uscita del paese la strada comincia a salire per ampie giravolte. Le linee, brune e orizzontali al piano, diventano ora cenerine e verticali; e si vede subito come sono state tracciate dal basso verso l'alto, dai contadini curvi, quasi ginocchioni sulla terra pietrosa. La strada sale sempre, e il cavallo deve mettersi al passo, sbuffa e suda. La terra comincia a essere ricoperta di neve, i cigli s'alzano a monticelli, i poggi s'abbassano, diventano prati, le distanze si dilatano. L'occhio abbraccia l'insieme delle montagne schierate ad arco, attorno alla vasta conca del Feudo: un cerchio di un centinaio di chilometri di montagne, grandi masse calcaree spoglie brulle nevose, le più alte e lontane dirupate, le altre tondeggianti, monte Ventrino, monte Sirente, monte Velino, monte Ciocca, monte Pietrascritta, monte Turchio, monte Parasano. Sul cerchio chiuso delle montagne bianco-cenere si appoggia il cielo; oggi sembra una pesante tenda gialla con striature rosse. Questi monti furono i confini del mondo fanciullesco di Pietro; donna Maria Vincenza non li ha mai oltrepassati. Il viaggio dura già da più ore e sembra solo all'inizio. In un avvallamento tra due squallide alture, il calesse attraversa un villaggio distrutto dal terremoto e abbandonato dai pochi abitanti superstiti.

Tra informi mucchi di pietre e ruderi di muri, alcune case sembrano ancora intatte, ma alberi imprevisti escono dalle finestre, forano il tetto. Sul davanzale d'un elegante balconcino che dà sulla strada un topo se la spasseggia con tutto comodo. A vederlo Faustina rabbrividisce, ma Pietro sorride, si toglie il cappello, lo saluta rispettosamente, cordialmente, come un antico conoscente. Subito dopo, a una svolta, s'incontra una grande croce di legno piantata su un masso di granito; fortemente inchiodato mani e piedi sulla croce, in modo che non scappi, c'è un Gesù agonizzante, tutto insanguinato, di un'agonia terribile a vedersi. Faustina nuovamente raccapriccia, mentre Pietro torna a sorridere, si toglie il cappello, saluta.

« Egli non è ancora morto » dice Pietro.

« Che paese » mormora tra sé Faustina inorridita coprendosi la faccia con le mani. « Dove mi porti? »

« È il nostro paese, Faustina, il paese della nostra anima » dice Pietro affettuosamente posandole una mano sulla spalla. « Non lo riconosci? »

Pietro è nato e cresciuto in collina, tra le vigne e i mandorli, come Faustina, d'altronde. In tutta la sua vita egli è stato raramente in montagna, sia per naturale pigrizia, sia per indifferenza verso la cosiddetta natura; le sue più ardite ascensioni le ha compiute all'estero su comode funicolari; ma questo paesaggio, ch'egli attraversa ora per la prima volta in vita sua, sembra svegliare in lui un'emozione profonda che l'afferra alla gola, e se fosse solo certamente si metterebbe a piangere. Egli stenta a credere ai propri occhi, si guarda attorno spaurito, come se temesse d'avere innanzi un'allucinazione. « Il mio paese » balbetta. E lo guarda, lo contempla, ne riconosce ogni particolare con occhi sorpresi attoniti velati di lagrime.

« Quei muriccioli di sassi, vedi, Faustina, d'estate chiudono gli stazzi dove durante la notte sostano i greggi di pecore. » (Adesso le pecore svernano in Puglia, egli spiega.) « Vedi quel macigno? Lì accanto i pastori piantano la loro capanna di paglia, sull'apertura della capanna sospendono l'immagine benedetta di San Panfilo, davanti alla capanna mungono le pecore, fanno il fuoco, cuociono il latte, preparano le fiscelle per il formaggio. Sotto quella macera d'estate c'è forse una piccola sorgente d'acqua, tutt'attorno la terra vi sarà molle e umida, fiorita d'erba tenera. La vedi? Ma bisogna stare attenti, l'acqua è troppo fredda per le pecore, a berla esse imbolsirebbero, bisogna dunque condurle ad abbeverare a valle, a qualche ruscello esposto al sole. »

« Come fai a saperlo? » dice Faustina.

Il paesaggio certo non è allegro, e anche d'estate la montagna ha un aspetto squallido; come le pecore riescano a satollarsi qui è un mistero. La terra è povera sassosa arida, la scarsa vegetazione d'estate ingiallisce tra i macigni quasi la bruciasse un fuoco sotterraneo, le grotte e le buche inghiottiscono tutta l'acqua piovana. Non per nulla, in altri tempi, quest'era una regione popolata d'eremiti. Ma queste pecore non possono mica stabilirsi altrove, quest'è il loro paese, qui sono nate, d'inverno le forzano ad andare in Puglia, ma d'estate le riportano qui.

« Sotto la neve adesso stanno germinando per esse i piccoli duri semi del rosmarino e del timo; non so se li conosci. »

« Sotto la neve? » interrompe Faustina.

« Quante volte nelle mie notti d'esilio, senza averle mai viste, ho sognato queste terre, queste alture, questa vita » dice Pietro.

Faustina si sforza di sorridere a quel desolato paese, poiché lui assicura ch'è il suo, il ritrovato paese della sua anima. Ella cerca di fargli dimenticare la sua prima impressione d'orrore; e trova che, a guardarlo bene, non è affatto orrido, forse solo un po' inospitale, un po' spoglio e amaro. La strada continua a salire, la neve si fa sempre più bianca e alta, l'aria più cruda, pungente. Si leva un vento gagliardo che fa risuonare le profondità della montagna.

Il calesse arriva all'ultimo villaggio posto sul versante del Fucino, un gregge di casupole nere e di caverne affumicate, sorvegliate da un campanile aguzzo. Passando tra le abitazioni si sente un forte lezzo di capre e si vedono due o tre piccoli asini color terra, qualche donna magra spettrale nera dallo sguardo ostile sospettoso. Malgrado la neve, dalla conformazione del terreno s'indovina che a questo punto cessano del tutto i campi coltivati; la terra diventa rocciosa frastagliata a gobbe a dirupi a pietraie; cessano completamente gli alberi, qua e là si vede solo qualche nero cespuglio, i monti brulli bianchi di neve si accavallano, i contrafforti si saldano a una giogaia. Quando il calesse arriva al valico Pietro si volta indietro con l'espressione di chi oltrepassa una frontiera.

« Qualcuno ti aspetta che ti vuol parlare » gli dice Faustina impallidendo e tirando bruscamente le redini.

A un lato della strada, formato da un angolo di tre casupole nere abbandonate, si stacca un uomo a cavallo e avanza verso il calesse.

« Chi è? » chiede Pietro incuriosito.

Pietro cede le redini a Faustina, salta a terra e si dirige verso l'uomo che a sua volta scende da cavallo. Egli ha l'aspetto di un ricco agricoltore, è alto, forte, ma un po' curvo e di età avanzata.

«Non mi riconosci?» gli chiede l'uomo dominando la sua emozione.

«Zio Bastiano?» domanda Pietro sorpreso fermandosi ad alcuni passi da lui. «Be', non è facile riconoscerti; pover'uomo, sei andato veramente giù.»

Zio e nipote esitano a salutarsi.

«Non sono mica andato giù» risponde don Bastiano fortemente turbato. «Sono rimasto dove sono nato, quest'è la verità.»

«Sei rimasto a lottare con quella piccola canaglia di Calabasce» aggiunge Pietro. «A poco a poco sei diventato come lui.»

«Chi altro c'è qui?» protesta don Bastiano risentito. «Se tra i miei piedi non ho trovato che lui, è forse colpa mia?»

«Un altro, in mancanza d'altri, se la sarebbe presa con Dio.»

«Ah, tu ci credi ancora?»

«Oppure con Satana.»

«Tu credi pure a quello?»

«Oppure, che so io, se la sarebbe presa col governo.»

«La politica non mi ha mai attirato; le chiacchiere mi annoiano.»

«Allora potevi litigare con te stesso.»

Tra zio e nipote c'è il cavallo, immobile come un muro, e don Bastiano si appoggia con gli avambracci sulla groppa dell'animale per poter parlare a bassa voce.

«Sai» gli dice «da una ventina d'anni lotto proprio con me stesso. E anche con te. Tu non puoi immaginare quanto mi hai perseguitato in questi ultimi anni.»

«Hai fatto dello zelo, ma non t'è servito» dice Pietro. «Calabasce t'ha battuto.»

«Non è finita» risponde don Bastiano. «Non sono ancora sepolto. Ma questo a te non ti riguarda e non t'interessa. Se sono venuto qui è per altro scopo. Devo confessarti qualche cosa di assai penoso e preciso.»

«Te ne dispenso» l'interrompe Pietro. «Oltre tutto, so di che si tratta.»

«Non puoi saperlo. Non puoi neppure immaginarlo.»

Don Bastiano tira fuori da una tasca interna della giacca un vecchio e consunto portafogli di cuoio e lo stringe con mani tremanti.

« Ti prego » Pietro lo implora « ti supplico, zio, lascia stare adesso quel maledetto portafogli, non raccontarmi quella vecchia sciagurata storia. Già la conosco. »

« Non puoi conoscerla » ripete don Bastiano smarrito quasi balbettante. « Non puoi neppure immaginarla; e io adesso devo raccontartela, devo liberarmene una buona volta, devo vomitare il veleno che da tanti anni mi appesta le viscere. »

« Ascoltami » gli dice Pietro bruscamente. « Ti aiuterò io a raccontarla quella dannata storia. Anch'io, benché in un senso diverso, per molti anni ne sono stato afflitto e infine ho sofferto il rimorso... »

« Il rimorso, tu? » l'interrompe don Bastiano.

« Vieni » gli dice Pietro quando si accorge che lo zio si regge in piedi solo tenendosi alla criniera del cavallo.

I due vanno a sedersi lì accanto, sullo scalino d'entrata di una delle case disabitate, e Pietro lega il cavallo a un anello infisso nel muro.

« Era la terza o la quarta sera dopo il terremoto? » domanda Pietro allo zio.

« Tu eri poco più di un bambino » dice don Bastiano scuotendo la testa. « Non potevi sapere, non puoi ricordare. »

« Doveva essere la sera del quarto giorno dopo il terremoto » riprende Pietro a raccontare. « Io ero allora un ragazzo di quattordici anni, poco più di un bambino, come tu dici, avevo faticato tutto il giorno a rimuovere le macerie sotto le quali era sepolta mia madre. »

« Al mattino ti avevo aiutato anch'io, non so se te lo ricordi. »

« Con noi c'era stato pure Venanzio; e per qualche momento anche la nonna. »

« Finché vennero ad avvertirci che Saverio ci chiamava e invocava aiuto da sotto le macerie della sua casa, dov'era soltanto leggermente ferito. »

« Verso la fine del pomeriggio di quel giorno » continua Pietro « quando già stavo per sospendere le ricerche, rintracciai il cadavere di mia madre; ma per quanti sforzi facessi, non mi fu possibile di rimuoverlo subito a causa di una pesante lama di ferro che gli teneva sequestrate le ginocchia. Ti raccontai questo allorché, sul tardi, feci ritorno nel rifugio-dormitorio che tu avevi improvvisato nel tuo orto. Poiché quella sera stentavo a prender sonno, ti raccontai come, nel vano tentativo di liberare il corpo di mia madre dal groviglio dei rottami, fosse scivolato fuori dal suo grembiule un voluminoso portafogli. »

« Tu ti ricordi tutto questo? » balbetta don Bastiano scosso dai brividi.

« Ogni parola di quella nostra conversazione, ogni gesto » continua Pietro. « La memoria dei ragazzi è terribile. Perché, ti chiesi, mia madre aveva tanto denaro su di sé proprio il giorno del terremoto? Forse, tu mi spiegasti, quella stessa mattina voleva andare a depositarlo alla banca. Ad ogni modo, io ti dissi, a me era sembrato indegno, prima ancora di aver tratto dalle macerie il suo corpo, di occuparmi del poco o molto denaro che poteva avere addosso. »

« Poi, vinto dalla stanchezza, tu ti addormentasti » mormora don Bastiano. « Dopo avere spento la lanterna a olio, anch'io mi coricai sulla paglia. »

« Poco dopo riaprii gli occhi » riprende Pietro a raccontare « e vidi all'entrata del rifugio profilarsi una forte sagoma d'uomo e rimanere per qualche istante come in ascolto. Senza immaginare nulla di preciso, a quella apparizione fui colto da un incredibile spavento. Avrei voluto gridare, ma non potei, quasi che una mano poderosa mi stringesse alla gola. Appena tu prendesti il largo e ti allontanasti, balzai in piedi e ti seguii. Il cielo quella notte era coperto, ma la visibilità era discreta a causa della neve e a causa dei tre o quattro fuochi tenuti accesi nei punti più elevati del paese, per impedire la discesa dei lupi dalla montagna. Mi fu perciò facile seguirti da lontano. »

« A un certo momento ebbi infatti l'impressione di essere seguito. »

« Fu nel vicolo del forno? In quel tratto inciampai in una latta di benzina vuota e ruzzolai, per mia fortuna, in un fosso, dove tu, voltandoti indietro, non potevi vedermi. »

« Pensai che fosse un cane. »

« Quando mi fu palese la meta della tua gita notturna e ti vidi tra le macerie rovistare dove sapevo che giaceva il cadavere di mia madre, devo dirti che nello sgomento che s'impadronì di me non c'era odio od orrore per quella tua sciagurata ingordigia, ma timor panico che tu potessi avvederti della mia presenza. »

« Che notte maledetta » mormora don Bastiano.

« L'indomani ero cosciente di non essere più il medesimo » dice Pietro. « Per crescere ci vuole un'intera vita, ma per invecchiare basta una notte come quella. »

Don Bastiano porge con mani tremanti il vecchio portafogli a Pietro, che però non vi fa caso e lo lascia cadere per terra.

« Maledetto denaro » dice Pietro « nemico maledetto. »

Egli raccoglie il portafogli da terra, cautamente, con lo stesso ribrezzo come se fosse un nodo di vipere, ne estrae le banconote; quindi tira fuori da una tasca una scatoletta di fiammiferi e comincia a bruciare i biglietti di banca, lentamente, a gruppi di tre o quattro per volta, avendo cura che neppure un lembo ne rimanga intatto. A quella scena don Bastiano ha un brusco sussulto come di un uomo pugnalato; le sue mani si aggrappano al sedile di pietra e il suo viso si contrae in una dolorosa smorfia. Ma Pietro continua pacatamente, ordinatamente, nella sua opera di distruzione, con una mano egli tiene tre o quattro banconote, con l'altra un fiammifero acceso. I biglietti morsi dalla fiamma si accartocciano e rapidamente inceneriscono; infine c'è per terra un mucchietto di cenere nera. Il respiro del vecchio don Bastiano diventa il rantolo di un uomo che ha subìto una grave operazione.

« Maledetto denaro » dice Pietro « nemico maledetto. »

Egli si alza e con un energico colpo di piede disperde la cenere.

« Sembri stanco e abbattuto » gli dice Faustina quando torna al calesse. « Avete litigato? »

« Andiamo » risponde Pietro. « Siamo in ritardo. »

« Bastiano è sempre stato una povera anima in pena » dice Faustina. « Egli avrebbe avuto bisogno di un amico; ma tutti litigano con lui. Ho sbagliato a farlo venire quassù? »

« No, anzi, ti ringrazio. »

Dall'altro versante si spalanca un'immensa vallata contenuta tra due alte siepi di montagne con profondi valloni laterali. Il cavallo è coperto di schiuma, ansima stronfia soffia a fatica; e si è appena a metà strada, chi sa se per il resto il povero Belisario ce la farà. Il suo fiato, uscendo dalle narici dilatate, soffia come il vapore di una caffettiera in ebollizione. La strada scende per ampie ripide giravolte. La montagna interamente spoglia d'alberi e disabitata appare frastagliata da profonde forre e brevi ripiani; enormi massi erratici pendono minacciosi in vari punti a perpendicolo sulla strada. Sul cielo grigio è una migrazione rapida e serrata di nuvole; a guardarle sembra ch'esse siano immobili e tutta la montagna con la valle cammini.

« Di questo passo domani mattina saremo in Dalmazia » dice Pietro.

« In Dalmazia? » chiede Faustina preoccupata.

« Forse anche più in là » rincara Pietro.

« Come, più in là? »

« Intendo » egli spiega « la montagna, e noi in essa. »

Nel fondo valle non si scorge nessun lume o altro segno d'abitato; solo in lontananza, a mezza costa dei monti, luccicano alcuni villaggi, come grappoletti luminosi; ma per arrivarci ci vorranno ancora alcune ore. Pietro, d'un tratto, non ne può più dalla stanchezza; forse per i bruschi sbalzi d'altitudine, forse anche per l'emozione dell'incontro con lo zio, il cuore comincia a fargli salti e pause disordinate. Faustina se ne accorge, gli prende le redini dalle mani e gli consiglia di chiudere gli occhi. Ma il calesse traballa in permanenza e il sedile, com'è uso in quel genere di veicoli, è sfornito di spalliera su cui poter riposare la testa o almeno la schiena; a lasciarsi vincere dal sonno si rischia di cadere sotto le ruote. Pietro si lascia scivolare sulla pedana e vi si accovaccia, tenendo la nuca appoggiata al sedile. Impossibile però dormire. Davanti a lui, sola realtà visibile, è ora la parte posteriore del cavallo, e per finire quella pesante opaca mostruosa materia diventa una realtà a sé, pura animalità autonoma, consistente in due natiche enormi, in una coda nera mai ferma, nell'orificio tenebroso dell'intestino.

« Che hai? Incubi? » gli chiede Faustina con voce che lo sorprende e gli scende sul cuore come un balsamo.

Egli nasconde la faccia in un lembo del mantello di lei, ed essa gli posa una mano sulla testa e gliel'accarezza. Ma in quel gesto timido il suo ardire si arresta, come se fosse già di là del suo limite estremo.

« Cerca di dormire » gli suggerisce cedendogli un lembo più largo del mantello. « Forse abbiamo ancora molta strada davanti a noi. »

Egli chiude gli occhi. Da Faustina emana un odore delizioso di erbe primaverili. La valle si riempie a poco a poco d'un rombo uguale regolare crescente, forse di qualche corso d'acqua che ne occupa il fondo. Tutta la valle si muove in quel rombo e il traballante calesse è come una esile barchetta su acque oscure. Quando, molto più tardi, Pietro riapre gli occhi, in fondo alla strada c'è una casa con un lampione, e cento metri più in là l'entrata d'un grosso paese. Sulle prime è un sollievo, un "terra terra" che fa dimenticare gli strapazzi del viaggio; ma a quello succede l'imbarazzo per la situazione equivoca che li attende, e sulla quale nessuno dei due, lungo il viaggio, ha osato intrattenersi con l'altro. Adesso deve sembrare a entrambi troppo tardi per parlarne, ed evitano perfino di guardarsi.

Due carabinieri si avanzano nella via principale del paese deserta e silenziosa, con l'andatura lugubre di carcerieri in ronda.

« Un albergo decente? » chiede ad essi Pietro.

« Ce n'è uno solo, alla voltata, laggiù in piazza » risponde uno dei carabinieri.

« È più locanda che albergo » specifica l'altro dopo aver osservato la signora.

Dopo lungo rumoroso picchiare alla porta della locanda una voce d'uomo risponde dall'interno. Prima ancora che l'uomo appaia, si accende un grande globo elettrico infisso sulla sommità della porta in modo da illuminare i due viaggiatori e l'insegna Albergo Vittoria già del Commercio. Pietro s'avvede allora del pallore estremo di Faustina.

« Faustina » egli ha appena il tempo di mormorare « non preoccuparti. »

Mentre il padrone complimentoso e chiacchierone si occupa del cavallo e del calesse, una donna discinta e sonnacchiosa prende le valigie e accompagna i nuovi arrivati per una scaletta buia e fetida nell'unica camera disponibile, al secondo piano, lei avanti frettolosa, i due incerti ed esitanti dietro.

« Non avete una seconda camera libera? » insiste Pietro. « Si pagherebbe il necessario. »

« No » risponde la donna sbadigliando. « Perché ne avete bisogno? Avete con voi anche i figli? »

I due non rispondono.

« Per i figli posso aggiungere un materasso per terra, nella vostra camera » aggiunge la donna mentre scopre il letto dalle due parti. « Anch'io da ragazza ho dormito per terra. »

« Si pagherebbe il necessario » ripete Pietro.

« Buona notte, buon riposo » dice la donna dopo aver posato gli asciugamani sulla bacinella, e sparisce chiudendo la porta dietro di sé. Dopo un momento riappare: «Dimenticavo di dirvi» aggiunge «che il gabinetto è nel cortile, in fondo al giuoco delle bocce; se il cane abbaia, non ci fate caso, non ha morsicato mai nessuno».

La camera ha un letto matrimoniale immane, una vera piazza d'armi, un mobile rituale d'una larghezza come doveva essercene all'epoca del matriarcato. Ai lati, simili a due garitte di sentinelle, i soliti comodini infetti; uno sguardo basta per capire che ad aprirli un istante tutta la camera si riempie di ammoniaca. Faustina è rimasta in piedi presso la finestra e guarda per strada attraverso i vetri. Pietro siede esausto su una sedia. Sulle quattro pareti della stanza una carta scolorita ripete all'infinito una scena di caccia, un albero un uccello un cane un cacciatore col fucile, così dappertutto, ovunque egli posi gli occhi trova il cane l'albero il cacciatore col fucile l'uccello in attesa di essere sparato, chiude gli occhi e li riapre, sono ancora lì. A capo del letto pende un quadro della nera Madonna di Loreto, una piletta d'acqua santa, un rametto d'olivo. Pietro si volge verso Faustina; egli è in grave imbarazzo, cerca qualche frase non la trova, poi dice semplicemente:

«Devi perdonarmi, Faustina, se non ho saputo evitarti questa situazione abbastanza fastidiosa e ambigua. Credimi pure, ne sono costernato.»

«Non è dipeso da te, Pietro» ella risponde senza voltarsi «non devi affatto scusarti. Sono state le circostanze, lo sappiamo bene.»

«Faustina» egli aggiunge dopo un lungo silenzio «se le circostanze hanno creduto di burlarsi di noi, ora spetta a noi di riderci di loro; sono certo che m'aiuterai.»

«Pietro, in che modo?» ella domanda girandosi verso di lui.

«Nessuno può costringerci, Faustina, a comportarci come i personaggi dei romanzetti d'appendice. Per la semplice ragione che non lo siamo. Se restiamo modestamente e semplicemente noi stessi, ci rideremo delle circostanze. Dal punto di vista pratico la sola difficoltà è eliminata dalla predilezione ch'io ho da qualche tempo di dormire sul pavimento. Non fare quella faccia incredula, Faustina, se non mi credi, domani puoi domandarlo a Simone; nel suo pagliaio non c'erano mica letti, e in vita mia non ho mai dormito così bene. Adesso prendo dunque uno dei cuscini e una delle coperte, e mi arrangio qui per terra. Buona notte, Faustina.»

« Ma, Pietro, il dormire per terra è stato sempre il mio ideale » replica Faustina indignata. « Io sono forte, non sono mai stata malata, puoi domandarlo a chiunque, e tu stesso l'hai visto anche oggi durante il viaggio, non ho avuto il minimo malessere; oppure avresti la faccia tosta di negarlo? Non fare dunque il testardo, Pietro, va' tu a letto, e io m'arrangio qui per terra. »

« Faustina » dichiara Pietro con tutta la fermezza di cui è capace, « t'informo che con me non c'è da fare prepotenze. Tu sei mia ospite e per di più sei donna (già, cerchiamo di non pensarci, ma, insomma, sei donna, non vorrai mica negarlo) perciò, senza fare tante storie, tu vai a letto e io m'allungo qui per terra dove, t'assicuro, starò benissimo, essendovi abituato. Buona notte, Faustina, e non parliamone più. »

« Pietro, se credi d'aver ragione di me ponendomi davanti ai fatti compiuti, t'inganni » gli comunica Faustina. « Ah, poverino, tu non hai la più pallida idea del mio carattere. Dunque, io prendo un cuscino e una coperta e mi accomodo sul pavimento, vedi, in questo cantuccio; e tu farai quel che ti pare, ma il più giudizioso, data la tua stanchezza, sarebbe se andassi a letto. Buona notte, Pietro. »

Il pavimento di mattoni rossastri con striature gialle e turchine è profondamente ondulato come se un fiume vi fosse passato sopra durante molti anni. Il corpo lungo sottile arcuato di Pietro, avvolto in una coperta di lana grigia, ha sui mattoni la forma della chiglia d'una barchetta arenatasi; egli tossisce, e i colpi violenti e irregolari della tosse somigliano agli scoppi d'un motorino che stenti ad accendersi. Faustina si stende presso la porta, con la guancia sulla mano aperta, e dopo un po' sembra già addormentata; il suo corpo immobile sotto una coperta di lana turchina quasi nera ha il rilievo e la compostezza dei morti raffigurati sui pavimenti di granito delle antiche chiese. Durante tutta la notte (si è nel mese di marzo) due gatti sul tetto vicino non la smettono un solo minuto di chiamarsi d'invocarsi di supplicarsi nei toni più lamentosi.

XXI

Al mattino Pietro si sveglia nel momento in cui la ragazza ha già finito di lavarsi il viso in una minuscola bacinella di ferro smaltato attingendo l'acqua da una brocca slabbrata. Pietro resta quasi senza respiro per la sorpresa. Egli si guarda attorno ed è stupito di non ritrovarsi nella stalla di Simone. Mentre Faustina, davanti a un piccolo specchio, ravvia sulla testa con gesti graziosi e precisi il fiume odoroso dei capelli castani, tutta la sua bellezza si rivela come quella di certi fiori al mattino, la magra pienezza del petto, la perfetta attaccatura delle spalle snelle, la carnagione bruna olivastra di una spalla divisa dal nastrino azzurro della camicia. Nello specchio ella s'accorge che Pietro ha aperto gli occhi e la guarda smarrito.

« Oh, buon giorno, hai ben dormito? » gli dice.

« Che fai qui? » egli domanda alla ragazza.

Ma la curiosità cede subito all'ammirazione. Alla luce del mattino Faustina gli sembra ancora più bella; e trovandosi egli ancora disteso sul pavimento, la ragazza gli appare più alta più slanciata più ariosa e leggera del naturale; incantevole ombrosa palma. Ah, potersi arrampicare su quel tronco, cogliervi i soavi frutti nascosti, più dolci d'ogni cosa dolce, gustarli, assaporarli lentamente, disteso alla sua tiepida ombra.

Pietro racimola le forze per la fatica del vestirsi. Per prima cosa si mette il cappello in testa e annoda la cravatta, poi si riposa. Il peggio sono le scarpe; per mettersi le scarpe bisogna alzarsi. Al solo pensarci, un'assurdità. Dopo aver infilato le scarpe, egli riposa. Dopo averle allacciate, si siede e riposa di nuovo.

« Non ho mai capito, Faustina » egli confessa con voce grave « non sono mai riuscito a capire perché bisogna togliersi le scarpe ogni sera, se necessita rimettersele al mattino. Non è la fatica, bada, che mi demoralizza, piuttosto la sua gratuità, il suo nonsenso. »

« I tuoi antenati, Pietro, dovevano essere probabilmente ciociari » sentenzia Faustina dopo aver riflettuto.

« Tutti i nostri antenati erano ciociari, Faustina, tutti senza distinzione. Le scarpe ce le portarono gli Spagnoli. Faustina, di chi sono quelle valigie sospette, là nell'angolo? »

« Le due grandi di cuoio sono tue. Non lo sapevi? »

« Le mie? Vuoi farmi ridere. Da quando sono uscito di collegio non ho avuto più valigie; a me qualche fazzoletto e un paio di calzini di riserva mi bastano, la camicia che ho addosso la lavo da me e la faccio asciugare mentre dormo. Perché trascinarmi dietro valigioni pesanti e sospetti? »

« Donna Maria Vincenza le ha consegnate a Severino, te l'ho già detto ieri, Pietro, non ricordi? Di mattina hai sempre una memoria così debole? Tua nonna, m'ha raccontato Severino, ci ha lavorato per un mese per rifarti il corredo. Aveva perfino intenzione di ricamarvi sopra P.S., ma poi capì che potevano nascere inconvenienti. »

« P.S.? Pubblica Sicurezza, o anche *post scriptum*, che idea. Mia nonna, una persona così giudiziosa, aveva avuto quell'idea? Be', vediamo un po' il corredo dello sposo; hai le chiavi delle valigie? »

« Le chiavi? »

Faustina non le ha, don Severino dimenticò di dargliele. Pietro trionfa.

« Evidentemente sono i vantaggi del viaggiare con valigie » fa osservare.

Mentre Pietro si lava, Faustina vuole scendere in cucina a ordinare la colazione.

« Tu che preferisci? »

« Datteri ben dolci o una fresca noce di cocco » egli risponde distrattamente. Ma s'avvede subito d'aver detto una sciocchezza, arrossisce, chiede scusa: « Ho avuto una piccola crisi antropofagica » dice. « Scusami, Faustina, può capitare a ogni cristiano. Ordina per me caffè nero, ti prego. »

Faustina non capisce nulla di quel balbettìo e alquanto preoccupata scende in cucina per ordinare il caffè.

La padrona di casa al mattino è una pacioccona di buon'aria, tutta zucchero e miele, la riceve con grande affabilità e le confida senz'altro, certamente per darle una prova della sua fiducia,

331

di chiamarsi sora Olimpia e d'aver sorbito or ora un bicchierotto di magnesia; ha un intestino così delicato che non sopporta altri purganti. Ma è solo un esordio per incoraggiare Faustina ad avere fiducia in lei.

« Stanotte avete litigato, non è vero? » aggiunge quindi la sora Olimpia con un sorriso pieno di comprensione. « Dovete scusarmi, a me non mi piace d'essere indiscreta, ma la serva, scopando stamani davanti alla camera vostra, ha messo per caso l'occhio alla serratura e ha visto il signore dormire sul pavimento. Non dovete affatto vergognarvi, signora mia, sono cose che succedono nelle migliori famiglie; e poi si vede subito che siete sposata da poco. Ah, i primi tempi sono sempre scabrosi. Vi basti sapere che con mio marito io litigavo regolarmente ogni notte. Gli uomini portano nel matrimonio una boria insopportabile e quel ch'è peggio sono di una tale inesperienza da fare perdere i nervi anche a una santa. Signora mia, volete che vi dia qualche consiglio pratico? »

« Per l'amor di Dio, signora, vi prego d'astenervene » ha la forza d'implorare Faustina.

A digiuno anche il padrone della locanda ha l'aria d'una buona pasta, gioviale familiare premuroso. Di qualunque cosa abbiate bisogno, egli è a vostra disposizione, non avete che da chiamare il sor Quintino. Egli incontra Pietro mentre scende le scale e non può trattenersi dal deplorare che abbia passato la notte sul duro e freddo pavimento.

« Non avete bisogno di cercare scuse » egli l'assicura « non c'è nulla di male; a me poi non mi fa nessuna impressione, capirete, quando si ha un albergo se ne vedono di ogni colore. Mia moglie stamane, spolverando le scale, ha messo per caso l'occhio nel buco della vostra porta e così vi ha visto per terra. In principio s'è spaventata, credeva, salv'ognuno, che foste morto, m'ha fatto chiamare, ma io l'ho rassicurata. Peccato, dormire per terra, quando si ha una mogliettina così graziosa come la vostra; ma non vi scoraggiate, amico mio, i primi tempi sono sempre duri. Perseverate, è l'avvertimento più importante ch'io possa darvi. Le donne arrivano al matrimonio, già si sa, con pretese inaudite, pari d'altronde alla loro crassa ignoranza. Perfino un eremita perderebbe la pazienza con loro. Voi finora non avete avuto figli? Ah, male, male, amici miei. Se posso esservi utile con qualche consiglio pratico. Scusate, non volevo mica offendervi. »

Nella stanza del pianterreno che serve anche di bettola, Faustina e Pietro sorbiscono in silenzio il loro caffè nero come se fosse cicuta.

« Scusate » chiede la sora Olimpia arrestandosi per un momento dallo scopare il pavimento « è stato il commendatore a darvi l'indirizzo della nostra casa? »

« Come avete fatto a indovinarlo? » risponde Pietro con un sorriso il più che gli riesce confidenziale.

« Il commendatore sta bene? »

« Benone » assicura Pietro vagamente. « Egli è autorevole ottimista eloquente, come ogni vero commendatore. »

« E la gotta? » chiede la padrona premurosa. « Ha avuto altre crisi? »

« Sì, la gotta, purtroppo » ammette Pietro con un sospiro di tristezza e un gesto di sottomissione al destino. « Ma chi non ha la gotta? Essa è, in un certo senso, una delle conseguenze inevitabili dell'ottimismo e in questo paese i più la preferiscono al tifo. »

« Certo » dice la sora Olimpia sedendosi accanto ai due ospiti « bisogna avere pazienza, chi ha i fichi ha anche le bucce. Nel mese di agosto, quando il commendatore viene da noi con la signora, gli diamo sempre la camera che voi occupate adesso; abbiamo anzi preso l'abitudine di chiamarla la camera del commendatore. »

« Oh che onore » esclama Pietro togliendosi il cappello.

« Il commendatore passa le sue vacanze estive ad Acquaviva, egli viene ogni anno da Roma » racconta la padrona « in un certo senso è il protettore del villaggio. Da vari anni, mi raccomando però che questo resti tra noi, egli ha promesso di far diventare Acquaviva luogo di villeggiatura; ma vi sono le solite difficoltà. La nostra attuale altitudine è insufficiente, ci ripete il commendatore, ottocento metri d'altitudine per un luogo di villeggiatura è ridicolo, è niente, quale villaggio non ha ottocento metri d'altitudine? Egli s'è dunque impegnato d'indurre il governo ad aumentarci la razione d'altitudine; ma v'è qualche ostacolo da superare. Eppure, se pensate che vi sono località insignificanti le quali hanno fino a due e tre mila metri, e non sanno che farsene, veramente non è giusto che noi restiamo eternamente sugli ottocento; in fin dei conti anche noi paghiamo le tasse, e come. Il commendatore ci ha dunque promesso d'indurre il governo ad alzarci la razione d'altitudine, almeno fino ai mille e duecento o ai mille e trecento metri, così Acquaviva diventerebbe un luogo di cura e gli affari andrebbero meglio. Naturalmente, per ottenere dal governo che le pubblicazioni turistiche ci attribuiscano un'altitudine superiore, bisogna ungere le ruote, ci ripete il commendatore, ungere, ungere, senza stancarsi. Lo Stato è una macchina delicata, ha bisogno d'olio. Noi non siamo ricchi, ma facciamo tuttavia il nostro possibile. Ogni anno gli mandiamo a Roma un prosciutto, una forma di cacio, un salame. Quando viene qui con la signora, d'estate, non è per rinfacciarglielo, ma lo ospitiamo gratuitamente. Il commendatore ci raccomanda sempre, nell'interesse stesso della causa, di non raccontarlo a nessuno, acqua in bocca, per carità; ma siccome voi siete suoi amici. »

« Sono al corrente di tutto » mormora Pietro con accento misterioso.

« Ah, il commendatore vi ha informato? » dice la sora Olimpia passando dall'affabilità professionale alla fraternità cospirativa.

« Sì, mi ha chiesto di dargli una mano per portare a buon termine quel suo magnifico progetto » ammette Pietro con la voce di chi teme di aver detto già troppo.

« Capisco » si affretta a rassicurarlo la sora Olimpia sottovoce con lo sguardo e il gesto di una complice. « Anch'io conosco le difficoltà. Ma ora, purtroppo, tutto è arenato, non ho bisogno di spiegarlo a voi, il commendatore certamente ve l'ha detto. La nostra rovina è stata la guerra. Sembra che il governo fosse sul punto di decidere di cambiarci la cifra d'altitudine e d'attribuirci mille e quattrocento metri, una bella cifra, non c'è che dire, sarebbe stata la nostra fortuna, saremmo stati a cavallo, quando è scoppiata la nuova guerra d'Africa. Durante la guerra c'è la moratoria delle altitudini, ci ha spiegato il commendatore, ed è spiacevole ma ben comprensibile, la guerra, c'è poco da dire. »

« Malgrado la guerra » insinua Pietro complimentoso « questo freddolino di stamane è già di un'altitudine ben superiore agli ottocento metri. Non potete lagnarvi. »

« Non serve a nulla » si lamenta la sora Olimpia « è freddo sprecato, finché manca il riconoscimento del governo. »

« Non disperate » afferma all'improvviso Pietro con gesto sobrio e autorevole. « Badate, sora Olimpia, io non sono autorizzato a dirvi altro, almeno per ora. Posso solo dirvi questo, e so che una donna come voi capisce i segreti a volo: non disperate.»

La sora Olimpia deve appoggiarsi al tavolo per non cedere all'improvvisa emozione.

«Sareste per caso venuto» osa chiedere con un fil di voce «vi hanno forse mandato qui per rialzarci d'altitudine? Nei prossimi giorni?»

«Ho detto fin troppo» l'interrompe Pietro seccato e lusingato.

Un raggio di sole penetrando attraverso la finestra illumina il viso commosso della sora Olimpia; la sua capigliatura fulva si rivela orribilmente tinta. Ella volge uno sguardo supplichevole verso Faustina come per ricordare che fra donne non dovrebbero esserci segreti.

«I vostri capelli sono bellissimi, sora Olimpia» aggiunge Pietro da fine intenditore, «ma non vorrei averli nella minestra. Spinaci e capelli sono i soli legumi che non sopporto.»

Quando Faustina e Pietro sono sul punto d'uscire, la padrona presenta due foglietti da riempire per l'obbligatoria notifica d'arrivo ai carabinieri.

«La solita formalità» dice. «E poi anche per avere l'onore di sapere con chi si ha da fare.»

«Al nostro ritorno» dice Pietro distrattamente. «Intanto raccomandate a vostro marito d'occuparsi del cavallo.»

«Facciamo una passeggiata» propone Faustina appena in strada. «Cerchiamo un posto dove possiamo parlare in pace.»

Davanti alla locanda c'è una piazzetta rettangolare. Ogni porta è una botteguccia con qualche scritta enfatica a imitazione di città: Salone da parrucchiere, Emporio cappelli e coppole, Premiato pastificio, PNF, OND, Fondaco mandamentale dell'artigianato. Ma in un angolo, sopra una porticina che conduce in un sotterraneo, c'è scritto semplicemente, in nero sul muro bianco passato alla calce: VINO (e anche BIRRA); questo basta per commuovere Pietro.

«Stasera dovremo andare lì, a bere un bicchiere» egli propone a Faustina. «Tu non bevi?»

«Se ti fa piacere» ella risponde.

Mucchi di neve sono addossati contro le case nel breve spazio tra le porte; un'abbondante poltiglia fangosa occupa lo spazio di mezzo dove passano i veicoli; rigagnoli d'acqua giallastra trasportano pezzi di ghiaccio, sterco d'animali, altri rifiuti, nelle cunette laterali. Pietro non si muove; egli è rimasto estatico ad ammirare uno strano monumento su un alto e sottile piedistallo di marmo in mezzo alla piazza.

« Una barbabietola » egli esclama ad alta voce con le lagrime agli occhi. « Faustina, guarda, non è meraviglioso? Qui hanno elevato un monumento alla barbabietola. »

Artigiani e apprendisti si dànno la voce, accorrono dalle botteghe vicine, si divertono attorno ai due forestieri.

« Come cittadino della conca di Fucino dove la barbabietola abbonda » egli dichiara ai vicini in un tono leggermente enfatico « come Marso, vi sono particolarmente grato d'avere voluto onorare questa pianta tanto modesta quanto utile. Da essa, come sapete, si estrae lo zucchero. »

Ma tra i presenti è anche un distinto signore, forse un notabile, al quale sembra sacrilego che l'abbaglio offra alla plebe materia di risa. L'aspetto serio di Pietro, l'accento sincero commosso scevro d'ironia delle sue parole, soprattutto la buona qualità del mantello di pelliccia e anche la presenza della bella signora che ora, in segno di protezione, l'ha preso sottobraccio, devono però persuadere il notabile che può trattarsi solo d'un equivoco e non è quindi il caso di allarmare i carabinieri.

« Esso è il busto d'un benefattore » spiega dunque il notabile a Pietro col sorriso del cicerone benevolo. « È colpa della neve se ora ha assunto quella forma provvisoria tra la pera e la rapa; ma se voi v'avvicinate, sul piedistallo potete leggere il nome del personaggio. »

Faustina ringrazia gentilmente lo sconosciuto per la preziosa informazione e trascina via Pietro deluso e amareggiato.

« Non voglio farti un rimprovero » gli dice Faustina « ma sarebbe prudente, prima di parlare in pubblico, se tu mi consultassi. »

« Hai paura di comprometterti? »

« Lo dico per te; mi fai l'impressione d'essere, come dire? un po' disorientato. »

« Noi diverremo buoni amici, Faustina, ascoltami seriamente, se tu riuscirai a vincere la tentazione di trattarmi come una balia il suo poppante. In fin dei conti, potrei essere tuo padre. »

« Oh, Pietro, come puoi dire un simile obbrobrio? Sai bene che hai appena quattro o cinque anni più di me. »

« Che c'entra l'età? Per essere padre l'importante è l'aspetto. »

Acquaviva è un grosso comune agricolo-burocratico allineato sul filo d'una collina a cocomero, emergente come un'isola in mezzo alla vallata. I venti la battono dai quattro punti cardinali. La sua pianta somiglia a una lisca di pesce, il cui corso, che si dilunga sull'intera collina, rappresenta la vertebra e i vicoli trasversali le spine.

« Andiamo incontro a Cherubino » dice Pietro improvvisamente ricordandosi. « Non può tardare. »

« Potremmo attenderli da qualche posto tranquillo » suggerisce Faustina. « Da un posto dove potremo discorrere in pace. »

Lungo il corso s'incontrano bianchi edifici pubblici, con le facciate nello stile neo-coloniale, e alcune belle case patrizie, disabitate incatenate puntellate perché non crollino.

« Come vedi, Faustina, siamo ridotti all'ortopedia » dice Pietro ad alta voce come un maestro in gita scolastica.

Lungo il corso abitano i proprietari gl'impiegati gli artigiani; nei vicoli laterali i cafoni. A metà corso c'è una immensa chiesa, forse del tre o quattrocento, ma visibilmente restaurata ingrandita abbruttita da ogni successiva generazione di credenti. Al di sopra del portale c'è una nicchia con la statua d'un santo benedicente; la nicchia è adorna come un baldacchino, con drappeggi fiocchi frange e angioletti grassottelli su nuvole di stucco. Pietro è preso d'improvvisa pietà per il santo costretto a rimanere notte e giorno nella sua nicchia; la sua mano scarna alzata in atto di benedire gli ricorda il gesto regolamentare al quale i bambini delle scuole devono ricorrere per ottenere dal maestro d'assentarsi dalla classe e soddisfare qualche "bisogno".

« Nel nostro collegio » racconta Pietro a Faustina « quel camerino si chiamava, per decenza, il *licet*; capirai, era un istituto umanistico. »

Il povero buon vecchio, nella sua nicchia, sembra molto pallido ed estenuato dal lungo aspettare.

« Vada, vada pure » gli grida Pietro con un sorriso benevolo. « Si sbrighi. »

E siccome subito accorre gente e non capisce di che si tratti, Faustina prende Pietro per un braccio e l'allontana in fretta, infilando il primo vicolo che capita. È meno un vicolo che un seguito di pozzanghere; a destra e a sinistra sono casupole fetide, mura imputridite, tuguri piccoli neri che sembrano immondezzai, sulla porta donne come oscure larve. S'incontra poca gente, qualche cafone curvo silenzioso, facce ispide ossute, col passo lento dei contadini d'inverno, passo di letargo, gente pallida triste ostile. Sembrano profughi, eppure da migliaia d'anni abitano questa collina, sono essi che hanno edificato la chiesa i palazzi patrizi il corso.

« È il ghetto dei cristiani » spiega Pietro per rassicurare Faustina inorridita. « Però non temere, purtroppo è gente rassegnata. »

Sulla soglia d'una casuccia una madre asciuga le lagrime della figlia e le ripete: "Non piangere, cara, a che serve piangere?". La madre stessa però piange, e nessuno le asciuga le lagrime, nessuno le dice di non piangere. Faustina si stringe al braccio di Pietro. A un certo punto il vicolo s'allarga e si inzacchera in fosse motose davanti a un fontanile con abbeveratoio per le bestie. Alcuni piccoli asini legati assieme e condotti da un ragazzo vi sostano per l'abbeverata, affondano il muso nero labbruto nell'acqua gelida, si guardano da vicino con i grandi occhi tristi. Quanta fame quanta sete quanti pesi ancora da portare, quante battiture ancora da ricevere. Il vicolo sbocca sulla valle e vi scende per una ripida romita stradetta incassata tra due siepi spinose. In alcuni tratti il sentiero è ancora ricoperto di neve; a un suo lato scorre e saltella un ruscello gelato; attraverso la lastra di ghiaccio si vede correre e schiumeggiare l'acqua e se ne ode il mormorìo; nel ghiaccio trasparente si vedono imprigionati e conservati ramoscelli d'albero foglie sassi pezzi di sterco fili di paglia di fieno. Faustina e Pietro, per non cadere, devono tenersi per mano; finalmente essi arrivano su uno spalto, davanti a una chiesetta che sembra chiusa al culto. Attraverso una finestra senza imposte essi vedono un povero altare di legno, e sopra l'altare una statua di gesso a colori, San Martino che fa elemosina del suo mantello. Vaste ragnatele ricoprono gli angoli del soffitto e molta polvere gialla, segatura d'innumerevoli tarli, giace ai piedi dell'altare. Un ramo di ciliegio attraversa la finestra ed entra in chiesa; esso indica la via al vento alla neve alla pioggia; sarà bello a vedere quando le ciligie saranno mature. Su una parete gialla un affresco scolorito di cui resta un tenue contorno verde rappresenta due scheletri suonatori di tibia e di cetra con la scritta: *Le ossa degli umili esulteranno.*

« Le ossa? » dice Faustina scossa da un brivido. « Ah, solo le ossa. »

« Forse vuol dire » suggerisce conciliante Pietro « che non

sarà un'esultanza passeggera e superficiale, solo dell'epidermide o dei muscoli, o solo degli occhi e delle orecchie; ma una gioia di tutto l'essere, una gioia duratura, profonda, che farà giubilare perfino le ossa. Se un giorno, Faustina, dovessi essere di nuovo redattore d'un giornale operaio, metterò quel motto sulla testata: *Proletari e cafoni di tutti i paesi, unitevi: le ossa degli umili esulteranno.* »

Faustina e Pietro siedono sulla soglia della chiesa, che, essendo esposta a mezzogiorno, è già libera di neve e asciutta; ma sui rami del ciliegio scorrono, una dopo l'altra, gocce d'acqua, a una a una sgocciolano un istante, brillano, imperlano il muro dietro le spalle di Faustina. Dal loro posto i due possono osservare un lungo tratto della strada carrozzabile e avvedersi a tempo dell'eventuale arrivo degli amici di Colle, per correre loro incontro e prendere gli accordi prima della entrata nel paese. Il pendio della collina sulla quale è costruita Acquaviva appare, in quel versante, interamente ricoperto di vigneti divisi in quadrati e rettangoli irregolari, tra loro separati da bassi muri a secco e da filari di mandorli e ciliegi. Faustina si toglie la sciarpa che porta attorno al collo; fa caldo; così scopre la curva perfetta della gola, la conchiglia delicata dell'orecchio, la pura linea del mento. Dopo un lungo silenzio dice Faustina:

« Pietro, credi di poter resistere qualche tempo in un paese simile? »

Nella domanda è molta ansietà; e Pietro riflette prima di rispondere.

« Un paese » egli dice infine « non sono le case le strade le botteghe, ma le persone che vi abitano. Il paese più bello è dove risiedono i migliori amici, là è la vera patria. In questo senso, hai ragione, Acquaviva è per noi ancora steppa e deserto. Ma aspettiamo Simone, egli ha qui uno o due vecchi conoscenti, di cui m'ha parlato con grande rispetto; li conosceremo e vedremo. »

« Pietro, credi tu » replica Faustina « che anche allacciando qui conoscenza con qualche onesto cafone o artigiano, credi tu di poter vivere, di poter resistere, in un paese simile? »

Faustina dice "simile" con una voce che dispiace a Pietro, il quale pertanto esita a rispondere.

« Forse mi sono espresso male » egli spiega. « Volevo dire che, con te e Simone, potrei senza difficoltà risiedere anche all'inferno. »

Faustina arrossisce. È un modo di ragionare che ella condivide; ma che non affronta le difficoltà pratiche.

«Al ritorno in locanda» ella aggiunge «dovremo riempire il modulo destinato ai carabinieri e forse mostrare qualche carta di riconoscimento. Non sarà, temo, privo di complicazioni.»

«Non preoccuparti di queste inezie, Faustina» dice Pietro ridendo. «Oltre alla referenza verbale del commendatore, ho in tasca le carte di Simone Ortiga, onorato agricoltore e noto allevatore di polli, e sono, ti assicuro, più che sufficienti. Simone ha vent'anni più di me; ma l'età non conta, in questi casi l'aspetto solo importa, e tu non puoi negare che di profilo lui e io quasi ci somigliamo. Senza parlarti poi del carattere, lì siamo gemelli. Simone porterà altre carte, e ci sarà da scegliere. Nessun clandestino, devi sapere, Faustina, ha mai sofferto a causa della mancanza di pezzi di carta ornati di timbri. Nel mio ex-partito, durante una certa epoca, noi avemmo anzi vari fastidi a causa della loro abbondanza. A Marsiglia dovetti passare un mese in carcere perché un poliziotto indiscreto mi trovò addosso tre passaporti, forniti della mia fotografia, ma intestati a tre nomi diversi; almeno due, dovetti riconoscerlo, erano di troppo. La modestia, Faustina, è una virtù raccomandabile anche nell'uso delle carte false. La modestia non esclude l'accortezza, e io cercherò, qui o altrove, di non suscitare, senza urgente bisogno, la diffidenza degli sbirri. E per questo fo assegnamento sulla loro naturale ottusità e sulla mia disinvoltura. Devo dirti, Faustina, che io non ho mai creduto al pericolo; in un modo imprevisto e spesso improvvisato me la sono sempre cavata.»

«Si può amare qualcuno» chiede Faustina «senza trepidare per la sua sicurezza?»

«Certo no» risponde Pietro. «Ma a che serve ingigantire i pericoli? Cerca d'immaginare la leggerezza, la facilità di vita di chi aveva creduto di morire, s'era rassegnato alla morte, in un certo senso ha trascorso alcune settimane in una specie di sepolcro, da molti è ancora ritenuto morto, e invece torna e se la passeggia tra gli uomini, parla con essi. Pensa un po' alla trasparenza alla sicurezza della vita d'un risuscitato. Tutto quello che la vita ora mi dà o mostra, questa povera pietra grigia, questo pallido sole che annunzia la primavera, quel gracile ramo rossiccio sulla collina, soprattutto la tua bella affettuosa vicinanza, sono un sovrappiù, un regalo, una grazia interamente gratuita. E incredibile, Faustina, come il senso della morte possa ravvivare quello della vita. Nessun vivente può apprezzare la sua fortuna se non gli è mai capitato di sfiorare la morte da vicino, di parlarle a quattro occhi. Io sento ora una vita più chiara più semplice più serena, una vita che può, senza sacrificio, rinunziare alla felicità, essendo già una specie di felicità. »

« Non credi, Pietro » mormora Faustina evitando il suo sguardo « che per vivere bisogna pur avere nella vita un interesse personale? Esiste una felicità da larve? »

« Non vorrei apparirti più puro di quel che sono » dichiara bruscamente Pietro. « Non sono asceta, ah no, soprattutto non un asceta. Allorché stamane svegliandomi t'ho vista... Credi, Faustina, che i nostri amici tarderanno molto ad arrivare? »

« Non so, caro. Allorché stamane m'hai vista... Ecco, a rifletterci bene » confessa Faustina facendo uno sforzo su se stessa « a me sembra, Pietro che la sola cosa autentica della mia esistenza fosse il ricordo che conservavo di te adolescente; ma, appunto, era solo il ricordo di un sentimento inespresso. Mentre la vita realmente vissuta è stata un adattamento a un seguito di finzioni e, nelle esperienze meno tristi, una sublimazione di banalità. A ripensarci non mi sembra neppure una vita. Il mio passato ha l'incertezza l'inconsistenza l'irrealtà d'un sogno, o d'un ricordo di lettura. La prima sigaretta a quattordici anni fu naturalmente disgustosa e nauseante; con la buona volontà col tempo e con l'aiuto dello specchio il fumare è ora per me una cosiddetta necessità. Del primo bacio ricordo solo l'alito fetido e avvinazzato dell'uomo che me lo strappò e la punzecchiatura dei suoi baffi. Eppure quanta poesia s'è scritta sul primo bacio. La maggior parte delle ragazze, per non sembrare da meno delle altre, finiscono col sostituire quelle belle frasi al ripugnante ricordo, e col ripensare al primo bacio come a un incanto del giardino d'Armida. A ogni passo della vita ho dovuto sottomettermi a una finzione, simulare piaceri, ammirazioni che non sento. Il giorno della prima comunione, dalle cinque della mattina fino alla sera, fu per me una estenuante tortura: il vestito bianco la folla la musica in chiesa il pranzo i regali divennero gli avvenimenti principali. M'avvicinai all'altare con un mal di testa da spaccare un sasso e dovetti concentrare le poche forze che mi rimanevano per non cadere a terra. Ma sul libretto di devozione c'era scritto: Ricordati, anima mia, quest'è il più bel giorno della tua vita. A scuola, alcuni anni dopo, la suora ci leggeva a voce estatica il Paradiso di Dante; mi troverai sacrilega, Pietro, ma te lo dico sfacciatamente, preferivo Pinocchio; eppure, per non sembrare una cretina, fingevo d'ammirare il Paradiso. »

« Al Paradiso » confessa Pietro ridendo « io preferivo la storia di Bertoldo. »

« Ma più tardi, durante una grave malattia » continua Faustina « il Paradiso mi fu letto da donna Maria Vincenza, e forse per amor verso di lei, forse perché ero molto indebolita, mi sembrò sublime. A molte altre credenze, con l'andare degli anni, mi sottomisi; non potevo mica rifare il mondo da capo a piedi. La rosa è la regina del giardino, il leone è il re del deserto, l'aquila è la sovrana delle Alpi, l'Italia è il giardino dell'Europa, la donna è l'angelo della famiglia, tutte le invenzioni geniali sono state opera d'italiani, l'onore una volta perduto non si riacquista più. Amen. Data la mia buona volontà e l'appresa capacità di fingere, avevo il sacrosanto diritto di sperare che sarei finita come ogni ragazza di buona famiglia, moglie d'uomo onesto e risparmiatore, che dopo tre mesi di matrimonio m'avrebbe ingannato con la cameriera; ma, chiudiamo un occhio, facciamo finta di non accorgersene, l'onore della famiglia e l'avvenire dei bambini sono al di sopra di queste inezie. Se questa degna fine m'è stata risparmiata, non è stato né merito né colpa mia. Di alcune disgrazie a me successe, Pietro, non ho ancora il coraggio di parlarti, e forse non l'avrò mai, perché per parlartene dovrei avere il permesso di qualcuno che non è più tra i vivi. Essendo stata l'eroina d'uno scandalo coniugale, rimasi automaticamente esclusa dalla carriera dell'onesta donna maritata e della buona madre di famiglia, e dovetti sottomettermi alle finzioni della donna libera o, come gentilmente s'esprime il nostro popolo cavalleresco, della mantenuta; finzioni, mi affretto ad aggiungere, provvidenziali, perché risolvono il problema una volta per sempre, una sa fin da principio qual è la sua parte da recitare, come deve vestirsi e truccarsi, come deve ridere e camminare, quali sono i propri diritti e doveri. Il nostro paese è veramente classico, Pietro, la commedia vi è ancora rappresentata dagli stessi quattro o cinque personaggi di prima di Cristo e secondo le stesse antiche regole. »

« Faustina, ti prego » l'interrompe Pietro « non credere di essere tenuta a darmi spiegazioni. »

« Tutta la vita » insiste Faustina « tutta la vita ho atteso di poter parlare con te di queste cose. No, non sono stata mai sola. Ho avuto la fortuna di trovare come corripetitore e collega di scena, nella commedia della mia vita, un vero gentiluomo. Ah, io spero molto, Pietro, che per te si presenti un'occasione di conoscere Severino, sono sicura ch'egli ti piacerà. Insomma, dati i tempi, non dovrei lagnarmi. Però delle volte ho l'impressione di non essere mai vissuta, d'essere rimasta una larva, di trovarmi aggrappata con le mani graffiate alla cancellata oltre la quale comincia la vita, e d'essere condannata a guardare di là, senza avere mai il permesso d'oltrepassare quella soglia. Delle volte, sento mancarmi le forze, lentamente dissanguarmi, disgregarmi. Ah, mio Dio, se prima di morire mi fosse concesso uscire dalla rappresentazione, dal fittizio, dall'incubo, oltrepassare la soglia, vivere, andare di là. Accetterei poi qualunque cosa come penitenza, il carcere il manicomio il convento la dannazione eterna; ma prima vorrei andare di là. Scusami, Pietro, se ti fo l'impressione di una pazza. Altre volte mi dico, mi ripeto, che il male è solo nella mia mancanza di rassegnazione, che questa è la vita umana, è stata sempre così e non può essere altrimenti, bisogna avere pazienza. Durante migliaia d'anni i nostri antenati hanno rappresentato questa commedia e hanno avuto pazienza, e perché non dovrei averla anch'io? Adesso purtroppo sono ancora giovane, forse perciò è difficile; ma la gioventù passerà e verrà la rassegnazione, e poi l'inerzia della morte. A che serve sempre chiedersi: chi sono io, che cos'è questa vita? Me lo ripeto, cerco di convincermene, di autosuggestionarmi; ma la mia anima protesta, a lungo non l'accetta, e sono sempre da capo. »

« Di veramente insopportabile non c'è che la solitudine » dice Pietro. « Se si ama, cosa importa il resto? »

« Ma se l'oggetto dell'amore è nell'immaginazione » dice Faustina « non c'è più differenza con la pazzia. »

S'avvicina una contadina con una capra e li guarda con stupore; varie volte si gira per guardarli.

« Dobbiamo sembrare due fuggiaschi, due profughi » dice Faustina.

« Due evasi » dice Pietro.

« Pietro » interrompe Faustina « non è Simone l'uomo che viene da laggiù con quell'asino? »

« Non è Simone » risponde subito Pietro « egli non cammina in quel modo; e l'asino non è Cherubino, quello ha un'aria del tutto diversa. »

« A tale distanza t'accorgi di queste differenze? »

« Anche a occhi chiusi, credo, me ne accorgerei. Ma adesso mi rendo conto che è già mezzogiorno; non odi la campana? Dev'essere l'orologio del municipio; alla locanda ci aspetteranno per la colazione. »

Pietro e Faustina contano i tocchi. L'orologio del municipio suona un'ora inverosimile, le ventisei.

« Non dev'essere un orologio » dice Faustina.

« Che cosa vuoi che sia? »

« Le ventisei non esistono. »

« Forse è stato il nostro commendatore a introdurle ad Acquaviva » suppone Pietro. « Se un commendatore ci si mette, può tutto. »

« Dev'essere stato il commendatore » ammette Faustina gravemente.

Intanto s'è levato un caldo soffio di scirocco e la terra ha cominciato ad alitare. Sugli spalti più elevati la neve si scioglie e fa apparire macchie di erba gialla. Nel viottolo che i due prendono per risalire la collina, dalla neve in liquefazione si sta formando un rigagnolo d'acqua. L'acqua scorre come innumerevoli serpenti trasparenti che si uniscono si separano, si moltiplicano assumono il colore delle cose, terra liquida pietra liquida legno liquido. I rami e i tronchi degli alberi brillano di acqua chiara cristallina.

« Presto sarà primavera » dice Faustina sottovoce.

E c'è tanta improvvisa speranza nella sua voce. Da una zolla nevosa Pietro coglie un filo d'erba novella e lo porge a Faustina, con molto garbo, come se fosse una rosa; ma è un filo d'erba qualsiasi, di un verde tenero.

« Oh, come odora » ella dice ridendo mentre l'infila in un'asola della blusa. « Ha un buon odore di terra. »

« Prendiamo quest'altro sentiero » propone Pietro « arriveremo più presto. »

« Sei già stato altre volte da queste parti? Come fai altrimenti a conoscere le scorciatoie? » domanda Faustina.

« Sono una lepre di collina, i viottoli li riconosco al fiuto » dice Pietro.

L'accorciatoia è ripida e sassosa. Pietro precede Faustina, ma, a un certo punto, voltandosi verso di lei, scopre che ha il viso imperlato di lagrime.

« Ti senti male? Vuoi riposare? » le chiede premuroso.

« Caro, penso che tutto il dolore della vita era una preparazione alla gioia di oggi » risponde commossa. « Vorrei che Dio, il quale ora ci vede e ascolta, diventasse per un momento visibile, per potermi mettere in ginocchio e baciargli i santi piedi. »

Egli si china verso di lei, l'abbraccia e bacia.

« Hai uno strano odore » dice Pietro avvicinando la faccia alla sua capigliatura. « Un odore antico, l'odore di cui parlano i libri sacri, l'odore delle fanciulle cristiane dissepolte dopo secoli, e trovate intatte. »

« Un odore di sepolcro? Pietro, che dici? Un odore di cadavere? »

« No, anzi. Un odore di nardo di violette, di limone. »

« Un odore di morte? »

« No, di risurrezione, di primavera. »

« Sarà l'acqua di qui, e quest'aria; ma perché sorridi in quel modo? »

« M'è tornato un lontano ricordo di te. Nella cappella del nostro collegio vi era un quadro del Patini che rappresentava la Gloria del Sacramento. Uno degli angeli che attorniavano l'Ostia ti somigliava in maniera impressionante. Ne parlai a casa e mi dissero che il pittore, nella preparazione del quadro, aveva infatti disegnato il tuo viso. »

« Avevo forse dieci anni » conferma Faustina ridendo. « Patini venne a casa nostra un paio di volte. »

« In cappella naturalmente non distoglievo più lo sguardo dalla tua immagine. Gli altri ragazzi finirono con l'accorgersene e si burlavano di me. »

« Fin da allora ero motivo di scandalo? »

« No, di adorazione. Forse, se non t'avessi vista ogni giorno tra gli angeli, avrei avuto il coraggio di confessarti... »

« Hai ancora tempo. »

Egli torna ad abbracciarla e baciarla teneramente.

« Dobbiamo affrettarci » dice lei.

L'accorciatoia li mena in pochi minuti all'imboccatura del

corso. Al primo negozio che incontra, Faustina compra pane e miele, per fare crostini, una sua specialità. Il corso adesso è molto animato. Sulle porte e alle finestre delle case le mogli degl'impiegati sono in ansiosa vedetta, pronte a calare la pasta appena da lontano spunti il marito.

« Che succede fuori della nostra locanda? » domanda Pietro allarmato.

Davanti alla porta dell'Albergo Vittoria già del Commercio, sostano due carabinieri, e con essi altre persone che all'apparire dei due forestieri confabulano tra loro in modo per nulla rassicurante.

« A me sembra ch'essi ci aspettino » mormora Faustina aggrappandosi a un braccio di Pietro. « Non vedi come ci guardano? Pietro, salvati, scappa. »

« Anche se volessi sarebbe tardi » dice Pietro. « Se invece restiamo calmi, forse ce la possiamo cavare. »

« Pietro, io non permetterò a nessuno di toccarti » dichiara Faustina pallida ed eccitatissima. « Al primo che s'avvicina, gli caccio fuori gli occhi. »

A pochi passi dalla locanda li attende però uno spettacolo inatteso: i due carabinieri s'irrigidiscono e salutano con la mano alla visiera, mentre gli altri presenti si tolgono rispettosamente il cappello. Pietro sorpreso risponde appena ai saluti.

« Decisamente il romanzesco ci perseguita » egli mormora alla sua compagna. « Entra, Faustina, fa' presto, andiamo a mangiare. »

« Ci capisci qualche cosa? » gli sussurra Faustina mentre risponde con esagerati inchini e sorrisi ai saluti dei presenti.

Sor Quintino, col berretto bianco da cuoco, accorre premuroso e impacciato.

« Ho apparecchiato per voi nella saletta riservata » dice. « Che posso offrirvi? »

« Qualunque cosa, purché non spaghetti » ordina Pietro.

Il sor Quintino deve anche scusarsi con gli ospiti per un increscioso incidente.

« Nel rifare la vostra camera » egli racconta con voce accasciata « è successo alla serva un infortunio molto spiacevole, ne sono proprio costernato e vi supplico di perdonare a quella disgraziata, madre di numerosi figli, tutti piccoli. Dunque, in un momento di disattenzione, quella sciagurata ha fatto cadere per terra le vostre valigie, le quali, nell'urto, si sono aperte. »

« Le valigie erano per terra » osserva Pietro.

« Per scopare il pavimento la serva le aveva messe sul tavolino » rettifica il padrone.

« Nella nostra camera non c'è alcun tavolino » interrompe Faustina.

« Nessun tavolo? Oh, scusatemi, signora, ne farò mettere subito uno; anzi vi farò salire immediatamente quello della mia camera; un tavolo con lo specchio. Scusate il ritardo, ma purtroppo a nostra discolpa devo dire che noi non sapevamo chi avessimo l'onore di ospitare. Quando un'ora fa i carabinieri sono venuti ad informarsi, ho dovuto rispondere che i signori erano a passeggio e non avevano ancora riempito il bollettino, mi risulta però di certo che sono amici del commendatore. In quel momento è scesa la serva la quale ci ha raccontato piangendo la sua disgrazia. Per scopare meglio il pavimento della vostra camera, quell'infelice aveva dunque, come vi dicevo, posate le valigie sopra il letto, e le valigie, com'era da temere, erano cadute per terra e s'erano aperte. Per rendermi conto del danno arrecato da quella sventurata (ma vi prego di compatirla, vi giuro, il fatto non si ripeterà una seconda volta) sono subito accorso in camera e ho trovato infatti le valigie sul pavimento ancora aperte. Ma, devo dirvi, la verità, signor capitano? alla vista delle vostre medaglie d'argento, delle uniformi, dei diplomi, dei certificati, delle molte fotografie, di quella soprattutto, epica e marziale, in cui voi, a cavallo, cavalcate alla testa del vostro squadrone, e anche delle altre, magnifiche, dove voi portate il casco coloniale, sono ridisceso giù facendo le scale a quattro a quattro e ho detto ai carabinieri a mia moglie ai presenti: la Provvidenza, signori, ci ha mandato in casa un Eroe. La signora si sente male? »

Pietro fa appena in tempo a sorreggere Faustina, a deporla su una sedia per impedire che stramazzi a terra.

« È lo scirocco » dice sor Quintino col sorriso del conoscitore « niente di grave. »

Egli chiama in soccorso la moglie.

Con la testa reclinata su una spalla di Pietro seduto accanto a lei, Faustina resta alcuni minuti come inanimata, pallidissima, senza rispondere alle domande alle esortazioni ansiose e affettuose di lui, senza neppure dar segno d'intenderle. Il suo polso resta quasi impercettibile, e quando infine riapre gli occhi, essi sembrano invasi dallo spavento. Con l'aiuto della sora Olimpia, Pietro la sorregge e conduce in camera. La locandiera si prodiga in lamenti carezze raccomandazioni materne.

« Di questi svenimenti, cara signora, non bisogna preoccuparsi » dice ridendo « sono segni di buona salute. Quando io aspettavo il primo cìtolo, a ogni scirocco mi sentivo mancare. »

In mezzo alla stanza vi sono le valigie ancora aperte. Invece della biancheria di Pietro, esse esibiscono indumenti e ricordi militari del capitano Saverio Spina. Le serrature sembrano scassinate a regola d'arte. Distesa sul letto, con i capelli sciolti sui guanciali e le braccia inerti lungo il corpo, tutta la persona di Faustina rivela uno smarrimento mortale e una finezza una gentilezza una fragilità puerile.

« Volete aiutarmi a metterla a letto? » chiede la sora Olimpia a Pietro.

Ma egli balbetta un pretesto incomprensibile ed esce di camera. Per evitare la curiosità e le domande dei clienti che pranzano giù in locanda, egli resta un po' incerto per le scale e finisce per sedersi su un gradino, come un ragazzo messo alla porta durante la visita del medico. Allorché si alza perché suppone di poter rientrare senza essere indiscreto, nel momento in cui gira la maniglia della porta la sora Olimpia gli viene incontro per intimargli:

« La signora vi fa pregare di lasciarla sola. »

Pietro scende per strada, vaga per il corso come una anima in pena, dieci volte fa la stessa via e rimane a lungo come un sonnambulo davanti a una vetrina. Quando s'accorge che nella vetrina vi sono esposte lapidi e corone funebri, ha un attimo di terrore e torna di corsa alla locanda, come se temesse una sciagura. La espressione del suo viso fa ammutolire perfino la sora Olimpia. Pietro sale le scale a due a due e sosta un po' per riprendere fiato, davanti all'uscio della camera. Egli trova Faustina a letto, con la schiena e la testa appoggiate su una montagna di cuscini. La poveretta è livida invecchiata disfatta, con i tratti della faccia fortemente incavati, e i grandi occhi smorti, quasi vitrei. Sul comodino c'è una bottiglia d'acqua, un bicchierino con due palline sciroppose, forse ciliegine in alcool, e alcune polverose boccettine colorate con droghe calmanti.

« Come ti senti? » chiede Pietro con voce soffocata dall'emozione. « Stai meglio? »

Faustina si sforza di sorridere, ma gli occhi le si riempiono di lagrime.

« Era stamattina, Pietro » ella chiede « che siamo stati seduti assieme fuori di quella chiesetta di san Martino? Ah, sì, naturalmente, è stato oggi, anzi, tre o quattro ore fa. A me sembra che siano passati già molti anni. Era molto bello, Pietro, quello che ci siamo confidati stamane sulla soglia di quella chiesetta » riprende a dire Faustina. « È stato un bel sogno. Ma tra giorni, per il troppo pensarci e ripensarci, non saprò più se veramente siamo stati assieme, oppure se quelle cose le abbia lette una volta, molti anni fa, in qualche libro proibito. »

« Appena potrai alzarti, Faustina, rifaremo quella passeggiata » promette Pietro. « Presto sarà primavera, e su quei sentieri, sotto le siepi, spunteranno le viole. »

« Appena potrò alzarmi, Pietro, senza perdere un'ora di tempo, dovrò invece tornarmene a Orta » corregge Faustina.

Il viso della ragazza alterato dalla sofferenza mostra una risoluzione inappellabile. Pietro si avvicina, ma non sembra ch'essa lo veda e ascolti, prigioniera del suo dolore. I suoi occhi fissi sono rivolti verso di lui e non sfuggono affatto il suo sguardo, ma non sembrano vederlo, e al suo posto forse vedono un fantasma. Ella compie con la mano un gesto di grandissima stanchezza. Pietro è agitato da un'emozione che si rivela solo per il grande sforzo di contenerla; per nascondere le lagrime s'avvicina alla finestra, fa finta di interessarsi al traffico stradale. Il monumento in mezzo alla piazza è stato liberato dal cappuccio di neve, al posto della bella rapa di prima c'è ora un busto con barba e baffi, da vetrina da parrucchiere. Alcuni spazzini, con grandi pale in legno, lavorano a pulire la strada. I tetti delle case vaporano, le grondaie rigurgitano sui marciapiedi l'eccesso dell'acqua della neve in liquefazione. Donne vestite di nero attraversano la strada, stringendo in mano libriccini di devozione dal taglio rosso.

« Pietro » chiama Faustina.

Egli si gira, s'avvicina al letto e timorosamente le prende una mano.

« A mezzogiorno, Pietro, tu non hai mangiato » ella dice in tono di rimprovero. « Dovresti trascurarti un po' meno, sei un vero bambino. »

Egli non riesce più a dominare la pena del suo cuore.

« L'importante » egli dice « vedi, Faustina, l'importante non è neppure di vivere assieme. Benché sarebbe meraviglioso di vivere assieme; ma l'importante, l'essenziale, sia vicini che separati, vedi, Faustina, è di volerci bene. Vi sono uomini e donne che vivono assieme trenta o quarant'anni della loro vita, vivono dalla mattina alla sera legati assieme, come galeotti, a tavola a letto a passeggio a cinema, incatenati assieme, inseparabili, ma internamente stranieri o, quel ch'è peggio, nemici. Ma quello che stamattina tu m'hai detto della tua vita, t'assicuro m'è sceso fino all'anima e vi resterà finché vivrò. Che non darei, Faustina, per liberarti da quella tua fissa disperazione. Se tu credi, Faustina, che a Orta ti senti più calma più sicura meno infelice, certo, devi partire appena puoi. Simone arriverà in giornata e potrà accompagnarti. Non è indispensabile, lo sai, di rifare il duro cammino della montagna, potete prendere il treno fino a Fossa, e lì una carrozzella per Orta. »

« Pietro » interrompe Faustina « credi che tua nonna saprà mai che siamo stati assieme in un albergo? Credi che si possa fare qualche cosa per impedire che lo sappia? »

Faustina è colta di nuovo da un forte capogiro, chiude gli occhi, respira affannosamente e s'afferra ai bordi del letto come se stesse per inabissarsi. Pietro si sente perduto, non sa che fare per aiutarla, quale medicamento offrirle, se chiamare un medico. Egli si siede accanto al letto, le prende una mano, l'accarezza, le ripete:

« Coraggio, cara, appena puoi, partirai; certo, cara, anche domani puoi partire; se vuoi. »

« Adesso sto meglio » dice infine Faustina asciugandosi la fronte madida di sudore. « In certi momenti ho la sensazione che il cranio si riempia d'acqua calda, d'acqua bollente, e che i lobi del cervello vi danzino come gnocchi messi a cuocere. Gnocchi nostrani, di farina e patate. Non per nulla mia madre me lo ripeteva da bambina che in testa mi ci aveva messo le patate. Conosci anche tu, Pietro, la sensazione del tempo che bruscamente s'arresta? In quei pochi secondi il mondo appare nero, funebre; se durasse un po' di più sarebbe inevitabilmente il finimondo. Hai osservato anche tu, Pietro, che dopo ognuna di quelle spaventose interruzioni, prima di riprendere la sua marcia in avanti, il tempo retrocede? Esso torna, io penso, effettivamente a ritroso, sai, come nel cinematografo, quando la macchina di proiezione viene girata a rovescio, e si vede, per esempio, una torre abbattuta da una mina ricomporsi miracolosamente, volare ogni pietra al suo posto. Pietro per me non c'è nulla di più spaventoso. »

« Devo darti, Faustina, qualche cosa contro il mal di testa? »

« Non esiste nulla, Pietro, contro il vero mal di testa, almeno contro la specie di mal di testa di cui soffro io. Dovrei, Pietro, raccontarti un segreto, perché tu capisca, ma non oso; non l'ho mai rivelato a nessuno. Eppure tu sei il solo a cui io possa raccontare un segreto di quel genere. Siediti e ascoltami. All'età di tredici o quattordici anni, alla fine della quaresima, partecipai per la prima volta a degli esercizi spirituali con una quindicina di ragazze press'a poco della mia età, sotto la direzione di un padre cappuccino. Gli esercizi spirituali, sai in che consistono, non credo che ci sia differenza tra quelli degli uomini e delle donne. Durante cinque giorni ci impegnammo al silenzio più completo, ascoltammo tre prediche al giorno, leggemmo i libri di devozione indicatici, e ci applicammo alle meditazioni, all'esame di coscienza secondo le istruzioni ricevute. Il tema scelto per i nostri esercizi fu quell'anno la Passione di Nostro Signore, la sua dolorosa Agonia. Il padre cappuccino ci parlò di quell'agonia in modo così vivo che a varie di noi, per lo spavento, parlando con rispetto, vennero i vermi. Egli ci spiegò che dipendeva da noi d'alleviare le sofferenze di Gesù, restando o diventando buone umili oneste, prendendo su di noi una parte dei dolori di Gesù in croce. Sapevo di non essere affatto buona e ancor meno umile, e a quell'età mi conoscevo già abbastanza per non nutrire illusioni sul mio possibile miglioramento. Però, a ogni costo volevo anch'io lenire le sofferenze fisiche di Nostro Signore, e m'era insopportabile pensare che, potendolo aiutare, non avessi fatto ancora nulla per Lui. Perciò al termine degli esercizi, quasi un'intera notte rimasi sui ginocchi nella mia cameretta, piansi implorai supplicai Gesù di cedermi la sua corona di spine, di staccarla, almeno di tanto in tanto, dalla sua santissima fronte innocente e di posarla sulla mia. Ah, sono sicura, Pietro, sono certa, che quella mia preghiera fu esaudita. Così mi spiego gli atroci, gli inumani dolori di testa che da quell'età mi affliggono, l'inefficacia dei calmanti. A volte sento distintamente le spine che mi trafiggono il cranio da parte a parte. Ma come lagnarmi? Fui io stessa a volerlo. »

I suoi occhi tristi lasciano all'improvviso intravedere l'abisso della sua tristezza; ella bruscamente li chiude appena indovina un gesto carezzevole di Pietro.

« Non so più se è da questo istante o da secoli che ti voglio bene » dice Pietro con tenerezza, su di lei chino. Ed aggiunge: « Amore mio, adesso però so che non posso più lasciarti; non potrei più vivere nel deserto della tua lontananza »

XXII

« L'hai vista? » chiede Pietro. « Come sta? Mi manda a dire qualcosa? »

Simone afferra l'oste per un braccio e gl'intima di portare vino senz'acqua.

« Porta anche da mangiare » dice. « Fatti aiutare da tua moglie, se non è troppo sporca. »

« Come sta Faustina? Si è rimessa? » chiede Pietro. « Mi manda a dire qualcosa? »

Simone versa da bere.

« Bevi, sordo, svegliati le orecchie » dice. « Bevi anche tu, Pietro, ho molte cose da raccontarti. »

Infante, col testone appoggiato contro il muro, contempla Pietro ritrovato, e se lo gode, incurante del vino. Pietro aspetta una risposta e Simone è costretto a bere da solo.

« Perché il ritardo? Avete avuto qualche contrarietà? Ogni giorno vi ho aspettati » insiste Pietro.

« La pillola perpetua » sospira infine Simone.

E termina la frase con un gesto che indica: fine.

« Ah, tutto passa » commenta Pietro « e anche l'eternità. Don Tito? » egli chiede incuriosito.

« L'avrei scannato » assicura Simone. « No; me la chiese la zia Eufemia e non me l'ha resa. »

« Anche la zia Eufemia era tra le tue clienti? »

« Sentendosi morire mandò una beghina a chiedermi la pillola » racconta Simone. « Credetti in coscienza di non poter rifiutare. Pensa un po', la zia e la pillola erano le cose più antiche di Colle. »

« E non te l'ha resa? »

« Nel frattempo è morta. Con la pillola in corpo. »

Pietro atteggia il viso secondo la costernazione che al ricordo esprime Simone; e anche Infante, che non ne sa nulla, fa altrettanto.

« La morte è stata constatata ieri mattina » racconta Simone, « ma doveva risalire al giorno della tua fuga. Da quel giorno essa aveva tirato su la scala a piuoli, e non si era più mostrata. Il miagolìo famelico dei numerosi gatti che la zia allevava, ha fatto pensare alla morte. »

« E la famosa eredità? L'antico tesoro? I nipoti adesso son tutti arricchiti? »

« Nel pomeriggio di ieri c'è stato l'inventario dei beni » riprende Simone. « Puoi immaginarti il fermento, l'ansietà dei nipoti, insomma di noi tutti. Saranno state due o tre mila persone raccolte nella piazza davanti ai ruderi dell'antico palazzo De Dominicis, ma facevano chiasso per cinquantamila. Perfino le finestrelle del campanile erano gremite; le buone famiglie non avevano sdegnato la promiscuità dei cafoni. Natalina, la cameriera di tua nonna, sembrava fuori di sé dall'eccitazione: Forse domani parto, annunziava attorno a sé, arrivederci, anzi addio addio. Prima ch'io arrivassi (io ero stato occupato tutto il giorno per preparare la partenza) pare che vi fossero già state grida e diverbi sulla scelta d'una commissione di nipoti anziani incaricati d'assistere all'apertura dell'eventuale testamento e all'inventario. La folla dei nipoti più poveri temeva le solite usurpazioni da parte delle autorità e dei nipoti ricchi. Quando arrivai, mi fu gridato da molti ch'io ero stato, per imposizione della folla, incluso nella commissione. Centinaia di braccia mi spinsero verso la scaletta, e salii. In mezzo alla cappella, attorniata di ceri e di corone, su un tavolino, era stata composta la salma. Anche morta la terribile zia sembrava in collera; le sue mani, la faccia avevano il colorito scuro e secco delle salsicce di fegato. La cappella, che vedevo per la prima volta, aveva un curioso aspetto tra la rigatteria e la grotta dei miracoli. L'aria vi era irrespirabile. Sì, l'atmosfera era quella di una cloaca. Gatti magri e famelici mordevano i polpacci delle persone, azzannavano i candelieri, i piedi delle sedie. Al mio arrivo il testamento non era stato ancora trovato. Il pretore don Sebastiano si stropicciava le mani dalla contentezza: Avremo un bel processino, egli ripeteva. Avremo un elegante caso giuridico tra i nipoti e lo Stato, un processino che durerà qualche centinaio di anni. L'inventario dei mobili dei quadri degli utensili domestici redatto da don Nicolino, era quasi terminato. Dietro un tendaggio di velluto rosso erano state intanto scoperte le famose, le leggendarie bigonce, i misteriosi recipienti attorno a cui i nostri vecchi, nelle sere d'inverno, non si stancavano di congetturare. Noi tutti rimanemmo senza fiato per l'ansietà. Le bigonce, simili a quelle che noi usiamo per la vendemmia, ma più forti e con doppi cerchioni, furono dunque scoperchiate: passato il primo istante di comune intontimento, io fui solo a smascellarmi dal ridere. La mia risata, mi venne raccontato più tardi, fu udita fino alla falegnameria di mastro Eutimio, ch'è a due tiri di fionda dal posto; e sul principio la folla dei nipoti a quel cachinno inatteso, altissimo, scomposto, fu scossa da un brivido di terrore perché suppose ch'esso provenisse dalla stessa zia Eufemia, risorta. Attorno alle tre bigonce scoperchiate, le facce dei notabili e degli altri nipoti anziani erano maschere allibite acciuchite intenebrate, mentre io non riuscivo più a dominare il mio ridere che divenne una sghignazzata convulsa altissima ininterrotta. Le maschere nauseate e inorridite si voltarono verso di me, mi guardarono come se fossi impazzito. Un minaccioso mormorio si levò in piazza dall'impaziente folla dei nipoti. Dimenticavo di dirti, Pietro, che le bigonce erano piene, come esprimermi? dei resti della digestione della zia Eufemia nel corso di molti anni. »

« Eh? Che cosa? » grida Pietro scattando in piedi. « Ho ben capito? »

« Hai ben capito » conferma Simone.

« Che zia stupenda » commenta Pietro dopo lunga riflessione. « La virulenza del suo spirito non era da meno del suo disprezzo per l'igiene. »

« Infelici nipoti » dice Simone. « Anche quella speranza adesso è svanita. »

« Da parte delle autorità » aggiunge Pietro « quale sciocchezza, quale imprudenza aver lasciato scoperchiare quelle bigonce alla presenza di una commissione popolare. »

« Don Marcantonio aveva infatti proposto di far sigillare le bigonce per conservarle al culto patriottico in qualche luogo propizio » spiega Simone. « Ma i notabili gli dimostrarono che a Colle sarebbe certamente scoppiata la rivoluzione. »

« Mi dispiace » dice Pietro « che per causa mia tu abbia dovuto lasciare Colle in un momento così eccezionale. »

«Non dire sciocchezze e bevi» l'interrompe Simone. «Se sto qui è anche per egoismo. Adesso a Colle che ci starei a fare? La pillola era l'unico impegno che mi legasse ancora alla tradizione.»

Per non coinvolgere in un solo eventuale arresto anche Simone e Infante, Pietro è rimasto ad abitare nell'Albergo Vittoria già del Commercio. Dopo l'incidente delle valigie a lui non restò altra scelta che quella odiosa d'assumere la identità dello zio defunto. "Spina capitano Saverio, nato a Colle dei Marsi, da Berardo e Maria Vincenza, ammogliato, senza figli, viaggia per distrarsi" c'è scritto sul registro della locanda. Prima di ripartire Faustina raccomandò caldamente e minutamente alla sora Olimpia di non infastidire in alcun modo il signore.

"Egli soffre d'un grande esaurimento nervoso" le confidò in un orecchio. "Il medico gli ha prescritto di stare per qualche tempo lontano dalla famiglia e dall'ambiente abituale. Il medico gli ha raccomandato, se possibile, di vivere tra gente semplice, tra contadini."

Dal sor Quintino e dagli altri clienti abituali della locanda quell'esaurimento nervoso è stato subito stimato come una conseguenza della vita eroica del *capitano*, per cui ogni sua bizzarria, ogni sua parola o gesto strano, lungi dall'essere oggetto di critica o di risa, vengono ammirati come virtù patriottiche. *Don Saverio* non aveva proprio bisogno di quell'incoraggiamento per comportarsi a suo modo. Neppure del brigadiere dei carabinieri ora si preoccupa, da quando egli ha appreso dal sor Quintino che quello è sotto inchiesta dei superiori e non è ancora del tutto rassicurato se la presenza del *capitano* Spina ad Acquaviva sia in qualche rapporto con l'investigazione in corso. *Don Saverio* s'è ben guardato dal togliergli il timore, e risponde al saluto del brigadiere con inquisitoria freddezza. Le sue rare apparizioni nella saletta riservata della locanda sono sempre una sensazione per i clienti abituali, burocrati timorosi e benpensanti. Egli vi porta il fascino di chi non ha nulla da temere, è immune, può dire questo e altro, protetto dal suo passato. Ah, l'eroismo militare, che comodità. Di solito egli è assorto triste distratto; disdegna di sedersi al tavolo comune e di partecipare alla conversazione. Al podestà che una sera gliene mosse un cortese appunto, egli rispose con sgarbo:

"Il mio regno, devo dirvi, non è del vostro mondo."

"Oh, di quale mondo esso è dunque?" chiese stupefatto il podestà.

"Non del vostro" *don Saverio* replicò seccamente. La sua semplicità rende plausibile il turbamento degli altri al suo semplice apparire; ma poiché in fondo egli non è cattivo, spesso con qualche buona parola, cerca di rassicurarli:

"Non lasciatevi disturbare" dice "vi prego di non temere nulla, il pericolo non è imminente."

Un quadro incorniciato di verde bianco e rosso è affisso al muro di fronte al posto ch'egli di solito occupa, e rappresenta un personaggio tutto nuca e mandibola, con gli occhi spiritati. Sotto il quadro pende un cartello con l'epigrafe: "Prima d'ogni banchetto, bevete l'Amaro Sant'Agostino". Fin dalle prime sere *don Saverio* imparò a conoscere l'intera compagnia. Quelli tra essi che non sono impiegati dello Stato o del Comune, cioè cavalieri, sono chiamati professori. Uno dei professori dà lezioni di mandolino, un altro insegna ad andare in bicicletta, un terzo è il campione locale del giuoco delle bocce, gli altri occupano cattedre simili ed equivalenti. Il personaggio principale è il podestà, che ha fama di persona colta e umanista; a mo' di esempio, invece di dire pioggia, egli dice *Jupiter Pluvio*; egli è il leone del villaggio, con un fisico adeguato, un testone enorme, un naso a peperone, labbra grosse cascanti come quelle dei cammelli, e le palpebre a mensola, a vele gonfie, su occhi giallastri.

"Il podestà è gentiluomo d'antico stampo" ha confidato il sor Quintino a *don Saverio.* "Perfino da solo e quando nessuno l'osserva, egli mangia il formaggio con forchetta e coltello."

Nel contegno del *capitano* Spina quello che più amareggia il podestà è il suo disdegno della pasta asciutta, poiché sembra smentire un suo radicato convincimento sul nesso tra spaghetti al pomodoro e italianità.

« Al tempo in cui dimoravo nella capitale » egli racconta (i giovanili ricordi della capitale sono il suo cavallo di battaglia), « di solito consumavo i pasti in una trattoria allora frequentata anche da un celebre demagogo, un agitatore barbuto e zazzeruto, in quell'epoca famoso trombone di parte comunista. La mia naturale ripugnanza verso quell'individuo, devo dirvi, svanì appena osservai con quale voluttà godimento trasporto del corpo e dell'anima e con quale raffinata tecnica egli introduceva nel boccalone vorace immense forchettate di fettuccine al sugo. Ve lo confesso, non potei resistere all'impulso d'alzarmi, di correre verso di lui e dichiarargli con voce commossa: Onorevole, ora m'avvedo che voi non siete affatto alieno al sentimento di unità nazionale. Cavaliere, egli mi rispose gentilissimo, le teorie possono dividerci ma la pasta asciutta ci unisce. Quando, alcuni anni dopo, si lesse sui giornali ch'egli aveva abiurato le eresie umanitarie e aderito al rinnovamento sportivo della nazione, molti si stupirono; non io, ben memore di quel suo intenso amore per le fettuccine. Così, a un amico mio tornato tempo fa dall'estero dove ha dovuto bazzicare, per ragioni professionali che a voi non importa conoscere, negli ambienti dei fuorusciti politici, ho chiesto, per prima: Di che si nutrono adesso quei disgraziati? Molti soffrono la fame, egli m'ha spiegato, ma i pochi che possono, naturalmente si rimpinzano di spaghetti. Ah, se è così, gli ho detto, non bisogna disperare, essi non sono ancora del tutto perduti per la patria. »

« Un eroe invece » ha osservato il sor Quintino « può permettersi quello e altro, già si sa. »

« Ma nessuno può togliermi dalla testa » ha aggiunto il podestà « che l'esaurimento nervoso sia venuto al *capitano* appunto da quell'insensato astenersi dalla pasta asciutta. »

L'ascetismo dell'eroe è diventato un tema di frequente conversazione tra i notabili.

« Un eroe è sempre inumano » ha sentenziato il professore di bicicletta, ex anarchico, che fu renitente contro la guerra di Tripoli.

« Com'è con le femmine? » ha chiesto il professore di bocce.

La domanda riaccende le speranze come un ricorso in appello.

Alla presenza del *capitano*, si capisce, un simile discorso sarebbe impossibile poiché, malgrado la sua giovane età, egli intimidisce. Ma due maestre, che vengono di tanto in tanto a prendere i pasti nella saletta riservata, un giorno scherzosamente accettano di servire d'esca per attirarlo e ammansirlo. Più che altro esse sono affascinate dalla tristezza del *capitano*. Donde gli viene? Da un amore infelice?

Don Saverio sembra abboccare. La signora Sofia, insegnante alle prime classi delle scuole elementari, è un donnone elegante, con le ciglia lunghe nere pesanti attorcigliate come baffoni. Attraverso la camicetta trasparente si vedono spalle grosse rotonde; le bretelle vi fanno un incavo profondo e creano due rosei prosciutti per spalla, in tutto dunque sei prosciutti; pensate, per un militare affamato che torna dalle colonie. La signora Sofia parla e ride con la bocca nel piatto, facendo gorgogliare la minestra di cannarozzetti e fagioli come una foca sott'acqua. Purtroppo le sue gambe poderose monumentali cilindriche sono venate di nere varici, simili a colonne di marmo attorniate d'edera, e *don Saverio* non ama, in questi posti, il simbolo del partito repubblicano. La sua attenzione si sposta dunque sulla collega, la signorina Santafede che è più scialba, più lunga, più angolosa, ma, dati i tempi, non da buttar via, un bel campanile su nervose colonnine bianche. Aizzato dal podestà, il sor Quintino una sera diventa audace e apparecchia per il capitano al tavolo delle due signore; se non va, si può sempre incolpare la serva. Invece va.

« Qual è il vostro nome di battesimo, signorina Santafede? » chiede *don Saverio*.

« Faustina » risponde la ragazza aggiustandosi un riccetto. « Le piace? »

Don Saverio mangia in fretta, saluta e scappa via. La sua fuga riempie di stupore e costernazione l'intera clientela. Un eroe così difficile non si era mai visto.

Tra i clienti della saletta riservata il personaggio che a *don Saverio* riesce più antipatico, è un architetto, un giovanottone con la maglia fregiata di sigle sportive e le spalle quadrate per abbondante imbottitura di stoppa e crine. La sua testa tutta nuca e mandibola sembra calcata direttamente su quella dell'antropoide affisso al muro. Suo padre, tornato anarchico dall'America, gli aveva imposto il nome di Spartaco; ma, per adattarlo ai tempi nuovi, egli l'ha mutilato in Sparta, con sollazzo della popolazione locale cui Sparta suona nome di donna. Uno dei primi giorni *don Saverio* lo trova alla locanda mentre beve un bicchiere di rhum e fuma una sigaretta.

« Come trovate, capitano, la patina imitazione antico che adesso sto facendo passare sui nuovi edifici pubblici? » gli domanda l'architetto. « I soliti critici che fino a ieri m'attaccavano perché gli edifizi, dicevano, sembravano sepolcri imbiancati, adesso già mi censurano perché diventano troppo scuri, catafalchi per messe funebri, dicono. »

Sulla candida parete della caserma dei carabinieri, a metà corso, *don Saverio* ha infatti osservato da un paio di giorni la bilancia d'un imbianchino. Quell'artista spruzza sul muro larghe macchie di terra d'ombra, e sotto le finestre spalma verdastre sbavature di musco.

« Il colore non basta » gli risponde *don Saverio*. « Voi dovreste sapere, signor architetto, che l'attuale, da tutti riconosciuta bellezza degli antichi monumenti non risiede tanto nella patina del tempo, quanto nel fatto ch'essi sono dei ruderi. Perfino tra le statue greche, i critici e il volgo concordano nel ritenere di maggior pregio proprio quelle che mancano di braccia o di teste. Avete mai osservato qualche ricostruzione integrale, in miniatura, del Foro Romano? Non v'è sembrata una piazza di Washington o di Berlino? Gli edifizi pubblici, quest'è la verità, finché sono nuovi e in buono stato sono sempre più o meno brutti, per non dire odiosi. »

« Il Quirinale, Palazzo Venezia » interrompe l'architetto « scusate, li trovate brutti? »

« Quando saranno in rovina, e tra quei ruderi i romani con le loro ragazze andranno a far merenda, saranno certamente molto, ma molto più belli » afferma con sicurezza il *capitano*.

L'architetto si guarda attorno impaurito, mentre il podestà ride in sordina, facendo del vento ritmico attraverso il naso, a stantuffo. Non solo quell'ostentata spregiudicatezza non suscita sospetti sul *capitano*, ma conferma la sua intoccabilità.

« Qualcuno, signor capitano, in vostra assenza vi ha cercato » annunzia il sor Quintino a *don Saverio*. « Un bizzarro gentiluomo che ripasserà più tardi. »

« Un tipo commendatore? » s'informa il *capitano*.

« Direi piuttosto un signore decaduto » precisa l'oste. « Forse un colonnello in pensione. »

« Salgo a riposare » dice *don Saverio*. « Chiamatemi se torna. »

Il visitatore inatteso era don Severino. Mentre egli vaga per Acquaviva, è scoperto da Simone che torna dalla campagna con una zappa sulla spalla, assieme ad alcuni contadini.

« Non t'avrei riconosciuto » si scusa don Severino. « Ma è una fortuna che t'abbia incontrato prima di Pietro. Dobbiamo consigliarci. »

« T'ha mandato Faustina? » Simone gli chiede. « Vieni, ti porto in casa d'un amico. »

In fondo al vicolo essi varcano la soglia di un tugurio ed entrano in una stanza vasta e tenebrosa, ch'è cucina e camera da letto. In un angolo c'è una donnetta d'indefinibile vecchiaia, ma molto vecchia, con un fantolino nudo di pochi mesi sulle ginocchia. La vecchia si alza e si affanna a procurare sedie; anche dopo che i due ospiti si sono seduti, essa continua a cercare sedie e fa alzare Severino per offrirgli una sedia più pulita, poi sparisce di nuovo e torna con una specie di poltrona imprestata da un vicino e costringe don Severino ad alzarsi e a sedersi sulla poltrona.

« Non mi ha mandato Faustina » dice don Severino a Simone. « Ella non sa che sono venuto, ma sono qui a causa di lei. Non so che cosa Pietro e Faustina si siano detti, so però che lei ora vive solo del ricordo dei due giorni passati qui. Se non torna è per un incubo che la ossessiona, e io mi chiedo se non sia nostro dovere aiutarla. »

Simone resta a lungo pensieroso, riempie la pipa e l'accende.

« Anche Pietro non riesce più a parlarmi d'altro » infine egli dice. « Ma, francamente, non so se dobbiamo aiutarli. Ostacolarli, no, di certo, ma favorirli? Credimi, Severino non sono affatto sicuro che sia un bene per loro due. »

« Faustina è una ragazza eccezionale, stupenda. »

« Assolutamente d'accordo » dice Simone. « È la donna più ammirevole che io abbia conosciuto. »

« Un amore autentico vale più di qualsiasi politica. »

« Perché parli di politica? » domanda Simone. « Consideri forse Pietro un uomo politico? »

« Un vero amore vale più di qualsiasi ideologia. »

« D'accordo » dice Simone « ma non è il caso di Pietro. Egli ha la fortuna di essere un uomo fuorilegge, un cristiano allo sbaraglio, e lo è nel modo più semplice, più spontaneo e naturale che sia; si direbbe quasi che sia nato con quella vocazione. Tu lo vedi accasato? »

Don Severino arrossisce e gesticola in modo assai goffo.

« Noi siamo invecchiati nella solitudine, Simone » egli dice. « Ma Pietro e Faustina sono giovani. Prima che t'incontrassi, poco fa, ho osservato un momento un ragazzo e una ragazza che conversavano sotto un albero, nell'orto dietro la chiesa. Dal loro sembiante era palese che si dicevano, che si ripetevano, le parole che da quando esiste la terra gli uomini e le donne si sono scambiate, milioni e milioni di volte, miliardi di volte: Ti voglio bene; mi vuoi bene? La nostra sorte in questo paese non è allegra, su questo, credo, siamo d'accordo; ma finché un uomo e una donna si diranno: Ti voglio bene; mi vuoi bene? forse c'è da sperare.»

«C'è il grano che si mette da parte per la nuova semina» risponde Simone, «e il grano che si porta al mulino e si consuma.»

«Che ne pensa Faustina?» aggiunge Simone dopo una pausa.

«È persuasa che l'incontro con Pietro abbia finalmente dato un senso alla sua vita; ma, nello stesso tempo, l'idea di rivederlo la riempie di panico. Donna Maria Vincenza mi maledirà, dice, e a Pietro porterò disgrazia. Ne sono sicura, vedrai, dice, che gli porterò disgrazia.»

«Povera cara adorabile infelice ragazza» mormora Simone.

Nel vicolo davanti alla porta, alcuni ragazzini giuocano con Infante, gli fanno fare l'uomo selvaggio, gli hanno annerito la faccia e le mani e incitato a cantare. Infante oggi è straordinariamente docile e il suo canto somiglia al mugolìo di un orso. Poi i bambini formano un cerchio e si contano; a chi tocca esce dal girotondo e tiene compagnia all'orso.

«Ho posto a Pietro questa domanda» dice Simone. «Se la grazia governativa rifiutata un mese fa, ti venisse offerta oggi, dopo l'incontro con Faustina, la respingeresti? Certamente, egli mi ha subito risposto. Dopodiché è rimasto pensieroso e ci siamo messi a tavola in silenzio. Al momento di alzarci da tavola, gli ho chiesto di nuovo: La rifiuteresti? È probabile, egli mi ha confermato. Intendiamoci, Severino, io sono convinto che Pietro finirebbe ancora una volta col rigettarla; ma quel probabile, quell'ombra di dubbio da parte di un uomo come lui, mi ha atterrito.»

«Torno a Orta» balbetta don Severino. «Non dirò nulla a Faustina di questa nostra conversazione. Tu ti regolerai con Pietro come credi.»

XXIII

Una mattina la pigra sonnolenza delle autorità di Acquaviva è bruscamente turbata da un incidente a prima vista futile. Durante la notte qualcuno ha aggiunto un grosso punto interrogativo al motto "Lo Stato è tutto" che campeggia a lettere cubitali sulla facciata del Municipio. In gran fretta è stato convocato un imbianchino perché eliminasse quel perfido segno dubitativo, e sono cominciate discussioni a non finire sul chi e sul come tra i notabili accorsi nell'ufficio del podestà. Un'eco di esse arriva, veloce, sull'ingresso dell'albergo.

« È grave? » domanda la sora Olimpia al marito.

« Gravissimo. »

« Forse è stato solo uno scherzo. »

« È un dubbio sacrilego, l'ha detto il podestà. »

« Che brutta figura faremo agli occhi del capitano. »

Ma il marito le fa cenno di tacere, avendo riconosciuto il passo di *don Saverio* per le scale.

« Anche oggi al sano lavoro dei campi? » gli chiede complimentoso.

« Anche oggi. »

« Buon pro vi faccia. »

Simone è già sulla collina.

« Come trovi Pietro al lavoro? » egli domanda a Cesidio.

« Non ho mai avuto un garzone di migliore volontà. Peccato però che sia spesso così melanconico. »

Simone conduce l'asino carico di stabbio, lo stimola con la voce e s'allontana. Cesidio sospende un momento d'insolfare e alza la testa per osservare la direzione d'uno stormo d'uccelli che passa su Acquaviva. « Buon segno » egli constata rassicurato. Arrivato in capo al filare della vigna, Cesidio tocca l'orizzonte, il suo gesto annette un lembo di cielo, getta nell'azzurro un pulviscolo verderame.

All'altra estremità della vigna, Pietro riempie la pompa, la solleva e affibbia sulla sua schiena come uno zaino, e riprende a insolfare. Egli procede tra le viti lento attento e familiare, si volta di qua e di là, irrora i pampini di miscela azzurrognola, avanza come se conversasse con ogni pianta, a ognuna sembra raccontare la sua soddisfazione e anche la sua tristezza. I suoi gesti testimoniano un'antica dimestichezza con le vigne. Dietro di lui il filare verde-erba si cangia in verde-smeraldino, ed egli stesso, nell'abito da lavoro di rigatino blu, con le scarpe e le mani azzurre, sembra un alberello ambulante che cerca di qua e di là dove mettere le radici; s'egli sorride sembra che l'albero fiorisca.

Lo scirocco ha svegliato in pochi giorni la primavera, i campi si sono popolati di contadini, dovunque si vedono uomini all'opera attivi come api. Tra vigna e vigna, per lo scolo delle acque scorrono fossi che sotto il sole nuovo adesso vaporano, e i contadini lavoranti tra le viti appaiono attorniati da nuvolette come i beati in paradiso; ma è un paradiso agricolo, che teme la peronospora, un paradiso di piccoli proprietari, a compartimenti stagni. Un uomo sale la collina con un agnellino nero a tracolla; l'agnellino è nato stanotte e guarda attorno come se già conoscesse ogni cosa. Il cielo è verde come un prato tenero, ma all'orizzonte, sui monti, si accumulano cataste di nuvolette, somiglianti a sacchi pieni di grano in un ricco granaio. Fiumi di luci e di aria calda scorrono s'incrociano scendono risalgono la valle per ogni verso.

Sull'alto della collina Simone ripartisce lo stabbio col tridente e attorno a lui è già una vasta punteggiatura bruna sulla terra grigia. Egli procede lentamente; il suo corpo appare più grande più esile più leggero del naturale; egli si sposta sulla collina come su un mappamondo. Ogni tanto egli sosta, ma non per stanchezza, introduce due dita in bocca per cavarne un acuto lunghissimo sibilo, e Pietro gli risponde da mezza costa con gesti infantili. Ma dei contadini si domandano sospettosi e pieni di rancore: "Chi sono questi forestieri che perfino durante la fatica trovano il modo di essere allegri?".

Col solito anticipo sugli altri alberi da frutta i mandorli sono già fioriti; tutta la collina n'è bianca e rosa. Da quando

Maria posò tra i suoi rami Gesù neonato per nasconderlo agli sbirri d'Erode, secondo quello che narrano i vecchi, il mandorlo s'affretta ogni anno a fiorire, anche a costo, come spesso gli capita, di perdere fiori e frutti alla prima gelata. Pietro ignorava questa storia che gli racconta una vecchia mendicante incontrata per strada; e ora la vista d'ogni mandorlo lo commuove e preoccupa.

In fondo alla valle si estende il mosaico verdegrigio dei campicelli. Sui rettangoli e quadrati verdi frotte di ragazzi e donne già zappettano per dare aria alla terra incrostata e liberare il grano tenero dalle erbe selvatiche; sulle parti grigie uomini con zappa aratri e bestie lavorano alle semine di granoturco di piselli di fave di ceci di lenticchie, mondano i fossi, rafforzano i cigli le fratte.

A mezzogiorno fanno la loro apparizione sui viottoli di campagna le donne coi canestri del cibo sulla testa; dovunque esse arrivano il lavoro viene sospeso. Carmela, la figlia di Cesidio, ha portato un intero pane ripieno di baccalà fritto e un bariletto di vino, e ha posato il canestro sotto un albero di ciliegio, presso al ciglio erboso della vigna, dopo aver dato una voce ai due uomini. È una fanciulla rozza, quasi selvatica, seria, forse troppo seria, d'indefinibile età e incerta bellezza, benché parlare di bellezza in questi casi è già frivolo. Pietro è il primo ad arrivare.

«Ieri sera» egli dice asciugandosi il sudore della fronte col lembo della giacca «siamo rimasti da voi un po' troppo a lungo, dovete scusarci.»

La ragazza non risponde e gli volta le spalle.

«Hai qualcosa contro di me? Contro di noi?» domanda Pietro.

Carmela si sforza di rispondergli.

«Se vuoi saperlo, mi fate paura» dice. «Chi siete? Volete la nostra rovina?»

«Hai paura di noi?» risponde Pietro costernato.

«Mi fate l'impressione di pazzi» aggiunge la ragazza.

Pietro vorrebbe riderne, ma non vi riesce.

«Forse hai ragione» dice. «Qualche volta me lo domando anch'io.»

Il giorno prima Carmela e Pietro hanno lavorato assieme nell'orto, a mettere sementi in buche fatte col punteruolo, curvi, quasi in ginocchio. La ragazza gli aveva detto, seccata, di non chiamarla più signorina.

«Con le figlie dei contadini non si usa» gli aveva detto. «Se è vero che sei nato in campagna, dovresti saperlo.»

Il fidanzato di Carmela si trova alla guerra in Africa, al ritorno si sposeranno; essa gli ha promesso fedeltà e pazienza benché preveda che tornerà storpiato.

«D'altronde non sarebbe il primo» dice rassegnata.

«Ve ne sono che tornano sani» corregge Pietro stupito. «È una piccola guerra, una guerra infame contro un nemico male armato; i più, fortunatamente, tornano sani.»

«Naturalmente» ribatte la ragazza come irritata «ma non è una ragione perché tra quelli che torneranno storpiati manchi proprio il mio fidanzato. Non ho mai visto o udito raccontare che altri siano stati più disgraziati di noi.»

La casa di Cesidio, dove gli amici s'incontrano la sera, è un antro oscuro e umido. Alla presenza della madre, Carmela non parla, o solo per monosillabi e con voce sgarbata. Ella è capace di starsene tutta la sera con la testa appoggiata a una spalla e gli occhi fissi sul focolare, evitando di rivolgerli dal lato dove siede la madre.

A osservare da vicino la sua testa, con le trecce brune rossicce avvolte come scerpe di cipolle, la faccia lentigginosa già raggrinzita e le labbra strette e appuntite, fa l'impressione d'un frutto gelato e appassito prima della maturazione. Per ottenere da lei qualche servizio, l'ordine deve partire dal padre, benché la madre non sembri ancora rassegnata a questa insubordinazione. Anche con Pietro e Simone, Carmela da principio è stata apertamente ostile, li ha presi per i soliti amici di osteria del padre, i soliti bevitori e giocatori di carte che le sere d'inverno tengono il padre fuori di casa, i falsi amici che gli carpiscono denaro lasciando la famiglia nel bisogno; ma poi ha capito che questi nuovi conoscenti sono tipi strani, diversi dagli altri e forse più pericolosi. A Infante Carmela non ha dato più importanza di quella che si attribuisce a una capra, e per quale ragione Pietro e Simone se lo trascinino dietro, non arriva a capire; forse è un parente scemo; neanche capisce la naturale e insolita cortesia di Pietro verso tutti, perfino verso la madre. La prima sera, quando Pietro arrivò con un fiasco di vino e un mazzo di fiori raccolti nei campi, Carmela pensò a uno scherzo e fu perciò con lui particolarmente sgarbata; alle sue parole replicò con parole brevi amare crude, da ragazzaccio più che da donna, per mostrargli che lei non è più una bambina e conosce la vita. Ma quando ha visto che le maniere brusche e ruvide non lo impressionavano affatto, le ha smesse, senza però cessare di essere guardinga. Pietro ne discute con Simone, è profondamente turbato da quella diffidenza, gli viene quasi da piangere.

« Sono fossi scavati da secoli di miseria » gli spiega Simone.

« Ma io credevo di aver saltato il fosso » si lamenta Pietro. « Credevo di essere dalla loro parte. »

Comunque egli non si rassegna. Non può accettare di essere escluso, nello stesso tempo, dall'amore di Faustina e dalla comunità della povera gente. Ogni volta che può, senza sembrare importuno, cerca di parlare con Carmela. L'iniziazione della ragazza alle pene dell'esistenza è stata assai precoce.

"I ragazzi" gli ha detto Carmela, senza nascondere la sua invidia "possono almeno uscire di casa, stanno quasi sempre per strada; appena hanno qualche centesimo in tasca vanno subito alla cantina, giuocano a carte; adesso hanno anche la fortuna che il governo s'occupa di loro, ogni sera e la domenica hanno esercizi istruzioni passatempi. Una bambina invece deve rimanere a casa. Nei primi anni impara già quale disperazione sia un'ipoteca, l'affitto della terra che non si riesce a pagare, la cambialetta di cento lire che sta per scadere, la malattia delle bestie, la minestra di rape senza sale, la madia senza pane, la madre che piange sola vicino al camino spento. Non serve di mandarci a letto presto. Quando il padre rientra dalla cantina senza avere mangiato, il padre non è cattivo, anzi è buono, ma non ha mangiato, si è ubriacato a stomaco vuoto, bestemmia maledice urla litica con la madre, rompe quel poco che c'è ancora da rompere; la bambina mandata a letto tiene allora gli occhi chiusi, fa finta di dormire, ma sente tutto, impara parole che non dimenticherà più, morde le lenzuola per non gridare."

"Fin dai primi anni" gli ha detto Carmela "si impara che tanto la vita infantile che quella adulta è dolorosa, bisognerebbe essere ciechi per non vederlo, e non c'è da sperare né di restare a lungo bambina né di crescere presto, non c'è nulla da sperare. Se non ci si contenta, viene ancora il peggio. Chi non conosce l'orribile storia di ragazze che non si sono rassegnate; e come sono andate a finire?"

Carmela ha disteso sulla terra asciutta una salvietta bianca il filare di pane un coltello due forchette. I due uomini si siedono accanto, Cesidio taglia il pane anche per Pietro, e divide il baccalà.

« Mangia e bevi » gli dice. « Non ci tieni compagnia? » egli domanda alla ragazza. Ma ella non risponde, aspetta in piedi e in silenzio che i due uomini abbiano finito di mangiare. Pietro loda l'olio del baccalà e il vino frizzante, ch'egli beve a cascatella, tenendo il bariletto sospeso in aria, come Simone gli ha insegnato. Cesidio l'osserva ridendo.

« In pochi giorni hai cambiato scorza e sembri ringiovanito di almeno trent'anni » gli dice. « Non arrivo a capire com'è successo. »

« Sarà l'aria della tua vigna » si scusa Pietro arrossendo.

Negli ultimi giorni il viso di Pietro ha infatti perduto definitivamente il colore terreo, precocemente senile, che, per diventare meno riconoscibile ai poliziotti, egli si era procurato due anni prima mediante una soluzione di tintura di iodio, ed ha riacquistato il colorito naturale, pallido terso pulito.

"Adesso non posso mandarti più in giro" gli ha detto Simone preoccupato. "Chiunque ti guarderà in faccia, vedrà quel che pensi; puoi figurarti le conseguenze."

« Vi sbrigate a mangiare? » dice bruscamente Carmela con voce aspra. « Alle due devo andare al mulino. »

Il padre non le fa caso; egli è allungato per terra, appoggiato a un gomito, mangia lentamente, parla evoca paesi tempi lontani.

« Mentre davo il solfato » racconta Cesidio « m'è tornato a mente un vecchio amico di Popoli, un certo Battista il tintore, potrei raccontarvi varie cose di lui. Egli non è tintore ma i suoi antenati lo erano e i discendenti continuano a essere chiamati così. Conobbi Battista a San Paolo in Brasile, due anni prima che incontrassi Simone, una trentina d'anni fa. Lavoravamo alla stessa fazenda, e mi piacque subito. Egli era una buona pasta d'uomo, ma non soffriva mosche sul naso. Tornati, come si usa dire, in patria, ci vedemmo ancora qualche volta, ma sempre più di rado. Io mi sposai, lui si sposò, vennero altre preoccupazioni, così è la vita. Ma adesso, non so perché, mi piacerebbe di rivederlo. Certo » dice Cesidio d'un tratto « al primo mercato di laggiù gli farò una sorpresa. »

« Non potrebbe essere cambiato? » chiede Pietro.

« Battista? Non credo » risponde Cesidio dopo aver riflettuto. « Forse beve; il vino già allora gli piaceva molto. E siamo sinceri, a chi non piace? Bevi, Pietro, fino a stasera il bariletto dobbiamo vuotarlo. »

Cesidio ha forte statura, le mani e il viso colore di terra, aridi screpolati scarnificati, le ossa della testa ben visibili proporzionate potenti, le orbite cave, i capelli grigi molto corti, alla fratina; egli avrebbe quasi l'aspetto d'un contadino brutale senza due occhi di buon cane fedele. Sul braccio destro un tatuaggio azzurro rappresenta la Madonna, ricordo d'un lontano pellegrinaggio al santuario di Loreto.

« Ho bevuto abbastanza » dichiara Pietro.

« È una fortuna il vino » confessa Cesidio offrendo a Pietro un pezzo di baccalà. « È una delle ultime difese. A noi, a ben rifletterci, ormai non è concesso d'esercitare altra vendetta che nel vino e nella pigrizia. Gli oratori han voglia di concionare; se sono ubbriaco, sfuggo all'incanto delle loro parole. Il vino non possono mica proibirlo, perché piace anche a loro, e i proprietari devono venderlo. A dir la verità, la mia fama d'ubbriacone è adesso così fondata e ufficialmente riconosciuta che da qualche tempo bevo di meno e potrei anzi continuare a godere i vantaggi dell'ubbriachezza anche se diventassi del tutto astemio. Sono qui, in un certo senso, l'ubbriacone comunale, e preferisco dirtelo io, Pietro, prima che tu l'apprenda da altri. Il podestà m'ha dispensato dal partecipare alle adunate patriottiche da una memorabile volta in cui alcune mie domande, dopo un suo discorso, suscitarono tra i presenti una pericolosa ilarità. Io non avevo affatto bevuto, era a tutti evidente; ma il podestà, che non sapeva che pesci pigliare, trovò comodo d'ignorare le mie domande, invitando il capoguardia ad allontanarmi a causa del mio evidente stato di ubbriachezza. Da allora godo il diritto privilegiato di vivere ai margini dell'oratoria. Senti questa. In occasione della partenza d'un gruppo di richiamati per la guerra d'Africa, ci fu anche qui una specie di corteo d'accompagnamento alla stazione. Nella mia qualifica di ubbriaco comunale, non ero costretto a essere presente; ma volli ugualmente andarci perché, tra gli altri, partiva pure il fidanzato di Carmela, un buon ragazzo. Dal finestrino del treno egli mi chiese scherzando che regalo dovesse riportarmi dall'Africa, se una scimmia un albero di banane o una piccola schiava, e in risposta gli gridai quello che invece mi auguravo: che le sue mani non si sporcassero di sangue (e tutti intesero). Tra la folla e i viaggiatori del treno corse un po' di panico, finché il podestà scoppiò a ridere e gridò: È Cesidio, il solito ubbriacone. Fu una risata generale e un sospiro di sollievo. Come puoi immaginare, ho subito avuto imitatori, ma nessuno ha condiviso la mia fortuna, perché il comune di Acquaviva è piccolo e di ubbriacone riconosciuto e patentato non può esserncene più di uno. In casi benigni, altri sono, diciamo così, tollerati; alcuni, che non ne hanno i mezzi, qualche volta fanno finta. Insomma, per me è un autentico privilegio, e a causa d'esso sono stato soprannominato don Litro, come forse avrai già udito. Ma la parentela, in certi casi, è meno comprensiva, e si capisce. Per ogni respiro adesso si dipende dagli uffici, per ogni passo ci vuole una carta e un timbro; e te lo rifiutano se il tuo naso non gli va a genio.»

«Lo zio Achille non è stato nominato cantoniere per colpa tua» interloquisce Carmela. «Alla zia Maria è stato rifiutato il sussidio. Lo vorresti negare?»

«A questo siamo ridotti» conclude Cesidio.

«Se vai a Popoli» dice Pietro «t'accompagno. Anch'io vorrei ricercare da quelle parti un amico d'altri tempi, di cui adesso mi sto ricordando. Mi giunse voce che fosse stato arrestato, ma nel frattempo forse è stato rimesso in libertà.»

«Vi sbrigate a mangiare?» grida Carmela irritata.

«Per non dare all'occhio» avverte Cesidio «sarà meglio andare un giorno di mercato e arrivare al mattino, con quelli che vanno a vendere e comprare.»

«Se non fate nulla di male» interrompe Carmela insospettita «perché nascondervi?»

«Appunto per questo» gli risponde il padre «appunto perché non facciamo nulla di male.»

«Se vi nascondete» insiste Carmela «vuol dire che voi stessi credete di agire male, no?»

Cesidio ha un gesto di stizza contro quella testardaggine della figlia:

«Sei troppo stupida» le dice. «Somigli a tua madre.»

Tutta rossa in viso essa afferra il canestro, vi butta dentro la salvietta e le posate, e va via dopo aver gridato: « Voi ci manderete tutti in galera ».

« Vedi il rispetto di cui godo nella mia famiglia » si lamenta Cesidio. « Te fortunato che sei ancora scapolo. » Poi aggiunge: « Non vorrei essere indiscreto, ma la tua melanconia mi addolora. Sì, capisco, è duro per un giovane rinunciare all'amore. Perché non cerchi di bere un po' di più? Intendiamoci, anche l'amore è una buona cosa, ma esso asservisce, mentre il vino ci libera ».

« Non è una fuga? » risponde Pietro. « A me sembra una fuga. »

« Certo » ammette Cesidio. « Ma per rimanere liberi non ci resta che scappare. Anche tu scappi, non ti pare? »

Al ritorno in albergo Pietro vi trova un'agitazione inconsueta: il solito gruppetto di notabili fa cerchio attorno al brigadiere dei carabinieri e discute con lui sul ripetersi dello strano fenomeno dei punti interrogativi. Nelle ultime ore ne sono stati segnalati alcuni perfino sui casolari di campagna, dove i motti patriottici furono apposti l'anno scorso in occasione del passaggio in automobile di un importante gerarca.

« Sulla facciata del vecchio mulino, di punti interrogativi ne sono stati segnati addirittura tre » informa l'architetto con indignazione. « Adesso si legge *Credere? Obbedire? Combattere?* e i soliti vagabondi stanno a guardare e si dànno delle gomitate. »

Ma l'offesa più grave è quella perpetrata sull'epigrafe che sormonta la lapide del monumento ai caduti di guerra. Il punto dubitativo aggiunto alle parole *Morirono per la patria* è considerato il più abietto dei sacrilegi.

« A giudicare dalla grafia » osserva il brigadiere « si direbbe che sono sgorbi di un semianalfabeta. »

« Forse è uno scherzo » si azzarda a suggerire la sora Olimpia che soffre di vedere i suoi clienti rattristati. « Non credete che sia uno scherzo? »

Ma non ottiene altra reazione che sguardi di stizza.

« Ecco il capitano » segnala il brigadiere. « Non possiamo più nascondergli il fattaccio, mi pare. »

« Che brutta figura, Dio mio, che disonore » si lamenta il sor Quintino, muovendogli incontro per dargli ragguaglio del deplorevole fenomeno.

«Che ne pensa lei?» chiede a bruciapelo l'architetto a *don Saverio*.

«Se non erro» egli risponde guardandolo con severità «lei fa uso di interrogativi.»

L'architetto impallidisce.

«Comunque» aggiunge il *capitano* rivolgendosi agli altri presenti «devo constatare che la vostra fede non è molto salda se può essere scossa da semplici segni d'interpunzione.»

«Sarà opera di qualche ubbriacone» si affretta a dichiarare il brigadiere per attenuare la responsabilità collettiva.

Pietro sale nella sua stanza con l'intenzione di scrivere finalmente a Faustina; buona parte della giornata ha conversato mentalmente con lei e s'è deciso ad aprirle il proprio cuore con assoluta franchezza. Ma non riesce a scacciare dalla mente l'allusione del brigadiere all'ubbriacone. Per finire, lascia l'albergo e torna da Cesidio.

In casa di lui trova anche Pasquale il bottaio. Benché questo abbia un'abitazione più grande e decente, in casa non può ricevere amici a causa della moglie. Le prime sere, quando Simone Pietro e Infante andavano da Pasquale, la moglie si aggirava per l'abitazione con l'ansietà e la paura di chi teme una sciagura.

"Chi sono questi forestieri?" aveva finalmente chiesto al marito. "Perché non sono rimasti a casa loro? Non hanno casa?"

"Sono amici" si era scusato il vecchio Pasquale "amici di gioventù."

"La gioventù adesso è passata" gli aveva replicato la moglie. "Il tempo di far pazzie è passato, dovresti saperlo."

"L'anima a Dio, le tasse al governo, il cuore agli amici" si era difeso Pasquale. "Alla mia età non posso rinunziare agli amici."

Ma la moglie non si è data pace. Ogni volta che Simone e Pietro sono venuti in casa per stare con Pasquale, la povera donna è stata presa dalle smanie e si è vista muoversi di qua e di là con l'orecchio teso. Magra lamentosa scapigliata la poveretta adesso ha un nuovo motivo d'angustia. Deve pensare al marito alla nuora al figlio, che è in America e scrive poco, ha da provvedere alla capra al porco alla madia al camino alla chiesa a una cambiale che sta per scadere, e veramente le rimane poco tempo per il resto. La giornata dovrebbe avere trenta ore, ripete. Essa non si lamenta del marito, senonché è diventato vecchio e ancora non ha messo la testa a posto. In sua presenza Pasquale è ridotto a conversare per segni. Simone alza le sopracciglia per chiedere: « Eh? » ed egli acconsente col semplice abbassare e alzare delle palpebre. Alla moglie non sfuggono però quelle smorfie e ne è doppiamente allarmata.

« Di che parlate? » chiede. « Non potete dirmi di che parlate? Pasquà » essa conclude « tu sarai la rovina della tua famiglia. Chi sono questi forestieri? » essa torna a chiedere. « È vero che uno di essi è capitano? Perché non pratica i pari suoi e non lascia in pace la povera gente? Pazzi a casa non ne voglio. »

« Sono amici » ripete il povero Pasquale « amici di gioventù. »

« Perché hai bisogno di loro? » inveisce la moglie.

« Sono amici » supplica Pasquale.

« Compagnia di uno, compagnia di nessuno » aggiunge la nuora « compagnia di due, compagnia di Dio, compagnia di più, compagnia di Belzebù. »

La nuora è prolifica. In pochi anni ha riempito la casa di figli; nei lettini deve metterne due da capo e due da piedi; nel proprio letto ne mette uno da capo e due da piedi; nel gran letto dei nonni, uno da capo e uno da piedi, in mezzo, tra il nonno e la nonna. Il padre dei bambini è in America, a Filadelfia, in tutto da una decina di anni, ma varie volte è tornato per poco tempo, ha fatto un figlio ed è ripartito.

« Se calcolate le spese di viaggio » si lamenta Pasquale « avete un'idea del costo di ognuno di questi bambini. »

Stasera Pasquale ha detto alla moglie di volere andare all'osteria, ha fatto alcuni passi, si è guardato attorno senza averne l'aria ed è finito nella casa di Cesidio.

« V'è qualche cimice nel vicolo » egli dice a Cesidio arricciando il naso.

« Devi stare in guardia » gli conferma Pietro.

Il mestiere di bottaio dà a Pasquale l'occasione d'andare in giro per i mercati. Parte al mattino presto carico di tini tinozze secchi còscine cucchiai in legno e torna la sera. Pietro ha messo il proprio cavallo a sua disposizione.

Approfittando dei mercati, delle fiere, delle feste religiose, anche Simone ha ritrovato nella vallata alcuni vecchi amici, di quelli che non si sono adattati, e per mezzo di essi ne ha conosciuti alcuni altri, della stessa qualità, ma disgraziatamente non molti, la maggior parte s'è avvilita, ne avrà ritrovati dunque tutt'al più tre o quattro in ogni villaggio, di più non ve ne sono. Due vecchi amici che si ritrovano hanno oggi tanti guai da raccontarsi. Ah, poter confidarsi con qualcuno a cui non ci lega né il sangue né l'interesse o altro tornaconto, potersi parlare con fiducia, con simpatia, a quattr'occhi.

« L'amicizia tra uomini » confessa Simone a Pietro « può essere più dolce dello stesso amore delle donne, ma deve essere più discreta. »

Egli si presenta dunque con un pretesto qualsiasi. Dopo gli abituali saluti, le meraviglie: "Oh, chi si vede, come stai? perfino le montagne camminano, ma non sei affatto invecchiato, anzi" e simili banalità, racconta di trovarsi lì, di passaggio, per questa o quella ragione. Essendo conosciuto come uno stravagante, quanto più i suoi pretesti sono bizzarri, tanto più appaiono plausibili. Ci si siede, si beve un bicchiere di vino, e il discorso, è inevitabile, cade sui ricordi d'una volta, su quella vita dura penosa avventurosa ma calda vivente libera. Basta meno d'una parola, basta un battito di ciglio, per capire se l'amico agonizza o se è già morto. Rimasti soli, quando sembra che non ci sia più nulla da raccontarsi, talvolta si arriva a confidenze come naufraghi ritrovatisi. La voce perde allora ogni intonazione, cessa ogni gesto, ogni lamento sarebbe inadeguato. Vengono evitate le parole equivoche, gli accenni sospetti, e non per prudenza, ma perché sarebbero superflui. Ah, per carità, lasciamo la politica. È troppo presto, forse sarà per i nostri nipoti.

« Dovresti anche tu andare un po' in giro » raccomanda Simone a Pietro. « Ti farebbe bene prendere un po' d'aria. »

Il grano nuovo è già alto una spanna e l'intera contrada è percorsa in lungo e in largo da vecchi amici che si ricercano, che si visitano o restituiscono la visita. Non sono molti e vanno alla spicciolata; eppure non manca chi si domanda: "Chi sono questi forestieri che girano di qua e di là, non vendono, non comprano, entrano in una casa e vi restano fino a tardi?".

I vicini mandano i bambini a spiare. Le porte delle nostre case si chiudono solo di notte e i bambini del vicinato sono abituati a uscire ed entrare in tutte le case come i gatti. Perfino quelli che non si reggono ancora diritti, quelli che strisciano ancora mani e piedi per terra, s'introducono come lumache nelle case dei vicini, s'arrampicano per le scale, vi sbavano il latte materno, vi fanno pipì e il resto.

"Adesso stanno mangiando la minestra" tornano a raccontare i bambini alle mamme.

"Ma chi sono gli ospiti, perché sono venuti?"

"Adesso la vicina è salita dalla cantina con un boccale di vino" corrono a raccontare i bambini alle mamme.

"Ma di dove sono gl'invitati, che parlata hanno, sono parenti? Non siate così stupidi, domandatelo ai bambini della casa."

"Non sono parenti" tornano a raccontare i bambini alle mamme.

"Vendono, comprano qualche cosa?"

"Non vendono, non comprano nulla; adesso mangiano la minestra."

"Sono cantonieri, hanno qualche incarico governativo?"

"Non hanno nessun incarico; adesso stanno mangiando l'insalata."

"Ma di che parlano?"

"D'altri tempi, dell'Argentina, del Brasile."

"Di che?"

"Non dicono più nulla. Tacciono e bevono."

"Ma insomma chi sono? Non siate così stupidi, domandatelo ai bambini della casa."

"Dicono che sono amici del padre."

Ogni vicina corre alla ricerca dell'altra:

"Hai udito l'ultima stranezza?"

"Sì, il mio bambino me la raccontava proprio adesso."

"E tu ci credi?"

"Oh, non sono mica stupida."

Da due o tre settimane agli occhi di Pietro l'intera contrada sembra un'altra, sembra una tiepida pasta di pane che comincia a lievitare. L'inverno è passato, e già la tortorella col suo gemito timido e dolce ha annunziato la primavera. Il fico ha gettato le prime foglie nuove e il grano verde tinge di verde l'aria i ragazzi le giovani donne che zappettano per estirpare le erbacce, gli asini legati ai salici presso i fossi, i carri costeggianti i campi. Per arrivare a molti nostri villaggi di montagna bisogna camminare a piedi, bisogna meritarseli, versare conche di sudore, come i pellegrini d'una volta, salire scendere risalire lunghe coste, provare la propria virtù. Non sono montagne per turisti, ma per eremiti; non per vacche ma per capre e serpi; montagne aride deserte, di poca erba, di gente povera. In molti tratti, battendo forte i piedi, la terra scricchiola, come un legno tarlato, come una vecchia platea di teatro; è una vecchia terra che cova i terremoti. Mentre si sale e si scende, la contrada s'allarga si restringe scompare si ripresenta sempre diversa, ma senza perdere mai il suo carattere severo e triste. A ogni fontana, o ruscello, Simone si china e si disseta come se l'aspettasse il deserto. Infante beve con la lingua come i cani. Arrivati in un villaggio, il giorno di festa la gente è facile a trovare, è in piazza. Gli uomini stanno in piedi, con le mani nelle saccocce, nel lato della piazza dove batte il sole, se fa freddo; seguendo lentamente gli spostamenti dell'ombra, se il sole scotti; la sera nelle cantine. Se c'è funzione religiosa senza una predica di qualche importanza, gli uomini aspettano fuori della chiesa l'uscita delle mogli delle sorelle delle fidanzate; quando va per le lunghe ogni tanto mandano un ragazzino a dare un'occhiata.

"Entra a vedere" gli dicono "se il prete si sbriga."

A Pietro piace molto quel camminare con Simone, o Cesidio, o Pasquale, quell'andare nei paesi alla ricerca di vecchi conoscenti, d'amici dimenticati. Dagli incontri gli viene una felicità calma, un senso di piacere, una danzante leggerezza, cammina come sollevato da una gioia nuova, da ali che gli si erano atrofizzate. Egli deve trattenersi per non correre, per non fare capriole, come un prigioniero che abbia spezzato i lacci; nell'interno degli abitati assume una gravità puerile; cammina sul marciapiede, facendo attenzione a non perdere l'equilibrio, a non mettere piede sulla linea fra pietra e pietra, e contando i passi. Ma accade anche che la sera dei giorni festivi, di ritorno da queste gite, egli sia stanco e amareggiato. Succede che qualche suo conoscente d'un tempo, contadino da lui avvicinato nel vecchio movimento delle leghe, adesso sia morto, o in prigione, o disperso, forse all'estero, forse ramingo in altra provincia, sotto falso nome, neppure la famiglia lo sa, o non osa dirlo; e qualcuno che egli ritrova, è irriconoscibile, incurvato dalle fatiche, inebetito dalla miseria, dagli stenti, dalle persecuzioni, dalla solitudine, atterrito da paure incomprensibili, ricaduto nella schiavitù nel sonno nell'apatia millenaria, inaccessibile perfino alle semplici parole d'amicizia con le quali Pietro si presenta.

"Non sono mica venuto per parlarti o discutere di cose pericolose; ma no, t'assicuro, son qui di passaggio, mi sono ricordato di te, dei tempi di una volta, volevo vedere come stavi, nient'altro."

Un contadino d'Introdacqua, che Pietro aveva incontrato due o tre volte, una quindicina d'anni fa, e di cui egli aveva sempre conservato un bel ricordo, è morto il mese scorso. La vecchia madre ammantata di scuro, figura dolente e spettrale, che Pietro trova nella casa silenziosa, lo prende a parte e gli mormora a un orecchio:

« Sei tu quello che doveva venire e che il mio povero figlio aspettava? Ah, perché non sei venuto almeno un mese fa? Quanto ha faticato, quanto ha tribolato, quante lacrime amare ha inghiottito in segreto quel mio povero figlio, se tu sapessi. »

Il fratello del morto invita Pietro alla cantina, gli paga da bere, invita alla cantina anche altra gente incontrata per strada, paga da bere anche a loro. E la moglie, dalla finestra di casa, gli grida con ira:

« Vuoi rovinarti anche tu come tuo fratello? Perché scialacqui i soldi alla cantina se i tuoi figli vanno scalzi e non hanno da mangiare? »

« Non si può fare migliore uso dei soldi che pagando da bere agli amici » risponde ridendo il marito. « Venite e bevete » egli aggiunge rivolgendosi alla gente che l'attornia.

Pietro accetta un bicchiere di vino e siccome la cantina si riempie di gente, cerca di andarsene. Ma il fratello del morto lo trattiene e alla presenza di tutti gli chiede:

« Non sei tu quello che doveva venire e che la buona anima di mio fratello aspettava? Di' a noi quello che avresti voluto dire a lui. »

Pietro beve un altro bicchiere di vino e dopo un lungo silenzio, alla gente che gremisce la cantina e aspetta le sue parole, dice:

« Vi raccomando l'orgoglio. »

I cafoni cenciosi l'ascoltano stupiti.

"Che cosa?" vari cafoni gli domandano.

« L'orgoglio » egli ripete. « Siate orgogliosi. »

Tra lo stupore dei presenti Pietro lascia indisturbato la cantina; ma all'uscita d'Introdacqua due uomini in uniforme lo raggiungono e gli chiedono le carte, e poiché le trovano in ordine, gli permettono di proseguire. Egli racconta l'episodio a Simone, un po' esaltato, un po' anche arrossendo per quella sua ricaduta nell'oratoria; e Simone non nasconde una sua preoccupazione.

« Un giorno o l'altro può andare a finir male » si limita a dire.

Sulla strada verso Pettorano, un altro giorno un viandante racconta a Pietro la storia d'un vecchio ergastolano, nativo del luogo, che dopo aver interamente espiato la sua pena, ha chiesto di restare come scopino nel penitenziario, mancandogli le forze di ritornare a vivere la vita del cafone. L'uomo che Pietro è venuto a ricercare a Pettorano, abita in una catapecchia nella parte alta del paese, dietro la chiesa di San Dionisio, con le finestre senza imposte e il pavimento smattonato; alcune tinozze poste qua e là raccolgono l'acqua che sgocciola dal tetto. Egli è alto come in montagna, da quelle parti, sono molti, e sembra un immenso scheletro ricoperto di cenci; nelle occhiaie mostra il nero della fame cronica. Egli riceve e ascolta Pietro senza dar particolari segni di riconoscerlo, come il messaggero di un altro mondo. Infine gli dice:

« Il vero nemico dell'uomo, giovanotto, credi a me, è l'umidità. In questa casa continua a piovere anche quando fuori da molto tempo ha cessato. Come spieghi tu l'umidità delle case in un paese senz'acqua? Ti ringrazio della visita, ma potevi risparmiarti la fatica. »

« Tornerò » gli promette Pietro. « Porterò con me degli amici. »

« Risparmia la fatica » ripete il vecchio.

XXIV

« Egli fa l'impressione di non pensare più a quella ragazza » dice Cesidio a Simone. « Meno male. »

Ma Simone scuote la testa.

« No, è una ferita sempre aperta » egli dice. « Ma vi sono dei giorni che gli brucia di meno. »

Dopo ogni giornata d'assenza, la prima domanda di Pietro al suo ritorno ad Acquaviva riguarda sempre Infante. Durante la settimana Infante lavora a giornata, assieme a Simone, presso qualche contadino, o aiuta in qualche lavoro pesante Pasquale il bottaio. Nei giorni di festa o di mercato in cui spesso resta solo, Infante raminga pei campi, salta come una capra tra le frane di sassi, si nasconde per ore intere dietro cespugli spinosi, oppure gironzola nell'abitato qua e là, senza meta, a passi irregolari, si lascia attrarre da un nonnulla, si sbaglia nella direzione, si lascia guidare più dai piedi che dalla memoria. Già alcune volte Pietro è stato in grande apprensione perché, non vedendolo riapparire, temeva che gli fosse successa una disgrazia o fosse stato arrestato. Anche le baruffe d'Infante con i ragazzi di Acquaviva non si contano più. Malgrado le cure e raccomandazioni di Pietro, egli ha conservato l'aspetto di un selvaggio lercio violento e timido. Egli era abituato a Pietrasecca ad accettare il bello e il cattivo tempo come un albero; ma adesso, se piove, ricorda le raccomandazioni di Pietro e cammina sotto le grondaie credendo di ripararsi dall'acqua e invece ne prende di più; se c'è il sole e non ha nulla da fare, s'allunga per terra, senza badare dove, e resta supino o si gira o si dimena nella polvere della strada come un maggiolino caduto sul dorso. Pietro n'è preoccupato;

nessun padre s'è mai sentito così ansioso del figlio com'egli d'Infante.

« Bisogna prendere tutte le precauzioni » dice Pietro a Simone « affinché, se noi due siamo arrestati, e questo può capitarci da un giorno all'altro, a Infante non capiti nulla di male. Ti prego aiutami coi tuoi consigli. »

« Vuoi nominarlo tuo erede? » gli risponde Simone ridendo. « Vuoi fare d'Infante un proprietario di terre? E questo consideri volergli bene? »

« Non ho voglia di scherzare » dice Pietro rabbuiato. « Per me, adesso, questa è la più urgente delle preoccupazioni. Tu sai che ho incontrato Infante, in un certo senso, sotto terra; forse egli è stato l'avvenimento più importante della mia vita; ai miei occhi, nella stalla di Sciatàp, egli diede un nome e un viso alla povertà. E tu sai di quanto io sia debitore ai poveri; non è esagerato dire ch'io devo a essi tutto; pensa un po', Simone, senza di essi, anch'io sarei finito commendatore. Tu ridi, ma c'è poco da ridere. Adesso devo veramente fare ogni possibile perché Infante, in caso di nostro arresto, non ricada nello stato di bestia domestica in cui era tenuto a Pietrasecca. È un sentimento del tutto nuovo per me, del tutto insopportabile, questa paura. »

Infante abita assieme a Simone in una stamberga abbandonata, nella parte più povera di Acquaviva, dove sono stati collocati da Cesidio. Vi si arriva per una viuzza stretta e profonda come un crepaccio, dove il sole penetra a stento. Per entrare nel tugurio bisogna salire alcuni scalini sconnessi; è una stanza interamente nuda, con due poveri letti, e un giaciglio per il cane. Il cane Leone sembra molto infelice, geme internamente, ha sempre gli occhi lagrimosi, certo rimpiange i bei tempi di Colle, quella vita comune giorno e notte. Tra alcuni mattoni, in mezzo alla stanza s'accende il fuoco; il fumo esce dalla finestra. Sotto l'influenza d'Infante, e per rendersi a lui più comprensibile, senza accorgersene Pietro ha preso l'abitudine di parlare col verbo all'infinito e servendosi soltanto delle poche decine di parole conosciute dal sordomuto. Infante mangiare, Simone aspettare lavorare andare, Pasquale non venire, Faustina partire. Tornare? Tornare. A Simone gli viene da ridere, ma Pietro arrossisce e poi trova che l'uso esclusivo dell'infinito è molto più bello, il passato è costretto a ripetersi, il futuro ad anticiparsi, è un'operazione quasi magica. "Faustina partire" è più commovente, più forte, e anche più esatto, di "Faustina è partita".

Quelle parole a Infante insegnate da poco, sono ancora calde di nascita, ancora grezze e vive; basta ch'egli dica sole, e tutto è luce intorno; basta che ripeta: pane vino letizia, per creare quegli oggetti.

Pietro ha regalato ai suoi amici una buona parte della biancheria ricevuta dalla nonna; e siccome Infante non conosce la distinzione tra camicie di giorno e di notte, e queste gli sembrano più belle, adesso ama pavoneggiarsi per le strade con una camicia guarnita di ricamo attorno al collo e ai polsi. Una ragazza, che a vederlo s'è burlata di lui e ha preso la fuga, egli la rincorre fin sulla porta di casa, incollerito come un indemoniato; dalla casa esce il padre per difendere la figlia, e se non si trovasse a passare Pasquale il bottaio, ne nascerebbe una zuffa pericolosa.

Pietro non si pente di avere sottratto Infante dalla schiavitù di Pietrasecca, ma ogni giorno che passa si persuade meglio della difficoltà di renderlo atto a una vita socievole tra estranei e sconosciuti. Un ambiente ideale come l'abitazione di Simone a Colle non lo ritroverà mai. Il più fastidioso per Pietro è di non riuscire ad abituarlo al minimo di disciplina e di decenza fisica indispensabile per essere sopportato dagli altri. Da quando Pietro è preoccupato dall'avvenire di Infante, scopre in lui una rozza resistenza che lo fa disperare. Egli s'irrita per la preferenza di lui a sedersi per terra piuttosto che sulla sedia e che per pulirsi il naso dimentichi d'avere in tasca un fazzoletto; ma poi s'arrabbia anche con sé stesso perché dà importanza a simili sciocchezze. Infante assiste timoroso e sbigottito a quegli incomprensibili scoppi di malumore, e resta a guardare Pietro come un cane ingiustamente battuto; quando suppone che l'ira gli è passata, per farlo ridere agita le orecchie.

Simone è scettico sulla possibilità di farlo adottare dalla famiglia di qualche amico, perché Cesidio e Pasquale il bottaio, che sarebbero in condizioni di farlo, in casa contano poco; ma per il resto è meno preoccupato di Pietro.

« L'amicizia non deve diventare una schiavitù » dice Simone « essa deve invece renderci più liberi e leggeri. Non bisogna che gli amici ci pesino, ci schiaccino, c'incatenino, come le donne o la famiglia. Quello che c'è di bello nella nostra brigata d'amici, è che siamo tutti, più o meno, allo sbaraglio, la nostra pelle è già venduta, non dobbiamo più preoccuparci del compratore. Mi fa specie, Pietro, ch'io debba ricordare a te queste cose. »

Ma lo stesso Simone non riesce a nascondere una sua crescente inquietudine sulla sorte di Pietro.

« Dovresti lasciare la locanda » gli propone bruscamente una sera. « Non so capire come non abbiano ancora scoperto chi sei. »

« Hanno creduto alle carte di mio zio » cerca di spiegare Pietro. « Che c'è di strano? Non sono mica carte false. »

In realtà, quando Pietro è in compagnia dell'onorata clientela della locanda, egli sembra un uomo di un altro pianeta: la vicinanza tra lui e gli altri clienti è fittizia, appunto come quella che può creare la sovrapposizione di due immagini di mondi diversi. Egli non ha più bisogno di simulare, e ognuno ha rinunziato a capirlo, pur non credendolo pazzo nel senso comune della parola. D'altronde, fingere gli sarebbe ormai impossibile: il suo sguardo è di una limpidezza mai vista, è come una finestra spalancata.

« Non vi fidate di Sparta » gli raccomanda il podestà. « È un uomo falso. »

« Non lo temo » assicura il *capitano*.

« Sta raccogliendo dicerie a mio carico » spiega il podestà « e potrebbe farvene parola. »

« Voi, dal canto vostro, non fate lo stesso contro di lui? »

« Ma io vi sono autorizzato, è perfino mio dovere. »

Il podestà racconta un penoso incontro occorsogli il giorno prima alla stazione di Prezza: un cafone ammanettato tra due carabinieri. Il ricordo gli ha tolto quasi l'appetito.

« In fin dei conti » egli aggiunge « è uno spettacolo abbastanza frequente nelle nostre stazioni. Ma, non so perché oggi, a prima vista, ho subito avuto la certezza che si trattasse d'un sovversivo. Era un contadino d'una quarantina d'anni e aveva l'aspetto smarrito d'un animale di qualche specie scomparsa, d'un uomo d'altri secoli, quasi d'un oggetto di museo. Il podestà di Prezza, che si trovava in stazione, mi ha raccontato che quello sciagurato, la sera prima, aveva lanciato grida sediziose contro la guerra d'Africa. Una signora che aspettava il treno vicino a me ha detto: Sembra un sorcio in trappola. »

A quelle parole le orecchie di *don Saverio* si rizzano.

« È una specie umana difficile a distruggere » egli si limita a osservare.

« Sono miseri sopravvissuti d'altri tempi » afferma il podestà con disprezzo. « Tra i ragazzi d'oggi, potete esserne certi, quella zizzania non attacca più. »

« Ah, vi sono galline che senza saperlo covano il basilisco » ammonisce *don Saverio*. « Molti eretici, non dovreste ignorarlo, sono usciti appunto dalle scuole dei gesuiti. Vedete quei bambini che adesso tornano dalla scuola? Chi può garantirci che tra vent'anni uno d'essi non sollevi il paese? »

Una frotta di bambini passa correndo davanti alla locanda. Il podestà li guarda improvvisamente con sospetto.

« Sciocchezze » egli dice. « D'altronde, chi se ne frega? tra venti anni io sarò in pensione. »

Cesidio, istruito da Pietro, s'è caricato d'un sacco di cipolle, s'è messo per strada, ed è subito accorso a Prezza, per accertarsi e appurare. Il paesetto scuro e povero sotto la montagna ripida sembra oppresso da una segreta minaccia, le poche osterie sono vuote, la gente per i vicoli cammina in fretta lungo i muri, silenziosa e diffidente. Una serie di disgrazie si sono abbattute nel giro di pochi giorni sulla popolazione presa alla sprovvista e sembrano voler attirare su di essa l'ira delle autorità. L'ultima, la più grave, s'è risaputa stamane. Un oratore governativo arrivato il giorno prima era stato alloggiato nella camera più decente e pulita disponibile; ma durante la notte egli v'è stato assalito da decine di migliaia di pulci che l'hanno ridotto in pietosissimo stato. Data la stagione primaverile, nessuno riesce a spiegarsi donde quegli insetti siano usciti. L'oratore è ripartito di buon mattino; col viso irriconoscibile, mezzo cieco, ululando oscure minacce.

Col sacco sulle spalle Cesidio sale per i vicoli scoscesi sassosi del paese, visita due o tre famiglie di sua conoscenza col pretesto d'offrire cipolle. "Se abbiamo bisogno di cipolle le compriamo al mercato" gli rispondono seccamente. Nessun'altra parola. Una famiglia tuttavia ne acquista la metà del sacco in cambio di fagioli. Avvenuto lo scambio, Cesidio prova a parlare del tempo, delle semine, dell'insolfatura, ma nessuno gli fa eco; chiede un bicchiere d'acqua e glielo offrono senza parlare. In casa d'un contadino c'è solo la moglie, lui non c'è. La moglie è vicina al camino spento, con due bambini attaccati alle gonne.

« Dov'è Nicandro? » domanda Cesidio posando per terra il sacco di cipolle e fagioli.

« Non è in casa » risponde la moglie senza voltarsi.

« Tarderà a tornare? »

« Non so. »

« Posso aspettarlo. »

« Non credo. »

« Ah » dice Cesidio.

La donna è ammantata di nero, ha una faccetta piccola aggrinzita come quella di un feto, e gli occhi rossi di chi ha molto pianto. I bimbi si sono stretti al suo collo, trementi come bestiole impaurite, e uno di essi già grida di spavento.

« Sono un amico di Nicandro » si azzarda a dire Cesidio. « Mi dispiace molto. Se posso essere di aiuto. »

« Gli amici sono stati la sua rovina » l'interrompe la donna alzandosi e guardandolo in faccia con sguardo d'odio. « Quando mancherà il pane, chi nutrirà queste creature? Sarebbe tempo di sarchiare una nostra terricciuola seminata a granturco e adesso che non c'è lui, chi la sarchierà? Gesù? »

« Forse » dice Cesidio sommesso e addolorato. « Perché no? Ad ogni modo, ero debitore a tuo marito d'un po' di fagioli e di cipolle, non so se lo sapevi. Ecco, sono venuto per la restituzione. Mi dispiace molto ch'egli non sia qui. »

Cesidio lascia per terra il sacco e parte.

Il paese è ammucchiato su una costa sassosa. Per andare ai campi si scende tra macerie di sassi sterpi cespugli arsicci spinosi, si attraversano vigne, e scendendo ancora, verso la conca di Pratola, si entra in campi di fave di fagioli di granturco, s'incontrano sempre più numerosi pioppi salici alberi da frutta; ancora più giù, oltre ai legumi dei terreni umidi si estendono vasti campi di grano. Dai rifugi neri incavati nella montagna la popolazione povera ogni mattina scende verso il piano, come una processione di formiche alla ricerca del nutrimento. Sulle alture circostanti, monte Prezza monte San Cosimo monti del Morrone, l'inverno ha lasciato lenzuola bianche di neve; ma le lunghe coste aride, qua tondeggianti là ripide, sono già rivestite di coperte grigie e brune e il piano è un irregolare tappeto d'ogni gradazione di verde. Le pianticelle di granturco da vari giorni hanno messo fuori tre o quattro foglie tenerelle ed è il momento di nutrirle sarchiando la terra con la zappa.

Il lavoro della zappa è duro per le donne; solo le più robuste vi si possono cimentare. Maria Catarina, la moglie di Nicandro, ha appena finito due solchi e già si sente venire meno. Essa è poco abituata alle fatiche della terra e solo alle più leggere; suo padre era falegname, sua madre sarta, e per di più essa è ora molto indebolita. I suoi occhi esausti dall'insonnia e dalle lacrime non sopportano il riverbero del sole sulla terra; e la schiena, benché abituata alle fatiche del bucato e della madia, sembra rompersi a ogni colpo di zappa; a ogni passo le ginocchia le si piegano per la debolezza. E alcune volte, invece di rivoltare la terra, essa ha già distrutto varie piantine di granturco; non è tanto imperizia, quanto stanchezza e distrazione. Si vede che la sua anima è altrove; l'immagine del marito incarcerato, probabilmente vilipeso torturato, non deve abbandonarla un momento. D'un tratto non ne può più, lascia cadere la zappa e si siede per terra sotto un albero; nasconde la faccia tra le mani e piange. Un sudore freddo, come neve liquefatta, le inonda il corpo.

Il campi vicini sono deserti, la sarchiatura v'è stata già ultimata. Il suo campo stretto e lungo, d'una superficie sulle trenta are, è attorniato da salici e separato dalla strada rotabile da un piccolo ruscello. Sulla strada passano rare persone, qualche contadino con l'asino carico di stabbio, qualche donna che va al mulino. Ma un cafone rivestito di stracci, colore cenere come i viandanti che vengono da lontano, ha ora saltato il fosso e a grandi passi viene verso Maria Catarina. Lo sconosciuto è alto e forte e porta una zappa su una spalla. Alla donna seduta per terra egli deve sembrare quasi un gigante. Tra il seminato egli avanza a balzelloni come un orso, ed ha un aspetto di vagabondo selvaggio che alla donna incute subito paura; ma forse egli vuole solo attraversare per arrivare più presto altrove.

Maria Catarina è accovacciata sotto l'ombra leggera del salice e finge di non guardare lo sconosciuto che s'avvicina; l'ombra delle foglie s'imprime sulla faccia e sul vestito della donna e la trasforma in un mucchio di foglie. Quando lo sconosciuto arriva ad alcuni metri da lei, si ferma, sorride e con una mano accenna a un goffo gesto di saluto. Il suo aspetto da vicino è francamente pauroso; nessun cristiano a Prezza ha quell'aspetto selvatico; ma i suoi gesti sono d'una buona bestia domestica. Egli getta per terra il cappelluccio unto e gualcito, dà mano alla zappa e comincia a sarchiare nel punto dove la donna aveva appena interrotto.

« Eh bon'omo » gli grida Maria Catarina sorpresa « ti sei sbagliato di terra, io non t'ho mica chiamato. »

L'altro non ode, continua curvo a sarchiare, va innanzi presto forte regolare, maneggiando la zappa con una leggerezza come se non ne sentisse il peso.

« Eh, bon'omo » gli grida Maria Catarina più forte « ti sei sbagliato, t'ho detto, adesso ti prego, non continuare, non potrò mica pagarti. »

L'altro non ode, va avanti, senza alzare la testa, senza voltarsi indietro, come se non provasse fatica, penzolando la testa ora di qua ora di là, seguendo il movimento della zappa alla destra e alla sinistra delle piantine, come se parlasse con esse, come se raccontasse a ognuna il suo segreto, prima a un orecchio poi all'altro, sorridendo.

« Eh, bon'omo » gli grida Maria Catarina ancora più forte « per l'amore di Dio, ascoltami, non continuare, smettila, non ho soldi per pagarti. »

Maria Catarina deve farsi coraggio, deve alzarsi e corrergli dietro. L'altro neppure si volta e continua a zappare. Egli non ode; va avanti curvo sul solco, con la regolarità con la naturalezza d'un bue attaccato a un aratro leggero, mentre la donna gli cammina dietro e gli ripete: "Eh, bon'omo per favore, per carità, per l'amor di Dio, non continuare". Ma è come se la povera donna parlasse una lingua a lui ignota. L'uomo va avanti senza farle caso, come un contadino sulla sua terra, con una sicurezza un'indifferenza irremovibili. Ah, da vari giorni succedono nella contrada sciagure insolite. All'improvviso Maria Catarina è presa dal timor panico, si mette a fuggire attraverso i solchi, salta il ruscello e col cuore in tumulto risale verso Prezza, per sfuggire a qualche imminente sventura e mettersi in salvo. Ogni tanto essa guarda indietro per vedere se l'altro la insegue. La poca gente che incontra per strada la riconosce e l'osserva con orrore e pietà, come una misera vittima del destino. Chi sa quale altra disgrazia adesso le sarà capitata. Arrivata stanca e senza fiato nel paese, Maria Catarina corre a rifugiarsi presso la suocera, l'unico sostegno che le rimane. La suocera è molto vecchia ed esce poco di casa, ma quando stamane ha saputo che la nuora, pur non essendo abituata al lavoro della terra, ha voluto andare a sarchiare il granturco, ha avuto grande pietà di lei, ha pregato una vicina d'imprestarle un pezzo di pane bianco e un uovo, e le ha serbato quel buon cibo per la sera. Ma ecco che la nuora disperata sconvolta smarrita le compare improvvisamente in casa e le si getta piangendo tra le braccia. Tutto il giorno le due povere donne lo trascorrono in lacrime e preghiere, non hanno nessuno a chi chiedere consiglio. Ma verso sera, la vecchia, colta da un'improvvisa decisione, vuol andare a vedere quella stranezza nel campo di suo figlio.

«Tu resta qui, figlia mia, e chiudi la porta» ella raccomanda alla nuora. «Chiunque bussi, non aprire.»

«E se ti succede qualche cosa?» si lamenta la nuora. «Tu lo vedi, mamma, adesso il destino s'è voltato contro di noi.»

«Non temere, figlia mia, il destino non può ridurmi peggio di quello che sono. E il diavolo non ama le donne della mia età.»

La vecchia prende la corona del rosario, si fa il segno della croce e scende lentamente per la stradetta che conduce al piano. Piccoli ragazzi carichi come asinelli di bisacce di barili di sacchetti risalgono verso il monte; donne solitarie vengono lungo l'argine della strada che costeggia il ruscello con grandi pesi sul capo, sferruzzando la calza con le mani libere per non perdere tempo. Ognuna si meraviglia di vedere quella povera vecchia in gramaglie andare pei campi a quell'ora, e qualcuna osa chiederle se le sia capitata altra disgrazia. Ma ella prosegue diritto, con la corona in mano, rispondendo ai saluti appena con piccoli cenni della testa, come una pellegrina verso un santuario.

Tre volte per riprendere fiato, deve sedersi su un paracarro, ma appena vede da lontano gente avvicinarsi s'alza e prosegue. L'aria è tiepida come in una sera d'estate, e i pioppi la rinfrescano col loro stormire. Un ratto attraversa il ruscello accanto alla strada, il muso aguzzo e baffuto sul pelo dell'acqua. Quando la vecchia arriva al campo del figlio, lo sconosciuto sta terminando di sarchiare l'ultimo solco. Egli alza la schiena, guarda un po' attorno a sé l'opera compiuta, e sorride. Poi si curva, raccoglie da terra il cappelluccio, prende la zappa su una spalla, raccoglie anche la zappa lasciata dalla donna da lui incontrata lì al mattino, e s'avvia lentamente verso la strada. Egli è forte, ma ha un'andatura stanca. Arrivato al ruscello, s'inginocchia e si protende a bere con la bocca sull'acqua. Vicino a lui adesso è la vecchia. Egli le sorride, le consegna la seconda zappa.

« E adesso? » gli chiede la vecchia. « Hai finito la sarchiatura, e va bene; ma mia nuora t'aveva pur detto e ripetuto, che non può pagarti. Come facciamo? Se verrà un buon raccolto, mio figlio ti manderà la tua giornata. Di dove sei? Come ti chiami? »

L'uomo ha l'aria di non capire e la guarda pensieroso.

« Tu hai fatto il lavoro e va bene » gli ripete la vecchia un po' confusa. « Ma mia nuora è una disgraziata, credi a me, non ha denaro per pagarti subito, mi dispiace. Come ti chiami? »

Adesso l'uomo ha capito.

« Denaro? » egli dice e ride. « Denaro? Oh, niente denaro » balbetta a stento, con una strana voce e facendo di no con la testa e le mani.

Poi saluta con un piccolo gesto goffo e s'allontana nella direzione opposta al paese, costeggiando a grandi passi il ruscello e il filare di pioppi. Egli porta la zappa sulla spalla e la giacca piegata sul braccio, e adesso cammina col corpo ritto come un signore. Ogni ombra di stanchezza o servilismo è sparita da lui. La povera vecchia lo sta a guardare, l'evento è strano, inconcepibile, certamente non naturale. Bruscamente la vecchia crede di capire e per non cadere deve appoggiarsi a un pioppo. La sua faccia rugosa è inondata di lacrime di gioia, illuminata, trasfigurata da una contentezza mai provata.

« Rallegrati, anima mia » riesce finalmente a mormorare stringendosi le mani sul petto « e ancora una volta, rallegrati, perché oggi hai visto il tuo Signore. »

Come ha fatto la povera vecchia a tornare a Prezza in così poco tempo? Dove ha preso le forze?

Inginocchiata vicino al camino, accanto alla suocera, la nuora adesso piange lacrime di gioia e di vergogna.

« Come posso credermi cristiana » dice Maria Catarina « se Lui m'appare e io nemmeno Lo riconosco? A che mi servono il battesimo il catechismo la cresima la comunione? »

« Egli era in maniche di camicia e portava la giacca su un

braccio » racconta la vecchia. « Ma solo quando Egli s'è meravigliato ch'io Gli parlassi di salario, mi sono accorta che la Sua camicia era di seta. Quella biancheria da re sotto un vestito cencioso, quella voce, quel sorriso, quelle parole, quello stupore: denaro? a me denaro? Ah, figlia mia, come raccontarti? »

Biancheria di seta, naturalmente, nessun cafone l'ha mai portata. Dalle nostre parti neppure i proprietari, neppure gli oratori, arrivano a tanto lusso. La madre di Maria Catarina, ch'era sarta, in tutta la sua vita avrà cucito migliaia di camicie, anche per i notabili del luogo, ma non una di seta. Di seta è l'abito da sposalizio delle ragazze nelle famiglie benestanti, l'abito che si porta un giorno solo e si conserva tutta la vita; di seta è il manto della Madonna della Libera; di seta, la pianeta del parroco. La seta è una stoffa rituale.

« Se è Lui, mamma » dice bruscamente la nuora « se è Lui che adesso si trova da queste parti, sarebbe stato bene che quest'uovo tu l'avessi portato a Lui. »

« Oh, figlia mia » risponde la suocera « con una semplice benedizione, volendo, Egli potrebbe trasformare in uova tutti i sassi di Monte Prezza, di monte San Cosimo, delle montagne del Morrone. »

« Se è Lui, mamma » aggiunge sottovoce la nuora « Egli potrebbe anche far liberare Nicandro; Egli può tutto. »

« Non tutto, figlia mia » sospira la vecchia. « Forse i poveri sassi delle strade, i sassi che ognuno calpesta e che i carri stritolano, sono più vicini e ubbidienti al Suo cuore che gli uomini cattivi. Gesù, figlia mia, non può comandare ai suoi crocifissori. »

La notizia inaudita dello sconosciuto che ha sarchiato il campo di granturco e non ha voluto che si parlasse di salario, adesso vola di bocca in bocca in tutta la contrada, e ovunque suscita meraviglia. A memoria dei vecchi nessuno ricorda che sia mai accaduto, né qui né altrove, qualche cosa di simile.

C'è a Prezza uno scarparo conosciuto anche nei dintorni perché non si meraviglia mai di nulla; egli è stato a Marsiglia e a Filadelfia, figuratevi un po', ha visto mezzo mondo, le cosiddette novità lo fanno sempre ridere; egli è anche emancipato e non crede affatto alle favole dei preti, e se la domenica in chiesa canta il Gloria, questo succede perché ha una bella voce; perfino questo scarparo dunque, a udire la storia dello sconosciuto che ha sarchiato un campo di granturco e non ha voluto che si parli di salario, per lo stupore è rimasto senza parola.

« Neppure a Filadelfia » finalmente ha ammesso « mai, mai ho udito una cosa simile. »

L'emozione l'allarme dei bigotti non è minore. Naturalmente ognuno di essi crede, o suppone di credere, o finge di credere, quello che c'è stampato nel catechismo, ivi compreso la presenza reale di Gesù in chiesa, nel tabernacolo, sotto le specie dell'ostia e del vino; ma saperlo vivo, visibile, tra i campi di fagiuoli e di granturco, a due o tre chilometri dal paese, evidentemente è un altro paio di maniche. Maria Catarina e la vecchia suocera si sono rinchiuse in casa, non vogliono parlare con nessuno, non vogliono che la propria casa diventi un luogo pubblico, e l'accaduto un avvenimento da chiacchiere, un fatto curioso.

« Gesù non è affatto interessante » ripete la vecchia « vi assicuro, Egli non è affatto una stranezza. »

Anche tra loro, le due donne evitano di discorrere troppo spesso di quella loro grande gioia.

« Dobbiamo stare attente, figlia mia » ha detto la vecchia. « È stato un immenso regalo, una contentezza che basta a colmare una vita, quella da noi ricevuta. Ma dobbiamo stare attente. Una gioia si sciupa così facilmente. Dobbiamo parlarne poco e pensarci sempre, nel fondo dell'anima. »

Maria Catarina è corsa in carcere a raccontare la grande notizia al marito.

« Il Signore, Nicà, ha sarchiato la nostra terra. »

« Quale signore, Catarì? »

« Ce n'è uno solo, Nicà, uno solo di vero. E ha sarchiato la nostra terra. »

« Lui? In persona? »

Le vicine, si capisce, cercano d'introdursi in casa come i gatti, con ogni pretesto, e qualcuna vi riesce. Ma appena vuole portare il discorso su di Lui, la vecchia interrompe.

« Chi vuole Gesù, se Lo preghi » ripete.

« Ma, comare, raccontami un po', a te che ti disse? »

« Comare, dovresti saperlo, Egli non è oratore, ah, no. »

« Dovresti però rivelarmi solo un particolare, comare, che mi sta tanto a cuore. Quando Lo vedesti, era allegro o triste? Comare, non voglio sapere altro, ti giuro. »

« Era triste, comare. Anche il Suo sorriso era triste. Adesso però puoi andartene, comare, e non raccontare a nessuno quello che t'ho detto. »

La comare parte, corre.

« Egli era triste, ah, molto triste » racconta di porta in porta.

« Non mi sorprende » dice a quelli che glielo riferiscono un eremita che vive in una stalla abbandonata nella campagna di Prezza. « Se ogni uomo intelligente è triste, quanto più dev'esserlo un Dio dalla sapienza infinita. Per chi sa tutto, dev'esserci poco da stare allegro. »

Alcuni poveracci sono andati dall'eremita per averne lume e consiglio. Egli passa la sua giornata tra la coltivazione dell'orto e la lettura e non gli piace perdere tempo in chiacchiere; però talvolta cede alla compassione per l'ignoranza della povera gente.

« Ah, vi meravigliate ch'Egli si sia mostrato come uno straccione? » dice l'eremita. « E che v'aspettavate, che si presentasse come un banchiere, col cilindro la sciammerga e i guanti gialli? »

« Credi » gli chiede uno dei cafoni « ch'Egli si trovi ancora dalle nostre parti? Quando arriva in una contrada ha l'abitudine di rimanervi qualche tempo? »

« Egli è in ogni uomo che soffre. Lui stesso ce l'ha spiegato, Egli è in ogni povero. »

« Io sono povero, eppure in me Lui non c'è. »

« Tu sei povero, ma non vorresti essere ricco? »

« Ah, certo, magari. »

« Vedi? Sei un falso povero. »

« Se vive tra noi, perché non lo vediamo? » gli domanda un altro.

« Perché noi non sappiamo riconoscerlo. Ci hanno insegnato a distinguere un asino da un mulo, un caporale da un sergente, un curato da un vescovo, ma non Gesù per strada o tra i campi. I preti ci hanno insegnato a immaginarcelo in modo del tutto falso, e sugli altari delle chiese ce lo mostrano bello e impomatato come un parrucchiere, affinché incontrandolo per strada, nessuno di noi Lo possa riconoscere. »

« Oh, spiegami dove potrei trovarlo? » gli chiede un vecchio stagnino. « Tu sai come io sia mal ridotto, e avrei tanto bisogno d'una grazia. »

« Se hai bisogno urgente di denaro, devi chiederlo al diavolo, non a Gesù » gli spiega l'eremita. « Sarebbe inutile, sarebbe fiato sprecato credi a me, implorarlo da Lui. Egli è povero, veramente povero, e non solo per modo di dire. Se va in giro vestito come un mendicante, non devi mica credere che lo faccia per propaganda o demagogia o teatro. No, Egli non ha proprio altro da mettersi addosso, è povero, ancora più povero di me e di te. »

Quei derelitti rimangono costernati. Di Dei, forse, non ce n'è uno solo, e ogni razza, si racconta, ha il suo; ma, porca miseria, proprio a noi disgraziati doveva toccare un Dio simile?

« Se è vero quello che tu dici, pregare dunque non serve a nulla. S'Egli è più povero e più triste di noi, che può fare per noi? » domanda lo stagnino.

« Egli può aiutarci a diventare ancora più poveri di quello che siamo. Questo sì, Egli può farlo. »

L'uomo s'allontana sbigottito.

« Ah dunque, è per questo » egli si lamenta « che noi diventiamo sempre più poveri? »

Alcuni giovanotti adesso si divertono a mettere paura al parroco, due o tre volte al giorno correndo ad annunziargli la visita di un mendicante sconosciuto.

« Reverendo, fate attenzione » gli dicono « s'avvicina un tipo francamente sospetto, non si sa mai, potrebbe essere Gesù. »

L'infelice parroco non sa più dove nascondersi, dove battere la testa. Egli ha appena terminato di celebrare la messa, ha appena terminato di sacrificare Gesù e di lavarsene le mani, quando il sacrestano l'avverte che uno sconosciuto abbastanza malvestito l'aspetta davanti alla chiesa. Stravolto e pallido, il parroco scappa per una porticina di sicurezza, sale affannosamente le scale di casa e dà ordine alla serva:

« Chiunque chieda di me, tienilo bene a mente, non sono in casa. Se è un tipo sospetto, mi raccomando, chiudi bene la porta e corri subito a chiamare i carabinieri. In fin dei conti anch'io pago le tasse. »

Ma nessuno ha più rivisto, né a Prezza né altrove, quello strano cafone dalla camicia di seta che lavorò per carità la terra del carcerato.

Anche Pietro lo ricerca da un paese all'altro, in ogni valle di quella contrada, e non lo trova. Durante una notte la temperatura è improvvisamente precipitata; una gelata ha distrutto anche quest'anno i fiori dei mandorli sbocciati anzitempo; e la campagna adesso è deserta, tra i campi c'è poco da cercare. Col suo calesse Pietro visita ogni località dove Infante può essersi smarrito, lungo il Gizio, lungo il Sagittario, lungo l'Aterno, gira e rigira come un'anima in pena per le vie di Pratola, di Vittorito, di Pentima, s'arrampica fino a Roccacasale, interroga i passanti per strada, entra nelle osterie, visita i tre o quattro contadini che conosce nella contrada. Molti ne hanno udito parlare, e nel modo più strano, ma nessuno l'ha visto coi propri occhi. Ognuno degli amici promette, se dovesse incontrarlo, o averne notizia attendibile, d'avvertire subito Cesidio o Pasquale il bottaio.

Pietro non sa darsi pace, ogni giorno il calesse si mette in giro, ricomincia il pellegrinaggio senza meta, il suo elemosinare disperato, torna nelle stesse località, rivisita le stesse persone, ne ha le stesse risposte.

« Buona donna » chiede fermando il calesse « buona donna, avete visto per caso passare quel poverello di cui si parla? »

Seduta sul verone della casa la donna ammantata di scuro sta allattando un bambino.

« Giorno e notte sto qui per vederlo se passa » ella risponde. « Varie volte m'è sembrato di scorgerlo laggiù, in quel crocicchio, ma non era. »

« Eh, buon uomo » egli grida a un uomo che ara, fermando il calesse in mezzo ai campi « è passato di qui, hai forse visto di qui, quel tale di cui si parla? »

L'aratore si ferma a metà solco; piove e per ripararsi egli s'è coperto con un sacco il dorso e la testa, a modo di cappuccio.

« Forse, può darsi » egli grida in risposta. « Ma anche i carabinieri Lo cercano e per salvarsi si sarà rifugiato in montagna. »

Pietro lascia calesse e cavallo in una locanda e continua le ricerche a piedi, in montagna, prende una stradetta sassosa tra campi incolti, un sentiero interrotto ogni tanto da macerie di sassi cenerini, da casolari abbandonati, da chiesette senza culto. L'ansia la fatica il digiuno la polvere il fango della strada lo rendono presto irriconoscibile, e davanti a una masseria di montagna gli accade di essere preso addirittura per Colui che tutti aspettano.

Un pastore cade in ginocchio, gli chiede:

« Sei Tu Quello che doveva arrivare? »

« Alzati » gl'impone Pietro arrossendo « non sono quello che tu aspetti; io non sarei degno di sciogliergli neppure i lacci delle scarpe. Ma sta sicuro, egli verrà. »

« E nel frattempo che dobbiamo fare? »

« Onorare la povertà e l'amicizia » gli risponde Pietro. « Ed essere orgogliosi. »

« Che? »

Nessuna traccia d'Infante. Pietro comincia a temere qualche disgrazia. In un'osteria di Pratola egli incontra Simone; anche le ricerche di lui sono state vane. Essi tacciono sconsolati. Nel tavolo accanto alcuni contadini parlano d'una vacca che da vari giorni rifiuta il mangime statale, un alimento di nuova invenzione col quale si cerca di sopperire alla scarsità del fieno. Tutte le vacche l'accettano senza difficoltà, tranne una che ostinatamente rifiuta. Le autorità sono preoccupate, esse temono, più che altro, lo scandalo, il cattivo esempio, Pietro invece n'è intenerito.

« Dobbiamo rubarla o comprarla » egli propone subito a Simone. « Ne converrai anche tu, da parte nostra sarebbe tradimento abbandonarla. »

Ma Simone è meno entusiasta e senza volerlo urtare gli fa presente alcune difficoltà.

« Una vacca è borghese » cerca di spiegargli « è sedentaria, ha bisogno d'una buona stalla, di una certa pulizia. Avere una vacca, Pietro, credi a me, è come avere moglie e figli, se non peggio. Una moglie si può abbandonare, ma una vacca? In caso di fuga, come farebbe a seguirci una vacca con la sua andatura arcivescovile? »

« Ah, scappare, sempre scappare. Ma forse la prossima volta saranno gli altri che dovranno nascondersi. »

« Chi, gli altri? »

« Gli sbirri, i loro amici. »

« Non avverrà così presto, temo. »

XXV

Lungo il corso rare lampade ad arco agitate dal vento proiettano sulle case una luce intermittente da teatro di provincia. Sotto la tabella dell'Albergo Vittoria già del Commercio don Severino avvolto in uno stretto e lungo soprabito turchino di forma antiquata, sfida il vento e osserva da vicino ogni uomo che passa, con un movimento in avanti di tutto il corpo come usano i miopi. La porta vetrata della locanda riflette di lui, sui nomi e i prezzi delle bevande, un'immagine ironica da asilo notturno. Ma quando appare Pietro, malgrado la miopia, egli lo riconosce da lontano e gli corre incontro.

« Mio caro, t'avrei riconosciuto a occhi chiusi » gli dice abbracciandolo. « Vieni qui sotto la luce, lascia un po' che t'osservi e me ne renda conto. Ma naturale, tu non sei né Pietro, né Saverio, né Berardo, sei gli Spina. »

Per poter parlare indisturbati i due prendono un vicolo che conduce direttamente fuori dell'abitato.

« Sai, non per voler diminuire i tuoi meriti, ma anche i tuoi antenati sono stati sempre un po' pazzi. »

« Come sta mia nonna? » chiede Pietro.

« Dal giorno che partisti da Colle si mise a letto » comincia a raccontare Severino.

« È malata? »

« Quel giorno andai a visitarla e mi disse, in tutta semplicità: Quaggiù, adesso non ho proprio più nulla da fare; quindi immagino che il Signore da un momento all'altro mi richiamerà a sé. Non accusava alcun malessere, alcun dolore particolare, anche il cuore funzionava regolarmente; perciò non volle il medico, il quale non avrebbe trovato nulla d'anormale da constatare. Tuttavia rimase a letto. Negli ultimi giorni sono stato varie volte da lei, e una volta anche col notaio; ha voluto regolare ogni cosa di famiglia con serenità e precisione; poi ti metterò al corrente anche di questo, adesso non urge. Si rallegrò molto di sapere che tu avevi ricevuto la biancheria da lei preparata. Ma aggiunse, un po' triste: È l'unico favore che ho potuto rendergli, perché per il resto egli non ha avuto bisogno di me. Le madri, aggiunse, adesso servono solo per la biancheria. A un uomo come te, Pietro, non devo nascondere la verità. Tutto quello che nei suoi ultimi giorni lei m'ha detto ricordando la sua lunga vita, era d'una tristezza da spezzare il cuore. L'ultima volta che l'ho vista era alquanto più serena e m'ha parlato solo della sua vita futura. Ella spera, mi disse, di essere accolta in Cielo, non per i suoi meriti, si capisce, ma per quelli della comune redenzione. In vista del suo soggiorno lassù mi confidò un suo piano minutamente studiato. Se te ne parlo, Pietro, è perché ti riguarda personalmente. In cielo dunque ell'è sicura di ritrovare tua madre, ch'era una buona cristiana (spera di ritrovarvi anche tuo padre, ma gli uomini, per quello che lei ha in mente, non servono) ed è anche certa di ritrovare l'altra tua nonna che non hai conosciuta. Donna Maria Vincenza m'assicurò che se il Padre Eterno non ti prende direttamente sotto la sua protezione, loro tre eleveranno tali proteste che il Paradiso si trasformerà in un vero e proprio inferno, e non la smetteranno finché non otterranno quello che vogliono. Adesso tu ridi, Pietro, ma siccome conosco tua nonna molto bene, non ho il minimo, non il più pallido dubbio che manterrà il suo proposito. »

« Adesso parlami del suo stato di salute. Come l'hai lasciata? Se parto subito per Colle, la rivedrò ancora? »

I due uomini scendono per uno stretto sentiero fiancheggiato da orti. Da questa parte non batte il vento. Severino tarda a rispondere.

« Mio caro amico » egli dice infine « arriveresti con due giorni di ritardo. »

I due continuano a camminare in silenzio. Nell'aria e in terra c'è una grande serenità, e quella stessa pena che stringe il cuore si colloca come una cosa naturale tra le cose naturali. La notte è fredda e tersa. Il cielo s'è lentamente popolato di carri aratri zappe croci cani serpenti sorci, e da oriente sorge Berenice con la bella chioma argentata.

« Sull'al di là » confessa Severino « la mia fede è sempre stata vacillante. Vi credo senza sforzo quando sparisce una persona cara e onesta; molto meno se muore una di quelle mezze coscienze che già sulla terra non riescono a essere interamente vive. Certo, sarebbe interessante se donna Maria Vincenza potesse spiegare lassù a che punto adesso è arrivata la nostra agonia. »

Il sentiero segue l'ondulamento della collina, dapprima chiuso tra un muro e una siepe, poi allo scoperto. Dei due, nell'oscurità, si vedono solo le teste, illuminate di una luce biancastra. Per qualche tempo essi camminano in silenzio.

« Come sta Faustina? » chiede Pietro con voce esitante.

« Sono venuto per parlarti anche di lei » dice Severino. « Avrei tanto desiderato ch'ella m'accompagnasse, e senza dubbio sarebbe stata molto felice di rivederti, in tutto questo tempo non ha pensato ad altro. Ma all'ultimo momento non ha più osato; teme che tu abbia conservato di lei un pessimo ricordo. Le disgrazie e l'orgoglio hanno reso quella ragazza d'una timidità mostruosa, impauribile fino alla frenesia; incidenti che per altri sarebbero piccolezze, hanno sempre assunto nel suo spirito proporzioni accascianti, irreparabili. »

« Il torto maggiore è stato mio » interruppe Pietro. « Avrei dovuto trattenerla, e poi, comunque scriverle, richiamarla qui, spiegarle quello che lei significa per me, ma l'ho stupidamente rinviato da un giorno all'altro. »

« Per parlarti di lei, in assoluta sincerità, da uomo a uomo » dice Severino « anch'io devo superare, amico mio, una forte ritrosia; ma essa, bada, è solo iniziale, è solo per rivelarti questo: i pettegolezzi che di fronte all'opinione delle famiglie hanno avvolto finora l'amicizia tra me e Faustina, mancano d'ogni fondamento, a parte quello dell'apparenza. L'inganno non fu premeditato, certo, ma è stato curato mantenuto e sfruttato da Faustina. Spesso avviene, già si sa, che il vizio si nasconda dietro ipocrite sembianze virtuose; nel caso di Faustina invece, come è mio dovere raccontarti, è avvenuto il contrario: la virtù s'è nascosta dietro le apparenze del vizio. »

« Ti prego, Severino, tralascia i particolari, non sono necessari. »

« No, devo invece spiegarti varie cose, aspetta, anzi facciamo un passo indietro. Allorché donna Maria Vincenza la mise alla porta, per non lasciarla per strada e per il buon ricordo della madre di lei, mia sorella le offrì un'ospitalità provvisoria. I primi tempi dovette rimanere chiusa in casa nostra, perché per strada avrebbe corso il rischio d'essere lapidata. Né allora né più tardi, vi fu mai parola, tra noi, sugl'incidenti trascorsi in casa Spina. Nella comune vita quotidiana imparammo presto a stimarla e perciò mia sorella, col mio consenso, la pregò di stabilirsi da noi. Dopo la morte di mia sorella, per evitare ogni pettegolezzo a mio danno, Faustina s'era cercata un'abitazione indipendente e voleva andarsene; ma io la persuasi che le dicerie della gente non potevano nuocermi; anzi, siccome da tempo anch'io riflettevo al mezzo più idoneo per scavare tra me e le buone famiglie un fosso di separazione, qualche cosa insomma che mi privasse del saluto dei bigotti, se essa fosse rimasta, le spiegai, mi avrebbe reso un servizio impagabile. Così restò, e tra noi nacque un'amicizia grande gentile e discreta. Ella ha continuato a ignorare tutto della mia vita più intima, e io della sua; ma abbiamo mangiato lo stesso pane, e siamo stati accomunati, come sai, dallo stesso disprezzo. Per una persona decente e fiera che non vuole piegarsi e che non osa gettarsi allo sbaraglio come tu hai fatto, l'apparenza del vizio e della stravaganza è ora il solo rifugio tollerato dalle leggi e dai buoni costumi. Della irremovibile rassegnazione di Faustina io stesso m'ero dato una spiegazione abbastanza plausibile: ti confesso che fino a pochi giorni fa, credevo che nel centro della sua sensibilità agissero ancora ferite non rimarginate di precoci esperienze, e mi rammaricavo di vederla struggersi nel ricordo di errori ormai lontani. Non supponevo, e come l'avrei potuto? che negli scandali in cui ella, all'opinione delle famiglie, era apparsa una diabolica seduttrice, in verità era stata solo una vittima. »

« Perché rimestare nella polvere dei sepolcri? Severino, è proprio necessario? »

« Tua nonna me l'ha ordinato e ne comprenderai la ragione quando saprai di che si tratta. Ti riferisco dunque senz'altro come ciò sia avvenuto. Sentendo avvicinarsi la fine, donna Maria Vincenza ha voluto congedarsi da ogni parente, e dei figli scomparsi ha chiesto che le si mostrassero i ritratti. Quando la vedova di tuo zio Saverio, donna Clotilde, è entrata nella sua camera, tua nonna (secondo quello che lei stessa m'ha raccontato) voleva chiederle se avesse con sé la fotografia del marito, ma per distrazione le chiese: Clotilde, m'hai portato quella lettera? Alla inaspettata intimazione della morente, la signora Clotilde si vide perduta, cadde in ginocchio e tra un fiume di lacrime e gemiti implorò perdono, balbettò confusi contraddittori pretesti per giustificare il lungo occultamento di una lettera alla quale nessuno pensava e finì col promettere di consegnarla quel giorno stesso. Tua nonna aspettò la lettera con una certa curiosità, non immaginando di che poteva trattarsi; ma appena n'ebbe terminata la penosa lettura, fu presa da un'agitazione indescrivibile, diede ordine a Venanzio di preparare immediatamente la carrozza e chiamò Natalina per essere aiutata a vestirsi. Ella voleva, ella pretendeva di venire a Orta al più presto, per farsi perdonare da Faustina d'averle, con la propria cecità e durezza, rovinata la vita. Sua madre fu la mia migliore amica, disse coprendosi la faccia per la vergogna, le avevo promesso d'occuparmi di sua figlia, e come ho mantenuto la mia promessa? La gettai per strada, e senza sua colpa la disonorai davanti a tutta la contrada. Venanzio, come mi raccontò, non sapeva che fare. Discutere con la signora era impossibile, perché era in uno stato da non ammettere obiezioni, e partire significava quasi certamente riportarla a casa cadavere. Al mio arrivo il povero vecchio garzone vagava nel cortile, piangente e tremante come un bambino, e cercava di ritardare l'ora della partenza con futili motivi. Per riparare il male da me procurato a quella povera creatura, disse donna Maria Vincenza, adesso avrei bisogno di vivere altri ottant'anni. Oh me sciagurata, oh me sventurata, e forse non mi restano nemmeno ott'ore. Io la trovai già vestita, accasciata, su una poltrona con la corona del rosario in una mano. Ella fece uno sforzo per alzarsi ma non vi riuscì. È già pronta la carrozza? mi domandò. Se dovessi morire adesso, Severì, se dovessi morire senza il perdono di Faustina, meriterei un castigo eterno. Le preghiere per i morti sarebbero per me proprio inutili. Mi ci volle molto per convincerla a tornare a letto, e intanto mandai Venanzio a prendere Faustina con la carrozza già pronta. Sono io che devo chiederle perdono, diceva donna Maria Vincenza, e perché Faustina deve scomodarsi a venire qui da me? Affinché potessi comprendere la sua emozione, donna Maria Vincenza mi pregò di leggere la lettera scrittale da Saverio una decina d'anni addietro, dall'ospedale militare di Bengasi, e consegnatale solo un'ora prima. »

« Tuo zio Saverio » prosegue Severino « non era un uomo banale, forse era nato per vivere in convento, o, come te, in una setta clandestina. Il suo maggiore errore fu di sposarsi con donna Clotilde, la quale aveva tutte le piccole qualità della buona moglie, e perciò lo annoiava in modo mortale. Egli era insomma un vero Spina, cioè uomo difficile a contentare. Si capiva dalla lettera che la sola persona da lui rispettata e temuta era sua madre. Egli si era sempre studiato di nasconderle le sue difficoltà coniugali e la sua cieca ossessionante non corrisposta passione per l'adolescente Faustina; di lì uno studio nella dissimulazione e nell'intrigo, che altrimenti non era nel suo carattere. Ma la sua lettera voleva essere un *mea culpa* senza omissioni, una confessione esauriente e minuziosa dei suoi rapporti con Faustina per scagionarla dalle accuse e sospetti di cui sapeva che la ragazza, dopo la sua partenza, era vittima. La lettera era scritta in un tono che non lasciava dubbi sulla sua sincerità. Se mi permetto di parlarne, Pietro, è che la lettera non conteneva, a carico di Faustina, la minima allusione di cui potrebbe arrossire la fanciulla più pudica. I sentimenti della ragazza verso Saverio non avevano mai oltrepassato i limiti d'un affetto familiare; e se i primi tempi, quando ella ancora non capiva di scherzare col fuoco, s'era permessa con lui confidenze scherzi e intimità quasi da scolaretta, in seguito aveva respinto con freddezza, con fermezza, e quando fu necessario anche con orrore e disgusto, la corte appassionata e molesta di lui. L'amore non corrisposto finì per dominare interamente l'animo di Saverio, si mutò in tirannia, in esaltazione, in monomania. La meschina vita di famiglia gli divenne insopportabile, e siccome ogni moglie, piuttosto di ammettere le proprie mancanze o quelle del marito, sospetta e cerca anzitutto la rivale seduttrice, non tardò molto finché donna Clotilde si persuase che l'intera colpa della sua infelicità coniugale ricadesse sulla ragazza. Molti indizi, d'altronde, sembravano provare il sospetto. Faustina, come sai, abitava allora con tua nonna, ed ebbe il torto, per la venerazione che nutriva verso di lei e un malinteso riguardo verso Saverio, di non metterla al corrente delle molestie cui era esposta. A tua nonna d'altra parte non sfuggivano le complicate precauzioni alle quali Faustina doveva ricorrere per mantenere il segreto, per ricevere le lettere di Saverio, per trasmettere le proprie ripulse. Tuttavia, fino all'ultimo, donna Maria Vincenza rimase incerta se prestare fede alle acerbe accuse della nuora, divenute nel frattempo accuse dell'opinione pubblica. Un disgraziato incidente però convinse anche lei. Saverio era partito da due o tre giorni per Napoli, dove doveva imbarcarsi per la Cirenaica, quando, durante la notte, donna Maria Vincenza udì rumore di passi e di voci nella camera di Faustina. Era Saverio, tornato di nascosto per convincere la ragazza a partire con lui. Allorché tuo zio udì avvicinarsi nel corridoio il passo di donna Maria Vincenza, supplicò Faustina di non aprire la porta e di non tradire la sua presenza. La ragazza promise e rifiutò dunque d'aprire. L'indomani fu messa in strada. Il suo destino ulteriore era deciso. Ma le mortificazioni più penose le ha sofferte negli ultimi mesi, quando ha cercato invano di avvicinare donna Maria Vincenza per raggiungere te, per esserti di aiuto. »

« Meravigliosa ragazza » dice Pietro. « Senza quel fortuito turbamento di mia zia Clotilde, ella avrebbe dunque portato il suo segreto nella tomba. »

I due hanno compiuto un ampio semicerchio attorno alla collina sulla quale è edificata Acquaviva, e ora sono arrivati al piccolo spiazzo erboso della chiesetta campestre di San Martino, il luogo stesso dove Pietro e Faustina avevano sostato durante la loro passeggiata.

« Qui non c'è vento » dice Severino « fermiamoci un momento per riprendere fiato. »

« M'atterrisce l'idea che la nonna abbia avuto una fine angosciata dal rimorso. »

« Sì, è terribile che neppure gli onesti possano sfuggire a essere strumenti di dolore. »

« Torniamo indietro » dice Pietro « s'è fatto tardi. Sveglierò la sora Olimpia perché ci faccia del caffè. In una notte simile è impossibile dormire. »

Severino resta alcuni giorni ad Acquaviva. Egli non vorrebbe tornare a Orta senza portare a Faustina un invito di Pietro, ma, d'intesa con Simone, aspetta che gli venga fatto spontaneamente. Pietro però non parla. Il tempo si è fatto tiepido. La sera la gente si siede fuori di casa, si parla da una porta all'altra. Per arrivare da Cesidio gli amici fanno un lungo giro ed entrano dalla parte dell'orto, come in una congiura, per non dare all'occhio dei vicini. Appena si avvicina la sera l'aria sente odore di minestra, di aglio e di cipolla. Pietro porta con sé, in casa dell'amico, Severino, il quale ne sembra subito rapito. Lo commuove a tavola il pane con la croce sulla crosta; il pane è fatto in casa, è buono quando è raffermo di una settimana, e poiché manca di sale, ha ancora il gusto del grano. Gli ricorda il pane della sua gioventù.

Don Severino somiglia a un maestro che un giorno di primavera abbia marinato la scuola. Lui Pietro e Simone formano un trio che quando camminano per strada le donne accorrono alle finestre e sui balconi incuriosite. Severino accarezza la tentazione di tornare ai felici sogni dell'adolescenza nella scettica età matura.

« Improvvisamente la mia vita ha trovato uno sbocco » egli confida a Pietro senza più nascondere la propria commozione. « Non so come questo tuo modo di vivere, che fino a ieri mi pareva pazzesco, adesso mi sembra l'unica soluzione veramente ragionevole e decente. »

« Resta qui con noi e fa venire anche Faustina » gli propone Pietro fuori di sé per la contentenzza.

« È meraviglioso » dice Severino. « La mia vita sta per acquistare un senso. »

« Potresti provare a spiegare Bach ai cafoni » aggiunge Pietro per convincerlo ancor più.

I due restano assieme fino a tarda notte e alla fine sembra che ognuno conosca tutto dell'altro. Ma all'indomani Severino appare assai turbato.

« Stai male? Hai dormito poco? » gli chiede Pietro inquieto.

« Devo svelarti con tutta franchezza » egli spiega a Pietro « alcune serie riflessioni che mi sono venute a mente stamattina. Ecco, del tuo modo di vivere non sono le difficoltà gravi che mi preoccupano, ma le minime. Mi spiegherò con un esempio. Un mio vecchio amico, banchiere e uomo di mondo, alcuni anni fa si fece frate. Dopo un po' volli visitarlo per vedere come sopportasse la nuova disciplina. Parlando con me in tutta sincerità egli confessò di non rimpiangere le amanti, di cui aveva avuto varie e bellissime, non le feste, non l'agitazione degli affari, non i colleghi e amici, bensì la colazione che al mattino la cameriera gli serviva a letto. Egli mi pregò vivamente d'informarmi se il bolscevismo rispetta il diritto di lasciarsi servire la colazione a letto. »

« Se è questa la difficoltà » gli propone Pietro scherzando « ogni mattina ti serviremo la colazione a letto. »

« No » concluse Severino. « La mia è stata una vita sbagliata, quest'è la verità. Adesso è troppo tardi per correggerla. »

« Non vieni stasera da Cesidio? »

« Non avertela a male, Pietro, i tuoi amici mi annoiano. Sono persone onestissime, non lo nego, ma noiose. »

Per non lasciarlo solo, Pietro gli tiene compagnia. Essi escono assieme, e il discorso torna invariabilmente su Faustina.

« Devo scriverle di venire? » finalmente gli chiede Severino.

« No, aspetta » supplica Pietro. « Prima devo ritrovare e mettere a posto Infante. »

« Il tuo affetto per Infante supera l'amore per Faustina? »

Pietro lo guarda con occhi pieni di lacrime.

« Perdonami » dice Severino « sono veramente sciocco. »

XXVI

Pasquale il bottaio è informato da un amico di Popoli che Infante si trova da vari giorni in quel carcere. Dopo una rapida consultazione, don Severino viene subito spedito in quella località con l'incarico di testimoniare a favore del sordo. Non senza ripugnanza egli si presenta alla caserma dei carabinieri e, dopo aver mostrato le proprie carte, recita un discorsetto da nobile benefattore atto a giustificare il suo pietoso interessamento per l'infelice. Egli è ancora costretto a mostrarsi sorpreso e disgustato nell'apprendere che il sordo era stato arrestato sotto l'imputazione di essere l'autore di sediziosi punti interrogativi sulle scritte pubbliche.

« Impossibile » esclama don Severino. « Egli è analfabeta. »

« Per tracciare un punto interrogativo » opina il maresciallo dei carabinieri « non c'è bisogno della laurea in belle lettere. »

Fortunatamente l'inchiesta ha anche assodato che Infante tracciava il segno del dubbio senza discriminazione, su tutte le epigrafi insegne e tabelle che incontrava strada facendo, insomma, una vera mania. L'oltraggio non aveva risparmiato le indicazioni stradali, le avvertenze dei cantieri privati ai non addetti ai lavori e i cartelli pubblicitari dei cinematografi, con risultati talvolta umoristici, sebbene involontari.

« Il dubbio sistematico non è un reato » osa osservare don Severino. « Tutt'al più una deviazione filosofica. »

« È l'unico caso » ammette il maresciallo « in cui un reato è distrutto dal proprio eccesso. »

Dopo aver lodato la perspicacia dello spirito dell'Arma, don Severino chiede di ricevere in consegna Infante per riaccompagnarlo a Pietrasecca; ma il maresciallo è in obbligo d'informarlo che dal comune d'origine del sordo, Lama dei Marsi, è già arrivato l'ordine di non riconsegnarlo che al padre.

« Il padre è in America, e da molti anni purtroppo non se ne hanno più notizie » osserva don Severino con un sorriso lievemente ironico sul disordine burocratico.

« Sembra invece che sia tornato da alcune settimane » rettifica il maresciallo. « Anzi egli verrà qui domani, a riprendersi il figlio. »

« Infante non è più minorenne » obietta don Severino fermamente deciso a non ripartire a mani vuote. « Egli non è più sottoposto all'autorità paterna. »

« Ma è un sordomuto, quindi per legge sottoposto a tutela » chiarisce il maresciallo.

I musicisti, purtroppo, in fatto di legge ne sanno meno dei bambini. Il maresciallo congeda il disilluso benefattore col più benevolo dei sorrisi, un sorriso a piene gote, che ricorda quello dei suonatori di strumenti a fiato per l'abitudine di soffiare nella tromba. Don Severino torna ad Acquaviva con quella sola notizia.

« Se Infante è riconsegnato al padre, per te è un gran sollievo » egli dice a Pietro. « Adesso possiamo, credo, scrivere a Faustina. »

« Bisogna prima vedere che tipo sia questo padre » dice Pietro non del tutto rassicurato.

« Certo, non sarà che un padre » ammette Severino. « Non sarà, non potrà essere mica una madre o una nonna. Ma, coi tempi che corrono, bisogna contentarsi di quello che c'è. E per Infante sarà meglio di niente. »

« Bisogna prima vedere che razza di padre » ripete Pietro diffidente. « Sul resto potremo parlare dopo. »

« Il padre lo farà lavorare, e qualche volta, anche lo bastonerà » concede Severino. « Se uno è padre, si capisce, deve anche mostrarlo; così è la vita, bisogna aver pazienza. Ma, in casa del padre, Infante non sarà più solo come una volta ed è l'importante. »

« Voglio prima vedere » insiste Pietro. « Poi ne riparleremo. »

Severino e Pietro arrivano a Popoli col calesse tirato dal vecchio cavallo Belisario e lo lasciano in un angolo della piazza del mercato. All'altro lato si sta formando un corteo funebre. Il milite con le braccia aperte che regola il traffico, sembra un crocifisso travestito e militarizzato. Arrivano a gruppetti contadini dall'aspetto di bestie catturate e vengono allineati quattro per quattro. Il gregge s'allunga a vista d'occhio. Come cani da guardia alcuni funzionari abbaiano di qua e di là per mantenere in fila gli uomini stanchi docili rassegnati.

« Chi è morto? » chiede Pietro incuriosito a uno di essi.

L'affluenza della folla gli fa sperare che sia morto qualche augusto personaggio.

« Non so » gli risponde il contadino interrogato; e passa la domanda al vicino: « Sai tu chi è morto? ».

Nemmeno lui lo sa. La domanda passa da una fila all'altra, fa il giro di tutto il corteo. Nessuno lo sa.

« Come? » grida Pietro disgustato. « Prendete parte a un funerale e non sapete nemmeno chi è morto? »

« A me m'hanno raccomandato di non mancare » spiega un contadino. « M'hanno detto che parlerà un buon oratore, non so altro. »

Il chiacchierio fa accorrere uno degli incaricati del servizio d'ordine.

« Chi è morto? » si chiede anche a lui.

« Nessuno » egli risponde indignato. « Questo non è un funerale, ma la festa governativa della primavera. »

Severino trascina via Pietro. A ogni arrivo di treno essi vanno alla stazione nella speranza d'incontrare il padre d'Infante.

« Un uomo di Pietrasecca lo riconosco senz'altro » ha assicurato Pietro. « Anche se è stato vent'anni a Filadelfia, lo riconosco di colpo. »

Ma, a causa della festa della primavera, alla stazione scende molta gente, e, fatto strano, ognuno sembra arrivare da Pietrasecca. Severino e Pietro si vedono perciò condannati a passeggiare su e giù per il viale della stazione, esaminando e interrogando ogni passante con l'indiscrezione e l'insistenza di poliziotti dilettanti. Se il padre è sfuggito all'arrivo, è impossibile che padre e figlio sfuggano alla partenza. Ma l'attesa rimane infruttuosa, e quando sembra prolungarsi oltre il ragionevole, Pietro e Severino si rassegnano a tornare in piazza per risalire nel calesse.

Accanto al cavallo Belisario, e quasi abbracciato al suo collo, essi trovano Infante con un cafone anziano monco del braccio destro, evidentemente il padre. Si capisce subito che padre e figlio devono avere già litigato. Al padre non è riuscito di staccare il figlio da quel cavallo incontrato per caso, né di capire quale parentela possa legarlo a quella bestia, né fino a quando il figlio pensasse di rimanere attaccato al collo di essa. Il padre non sa come parlargli, e non è nemmeno sicuro d'avergli fatto capire d'essere il padre.

Dal carcere fino in piazza Infante l'aveva seguito di buona voglia, ma dal momento che aveva visto quella bestia non c'era stato più mezzo di smuoverlo. Il padre aveva cercato di prenderlo per un braccio e di trascinarlo via, ma l'altro, più forte, aveva resistito, s'era impuntato, gli aveva assestato una poderosa pedata allo stinco. Il padre si vede nella situazione imbarazzante e anche ridicola del contadino che ha comprato alla fiera un mulo e deve avere molta pazienza prima che esso si abitui e si sottometta alla voce del nuovo padrone. Se poi è un mulo che tira calci, la prudenza non è mai troppa.

Infante è pantanoso feccioso malconcio più che mai e peggio d'un mendicante; guarda di sbieco e con evidente odio quel cafone sconosciuto al quale i carabinieri l'hanno affidato come se fosse sua proprietà. Ma all'apparizione di Pietro, egli corre verso di lui, ride e piange di piacere, fa festa, e implora perdono come un buon cane che ritrova il vero padrone, e vorrebbe subito andar via con lui, non allontanarsene più. Egli saluta anche don Severino, perché, trovandosi con Pietro, dev'essere anche lui degno di fiducia. Il padre di Infante è assai stupito d'osservare l'affettuosa familiarità tra il suo misero figlio e quelle due persone dall'aspetto così distinto.

« Siete benefattori? » chiede umile e servile togliendosi il cappello. « Io sarei il padre, mi chiamo Giustino, naturalmente, Cerbicca Giustino. »

Per parlarsi con più comodo i quattro entrano in un piccolo caffè; ma Infante non sembra gradire che lo sconosciuto gli resti appiccicato alle costole e si sieda vicino a lui, perciò s'alza: « Pietra » gli dice « simonìa », cambia posto e si siede in modo da voltargli la schiena. Il caffè è deserto; in mezzo al tavolo un vassoio di dolciumi è ricoperto d'un velo rosso contro le mosche.

« Quando ho udito che dopo tanti anni di silenzio sei tornato dall'America » dice Pietro a Giustino « non arrivavo a indovinare la ragione. Ma, appena t'ho visto con un solo braccio, ho subito capito. »

« Eh, naturale » sospira Giustino ridacchiando come per ispi-

407

rare simpatia « coda mozza non para mosche. Scusate, voi siete senza dubbio notabili, personaggi del partito governativo? »

« Dimodoché » gli dice Pietro « ti sei ricordato di avere un figlio solo quando sei diventato invalido. Prima non ci pensavi? »

« Naturalmente che ci pensavo » protesta Giustino. « Egli è carne mia, ci pensavo spesso, ma che potevo fare per lui? Sapevo che era nato sordo. »

« Adesso, però malgrado la sordità » gli osserva Pietro « siccome è una buona bestia da lavoro, potrebbe farti comodo. »

« In fin dei conti sono suo padre » dice Giustino col tono di una povera vittima. « Se al padre bisognoso non ci pensa il figlio, chi dunque? Voi siete persone istruite, conoscete la legge. »

Il poveraccio è come un cafone davanti ai giudici e scopre il moncherino per impietosirli.

« Noi siamo amici di tuo figlio » dichiara infine Pietro.

Giustino sorride ma non capisce.

« Se hai ripassato l'acqua con l'intenzione di venirti a servire d'Infante come d'un asino » gli spiega Pietro « noi te lo impediremo, senza preoccuparci della legge. D'altronde, tuo figlio adesso è più indipendente di quello che tu possa supporre. »

Severino cerca di concludere, seccato di perdere tempo; ma Pietro continua i suoi avvertimenti:

« Egli non si lascia maltrattare, puoi esserne certo. Egli ti picchierebbe, oppure scapperebbe. Insomma, se vuoi avere tuo figlio con te, devi meritartelo. Più che padre, dovrai essergli amico. »

Giustino naturalmente non crede a una sola di quelle parole; non è un bambino e conosce il mondo; ma sono parole così belle che gli viene da piangere.

« Scusate » egli domanda a Pietro asciugandosi gli occhi « siete oratore? Come parlate bene. »

Egli non s'aspettava che la sua domanda potesse suscitare nei protettori di suo figlio un'ilarità così cordiale. Poiché non si tratta d'oratori, resta una sola spiegazione, facile a indovinare.

« Se mi parlate in questo bel modo » dice Giustino intimorito « perché pensate di tirarmi fuori dei soldi, devo purtroppo disingannarvi. Vi giuro che sono tornato dall'America con le tasche bucate. »

« In un paesello qui vicino » gli dice Pietro per farla corta « tuo figlio ha indumenti personali da ritirare. Vieni con noi e nel frattempo forse capirai con chi hai a che fare. Non aver paura. »

Così in quattro, essi tornano ad Acquaviva. In compagnia di Simone e Cesidio, dopo un paio di giorni l'"americano" comincia a percepire un'idea vaga, un barlume, di questa nuova strana assurda maniera d'essere amici; ma non può capire tutto, tra l'altro perché nessuno gli spiega chi sia Pietro. Accanto al sospetto che debba trattarsi d'una vasta associazione di truffatori, ogni tanto fa capolino alla sua mente l'idea che forse essi sono solo dei simpatici pazzi. Ad ogni modo gli dispiacerebbe molto di disilluderli.

« Non dovete credere » egli ripete ogni tanto « vi supplico di non credere, perché sono da poco tornato dall'America, che abbia la valigia piena di dollari. »

Simone resta diffidente.

« Appena capirà chi sei » dice a Pietro « ti denunzierà ai carabinieri. »

Ma Pietro non l'ascolta; adesso gli capita spesso di rimanere assorto e distratto.

In casa di Cesidio gli amici si trovano per ascoltare da Giustino notizie di Filadelfia, che è la capitale degli abruzzesi al di là dell'acqua.

Severino non c'è; egli è infastidito dall'attaccamento di Pietro per Infante, è seccato per l'attesa.

« Dovresti deciderti, per Dio » egli ha detto a Pietro. « Pensa un po' anche a quella ragazza. »

« Ti prego di aver pazienza » si è scusato Pietro. « Simone non si fida affatto di Giustino, e non avrei pace se sapessi Infante in cattive mani. »

In onore degli amici Cesidio ha riempito il fiasco e lo fa girare di mano in mano; quando arriva a Pietro il fiasco si arresta e Cesidio gli grida: « Bevi e passa; a che pensi, si può sapere? ». Giustino trae con sé, nella valigia, e lo mostra, un corno di vitella, ch'egli si portò tanti anni fa da Pietrasecca a Filadelfia e adesso se lo riporta a casa.

« È stato questo che m'ha salvato » afferma con molta sicurezza.

« Non t'ha mica salvato il braccio » gli osserva Cesidio.

« No, ma la vita » egli precisa.

Nella valigia tiene pure un braccio artificiale, con una mano guantata di nero, e lo mostra con infantile vanità. È un regalo della società edile presso la quale lavorava, e gli servì d'indennità per l'infortunio.

« Nessun cafone » dice « ha mai posseduto un braccio così, con un guanto alla mano. »

Durante tutta la sera egli tiene il braccio ortopedico sulle ginocchia e l'accarezza con la mano sana.

Simone è seduto accanto a Pietro, ma fuma la pipa in silenzio, senza rivolgergli una parola; qualche volta toglie la pipa dalla bocca, come se volesse dirgli qualche cosa, ma riprende a fumare. Non c'è più la serenità delle prime sere, dopo il lavoro nella vigna.

Infante è imbronciato con i suoi amici per l'eccessiva importanza da essi accordata al nuovo arrivato che egli odia senza farne un mistero e a ogni occasione chiama "pietra, simonìa" tirando fuori la lingua. Mentre gli altri parlano e ridono, Infante se ne sta accovacciato in un angolo del camino assieme al cane Leone, ch'è molto mal ridotto, afflitto da misteriosi malanni e con la pelle intaccata da cicatrici purulente.

« È la nostalgia del paese » spiega Simone « l'amor patrio. »

Nel raccontare sugli americani Giustino si dilunga per spiegare a Carmela che a Filadelfia gli americani le noci non le rompono mica coi denti o coi sassi, macché, usano una macchinetta speciale; lui stesso, Giustino, una volta ebbe occasione di schiacciare una noce con quella macchinetta, per lui fu un'esperienza molto curiosa, s'ammaccò un dito e la noce ne uscì così stritolata da essere immangiabile; ma ciò avvenne, si capisce, per mancanza d'esercizio, coi meccanismi la pratica vale più della teoria. Durante la ventina d'anni passati in Pennsylvania, Giustino non vi ha praticato da vicino altri italiani che non fossero abruzzesi e non altri abruzzesi che non fossero marsicani; e pochi marsicani che non fossero della conca del Fucino. Paesane erano le varie famiglie presso le quali egli fu "abbordato"; paesani "i bossi" che lo ingaggiavano e comandavano al "giobba"; paesani i compagni di "giobba"; paesano il banchiere d'Ambrosio che teneva il locale all'angolo dell'ottava strada, dove i poveri cafoni, e Giustino tra quelli, portavano i loro risparmi ch'essi non rividero più; paesano l'onorevole Tito Macchia, della diciannovesima strada, che rivendeva i terreni speculativi, "real estate", a ottime condizioni e più che altro per filantropia, per aiutare la povera gente del suo paese, guadagno garantito del cento per cento; anche Giustino comprò il suo lotto, ma esso non era di questo mondo, non esisteva. La religione praticata era cattolica ma paesana; i soli santi coi quali si aveva a che fare, erano marsicani: i Santi Martiri di Celano, San Berardo di Pescina, San Cesidio di Trasacco, e simili. Nello scantinato della chiesa, nel posto dove da noi sono riposte le ossa dei martiri, il curato, in mancanza di sacre reliquie, organizzava spaghettate, "spaghetti parties", come là si dice. Dopo la truffa dell'onorevole paesano Tito Macchia, il nostro Giustino si ritrovò senza un centesimo, come vent'anni prima, quando era sbarcato nella terra promessa: vent'anni di fatiche e di privazioni, col pane e il sonno misurati come un carcerato, non erano serviti ad altro. Egli si persuase allora che la sua sventura venisse da quel vivere rinchiuso tra parrocchiani, come formiche, come pecore; e senza dire niente a nessuno concepì e studiò il disegno temerario d'evadere, di tentare l'ignoto, d'abbandonare la conca del Fucino, e avventurarsi tra lombardi, siciliani, piemontesi. Esperite caute e furbe ricerche, egli abbandonò Filadelfia di nottetempo e si trasferì a Kingsview, nella contea di Scottdale, pure nello Stato di Pennsylvania. A Kingsview egli trovò piemontesi marchigiani calabresi, e nessun abruzzese; per la prima volta in sua vita egli si sentì dunque all'estero. È facile immaginare la sua ansia. Si "abbordò" in una famiglia piemontese della cui lingua non capiva che qualche rara parola, e un calabrese gli procurò il "giobba" in un'impresa di demolizioni. Il lavoro non era pesante, "picco e sciabola" era stata sempre la sua specialità, ma di una sconosciuta tristezza, perché dopo il lavoro non aveva nessuno con chi parlare. Per disperazione, egli cominciò a prendere l'abitudine di parlare con se stesso. Un giorno tra i calcinacci del muro che stava demolendo, gli apparve un sorcio, un piccolo minuscolo magro sorcetto paesano. Al povero Giustino l'emozione diede il capogiro.

« Come facesti a riconoscerlo ch'era del tuo paese? » interrompe la moglie di Cesidio. « Come aveva fatto a traversare l'acqua? A nuoto? »

« Se tu l'avessi visto, benedetta donna, anche tu l'avresti subito riconosciuto come un sorcio del mio paese » risponde

Giustino. « Non ci poteva essere dubbio. Caspita, gli dissi, e come hai fatto ad arrivare fin qui? Egli sparì in una buca, e io volevo dirgli di non aver paura e aver fiducia in me, ma mi sentii mancare la terra sotto i piedi. Quando rinvenni, mi trovai all'ospedale, e due giorni dopo m'amputarono il braccio. »

« Bevete » dice Cesidio. « Tutte le storie in fondo si somigliano. »

« Certo » commenta la moglie di Cesidio « andare vent'anni in America solo per rompersi un braccio, non vale la pena. Potevi rimanere a Pietrasecca e, poiché così voleva il destino, il braccio te lo saresti rotto lo stesso, ma avresti almeno risparmiato le spese del viaggio. »

Infante cerca lo sguardo del cane; durante tutta la sera i due si guardano, a loro modo si parlano, forse si lamentano. Pietro non li perde d'occhio un momento. A un certo punto Simone si alza e si scusa di dover lasciare la compagnia prima degli altri; ma è atteso da Severino.

Il risultato dell'incontro è che Simone modifica il suo giudizio sul padre d'Infante e lo spiega a Pietro.

« È un povero diavolo » dice Simone « e adesso mi sono convinto che lui e Infante finiranno con l'intendersi. Non perché, intendiamoci, Giustino sia suo padre, ma perché è monco e ha bisogno di lui. Nel peggiore dei casi, Infante potrà nuovamente scapparsene. »

« Va bene, va bene » gli risponde Pietro con aria trasognata.

Simone s'incarica di persuadere Infante e gli promette che andrà qualche volta a visitarlo a Pietrasecca. Infante l'ascolta e sembra capire e rassegnarsi.

Aggiustato l'avvenire d'Infante, don Severino riparte per Orta dopo aver preso accordi con Pietro, per l'incontro tra lui e Faustina. La ragazza l'aspetterà a Caramanico, dove una vecchia cugina di Severino vive ritirata e sola in una grande casa di campagna. È stata avvertita, e senza neppure chiedere di chi e di che si tratti, ha subito risposto d'essere felice di ricevere un po' di compagnia. Faustina e Pietro potranno rimanere in quel rifugio senza temere disturbo; avranno agio di conoscersi meglio e di decidere in tutta calma del proprio avvenire. Difficoltà materiali non ne esistono, perché la fortuna lasciata a Pietro da donna Maria Vincenza gli assicura una vita agiata.

« Credi che vorremo vivere di rendita? » interrompe Pietro. « Preferiremo lavorare. »

« Vivrete come vi pare. »

Severino esorta Pietro a tornare all'estero conducendo con sé Faustina; egli potrebbe incaricarsi di procurargli un passaporto, e crede che non gli sarebbe difficile, anzi si dilunga in un appassionato elogio delle mance, delle raccomandazioni, della piccola camorra.

« So di ferirti nelle tue sacre convinzioni » dice a Pietro, « ma penso che la corruzione sia l'unica democrazia possibile in questo paese. Essa umanizza lo Stato, addolcisce le leggi e i costumi. »

Pietro sorride appena, egli non ha voglia d'ascoltare paradossi, pensa a Faustina. L'amore lungamente contenuto gli sgorga nell'anima e la fa traboccare, come l'acqua in una sorgente.

L'ultimo giorno ad Acquaviva egli lo passa a lavorare nell'orto di Cesidio, assieme a Carmela. Cerca di evitare gli addii e le effusioni sentimentali; tra lui Infante e Simone ogni parola sarebbe inadeguata, dunque meglio tacere.

Durante tutto il giorno egli ha puntellato e sfemminellato piante di pomodoro secondo le istruzioni di Carmela. A lasciarla libera, la pianta di pomodoro in terreno irrigato andrebbe più su di due metri, ma non gioverebbe ai frutti, e perciò è meglio spuntarla sul metro e mezzo. Il pomodoro oltre al gambo principale, mette anche ramificazioni laterali, ramicelli ascellari sterili o scarsamente fruttiferi, dette femminelle, anche queste è meglio mozzarle.

« Molte femmine rovinano » dice Carmela. « Al massimo se ne può lasciare una per pianta. »

Siccome il lavoro si fa a mano, le dita di Pietro prendono un colorito verde tenero che gli piace molto. Ma la sera egli ha una breve e imprevista discussione con Cesidio.

« Dunque parti? » gli domanda Cesidio senza guardarlo.

« Sì » risponde Pietro impacciato, e vorrebbe aggiungere altro, ma non gli riesce.

Tra i due si crea un silenzio imbarazzante.

« Ho fatto il calcolo delle giornate che hai lavorato per me » gli dice infine Cesidio mostrandogli un pezzetto di carta.

« Mi dispiace » gli risponde Pietro sorpreso « ma io non

ho fatto il calcolo del pane che m'hai dato, o che hai dato a Infante. »

« Il pane? » esclama Cesidio risentito. « Il pane non si calcola. Non capisco perché al momento di andartene, vorresti offendermi? »

« Neppure il mio lavoro si vende » gli dichiara Pietro. « Ah, Cesidio, è stata sempre la mia nostalgia: lavorare gratis e vivere di carità. Lo so, Cesidio, è un ideale che non si può ancora incarnare, è un'utopia. Ma concedimi ch'io abbia vissuto qui con te giornate d'utopia. »

« Se è così » gli chiede Cesidio « perché vuoi andare via? Chi ti caccia? »

Pietro sembra colpito da quella esclamazione. Cesidio lo lascia solo. Anche Simone è irreperibile. Pietro vaga qua e là per il paese, senza meta. Varie volte ripete tra sé:

"Chi mi caccia?"

Il sor Quintino ha preparato una festicciuola per onorare la partenza dell'ospite, ma quando lo vede apparire non osa neppure parlargliene. L'ospite si siede al suo tavolo senza rispondere ai saluti, assorto ostile chiuso come un pugno chiuso; cosa nasconde? una medaglia, un'arma, un oggetto rubato? La sua apparizione tra i notabili che già cenano, è simile a quella di un estraneo su una scena mentre gli attori recitano. I notabili stritolano ossicini di uccelletti rachitici, spalmano sul pane formaggio putrido, si leccano i baffi. Su un tavolino c'è un grammofono antiquato, col trombone azzurro ammaccato.

« La radio ha annunziato un avvenimento che vi riempirà di gioia » dice il podestà rivolto al *capitano*.

« Le sole notizie capaci di darmi gioia, sono quelle che la radio annunzia come luttuose » risponde il *capitano*.

« Scusate » dice il podestà perdendo ogni ritegno, « ma delle volte, coi vostri discorsi, voi andate un po' lontano, mi sembra. »

« Mi congratulo per la sua intelligenza » risponde il *capitano*.

Il sor Quintino arriva con le vivande per servirlo; ma egli si alza ed esce senza salutare.

Gira un po' per le vie del paese e a un certo momento si sente chiamare.

« Dove vai? Che cerchi? » gli chiede Pasquale il bottaio.

« Non so » risponde impacciato. « Ho bisogno di star solo, ti prego di scusarmi. »

La sera ha un odore dolce-amaro d'erba falciata. Egli prende la via più breve che lo conduce fuori dell'abitato. Vede accendersi i lumi di villaggi e casali lontani; a mezza costa, sull'altra riva della valle, vede un treno, come un bruco luminoso, insinuarsi tra gli alberi, penetrare nel monte, sparire. Egli scende per un sentiero fiancheggiato da alberi da frutta; i tronchi degli alberi sono imbiancati alla calce; vagabondeggia tra le vigne, assorto e senza meta, mosso da una strana inquietudine. Intanto il cielo si popola di stelle. Egli contempla il cielo e sorride. Avrà ottenuto la nonna che il Padre Eterno lo prenda sotto la sua diretta protezione? Egli rabbrividisce. È terribile cadere nelle mani del Signore. Egli arriva sulla sponda di un torrente. L'acqua del torrente è ingrossata, ingiallita, porta rami d'alberi tavole divelte masserizie. Un temporale dev'essere scoppiato sui monti; in collina nessuno se n'è accorto.

« Sia lodato Gesù » gli dice una vecchia che esce dal buio.

« Buona sera » egli risponde.

« La passerella l'ha portata via la piena » gli dice la vecchia. « Ascolta me, torna indietro. »

Egli torna indietro, vaga ancora qua e là, indeciso. I vicoli sono pieni di voci lamentose; sembrano preghiere litanie, ma sono lamenti pianti di bambini, di donne, belati di pecore.

Egli rientra tardi nella locanda e mette in ordine le sue valigie. Quelle prese per sbaglio e con le uniformi dello zio Saverio, sono state già portate via da Severino. Ma anche tra i suoi indumenti ne trova di superflui inutili. Ne fa un pacco ed esce dalla locanda per portarlo a Infante. Forse è anche un pretesto per rivederlo, dirgli addio, convincersi della realtà della separazione, fare un'ultima raccomandazione a Giustino.

Da ieri Giustino dorme nella stessa abitazione del figlio, al posto di Simone. Nel vicolo buio irregolare scavato come una trincea, fiancheggiato da tuguri stalle porcili, la finestra ch'egli cerca è ancora illuminata. Egli sosta un po' in ascolto sui gradini fuori la porta, ma dall'interno non viene alcun rumore. Bussa, aspetta un po', torna a bussare; nessuno gli apre. Da lontano gli arriva l'abbaiare lungo lamentoso d'un cane; gli sembra di riconoscere quella voce. Pietro dà una forte spinta alla porta e l'apre. In mezzo alla stanza, sui mattoni, giace Giustino semivestito, in una pozza di sangue, leggermente piegato sul braccio mozzo, evidentemente morto. Nere sanguinose sdruciture appaiono sul lato sinistro del suo torace nudo velloso quasi scimmiesco. Vicino ai piedi scalzi è un coltellaccio con la lama rossa. Nascosto dietro la porta e la schiena contro il muro, si tiene il figlio, scosso da capo a piedi da un tremito d'orrore, con la testa pendente, la lingua tra le labbra semiaperte.

« Infante » grida Pietro esterrefatto. « Perché? Perché? »

Infante non osa guardarlo in faccia e gli risponde con un mugolio rauco sommesso doloroso, come il guaito d'una bestia invocante pietà.

« Ah, poverino » dice Pietro preso d'accorata compassione. « Povero amico mio. »

Apre la porta e osserva se passa qualcuno.

« Va' » dice quindi a Infante prendendolo per un braccio « scappa, salvati. »

Il sordo scompare nel buio con un salto animalesco. Pietro resta un po' a guardare in quella direzione e poi richiude la porta.

In un angolo della stanza c'è un focherello di sterpi ancora fumiganti. I pochi e miseri oggetti della stanza, i pagliericci la brocca la bacinella dell'acqua due sedie, recano tracce di una zuffa violenta. Pietro resta in ascolto tremante d'orrore e disgusto.

Dalle case vicine non arriva alcun rumore, alcun segno d'allarme. Solo da lontano s'ode ancora l'ululato del cane. Pietro prende una coperta e la stende su Giustino; la coperta è piccola e restano scoperti i piedi neri enormi nodosi la faccia irsuta contratta in uno spasimo atroce. Mentre Pietro si china per chiudegli gli occhi, gli sembra di percepire un leggero rantolo. Vive ancora? Dalle labbra aride screpolate terrose esce ogni tanto un soffio tenue quasi impercettibile.

Dalla finestra spalancata Pietro invoca aiuto, supplica qualcuno del vicinato di correre a chiamare un medico, un chirurgo, per un ferito grave. Dopo un po', nel vicolo buio, ode qualche finestra aprirsi, qualche porta sbattere. Ma quando Pietro torna a Giustino e si china su di lui, è già spirato.

« Naturale » mormora Pietro come se constatasse qualche cosa che si aspettava.

Il tempo scorre sempre più lento e a un certo punto si

arresta. I carabinieri trovano Pietro seduto su un pagliericcio, con la testa tra le mani.

« Sono stato io a ucciderlo » egli dichiara alzandosi.

E porge i polsi per le manette.

È l'ora in cui la notte impallidisce e l'alba riassorbe le ultime stelle, i topi rientrano nei loro covaccioli, i cafoni caricano gli asini per andare in campagna. Le lampade dell'illuminazione stradale sono ancora accese; nel chiarore mattinale la loro luce somiglia allo sguardo dei febbricitanti dopo una notte insonne. Ammanettato tra due carabinieri Pietro è condotto alla caserma. Egli cammina silenzioso e spedito; sulla testa il cappello gli sta un po' a sghimbescio ed egli non riesce ad aggiustarselo avendo le mani legate; si vede che questo lo secca alquanto. Egli somiglia a un uomo al quale è capitato un infortunio, travolto da un cavallo o caduto da una scala, ed è portato in osservazione, all'ospedale.

I due gendarmi che lo conducono sono più alti e forti di lui, hanno faccioni grossi e massicci, come zucche o uovi, senz'occhi senza naso senza bocca, glabre enormi forme ovali, sormontate da due cappelli a lanterna. Dietro di loro appare uno scopino con una lunga scopa; egli procede alla svelta col movimento leggero e ampio di un falciatore. Ed ecco i primi bottegai affrettarsi verso i loro negozi; essi si chiedono l'un l'altro: "Che aveva, che voleva quel cane che ha abbaiato tutta la notte?".

NARRATIVA

Plath, La campana di vetro
Pirandello, Dal naso al cielo
Goldoni L., Cioè
Pirandello, Il vecchio Dio
De Marchi, Demetrio Pianelli
Llewellyn, Com'era verde la mia vallata
Stoker, Dracula
Hardy, Tess dei D'Urbervilles
Charrière, Papillon
Eliot G., Il mulino sulla Floss
Wilson S., Scandalo al sole
Wilde, Il principe felice – Una casa di melograni
Piasecki, L'amante dell'Orsa Maggiore
Pirandello, Giustino Roncella nato Boggiòlo
Carrol, Le avventure di Alice nel paese delle meraviglie – Attraverso lo specchio
Brown D., Attorno al fuoco. Racconti degli indiani d'America
Collodi, Le avventure di Pinocchio

Ka-Tzetnik 135633, La casa delle bambole
Faggin – Sgorlon, Fiabe friuliane e della Venezia Giulia (a cura di)
Beccaria – Arpino, Fiabe piemontesi (a cura di)
Shelley M., Frankenstein
Blatty, L'esorcista
Fowles, La donna del tenente francese
Gatto Trocchi – Limentani, Fiabe abruzzesi (a cura di)
Agrati – Magini, Saghe e leggende celtiche (2 voll. in cofanetto) (a cura di)
Konsalik, L'isola delle sette palme
Bronzini – Cassieri, Fiabe pugliesi
West, Il navigatore
Baum, Il meraviglioso Mago di Oz
Wouk, Vento di guerra
Tacconi, Il medico di Gerusalemme
Konsalik, Battaglione donne

Capuana, Tutte le fiabe
(2 voll. in cofanetto)

Benni, Bar Sport

Rak –Rea, Fiabe campane

De Crescenzo, Zio Cardellino

AA.VV., Le mille e una notte
(2 voll. in cofanetto)

Reed, Dieci giorni che fecero tremare il mondo

Lapucci, Fiabe toscane
(a cura di)

Amurri, Come ammazzare il marito senza tanti perché

Gatto Trocchi – Cerami, Fiabe di Roma e del Lazio

Goldoni L., Non ho parole

Goldoni L., È gradito l'abito scuro

Gütermann – Console – Villata, Racconti popolari arabi (a cura di)

Asimov, Gli enigmi dell'Union Club

Lapucci, La Bibbia dei poveri. Storia popolare del mondo

Bradbury, L'estate incantata

Greenberg – Howe, Il meglio dei racconti Yiddish (2 voll. in cofanetto)

Lewis C.S., Le lettere di Berlicche

Bonura – Verdenelli, Fiabe marchigiane (a cura di)

Beduschi – Cucchi, Fiabe lombarde (a cura di)

Van Slyke, Il ricco e il giusto

Casali – Vassalli, Fiabe romagnole e emiliane
(a cura di)

Ullmann, Cambiare

Amurri, Come ammazzare la moglie, e perché

Bradbury, Omicidi d'annata

Asimov, I banchetti dei Vedovi Neri

Tacconi, Masada

Andersen, Fiabe (2 voll. in cofanetto)

Tacconi, La vergine del sole

Bozza, Antiche fiabe cinesi
(a cura di)

Fleming, Agente 007 missione Goldfinger

Gotta, Il piccolo alpino

Coltro, Fiabe venete
(a cura di)

Kipling, Racconti dell'India, della vendetta, della memoria
(2 voll. in cofanetto)

Childe – Pinamonte, L'amore al femminile

Lippi, Racconti fantastici del '900 (2 voll. in cofanetto)
(a cura di)

Higgins, La spia di vetro

Verdenelli – Volpini, Fiabe umbre (a cura di)

Puig, Il tradimento di Rita Hayworth

Spendel, Racconti fantastici della Russia dell'800
(a cura di)

Mari – Kindl, La montagna e le sue leggende

Zoderer, L'"italiana"

Summers, Occulta, l'omnibus del soprannaturale (a cura di)

Breinholst, Ciao mamma, ciao papà, ciao a tutti

West, Un mondo di vetro

Biagi, Fatti personali

Le Cannu, Romanzi erotici del '700 francese (a cura di)

Agrati – Magini, Kalèvala (a cura di)

Agnelli S., Addio, addio mio ultimo amore

Gatto Trocchi, Le fiabe più belle del mondo (2 voll. in cofanetto) (a cura di)

Il meglio dei racconti di Dino Buzzati (a cura di Roncoroni)

Dal Lago – Rigoni Stern, Fiabe del Trentino Alto Adige (a cura di)

Gorlier – Bertinetti V. e P., Racconti dall'India (a cura di)

Bozza, Storie da proverbi cinesi (a cura di)

Dal Lago, Il regno dei Fanes

Mari – Kindl, Il bosco. Miti, leggende e fiabe

Jirásek, Racconti e leggende della Praga d'oro

De Crescenzo, Raffaele

Lovecraft, Tutti i racconti (1897-1922)

Carroll – Busi, Alice nel Paese delle Meraviglie (libro + 2 audiocassette con brani interpretati da Busi)

Il meglio dei racconti di Piero Chiara (a cura di Roncoroni)

Grimaldi, Il sospetto

Roncoroni, Il libro degli aforismi (a cura di)

London, Racconti dello Yukon e dei Mari del Sud (2 voll. in cofanetto)

Agrati – Magini, Il libro dei re (a cura di)

Pilone – Huaqing, Racconti dalla Cina (a cura di)

Childe, Streghe, vittime e regine

Lippi, 150 anni in giallo (a cura di)

Kipling, Kim

Gatto Trocchi – Piersanto, Fiabe molisane (a cura di)

Billetdoux, Le mie notti sono più belle dei vostri giorni

Lévy, Il diavolo in testa

Ruesch, Paese dalle ombre lunghe

Spendel, Racconti dall'Urss (a cura di)

Il meglio dei racconti di Corrado Alvaro (a cura di Roncoroni)

Conan Doyle, Racconti d'acqua blu

Ceci, Racconti dal Giappone (2 voll. in cofanetto) (a cura di)

Pasolini, Trilogia della vita

Sica, È nato un bimbo

Dal Lago, Fiabe dei fiori italiani

Boulle, Le orecchie della giungla
LaBastille, La donna dei boschi
Carbone, 99 leggende urbane (a cura di)
Il meglio dei racconti di Agatha Christie (a cura di Roncoroni)
Palusci, Aliene, amazzoni, astronaute (a cura di)
Lovecraft, Tutti i racconti (1923-1926)
Puig, I sette peccati tropicali
Savona - Straniero, Marinara
Guest, Un altro paradiso
Ruesch, Paese dalle ombre corte
Il meglio dei racconti di Edgar Allan Poe (a cura di Roncoroni)
Ignatius, Agenti d'innocenza
Rasmussen, Racconti dalla Scandinavia (a cura di)
Chabon, I misteri di Pittsburgh
Williamson D. e L., La nascita dell'unicorno e altre leggende dei nomadi scozzesi
Proffitt, Giardini di pietra
Agrati - Magini, Miti e saghe vichinghi
Pagetti, La lotta col drago (a cura di)
Shōnagon, Note guanciale
Feng Meng Long, Il corpetto di perle. Novelle cinesi del '600

Childe - Pinamonte, Lo sguardo di Venere
Grimm, Fiabe (2 voll. in cofanetto)
Phillips, Trionfo della notte. Racconti del terrore e del soprannaturale (a cura di)
Décina Lombardi, Racconti d'amore del '900 (a cura di)
Fleming, Operazione tuono
Bonaviri, Fiabe siciliane (a cura di)
Enna - Mannuzzu, Fiabe sarde (a cura di)
Zielinski, Racconti dalla Polonia (a cura di)
Jevolella, I sogni della storia: eroi, santi e stravaganti
Forester, La "Regina d'Africa"
Corrao, Giufà: il furbo, lo sciocco, il saggio (a cura di)
Englaro, Il tempo del sogno: miti australiani (a cura di)
Duras, India Song - Hiroshima mon amour - Nathalie Granger - La donna del Gange
Rendel, La morte non sa leggere
Monduzzi, Il manuale della playgirl
Mari - Rubini, Il libro delle stagioni
Pagetti, Il palazzo di cristallo (a cura di)
Vacca, La morte di Megalopoli

Fleming, La spia che mi amava

Bisacca, 113 antichi racconti giapponesi (a cura di)

LaBastille, Mama Poc

Lovecraft, Tutti i racconti (1927-1930)

Altieri, Scarecrow (Lo spaventapasseri)

Mascioni, Mare degli immortali

Bechstein, Storie di streghe

Fleming, Al servizio di sua maestà

Nievo – Gatenby, E Dio creò le grandi balene (a cura di)

AA.VV., Le nuove storie di P. Marlowe

Soria, Il topo

Kipling, Da mare a mare

Stoker, Il gioiello delle sette stelle

Hetmann, Fiabe celtiche (serie Fiabe e leggende di tutto il mondo) (a cura di)

Zwi Kanner, Fiabe ebraiche (serie Fiabe e leggende di tutto il mondo) (a cura di)

Becker, Fiabe africane (serie Fiabe e leggende di tutto il mondo (a cura di)

Fleming, Si vive solo due volte

Maspero, Racconti dalla Grecia (a cura di)

Bellonci, Segni sul muro

Ackermann, Fiabe bretoni (serie Fiabe e leggende di tutto il mondo) (a cura di)

Hetmann, Fiabe irlandesi (serie Fiabe e leggende di tutto il mondo) (a cura di)

Hoepfner, Fiabe persiane (serie Fiabe e leggende di tutto il mondo) (a cura di)

Bozza, Il governatore della Provincia del Ramo meridionale e altri racconti (a cura di)

Crepax, Valentina e le altre. Sei storie complete

Calzolari, Le regole del piacere. Romanzi e scritti erotici (a cura di)

Cerf, Ghost stories (a cura di)

AA.VV., La Biblioteca di Babele Il meglio dei racconti fantastici secondo J.L. Borges (2 voll. in cofanetto)

Russo, La tana degli ermellini

Almansi – Béguin, Teatro del sonno

Gino e Michele, Faceva un caldo torrenziale

Nolan, Oltre mezzanotte

Bompiani, Vita privata

Ruesch, Ritorno alle ombre lunghe

Hörger, Fiabe francesi (serie Fiabe e leggende di tutto il mondo) (a cura di)

Uzunoglu – Ocherbauer, Fiabe turche (serie Fiabe e leggende di tutto il mondo) (a cura di)

Silverman Weinreich, Mazel Tow. 178 favolette yiddish (a cura di)

Castelli, I mondi perduti di Martin Mystere, detective dell'impossibile

Cardella, Fedra se ne va

Lovecraft, Tutti i racconti (1931-1936)

Whitehead, Zombies

Russo, Il caso Montecristo

Salvi, Ho i capelli che mi vanno stretti

Disegni, Disegni & Caviglia contro tutti

Hyde, La volpe rossa

Shakespeare, Aforismi sul gran teatro del mondo

Berni, Fiabe lapponi e dell'estremo Nord (2 voll. in cofanetto) (a cura di)

Sclavi, Tutti i mostri di Dylan Dog

Twain, Racconti del Mississippi (2 voll. in cofanetto)

Décina Lombardi, Poesie d'amore del '900 (a cura di)

Hetmann, Fiabe inglesi (serie Fiabe e leggende di tutto il mondo) (a cura di)

Ozawa, Fiabe giapponesi (serie Fiabe e leggende di tutto il mondo) (a cura di)

AA.VV., Enciclopedia fantastica italiana

«Il seme sotto la neve»
di Ignazio Silone
Oscar Scrittori del Novecento
Arnoldo Mondadori Editore

Questo volume è stato stampato
presso Arnoldo Mondadori Editore S.p.A.
Stabilimento Nuova Stampa - Cles (TN)
Stampato in Italia - Printed in Italy

N. 001344